厦门大学法学学术文库

本书系作者在所主持的司法部项目《公害犯罪研究》的最终成果基础上修改完善而成。
特此感谢司法部、法学院以及对此项目完成给予支持贡献的同仁们。

厦门大学哲学社会科学繁荣计划资助项目

公害犯罪研究

Public Hazards Crime Research

李兰英 著

法律出版社
LAW PRESS · CHINA

总　序

学术的提升需要传承积淀、厚置根基，深厚的历史底蕴是一个学科发展的重要因素。从1926年起，厦门大学有了法科，厦门大学的校园里开始有了法律人的足迹。作为厦门大学的学子，厦门大学法律人始终秉承"自强不息，止于至善"的校训精神，坚持"学术建院、民主建院"的治院方针，发扬"严谨治学、求实创新"的传统学风，经过几代人的努力，春华秋实，厦门大学法学院在人才培养、科学研究、社会服务和文化传承与创新等各个方面均取得了令人瞩目的成就。

今天的厦门大学法学院，已汇集了一批优秀的中青年骨干教师，并形成了一支结构合理、实力雄厚、后劲充足的学术梯队，拥有法学博士后科研流动站、法学一级学科博士学位授予权和硕士学位授予权、法律专业硕士(JM)学位点，形成了从本科到博士后的完整的法律专业人才培养格局，为国家的法制建设、法学昌盛和社会进步，做出了积极的贡献。2012年，教育部学位与研究生教育发展中心进行了第三轮法学学科评估，在全国650余所法律院校中，厦门大学法学学科办学实力排名第十。

学院坚持"加强优势学科、培育特色学科、支持基础学科"的发展思路，努力优化学科结构布局和资源配置，提升学科的核心竞争力。近五年来,学院建设了应用型、复合型卓越法律人才教育培养基地,涉外卓越法律人才教育培养基地,国家知识产权培训(福建)基地三个国家级基地,以及教育部“法学教育实践基地”、福建省高校人文社会科学研究基地“国际经济法研究中心”等省部级基地。学院积极引导开展跨学科研究,组建了优势学术团队,建立了“中国崛起与国际法发展”研究团队、“社会治理与软法”研究团队、“国际税法与比较税制”研究团队、“公证法律与自动化”研究团队、“经济犯罪”研究团队、“法律认知神经科学”研究团队,以及福建省高等学校人文社科创新平台:“厦门大学财税金融法治研究中心”“立法研究中心”,促进了学科研究交叉,推动了学院学科平台创新。厦门大学国际法学科属于国家重点学科。2012 年,厦门大学法学学科同时入选“福建省特色重点学科”和“福建省省级重点学科”。

厦门大学法学院现正朝着建设国内知名、国际上有较大影响的高水平研究型法学院的宏伟目标努力奋进。成绩属于昨天,未来仍需开拓。厦门大学法学院的使命与价值,在于培养人才、传承文明、创新知识、探求真理、服务社会、引领未来。只有不断推动法学学科发展,实现新的跨越,我们才能真正担当起法学教育的使命。

2016 年 10 月,厦门大学法学院将迎来 90 岁的生日。值此之际,我们将本着“回眸历史轨迹,继承优良传统,展示办学成就,凝聚发展动力,再谱辉煌篇章”的宗旨,隆重举行系列庆祝活动,并以此为契机,出版系列专著作为 90 周年院庆的献礼,再续南强华章。

“闻道有先后,术业有专攻”,本系列专著都是厦门大学法学院专任教师的研究成果,他们各有专攻,有着良好的法学教育背景,我们希望这套专著能够从一个侧面展示厦门大学法律人的风采。

宋方青

2016 年 4 月 20 日

目录

引　言 /1

第一章　公害犯罪的基本理论 /7

第一节　公害事故的刑事表征 /7
第二节　公害犯罪的概念分析 /13
第三节　公害犯罪的特殊性 /18
第四节　公害犯罪的范围与研究途径 /21

第二章　公害犯罪的客观性构成要件 /26

第一节　公害犯罪的客体 /26
第二节　公害犯罪的客观要件 /39
第三节　公害犯罪的主体 /49

第三章　公害犯罪的主观方面 /53

第一节　公害犯罪主观方面特征及认定的困境 /53
第二节　公害犯罪与犯罪故意 /59
第三节　公害犯罪与犯罪过失 /74
第四节　公害犯罪的严格责任适用 /89

第四章　公害犯罪的因果关系 /107

第一节　公害犯罪因果关系特征以及理论准备 /107
第二节　推定在公害犯罪中的适用 /119
第三节　因果关系推定在公害犯罪中的适用分析 /131

第五章　公害犯罪的刑事责任 /140

第一节　公害犯罪刑事责任概述 /140
第二节　公害犯罪刑事责任的原则 /145
第三节　公害犯罪刑事责任的多元实现 /150
第四节　刑事公益诉讼之构建 /169
第五节　特别公害刑法之提倡 /175

第六章　食品公害犯罪的理论与实践 /180

第一节　食品公害犯罪的现状 /180
第二节　食品公害犯罪主观方面的司法认定 /186
第三节　食品公害犯罪的监管渎职 /194
第四节　食品公害犯罪的刑事政策 /215

第七章　环境公害犯罪的理论与实践 /227

第一节　环境公害犯罪的双重困境 /227
第二节　环境公害犯罪的实务问题 /235
第三节　环境公害犯罪的责任追究 /246
第四节　环境公益诉讼的提倡 /267

第八章　药品公害犯罪的理论与实践 /279

第一节　药品公害犯罪典型案件引发的思考 /279
第二节　药品公害犯罪的结果归责问题 /286
第三节　药品公害犯罪的监管渎职问题 /294

第四节 药品公害犯罪的应对策略 /297

结 语 /303

主要参考文献 /306

引　言

工业革命与现代科技深刻改变了人类的生活秩序与方式，其在提供传统社会无法想象的物质便利的同时，也创造出众多新生危险源，导致技术风险的日益扩散。[①] 现代社会越来越多地面临各种人为制造的风险，比如常见的环境污染问题、食品安全问题、医药卫生问题、核辐射问题、网络安全问题等。这些新的人为风险具有传统风险无可比拟的特性，其往往会演变成社会危害性程度和范围都甚为深远的公害事件。

在历史上，1942 年比利时马斯河谷事件，[②]1940 年初美国洛杉矶化学烟雾事件，[③]1948 年美国宾夕法尼亚

---

① 劳东燕：《公共政策与风险社会的刑法》，载《中国社会科学》2007 年第 3 期。

② 马斯河谷是比利时的工业区，事件发生的起因是 1930 年 12 月 1～5 日，该地区发生逆温现象，工厂排出的有害气体在大气层底部积累，大气中二氧化硫浓度高达 25～100mg/m^3，超过了排放标准约 100～400 倍，并有氟化物污染，几种有害气体和粉尘对人体的综合作用，造成一周内死亡达 60 人。

③ 洛杉矶光化学烟雾事件 1940 年初发生在美国洛杉矶市。当时，这个城市拥有 250 万辆汽车，每天消耗大量汽油，向大气排放大量碳氢化合物、氮氧化物和一氧化碳，该市处于 50km 狭长的盆地中，一年约有 300 天出现逆温现象，汽车排出的废气积累，在日光作用下产生十分严重的光化学烟雾，时间长达好几天，大多数居民出现眼肿、流泪、喉痛、胸痛等症状，65 岁以上的老人死亡 400 余人。

州多诺拉大气污染事件,①1952 年伦敦烟雾事件,②1961 年日本四日市哮喘事件,③1953～1956 年日本熊本县水俣病事件,④1968 年日本富士山县疼痛病事件,⑤1968 年日本北九州市、爱知县一带的米糠油事件,⑥1984 年印度博帕尔市杀虫剂气体溢出事件,⑦1986 年苏联切尔诺贝利核电站事件,⑧因其给人类带来巨大范围的人员伤亡和财产损失,被称为世界历史上的“十大公害事件”。

随着中国经济的急速发展,公害事件也开始以各种各样的面目在我国频繁出现。相比起在其他国家为人熟知的环境公害事件,在我国梦魇相随的还有食品公害事件和医药卫生公害事件。典型的食品公害事件是从假酒

---

① 多诺拉大气污染事件于 1948 年 10 月 26～31 日发生在美国宾夕法尼亚州多诺拉镇。该镇处于河谷中,10 月最后一周出现逆温现象,同时大雾持续了 5 天,使大气污染在近地层积累(主要污染物为二氧化硫)。事件发生后有 5911 人发病,占全镇总人口 43%,其中 17 人死亡。

② 伦敦烟雾事件于 1952 年 12 月 5～8 日发生在伦敦市。12 月 5～8 日英国几乎全境为浓雾覆盖,在 40m～50m 低空发生逆温层,致使燃料产生的烟雾不断积累,达到平时 6 倍以上,烟雾中的铬渣粉尘使二氧化硫发生催化氧化继而生成硫酸雾沫,4 天内死亡 4000 余人,以后两个月陆续死亡 8000 余人。

③ 四日市哮喘事件于 1961～1970 年发生在日本四日市。1955 年以后该市石油炼制及工业燃油产生的废气日愈严重,污染城市大气,全市粉尘及二氧化硫排放量每年高达 130kt,大气中二氧化硫浓度超标 5～6 倍以上,造成哮喘病发作,1964 年烟雾连续不断,气喘病患者大量死亡,1967 年甚至出现患者因不堪忍受痛苦而自杀现象,此事件持续时间长达 10 年,至 1970 年才查明原因。

④ 水俣病事件于 1953～1959 年发生在日本熊本县水俣湾。含甲基汞的工业废气污染水体,使水俣湾地区居民出现神经性中毒病症,中毒者 283 人,死亡 60 人。1953 年发病后,一直不明真相,直至 1959 年,历时 7 年的研究才查明污染的原因。这种中毒病症现在被称为水俣病。

⑤ 骨痛病事件 1955～1972 年发生在日本富士山县神通川流域。当地的铅、锌冶炼厂排放的含脱色剂废水污染了神通川水体,两岸农民历来以河水灌溉农田,使稻米中脱色剂含量上升,当地人民食用含脱色剂量高的大米、蔬菜、水等,发生脱色剂中毒形成的骨痛病,患者 130 余人,其中死亡 81 人。此事件持续十多年,至 1972 年才查明病因。

⑥ 米糠油事件 1963 年 3 月发生在日本九州爱知县一带。生产米糠油时使用多氯联苯,由于生产管理不善污染了水和食物,使几千人中毒,16 人死亡。

⑦ 印度博帕尔农药厂事件发生于 1984 年 12 月 23 日凌晨,印度博帕尔市美国联合碳化物公司所属一家农药厂地下储气罐压力过大而渗漏出 45 吨液体毒气。造成 2500 人死亡,20 万人受伤,其中 10 万人终身残废,5 万人双目失明。当时博帕尔地区大批食物,水源被污染,牲畜和其他动物亦大量死亡,生态环境遭到严重破坏。

⑧ 切尔诺贝利核事故 1986 年 4 月 26 日发生在乌克兰切尔诺贝利核电站,导致 31 人死亡,大批人员被迫撤出污染区,核事故中在地洞中幸免于难的动物,在短短的 3 年多时间里发生了严重的畸形变种,据估计在未来的 40 年内,将会引起 15,000 人患癌症。

等开始的,1998 年的“山西汾酒假酒案”[①]震惊全国,之后在 2003 年、2004 年和 2009 年,云南、广东和湖北三省均分别出现了掺有有毒甲醇的白酒导致数人死亡的案件。近年来,食品公害事件呈现“全面开花”的趋势,比如,席卷全国的“瘦肉精”事件、[②]“地沟油”事件、[③]“毒奶粉”事件、[④]“僵尸肉”事件,[⑤]等等,不但震惊世界,至今仍深刻影响中国老百姓对国家食品安全的信任,这也迫使国家不得不在《刑法修正案(八)》中增设“食品监管渎职

① 1998 年 2 月春节期间山西省文水县农民王青华用 34 吨甲醇加水后勾兑成散装白酒 57.5 吨,出售给个体户批发商王晓东、杨万才、刘世春等人。在明知这些散装白酒甲醇含量严重超标(后来经测定,每升含甲醇 361 克,超过国家标准 902 倍)的情况下,但为了牟取暴利,铤而走险,造成 27 人丧生,222 人中毒入院治疗,其中多人失明。

② 河南省孟州市等地养猪场采用违禁动物药品“瘦肉精”饲养生猪,有毒猪肉流入济源双汇食品有限公司。截至 2011 年 3 月 24 日,“瘦肉精”事件中被河南省有关部门控制、刑拘、立案侦查的人员已达 68 人,其中“瘦肉精”销售人员 26 人,使用养殖户 33 人,生猪经纪人 7 人,企业采购人员 2 人,并对 43 名公职人员进行了调查取证。

③ 2010 年 3 月 20 日,西安市药监局食品稽查分局执法人员在重庆胖妈烂火锅西安总店,发现其存在泔水油回收装置,现场查获的账单也表明火锅店涉嫌回收地沟油。此事在全国范围引发对地沟油的声讨,甚至一度引发社会动荡。针对“地沟油”问题,国家食品药品监督管理局办公室专门发布了《关于严防“地沟油”流入餐饮服务环节的紧急通知》(食药监办食〔2010〕25 号)。但是,近年来,“地沟油”事件仍旧屡禁不止。在公安部打击地沟油专项联合行动中,几乎在全国各地均发现了制售地沟油的窝点。除了一些油脂公司、餐饮企业、学校食堂等涉事单位外,就连“康师傅”“金龙鱼”“旺旺”等知名品牌也涉事其中。2014 年 9 月 14 日,康师傅发布公告确认该公司产品使用了馊水油(“地沟油”)作为原料的劣质猪油。康师傅等“地沟油”事件的曝光,将以地沟油为典型代表的食品安全问题推向了一个新的高度。

④ 2008 年中国奶制品污染事件(或称 2008 年中国奶粉污染事件、2008 年中国毒奶制品事件、2008 年中国毒奶粉事件)是中国的一起食品安全事件。事件起因是很多食用三鹿集团生产的奶粉的婴儿被发现患有肾结石,随后在其奶粉中被发现化工原料三聚氰胺。根据公布数字,截至 2008 年 9 月 21 日,因使用婴幼儿奶粉而接受门诊治疗咨询且已康复的婴幼儿累计 39,965 人,正在住院的有 12,892 人,此前已治愈出院 1579 人,死亡 4 人,另截至 9 月 25 日,香港有 5 人、澳门有 1 人确诊患病。事件引起各国的高度关注和对乳制品安全的担忧。中国国家质检总局公布对国内的乳制品厂家生产的婴幼儿奶粉的三聚氰胺检验报告后,事件迅速恶化,包括伊利、蒙牛、光明、圣元及雅士利在内的多个厂家的奶粉都检出三聚氰胺。该事件亦重创中国制造商品信誉,多个国家禁止了中国乳制品进口。

⑤ 2015 年 6 月 23 日,新华网刊登一篇题为《走私“僵尸肉”窜上餐桌,谁之过?》的文章,指出一些走私冻肉“肉龄”竟然长达三四十年,“僵尸肉”事件引起人们强烈关注和担忧。海关总署在国内 14 个省份统一组织开展的打击冻品走私专项查缉抓捕行动中发现,“70 后”猪蹄、“80 后”鸡翅……比一些年轻人年纪还大的“僵尸肉”通过走私途径,悄无声息地出现在百姓餐桌上。这些冻肉大多都是国外的战略储备物资,以美国来源为主。由于是走私肉,其来源不明,更没有经过正常的检验检疫,运输和冷冻保存条件也不完善,很多肉都已经腐败变质,存在极大的安全隐患。“僵尸肉”事件直接促使国家重拳打击肉类走私等违法行为。

罪”。此外,公共卫生领域的“SARS 疫情”“禽流感疫情”,医药行业的“山西疫苗事件”[①]“欣弗事件”[②]“毒胶囊”事件[③]等公害事件,一次又一次地挑动着社会的神经。

国内外发生的一系列公害事件清楚地揭示,人为的新型风险具有怎样迥异于传统风险的特性,其波及范围与引起的恐慌程度为传统社会所无法想象。尽管中国社会仍然面临物质短缺的分配冲突,但同时我们也身不由己地开始置身于全球性的风险社会之中。[④] 这里所谓的风险社会,乃是一种以风险现象作为切入点,来展开对 20 世纪中期以来人类社会(尤其是西方社会)所经历的社会转型的解读的普遍理论;它是一种关于后工业时代的现代性的理论,而不是单纯的关于风险的理论。[⑤] 风险社会在本质上仍然是工业社会的继续,只不过,这一发展阶段开始呈现出迥异于早期工业社会的一些重要特征。在风险社会中,随着工业化所带来的副作用的日益凸显,风险已经成为政治动员的主要力量,常常取代如与阶级、种族和性别相联系的不平等之类的变量。[⑥] 按贝克的诊断,自 20 世纪中叶起,我们便步

---

① 山西疫苗事件是指2007 年期间,发生于中国山西的百名儿童注射疫苗后致伤致死的事件。该事件一直被当地媒体及政府进行隐瞒和压制,直到 2010 年才得以公布。2010 年 3 月 17 日,《中国经济时报》首席记者王克勤经过半年实地调查后,发表一篇《山西疫苗乱象调查》文章揭露疫苗问题,引发报界、互联网及舆论界哗然,文中介绍了山西民众中出现的大批疫苗中毒及致死案例,并揭露了其中挂名中华人民共和国卫生部企业的华卫公司与山西省政府进行勾结,对山西当地的二类疫苗市场进行垄断,生产质量远不符合标准的疫苗。但由于各种复杂的原因,山西疫苗事件仍然无法得到良好的澄清。

② 2006 年 7 月 24 日,青海西宁部分患者使用欣弗注射液后,出现胸闷、心悸、心慌等临床症状,青海药监局第一时间发出紧急通知,要求该省停用。随后,广西、浙江、黑龙江、山东等省药监局也分别报告,有病人在使用该注射液后出现相似临床症状。经调查,安徽华源生物药业有限公司违反规定生产欣弗注射液,是导致这起药品不良反应事件的主要原因。全国有 16 省区共报告欣弗不良反应病例 93 例,其中死亡 11 人。

③ 2012 年 4 月 15 日,央视《每周质量报告》曝光,河北一些企业用生石灰给皮革废料进行脱色漂白和清洗,随后熬制成工业明胶,卖给浙江新昌县药用胶囊生产企业,最终流向药品企业。经调查发现,9 家药厂的 13 个批次药品所用胶囊重金属铬含量超标,其中超标最多的达 90 多倍。更让人们震惊的是,使用工业明胶生产药品胶囊已是业内公开的秘密。“毒胶囊”事件揭示出的行业潜规则充分暴露了政府监管和行业自律的缺陷,其对医药行业的不良影响至今难以肃清。

④ 劳东燕:《风险社会与变动中的刑法理论》,载《中外法学》2014 年第 1 期。

⑤ 同上书,第 73 ~ 74 页。

⑥ [德]乌尔里希·贝克:《世界风险社会》,吴英姿、孙淑敏译,南京大学出版社 2004 年版,第 5 页。

入了一个以新型风险与不确定性为标志的世界。① 值得注意的是,风险社会理论中的风险概念("人为制造的不确定性")并不是其理论目的之所在,其仅仅只起到一个媒介作用。透过风险概念,论者想要说明,由于风险既具有实在性的一面,也具有建构性的一面,这使得对风险威胁的感知不仅塑造了人们的思想与行动,也直接决定着制度的建构。因此,所谓的风险社会,界定的重心在于这种风险的日益显露在整个社会中造成的不安感如何支配了公共讨论与政治层面的决策,影响包括刑法在内的制度与理论的走向。②简言之,风险社会理论其实是把社会对未来的预防能力作为研究的问题。③

应当说,公害问题在本质上就是"人为制造的不确定性"即风险的现实化,因而其首先具有风险的实在性的一面。与此同时,正如我们所看到和经历的,面对这些人为制造的不确定性所导致的公害问题,对风险威胁的感知与判断已然影响了人们的思想与行动。由于人们难以用既有的经验知识来有效应对公害问题,这便在整个社会中造成了一种不安感,充满恐惧与不安社会公众对安全的渴望也愈加强烈。如此一来,公害问题的风险的建构性的一面开始凸显。它要求包括刑法等法律在内的社会制度及其相应理论观念的发展变革,能够有效预防此类公害事件的发生,从而排除此种风险以消除社会公众的焦虑不安。本书的写作主线正是围绕公害问题的风险的实在性和建构性两个面向而展开的,一方面,诠释公害问题的基本属性及其迥异于其他问题的特性;另一方面,针对公害犯罪问题的特殊治理需求,建构并发展不同于既有制度和理念的处理方案。

大体上,公害事件可能引发人们对于以下问题的思考:其一,这些发生在特定领域内的、影响广泛、危害重大、时间持久的公害事件,究竟是如何得以发生的?相关领域既有的监督管理制度和行业规则究竟存在哪些漏洞和不足?其二,此类公害犯罪案件相比于一般类型的案件具有什么样的特性?其在主客观构成要件要素等方面有何不同之处?其在刑事责任的认定

---

① [英]吉登斯:《社会学》,李康译,北京大学出版社2010年版,第93页。

② 劳东燕:《风险社会中的刑法:社会转型与刑法理论的变迁》,北京大学出版社2015年版,第26页。

③ [德]莱纳·沃尔夫:《风险法的风险》,陈霄译,载刘刚编:《风险规制:德国的理论与实践》,法律出版社2012年版,第81~82页。

和承担方面有何特殊要求？现有的刑法立法及相应的教义学知识是否能够较为妥当地处理风险社会中的公害犯罪问题？其三，可以说，任何公害事件的发生背后都隐藏着具有监督管理职能的行政机关工作人员的严重监管渎职行为，特别是诸如环境、食品、医药卫生等特殊领域发生的公害事件，因而如何有效追究相关责任人的监督管理责任也是公害犯罪治理中的重要环节。其四，对于已发生的公害事件，如何通过建立相应的补偿、救助机制来最大限度地减少被害人损失，维护被害人权益？等等。本书基于这些问题对公害犯罪展开讨论，以期助益于风险社会背景下公害犯罪问题国家治理的转型及相关刑法理论的时代发展。

第一章　公害犯罪的基本理论

第一节　公害事故的刑事表征

世界范围内严重的公害事件，如日本米糠油事件、水俣病事件，尤其是近年来中国发生的"三聚氰胺毒奶粉""瘦肉精""山西疫苗事件""山东疫苗事件"等重大公害事故，大多表现出刑事犯罪性的特点。公害事故所表征的刑事犯罪性决定了，其实际上已经具备了公害犯罪的基本属性。

一、破坏的后果非常严重

公害事故破坏后果之严重，影响之深远，往往让其成为一个地区、国家挥之不去的阴影和梦魇，这是公害事故有别于普通危害公共安全行为的一个重要表现。

公害事故严重的破坏后果首先体现在其直接造成大量的人员伤亡和财产损失。在人员伤亡方面，以日本的"森永砒霜奶中毒事件"为例，中毒婴儿多达 12,131 名，死亡 130 名，实际受害者要多达几倍，世界上史无前例。[①] 在中国，"三聚氰胺毒奶粉事件"仅到 2008 年 9

---

① 《日本两大食品公害事件》，载凤凰读书网，http://book.ifeng.com/psl/sh/200810/1013_3556_827936_1.shtml。

月 21 日止，就直接导致 4 人死亡，有 12,892 人入院治疗，到 2008 年 12 月 2 日，全国累计报告因食用问题奶粉导致泌尿系统出现异常的患儿共 29.40 万人。[①] "山西疫苗事件"就导致近百名儿童或伤残或死亡。[②] 日本的"爱知米糠油事件"患病者超过 10,000 人，其中 16 人死亡；死亡近两万人，受害 20 多万人，5 万人失明，孕妇流产或产下死婴，数千头牲畜被毒死。[③] 在财产损失方面，"三聚氰胺毒奶粉事件"直接导致奶制品龙头企业——市值 100 多亿元的三鹿集团的关门倒闭，整个中国的乳制品行业遭到重创，成千上万吨的问题奶粉被销毁；2010 年"紫金矿业重大污染事件"导致汀江大面积污染，产生 378 万斤死鱼，当地网箱养鱼的渔民几乎损失殆尽，企业直接损失逾 4 亿元。

相比起直接的健康伤害与经济损失，公害事故对受害人的身心健康，以及当地百姓生活的长期干扰与影响更为严重。如"三聚氰胺毒奶粉事件"让不足周岁的婴儿直接承受性早熟、肾结石、尿路等疾病的困扰，以后即便受害人步入成年，也不得不依然忍受着童年时代遭受三聚氰胺中毒的后遗症的痛苦。此外，"三聚氰胺毒奶粉事件"中国几大乳业巨头蒙牛、伊利、光明等皆卷入丑闻之中，对中国的乳制品业几乎是毁灭性的打击，让中国的乳制品出口数量锐减 9 成多，许多国家至今仍然禁止中国乳制品的进口，而中国大陆老百姓对大陆产奶粉完全失去信任，相当一部分人不得不花大成本，转而向港、澳、台地区乃至千里迢迢的国外购买婴儿奶粉，而境外、国外的商家则是以保证"不使用中国大陆制乳制品"的口号来获取消费者信任。又如"紫金矿业重大污染事件"发生地，当地人至今不敢随便吃鱼，这给当地渔民养殖业以及销售业都造成十分惨重的打击，而紫金矿业所在地，居民的癌症发病率也在持续升高。

---

① 《三聚氰胺事件影响的人》，载凤凰网，http://finance.ifeng.com/news/industry/20110624/4192108.shtml。

② 《山西近百名儿童注射疫苗后或死或残》，载凤凰网，http://news.ifeng.com/mainland/201003/0317_17_1578306.shtml。

③ 《中国青年报》2000 年 1 月 6 日第 7 版。

二、破坏的范围十分广泛

在空间上，公害事故往往由于其发生的隐蔽性、缓慢性，以及扩散渠道的特殊性，导致其破坏范围在空间上十分巨大。日本的"米糠油事件"就波及日本20多个府县，使整个日本陷入一片混乱；苏联的"切尔诺贝利核电站泄漏事件"则是席卷整个欧洲，让全世界陷入核辐射的惊慌和恐惧中。在中国，"山西疫苗事件"由于北京华卫公司垄断山西省疾控中心生物制品配送与管理，其在贴标签与配送过程中均存在严重的重大违规，所送山西各州县的疫苗（2000余万人份第一、二类疫苗）均因高温而变质，并都已打到了老百姓身上，其范围涵盖整个山西省。"三聚氰胺毒奶粉事件"中，由于中国生产的奶粉销售范围广及整个中国及国外诸多国家，因此毒奶粉所引发的公害事故实际上波及了包含港、澳、台在内的全中国各省市、地区，而其他国家，如孟加拉、缅甸等国，也实际上受到不同程度的影响。其实，早在2004年的阜阳劣质奶粉事件就已经是全国性问题，不仅山东、成都、江西、太原、广东、兰州、辽宁、海南、武汉、长沙、深圳、浙江、河北等地发现其踪影，甚至北京、广州也出现了怀疑吃劣质奶粉导致的严重发育障碍婴儿。

在时间上，公害事故由于发生的隐蔽性、缓慢性，其持续时间会相当的长久，甚至直到事态的严重恶化才为人所察觉。这是环境型公害事故的典型表现，如伦敦烟雾事件、北京PM2.5事件等，因为长期的环境污染逐渐积累，最终成为重大的环境事故。在食品和卫生领域，这样情况是有过之而无不及，从"山西疫苗事件"来看，北京华卫公司的违规操作始于2006年，之后多有各种病状出现，早在2006年期间就有不少儿童致伤、致残，山西疾控部门的疫苗遭到严重质疑，但由于病因发现、确诊过程的限制，以及企业，甚至政府相关部门的干扰，"问题疫苗"在2010年3月10日才得到披露而引起政府的注意，至此，问题疫苗在山西已经持续危害了将近四年时间。"三聚氰胺毒奶粉事件"情况也相类似，"三鹿奶粉"所导致的婴儿肾结石，不过是整个"毒奶粉事件"的导火索，实际上在此之前，往鲜奶中添加三聚氰胺以提高蛋白质检测的含量，已经成为中国乳业的潜规则，而且中国的乳业公司（除少数外）几乎无一幸免的卷入其中。冰冻三尺非一日之寒，因此含有违规三聚氰胺的毒奶粉开始肆虐的时间，应当要远早于这个时间段。

三、发生的领域在不断扩大

从案件的过错性质来看，公害事故已完成由原来的“生产过程型公害事故”向“安全事故型公害事故”以及“故意违法型公害事故”扩张。“生产累积型公害事故”是指企业、个人在生产、运输等过程中，由于未能预测的原因，导致其所产生的危害物质累积致危险程度，从而产生公害事故的现象。这些公害事故的产生并非单一企业违规生产的结果，因为即便是在环境法规允许的范围内，政府、社会、企业为发展经济，但对危害预见有限的情况，仍容易出现策略指导失误，以此就难免出现大范围的公害事故，其典型如“洛杉矶化学烟雾事件”“宾夕法尼亚州多诺拉大气污染事件”“伦敦烟雾事件”，又如中国的“PM2.5 事件”，均是一个地区长期污染累积结果的爆发。“安全事故型公害事故”是指企业、个人在生产、运输等过程中由于违反法律法规、规章制度，致使发生重大的安全事故，进而导致公害事故的情形。这是公害犯罪领域中最常见的情形，在中国其典型的如“松花江重大水污染事件”“紫金矿业重大污染事件”；在世界范围内，最著名且声名狼藉的则是苏联的“切尔诺贝利核电站泄漏事件”和印度的“博帕尔市杀虫剂气体溢出事件”。“故意违法型公害事故”是指企业或个人在生产、运输、存储等过程中，故意违反法律法规、规章制度，而致使发生重大人员伤亡、财产损失的情形。该型公害事故是目前危害我国最严重的公害事故，其在于商家为了牟利或者降低成本，或故意违规操作，或在产品中掺假，甚至添加有毒有害物质；而政府部门正因为与违法商家有着千丝万缕的联系，放任其行为甚至故意帮助隐瞒，最终酿成大祸。“三聚氰胺毒奶粉事件”“山西疫苗事件”，以及“瘦肉精事件”“地沟油危机”其背后不仅有商家贪得无厌、黑心牟利的嘴脸，同时也有政府部门徇私舞弊、滥用职权等不光彩行为，这些行为绝大多数已经构成犯罪。

从案件的所属领域来看，公害事故则从最初的环境领域，扩张至食品、医疗、卫生等多领域。在以往，公害犯罪多表现为环境污染犯罪，如在世界十大公害事件就多属于环境事件，仅日本的“米糠油事件”属于食品安全事件。但随着经济、医疗等各种事业的发展，公害事故的发生领域在不断扩大，并大有超越环境公害事故之势。在日本，在食品领域中，“米糠油事件”

后，相继出现“森永砒霜奶中毒事件”“地沟油危机”“雪印牛奶事件”等，2014年1月日本校园内又频发生因感染“诺如”病毒引发的食物中毒现象。在中国，频发的食品安全事故已经引发全国性的食品安全信任危机，成为中国老百姓最挥之不去的阴霾，大陆除了“毒奶粉”“瘦肉精”“地沟油”外，还有“染色馒头”“毒血旺”“病死猪肉”“毒大米”等不胜枚举；台湾地区的百姓也不断饱受“塑化剂”“毒淀粉”“黑心油”的伤害与困扰。此外，医疗领域内的“山西疫苗事件”“乙肝疫苗事件”“狂犬疫苗事件”“抗生素危机”“安徽欣弗注射液事件”“吊瓶大国”等，均是笼罩在中国老百姓心头上的“毒云”。

从案件的主体来看，公害事故不仅是单一个人、单一企业的行为，而且已经演化成某一行业的集体性行为。除了“安全事故型公害事故”外，“生产过程型公害事故”“掺假造假型公害事故”的背后，都一定程度上有某一行业集体（违法）行为。如“三聚氰胺毒奶粉事件”就不仅仅是“三鹿奶粉”的个别行为，因为往鲜奶中添加“蛋白粉”（三聚氰胺）以提高鲜奶蛋白质比例，是中国大陆乳制品全行业的潜规则；“瘦肉精事件”其背后同样是透露着整个生猪养殖业的潜规则，因为不添加“瘦肉精”就养不出能卖的猪，养殖户就要亏本，为了牟利就只能添加诸如“瘦肉精”之类的有害物质；“地沟油危机”也是如此，餐馆业为了降低成本而使用“地沟油”已经不是什么秘密，更不是什么个别行为。全行业性的集体违法，已经成为公害事故频发的最重要原因之一。

四、刑事犯罪化趋势明显

在日本的“水俣病事件”与“森永奶品中毒事件”中，人们不得不感叹，“只要你实际接触过受害儿童，你就会感到，使别人蒙受这么大危害的人还不算犯罪分子的话，那就没有什么犯罪可言了”；“凡是目睹过这种惨状的人都会感到，如果连这还不算犯罪的话，那就没有什么犯罪可言了”。[①] 因此，从公害事故对刑事法益侵害之严重程度来看，冠以“犯罪”之名并不过分。

---

① 陈航：《日本公害犯罪理论及其对我们的启示》，载《兰州商学院学报》2001年第5期。

实际上，中国近年来发生的公害事故，基本都被追究刑事责任。在“毒奶粉事件”中，三鹿前董事长田文华以生产、销售伪劣产品罪被判处无期徒刑，三鹿集团高层管理人员王玉良、杭志奇、吴聚生同样因生产、销售伪劣产品罪分别被判有期徒刑15年、8年及5年。三鹿集团作为单位被告，因生产、销售伪劣产品罪，被判处罚款人民币4937余万元。涉嫌制造和销售含三聚氰胺的奶农张玉军、高俊杰及耿金平三人因以危险方法危害公共安全罪判处死刑，薛建忠、张彦军、耿金珠、萧玉因生产、销售伪劣产品罪，分别被判处无期徒刑、有期徒刑15年、8年、5年。面对“地沟油”的猖獗，最高人民法院、最高人民检察院、公安部下发了《关于依法严惩地沟油犯罪活动的通知》，指出利用“地沟油”的犯罪，可以生产有毒、有害食品罪，销售有毒、有害食品罪，销售不符合安全标准的食品罪等罪名予以追究刑事责任；国家机关工作人员在食用油安全监管和查处“地沟油”违法犯罪活动中滥用职权、玩忽职守、徇私枉法，构成犯罪的，依照《刑法》有关规定追究刑事责任，这让司法机关对企业及个人违法使用“地沟油”，而致使其流入食品领域的犯罪行为有了明确的引导。在“紫金矿业重大污染事件”中，紫金矿业集团下属紫金山金铜矿和企业的5名原高管均以“重大环境污染事故罪”被判刑，而作为国家工作人员的上杭县环保局紫金山环境监理站原站长包卫东、原副站长吴胜隆以及上杭县环保局原局长陈军安、副局长蓝勇分别以环境监管失职罪等被判刑。

但我们也应该看到，仍有一些公害事故即便危害后果很严重，其相关责任人既没有被追究刑事责任，甚至没有受到影响，而受害人的维权之路却举步维艰。导致重大伤亡结果的“山西疫苗事件”，由于其背后原因的复杂性，其相关责任人并没有受到刑事处罚，尤其是对此事件负有直接责任的山西省疾控中心主任等人，甚至没有受到任何处分；①“安徽欣弗注射液事件”中也没有相关人员受到刑事处罚，但事件主角之一安徽华源公司总经理却以自杀来“谢罪”，而这也让受害人的索赔维权行动变得更加的艰难。

① 《原山西疾控主任已回国　据称未受到处分享受配车》，载搜狐网，http://news.sohu.com/20100610/n272687169.shtml。

第二节　公害犯罪的概念分析[①]

“公害事故”由于破坏范围之广泛，后果之严重，影响之深远，情节之恶劣，将其冠以“犯罪”之名并不过分。实际上，公害事故与“犯罪”的界限本就十分的模糊，许多“公害事故”就是“公害犯罪”。但何为“公害犯罪”呢？研究“公害犯罪”究竟有着怎样的意义呢？这是本书首先要解决的问题。

一、关于公害的定义

公害一词源于英美法上的 public nuisance，是与“公利”和“私害”相对应的概念，是指对某一区域范围内不特定的多数人造成实际危害或者危害可能性的现象，即“因某人的违法行为，其秩序、道德、风俗、健康、安静平稳遭到破坏，公众的公共权利的享受乃至行使受到侵害的状态”。[②] 公害分为广义和狭义两种。广义的公害行为“包含所有的事业活动及其他人为造成的波及公众健康和生活的障碍的行为，如有毒有害食品和不良药品引起的受害被称作食品公害、药品公害，交通阻塞和有缺陷的汽车造成的交通事故被称作交通公害”。[③] 而狭义上的所谓公害，是指“以事业活动及其他人为活动为原因，引起大气、水、安静稳定等的自然环境遭到破坏乃至污染，致不特定多数人的健康、财产及其他生活环境遭受损害，它可分为产业公害、都市公害、设施（基地）公害、农业公害、观光公害、开发公害等”。[④] 狭义上的公害是指各种污染源对社会公共环境造成的污染和破坏。如日本世界大百科词典对公害的注释——“凡危害人类生活环境之人为的侵害事项均称

---

① 本章节为笔者所指导的硕士研究生、博士研究生周微的硕士学位论文《公害犯罪因果关系的认定》的节选，该成果是本基金项目的阶段性成果，部分成果作为期刊论文得以发表。详见周微：《公害犯罪因果关系的认定》，厦门大学 2009 年硕士学位论文；周微：《公害犯罪因果关系推定》，载《河北法学》2012 年第 7 期。

② 赵秉志、王秀梅：《环境犯罪比较研究》，法律出版社 2004 年版，第 9 页。

③ ［日］原田尚彦：《环境法》，于敏译，法律出版社 1999 年版，第 3 页。

④ 同上。

为公害”,[①]即为狭义上的公害。

理论界和实务界对“公害”的界定,长期以来采取狭义说,一直把公害界定为污染或破坏环境的行为,“公害”被当作破坏环境的另一种称谓。公害作为法律用语,最早出现在日本的《河川法》(1896年)中,专指河流侵蚀、妨碍航行等危害。日本在1967年规定的《公害对策基本法》中,则进一步将公害定义为:由于人类的生产生活行动所引起的相当范围的环境污染,包括水污染、大气污染、噪声污染等。日本《环境基本法》第2条也有类似规定,本法所称“公害”,是指伴随企(事)业活动及其他人为活动而发生的相当范围的大气污染、水休污染(包括水的状态或水底底质的恶化,但第16条第1款除外:以下同)、土壤污染、噪声、振动、地面沉降(因采矿而挖掘土地除外。以下同)和恶臭,并由此而危害人的健康或生活环境(包括与人的生活有密切关系的财产以及动植物及其繁衍的环境;以下同)。

在我国,“公害”一词也是长期以来与污染环境、破坏环境混为一谈。在我国大陆,首次使用“公害”一词是在1978年颁布的《宪法》中,该法第11条第3款规定:“国家保护环境和自然资源,防治污染和其他公害”。自此,公害一词便成为我国环境保护法的一个基本概念,如我国《环境保护法》第1条就指出,该法是为了“保护和改善生活环境与生态环境,防治污染和其他公害”。台湾地区学者邱聪智在《公害法原理》一书中也是将“公害”概念与环境密切联系,将其界定为:“系指经由人为活动,特别是企业或工业活动,导致危害公共权益及破坏环境品质之法律事实。”[②]郑昆山认为,广义的“公害”应包含所有一切与环境相关的破坏性影响在内,“环境(公害)犯罪”仅狭义地破坏传统刑法法益,如健康或生命、财产法益等的与环境相关的破坏行为,而加刑事制裁之自然犯。[③]

“公害”之所以在我国与污染环境、破坏环境相等同,也是有其深层次原因的。因为根据现代汉语的传统解释,公害是指“各种污染源对社会公

---

① 刘毓卿:《公害法新理念及实例论集》,自刊1987年版,第3页。

② 邱聪智:《公害法原理》,台北三民书局1987年版,第9~12页。

③ 郑昆山:《论“我国”环境犯罪防制之道》,载《东海法学研究》第9期。

共环境造成的污染和破坏”,[①]其实,追根溯源之,现代汉语中的这一传统解释实际上是一种从日本汉字移植而来的舶来品。同时,除危害公共安全的犯罪之外,在涉及“针对不特定的人或多数人造成的危害”的犯罪中,最早为人们所关注的大概就是环境犯罪了。正因为此,“公害犯罪”成为特指那些故意或过失违反环境保护法律、法规,严重污染和破坏环境,造成人身伤亡或公私财产重大损失,已触犯刑律构成犯罪的行为的一个概念。

二、公害犯罪的定义

准确界定公害犯罪的定义,是深入研究公害犯罪的前提。鉴于我国刑法学界对于公害犯罪的定义一直以来众说纷纭,因此,必须首先将公害犯罪作为一个独立的概念来予以考察,将其与环境犯罪以及危害公共安全的犯罪区分开来。[②]

(一)公害犯罪与环境犯罪的区分

不应将公害犯罪等同于环境犯罪[③]的理由在于:

首先,从概念的作用来看,如果公害犯罪等于环境犯罪,那么“公害犯罪”概念的提出和研讨就没必要,在词义重复的情况下,充其量只是玩一种新名词罢了,而与其如此,从学术研究与交流的成本效益角度着眼,不如直接用“环境犯罪”一词更易被人理解和把握。

其次,从词义的发展来看,“公害”的原始词义实际上是同语的“舶来品”,但随着人们对公害犯罪问题研究的日趋深入,尤其是对公害犯罪问题认识的提高,考虑到“各种有害制品犯罪”与“环境犯罪”所具有的共同点,从刑事政策角度着眼,即使日本学界也不再拘泥于过去立法上关于公害犯罪即环境犯罪的狭隘认识,主张从更广的意义上界定公害犯罪,即把“各种有害制品犯罪”也包容进来。[④] 应当说,这代表了当今国际社会有关环境犯罪理论的发展趋势,值得我们借鉴。而且更为重要的是,“公害”的范围已

① 中国社会科学院语言研究词典编辑室:《现代汉语词典》,商务印书馆 1978 年版,第 378 页。

② 张梓太:《论公害罪》,载《南京大学学报》1999 年第 4 期。

③ 这里的环境是指狭义的环境,即自然环境,而不包括经济环境、卫生环境等。

④ [日]藤木英雄:《公害犯罪》,从选功等译,中国政法大学出版社 1992 年版,第 1 ~ 2 页。

经大为扩张,其内涵已经涉及食品、卫生、医疗等诸多领域,而刑法再固守“公害犯罪”为“环境犯罪”也实在没有意义。

再次,从刑法理论的目的来看,只有将公害犯罪界定为包括环境犯罪和各种有害制品犯罪在内的一种特殊犯罪类型,才有助于揭示这类犯罪尤其是各种有害制品犯罪的特性,引起人们对这类犯罪的足够认识和注意,从而制定相应的刑事政策,不断完善刑事立法,达到有效遏制和正确惩处这类犯罪的目的。

最后,从司法实践的现实情况来看,我国近年来,尽管人们对环境犯罪的认识已有相当程度的提升,但不用讳言,对严重危及公众人身财产安全的另一类公害犯罪——假冒伪劣商品犯罪的社会危害性的认识仅仅还滞留在经济层面上,对其所具有的公害犯罪的共同特征,如隐蔽性、抗法性及难追诉性等固有特征缺乏应有的认识,这严重制约着立法的进一步科学化。更为重要的是,在食品安全、医疗卫生领域所爆发的公害事故已经大有超越环境公害事故的趋势,随着“毒奶粉”“瘦肉精”“问题疫苗”的不断出现,在食品安全、医疗卫生领域的公害事故,俨然超越了环境公害成为困扰中国老百姓的第一公害,但由于这类犯罪的特殊性,在刑法规制上出现不少盲点,而这正是“公害犯罪”理论所必须面对的重大现实。

因此,如果依旧将“公害犯罪”的内涵限制在“环境犯罪”中,不仅是词义上的重复,而且也不利于问题的解决。可见,预防“公害”的首要问题应从观念的更新入手,将公害犯罪与环境犯罪区分开来。

(二)公害犯罪与危害公共安全犯罪的区分

之所以将公害犯罪与危害公共安全犯罪相区分,在于“公害犯罪”中是不包括某些传统的“危害公共安全的犯罪”。虽然“公害”也是具有“公共性”,但两种犯罪的定位与意义是完全不相同的。在传统的危害公共安全罪之外再专门研究一种被冠以“公害犯罪”之名的犯罪类型,或者说要将传统的危害公共安全罪与公害犯罪区别开来,是因为这类犯罪在发生机制、侦破查处等方面极具特性,有必要在刑事立法、司法实践上区别对待:

第一,从犯罪被发觉的情况来看,传统的危害公共安全罪如爆炸罪、放火罪等是非常易于侦破的,即便案件没有被侦破,随着犯罪结果的出现,被害人或社会大众还是很容易切实感受到犯罪事实的存在。但公害犯罪却有着很强的隐蔽性,而难以被及时发觉,甚至超越了侦查手段的能力范围。因此,即便各种公害物质虽然对公众的人身财产已经构成巨大威胁,但它们并不像爆炸、火灾事故那样一目了然,可能只是给予人体或社会有机体以慢性影响,因而要真正确证原因,往往需要漫长岁月,如"山西疫苗事件""三聚氰胺毒奶粉事件""山东疫苗事件"等。

第二,从被害人的方法意识来看,传统的危害公共安全犯罪,由于其犯罪的方式、表征、后果等各要素已经为世人所常见,因此,被害人对此往往有着非常强的防范意识;但公害犯罪的却往往有着很强的隐蔽性,致使施害者,受害者及第三人对公害的感受均不直观,相应地,对公害犯罪的防范意识也就极为淡薄,如"山西疫苗事件"中问题疫苗在肆虐大约三年的时间里,不仅之前的受害人难以察觉,之后的受害人由于信息的缺乏,而接连不断地成为新的受害者。

第三,就犯罪的追究角度而言,传统的危害公共安全罪的行为、后果的证据,以及两者之间的因果关系,在传统的侦查手段下能够得到确定;但公害犯罪的主体(企业或个人)往往单方面拥有从该物质的基本构造到生产流通全过程的排他性知识,掌握着证明犯罪的关键证据,这使以国家为代表的控方在承担举证责任方面处于极为不利的地位。不仅检方的举证责任处于劣势,就连被害人的维权之路也会因此而举步维艰。

第四,从社会的安全感来看,社会公众在此类案件中,自身往往缺乏预防的可能性,他们的安全感完全建立在生产者、供应者们自身的严格注意义务上,因而客观上要求商家的行为万无一失。[①] 而公众对生产者、销售者的信任感,很大程度正是基于国家法律能够有效调控企业和个人的生产、销售等行为的信任,更相信一旦其合法利益被侵犯,国家法律能够确保其得到有效的救济。一旦发生公害犯罪,被害人往往以危害公共安全罪的标准要求国家予以惩治,但国家法律却无法予以调控,而被害人并不能够理解公害犯罪与危害公共安全罪之间的区别,这将导致社会的全面恐慌,"山西疫苗事件""三聚氰胺毒奶粉"仍强烈影响至今,就是典型的例证。

公害犯罪相比危害公共安全犯罪具有极大的隐蔽性、抗法性、危害性以

---

① 陈航:《公害犯罪若干问题研究》,载《甘肃政法学院学报》2001 年第 12 期。

及司法机关进行追诉的高成本性,将两类犯罪区分开来,一方面有利于强化人们对公害犯罪的认识,加大处罚力度,增强刑罚威慑力;另一方面也有利于在司法实践中对公害犯罪采取不同的认定方式,减轻追诉机关的证明责任,降低司法适用的诉讼成本。

(三)公害犯罪概念的界定

基于以上考虑,本书认为公害犯罪是与环境犯罪和危害公共安全犯罪相区别的一个独立的犯罪概念。但传统观念从环境犯罪角度定义公害犯罪的做法,给了我们非常重要的启示,对我们而言,公害犯罪依然是一种以“环境”为对象犯罪,只不过这里的“环境”不再是狭义上的“自然环境”,而是涉及一切与人类有关的各种环境,除了自然环境外,还包括公共医疗卫生环境,市场经济环境。如此,以自然环境公害犯罪的原理得到延续,同时解释了公害犯罪的最大本质——以人类紧密依赖的自然环境、公共医疗卫生环境、市场经济环境为行为对象,产生便于恶害广泛传播或导致恶害广泛传播的某种不良媒介——从而导致公害事故发生的情形。

因此,本书将公害犯罪的概念界定为:违反国家规定,对自然环境、公共医疗卫生环境、市场经济环境等人类紧密依赖的环境要素进行破坏,产生公害媒介,足以致使恶害广为传播,对公众的生命、健康、生活舒适度以及公私财产造成严重侵害或威胁的一系列犯罪行为。公害犯罪不是单一的行为概念,而是一系列公害个罪行为的组合或统称。

第三节 公害犯罪的特殊性

与传统犯罪相比,公害犯罪具有正当行为与危害行为的交叉性、危害行为的有组织性与系统性(常常是在一个行业领域中,由众多从业人员共同参与)、实际损害程度的难以预测性、危害行为及其所造成后果的潜伏期较长等特点。[①] 公害犯罪与其他犯罪存在显著的区别,有其自身独特

---

① 张红艳:《风险社会中公害犯罪之刑法规制——以抽象危险犯理论为切入点》,载《中州学刊》2009年第5期。

的地方。

一、公害犯罪的原因行为具有复杂性

杀人、抢劫、放火等一般刑事犯罪的原因行为具有直观性和单一性，原因物质一目了然；而公害犯罪的原因行为具有间接性、科学上的难以认知性和多元参与性，原因物质难以查清。

首先，公害犯罪的原因行为具有间接性。公害犯罪的危害行为大部分不是直接针对有生命的人或者被合法控制的财物，而是首先作用于自然环境、医疗卫生环境、市场经济环境等人类经常性接触或紧密依赖的要素，以此产生某种公害媒介，然后再通过这些公害媒介以传播恶害，间接地作用于人类，因而原因行为具有间接破坏性。

其次，公害犯罪的原因行为具有科学上的难以认知性。在公害犯罪中，对致害物质的认识及其危害程度的确立、检验涉及高深的科学技术，很难依照一般经验规则加以判断，具有科学上的难以认知性。如在环境污染公害中，污染源来自工业、农业、交通以及居民日常生活等各个方面，污染物的种类繁多、性质各异。由于受科技水平的限制，人类对有些物质在科学上会引起什么样的后果至今还没有定论。特别是各种被排放的污染物进入环境以后，经过转化、代谢等各种物理、化学及生物反应和作用，如毒理与病理转化、扩散、活性增减，生物降解与积累、加强作用、协同作用等，与环境中原有的物质及其他污染物结合、转化生成具有其他危害性的多种次生物质，更给原因物质的判断增加了难度。以“山西疫苗事件”为例，被害人家属是通过耗费巨大的寻医问诊，在排除了诸多可能之后，才将病因指向问题疫苗；在有大量婴儿、儿童因接种疫苗致残或死亡的背景下，在对病因有所了解的情况下，符合法律标准的病因确认，却依然非常的被动，其间山西卫生厅、联合国卫生组织等多方机构介入也未能确认其中的缘由，致使多人死亡、伤残的“山西疫苗事件”至今在刑法上仍然是“悬案”。

最后，公害犯罪的原因行为具有多元参与性。公害犯罪的原因行为具有多元参与性，一个危害后果可能是由多个致害者的多个危害行为所导致的。如食品公害中，危害结果可能是由多个原料供货商、加工商的危害行为共同造成的，典型的如“地沟油”的犯罪，仅“泔水的提供者”就有多种可能，而且其过错的认定就是一件非常复杂的事情，之后还会涉及“地沟油”生产者、销售者以及使用者等。又如环境污染犯罪中往往存在多个污染源，涉及多个污染者，一个危害结果可能是由多个企业的多个设备所造成的复合型污染。

二、公害犯罪的危害结果具有潜伏性

普通犯罪的危害行为一旦实施，一般来说会立即产生相应的危害结果，即危害结果具有即时性。而公害犯罪是通过污染的环境或者有害的家庭生活用品等媒介间接作用于人体而对人体产生损害的，这个作用过程往往需要经历一个漫长的过程，使得公害犯罪的危害结果具有潜伏性，危害结果的出现具有滞后性。

例如，在环境污染犯罪中，“像大气污染、水体污染所造成的损害，尤其是疾病，往往是化学物质、重金属和烟类等原因物质长期微量排出，经过大气、水体等环境介质发生扩散、转化等复杂的物理和化学变化，由人体的长期摄入，而逐渐造成危害后果”。[①] 同时，环境污染是通过环境因素这个载体进行的，危害结果出现的快慢并不完全取决于污染行为的实施速度，还决定于环境的自净和承受能力，只有当污染效果富集到环境本身无法负荷时，才会显现出具体的危害后果。因此，污染行为与危害结果的出现通常需要经历一个较长的时间周期，公害之形成，必由多数且多次之污染物质，长期累积酝酿之结果。

又如，在食品安全犯罪中，食品从生产到消费者手中要经历生产、销售（总销、分销等）、运输、再加工等诸多环节，而且即便在生产之前还有原料供应，其间又会涉及养殖、种植、饲料等多种环节，一旦发生食品安全事故，则要诸多环节的逐一筛查。更为重要的是，由于科学的进步发达，让掺假造假所用原料不断更新，这导致食品公害犯罪不但越来越难以判断，也导致其后果越来脱离常规，如典型的则是“三聚氰胺毒奶粉”导致婴儿发生尿路疾病，重则导致肾结石等；又如“瘦肉精”则是对高血压、心脏病、甲亢和前列腺肥大等疾病患者有着非常大的危害，因此即便发生伤亡、死亡等后果，也

---

① 张汀：《试析环境犯罪的因果关系》，载《山东审判》2005年第3期。

往往由于其他病因的掩盖而无法查清真正的危害来源，这些均是超越当时情况下人类经验的储备。

三、公害犯罪中加害方的知识具有排他垄断性

公害现象常是企业从事工业生产活动之副作用、附随产物，而企业工业活动的具体情况如工艺流程是企业赖以生存之本，不会主动告知其他人，甚至有时候还会将其作为商业秘密予以排他保护，如“2006 年宝洁 SK－II 铬钕门事件”中就曾以商业秘密为由而拒绝公开原料成分。因此，受害者和第三者根本无法知道企业在工业生产活动中是否有有害物质产生，有害物质的成分、基本构造是什么。公害犯罪的行为人往往单方面拥有从这种物质的基本构造到生产流程的全部结构的排他性知识。

同时，原因物质到达受害者身上的途径，除当事企业的有关人员以外，其他人不仅很难准确知道致害物质的种类、性质、数量等，而且由于这类有害物质到达被害者身上是以自然环境及其他家庭生活用品为媒介，有害物质在媒介中的发生机理具有极强的专业性，除非是接受了专业教育的人群，一般公众是很难准确认识和把握的。

第四节　公害犯罪的范围与研究途径

在对公害犯罪展开进一步的研究前，有必要对公害犯罪的范围与研究途径进行先期的介绍与说明，既是对本章节的一个小结，也是一种铺垫，至于具体理由本书将在后文予以进一步补充，此处仅仅予以简要的罗列说明。

一、公害犯罪所涉及的罪名

本章里主要根据公害犯罪目前所涉之罪名，对公害犯罪所涉及的罪名进行初步的圈定，并且在合理的范围内对可能的罪名进行预估，从而将公害犯罪的范围划定在合理的程度内。

（一）破坏环境资源保护罪

由于人类对自然环境有着非常强，且不可避免的依赖性，当环境资源

一旦遭到破坏,即会给予人类以最为直接的影响,因此,破坏环境资源保护的犯罪行为在严格意义上,都属于公害犯罪。破坏环境资源保护罪根据行为的方式可以分为环境污染型犯罪和资源破坏型犯罪。前者因为环境的污染会直接侵害生活在其中的公众利益,而无可争议的成为公害犯罪,该类犯罪包括:污染环境罪、非法处置进口固体废物罪、擅自进口固体废物罪。后者虽未直观的影响人类,但一个区域的生物多样性和自然资源的破坏,长远上将对人类的生存环境构成重大侵害或长远威胁,因此将资源破坏型纳入公害犯罪是合理的。这类犯罪包括:非法捕捞水产品罪,非法猎捕、杀害珍贵、濒危野生动物罪,非法狩猎罪,非法占用农用地罪,非法采矿罪,破坏性采矿罪,非法采伐、毁坏国家重点保护植物罪,盗伐林木罪,滥伐林木罪。

(二)危害公共卫生罪

公共卫生系统是保障人类健康的最重要防线,公共卫生、医疗卫生的环境的破坏,将会导致病毒和疾病的大范围传播,如非典型肺炎、禽流感、甲流等。一旦爆发重大的卫生防疫事故,对公众生命健康的侵害就成为必然,因此,将危害公共卫生罪纳入公害犯罪,是应有之义,这类犯罪包括:妨害传染病防治罪,传染病菌种、毒种扩散罪,妨害国境卫生检疫罪,非法采集、供应血液、制作、供应血液制品罪,妨害动植物防疫、检疫罪等。

(三)生产、销售伪劣商品罪

市场经济已经成为人类生活最不可或缺的要素之一,人类对商品交易的依赖程度越来越高,商品流通渠道已经成为恶害物质传播的有效途径,这些恶害物质往往在商品所覆盖的流通渠道里横行无忌。因此,通过商品流通网络成立公害犯罪是可以预期的,但是限于技术和实践情况,目前仅适合将部分食品犯罪行为纳入公害犯罪,如“毒奶粉事件”“地沟油事件”等。这类犯罪包括:生产、销售伪劣产品罪,生产、销售假药罪,生产销售劣药罪,生产、销售不符合安全标准的食品罪,生产、销售有毒、有害食品罪,生产、销售不符合标准的医用器材罪,生产、销售不符合安全标准的产品罪,生产、销售伪劣农药、兽药、化肥、种子罪,生产销售不符合卫生标准的化妆品罪。

（四）危害公共安全罪

目前发生的公害犯罪中，危害公共安全的犯罪是最为频现的公害个罪，如“毒奶粉”事件中就有被告直接被按照“以危险方法危害公共安全罪”追究刑事责任。这是因为，危害公共安全罪直接关乎公众的生命、健康以及公私财产的安全，是公害犯罪的最严重表现方式，最典型的如投放危险物质罪，过失投放危险物质罪，以危险方法危害公共安全罪，过失以危险方法危害公共安全罪。此外，犯罪人还可以通过其他危害公共安全的犯罪方式，导致恶害广为传播从而间接的影响公众生命、健康、财产安全，如爆炸、决水的方式严重侵害当地环境，无疑可构成公害犯罪。这类犯罪还包括：破坏交通设施罪，破坏电力设备罪，破坏易燃易爆设备罪，过失损坏电力设备罪，过失损坏易燃易爆设备罪，重大责任事故罪，重大劳动安全事故罪，危险物品肇事罪，工程重大安全事故罪，教育设施重大事故罪，消防责任事故罪。

（五）与公害犯罪相关的渎职犯罪

在渎职犯罪中思考公害犯罪问题，一直是本书开篇来所秉承的一个重要思路。所谓“公害”也即人类之公敌，在无数次面对公害事故的教训中，人类学会了防御公害，经过数百年的血泪教训，如今的各种公害防御体系已日趋完善。在这种背景下，公害犯罪的爆发往往多因为政府机关及其工作人员的渎职行为在“姑息养奸”，《刑法修正案（八）》增列“食品监管渎职罪”就在于应对日益严重的食品公害行为。其实早在《刑法修正案（八）》之前，《刑法》中就多有类似的罪名，这些罪名包括：环境监管失职罪，食品监管渎职罪，动植物检疫徇私舞弊罪，动植物检疫失职罪，放纵制售伪劣商品犯罪行为罪，传染病防治失职罪。但是渎职犯罪本身是一种职务犯罪，将其列为公害犯罪似乎比较牵强，本书把渎职犯罪作为与公害犯罪相关的其他罪行，在讨论公害犯罪时会给予关注。

上述对公害个罪的罗列仅仅是基于现有公害犯罪司法实践所进行的总结和推测，公害犯罪是一个犯罪的集合概念，同时也不是封闭的范畴，并随着社会的发展而不断扩大。譬如，互联网安全问题可以引发高科技的公害犯罪问题。“快播案件”的宣判，引发了网络媒体对公共利益是否侵害的探讨。魏则西事件的揭底,[1]把互联网百度推上了风口浪尖。对此,立法和司法是如何回应的？我们认为,2015 年 11 月 1 日正式实施的《刑法修正案(九)》,对此现象重拳出击,专门对有关网络安全犯罪进行规定并新增了系列罪名,包括:补充了《刑法》原来的有关危害计算机信息系统安全的规定;强化了互联网服务提供者的网络安全管理责任;对网络上具有帮助他人犯罪的属性的行为,专门作为犯罪独立加以规定;进一步完善了出售、非法提供公民个人信息的犯罪;对在信息网络上编造虚假的险情、疫情、灾情、警情这样四种比较容易引起社会恐慌的谣言的行为,以及明知是这些谣言而传播的行为,增加规定为犯罪;对泄露依照法律规定不公开审理的案件中不应当公开的信息的行为作了犯罪规定等。可以肯定,随着科学技术的飞速发展,全球范围内的相互交往愈加密切,公害犯罪会处于山洪暴发的态势,立法永远赶不上现实的变化,因此,我们虽然难以预估公害犯罪的其他新形势的出现,但可以确定的是,基于破坏人类密切依赖的各种环境而形成公害媒介的犯罪模式,是公害犯罪的主要特征,并不会发生改变。

二、公害犯罪的研究路径

目前学界对公害犯罪的研究并不成熟,这不仅在于研究力量投入的不足,更在于公害犯罪正处于一种不断发展的阶段,并以缤纷不断的方式呈现出不同的面貌,既让人无法捉摸,更让人防不胜防。

公害犯罪是作为一系列犯罪的统称,然公害个罪却往往分散于《刑法》的各章节中,有着不同的犯罪客体,不同的犯罪主体和不同诉求的被害人,犯罪行为出现在各种领域,有着完全不同的犯罪客观表现,并囊括了各种罪

---

① 快播公司自 2007 年 12 月成立以来,通过向国际互联网发布免费的 QVOD 媒体服务器安装程序(QSI)和快播播放器软件,为网络用户提供网络视频服务。上述被告单位及被告人在明知 QVOD 媒体服务器安装程序及快播播放器被网络用户用于发布、搜索、下载、播放淫秽视频的情况下,仍予以放任,导致大量淫秽视频在国际互联网上传播。2016 年 1 月,公诉机关指控构成犯罪……本案引发巨大关注。

魏则西事件,是指 21 岁的魏则西去世了。他罹患了滑膜肉瘤这种罕见的癌症后,多次求医没有效果,在百度搜索,被告知治疗滑膜肉瘤排名第一的是武警北京总队第二医院……后来,家人借巨款带他去武警第二医院治疗,尝试了肿瘤生物免疫疗法,治疗完成后出现肺部转移……之后死亡。其家属后来将武警第二医院和百度同时告上法庭。引发了民众对于互联网百度是否存在竞价排名欺骗网民以及医院是否具备资质,是否具有欺骗赚钱的质疑。

过形式。这让各种研究工作难以把握公害犯罪的规律,从而让公害犯罪的研究留下诸多的空白,也罔论理论体系的完整性。

立足于对中国司法实践的公害犯罪进行研究,运用传统的犯罪论架构进行探讨并不失为一种好的路径,因此本书将秉承中国传统刑法中的公害犯罪客体、公害犯罪客观方面、公害犯罪主体、公害犯罪主观方面、公害犯罪因果关系、公害犯罪的刑事责任这一固定顺序得以展开,而其中公害犯罪的主观方面、公害犯罪的因果关系、公害犯罪的责任追究将是研究的重点和难点所在。

有鉴于国内大多数刑事法学者所主张提倡的"刑事一体化"的研究范式,本书将刑法学、犯罪学、刑事政策学、刑事诉讼程序等内容融入某些问题的探讨中,以期将公害犯罪需要实体与程序、惩罚与教育、剥夺与修复等综合治理的理念逐步展开。

第二章 公害犯罪的客观性构成要件

公害犯罪不是某一具体的罪名,也不是某一具有同类客体的犯罪行为的简单集合,而是一系列以通过某种广为传播的公共媒介,对公众的生命、健康、生活舒适性及公私财产等刑法所保护的社会关系,构成重大侵害或威胁的犯罪行为的统称。公害犯罪的客观性构成要件,包括公害犯罪客体、公害犯罪客观方面以及公害犯罪的主体。之所以将公害犯罪主体纳入客观性要件中,原因在于犯罪主体相比以意识思维方式存在的主观方面,是一种客观性的存在。对于可能对传统犯罪理论有所突破的公害犯罪而言,客观性要件是认识主观要件的必要准备。

第一节 公害犯罪的客体[①]

犯罪客体是我国刑法保护的,而被犯罪行为所侵害

① 本书仍然沿用传统刑法学的犯罪构成要件约定成俗的说法,没有采纳将“客体”替换为“法益”的表述,尽管有学者认为,“犯罪客体是一个巨大而空洞的符号”,笔者仍坚持己见。参见杨兴培:《犯罪客体是一个巨大的空洞的符号》,载《中国刑事法杂志》2006 年第 6 期。

或者威胁的社会关系。[1] 公害犯罪的客体具有双重性，首先，是指公众（全人类）的生命健康、生活舒适性、公私财产安全等；其次，是与公众（全人类）的生命健康、生活舒适性、公私财产安全直接密切相关且具有广泛公共性的社会关系。前者是公害犯罪的本质特性，由公害犯罪共同具备；后者则体现了公害个罪的特殊性，由公害个罪另外具备，各具形态。

一、公害犯罪客体的特征

公害犯罪是一系列犯罪行为的统称，因此公害犯罪实际上是由多种犯罪共同组成的，这造就了公害犯罪客体的独特特征，即分散性与广泛公共性。

（一）公害犯罪客体的分散性

依据现有《刑法》分则体系，公害个罪是分散于不同章节的类罪之中的，这在客观上决定了公害犯罪客体的分散性，如污染环境型公害犯罪的客体是国家环境保护制度；生产销售伪劣产品型公害犯罪的客体是国家对产品质量的监督管理制度、市场管理制度和广大用户、消费者的合法权益；投放危险物资的公害犯罪其客体是公共安全。就本质而言，某种犯罪行为之所以被纳入公害犯罪的范围，在于这些犯罪的客体与公众的生命健康、公私财产、生活舒适性等密切相关，因为这些社会关系一旦遭到侵害或威胁，公害后果就会随之而来，例如侵害产品质量的监督管理制度，就会导致不符合质量标准的产品广为传播开来，从而造成大规模的人员伤亡或财产损失，典型的如“三聚氰胺毒奶粉事件”“山西疫苗事件”。因此，只要是保护公众的生命健康、生活舒适性、公私财产安全等生存、生活要素，并具有广泛公共性的社会关系，都可以纳入公害犯罪的客体之中。

公害犯罪客体的分散性充分体现了公害犯罪爆发途径的多元性。从过错的角度而言，公害事故已完成由原来的无过错或者过错无法定性的“生产过程型公害事故”向“安全事故型公害事故”以及“故意违法型公害事故”的扩张，并由此产生“安全事故型公害犯罪”以及“故意违法型公害犯罪”。安全事故型公害犯罪，是企业、个人在生产、运输等过程中由于违反法律法

---

① 马克昌主编：《犯罪通论》，武汉大学出版社1999年版，第113页。

规、规章制度,致使发生重大的安全事故,进而导致公害事故的犯罪行为,如重大责任事故罪,污染环境罪,危险物品肇事罪。就犯罪客体所体现的本质而言,该型公害犯罪是通过侵害生产、作业的安全规范,进而对公众的生命、健康,以及公私财产安全造成侵害和威胁。“故意违法型公害犯罪”是企业或个人在生产、运输、存储、销售等过程中,故意违反法律法规、规章制度,而致使发生重大人员伤亡、财产损失的犯罪行为,如非法采集、供应血液、制作、供应血液制品罪,非法处置进口的固体废弃物罪等。“故意违法型公害犯罪”所侵害的客体尤其的复杂,除了公共安全之外,还包括国家关于医疗卫生管理制度、国家环境保护制度、产品安全制度等。

公害犯罪客体的分散性是公害犯罪爆发领域不断扩张的结果,同时也是科技、经济、社会发展的必然趋势。实际上,公害犯罪的概念是起源于自然环境领域的,其原因就是因为自然环境领域对人类的生存密切相关,并在很大范围内对大多数人健康、生命,以及公私财物构成侵害和威胁,例如河流、大气对污染物具有很强的传播力,从而能致使对流域大面积内的环境、人员、财产等构成重大的威胁。随着商品经济、物流科技、医疗科技、网络媒体的发达,原来不具有广泛传播力的“有害物质”因此具备了充分的“公害品质”,并产生比“环境犯罪”更为严重的后果,如在非法的采血、买血的活动中,由于采血设备的不卫生直接导致艾滋病的大为传播直接出现诸多的“艾滋病村”;又如疫苗储存运输程序出现问题,导致问题疫苗在大范围内肆虐,产生各种著名的“疫苗事件”;再如在食品中添加危险物质,直接导致在该食品流通范围内的大面积伤亡公害事故,即“三聚氰胺毒奶粉事件”“瘦肉精事件”等。

(二)公害犯罪客体的广泛公共性

由于我国刑法罪名的分配体例,导致了公害犯罪客体的分散性,这是立法原因所致,但公害犯罪的出现让这些分散在不同位置的犯罪客体具备了共性,即客体的广泛公共性。广泛公共性是指其所保护的社会关系在较大时间和空间范围内,被公众所共同直接依赖,并与公众的生命健康、生活舒适性、公私财产安全等生存、生活要素直接密切相关。

公害犯罪客体的“公共性”特征,首先在于其所保护的社会关系与人的“生命健康、公私财产、生活环境的舒适性”相关,而且这种关联性是有着

“密切性”与“直接性”的。所谓的“密切性”在于人类对这种“社会关系”所保护的对象有着强大的依赖性。无论是处于人类社会的何种时期，人类是无法离开食品和环境而生存的，因此人类对环境保护和食品安全有着非常强的依赖感；随着科技和社会的进步，越来越多的事物成为人类所必须依赖的，如近来频发的卫生防疫事故已经告诉人们，公共医疗卫生的安全已经成为人类所必须依赖的重要社会关系。需要强调的是，从这个标准来看，经济犯罪尤其是金融犯罪，也是将要符合这种密切性的，但我们认为仅仅通过单纯的经济金融活动而危害“公众生命健康、公私财产，生活环境舒适度”的经济犯罪行为，如破坏金融管理秩序罪，妨害对公司、企业的管理秩序罪，扰乱市场秩序罪，在现行条件下与公害犯罪的理念还尚有一定的差距，目前还不宜纳入至公害犯罪的范畴中。① 所谓的“直接性”在于行为的该种客体一旦遭到严重侵害或威胁，就必然引发或可能引发危及“生命健康、公私财产、生活环境的舒适性等生存、生活要素”的公害事故，如食品安全管理制度、公共医疗卫生安全管理制度、环境保护制度等。此外，在刑法中虽然有大量行为具有公共性，但其并不与“公众的生命健康、公私财产、生活舒适性等”直接密切相关，如妨害国(边)境管理秩序罪的客体是国家的国边境管理秩序；危害税收征管罪的客体是国家的税收征管制度，这无疑是具有公共性的，但其却不与人的“生命健康、公私财产、生活舒适性等”直接相关，因此不属于公害犯罪。

公害犯罪客体的“广泛性”，在于其保护的社会关系所面对的“公众”已经不再是简单的“多数”或“不特定”的人，而是在较长时间或较大空间范围共享某一媒介的多数且不特定的人，他们所承受的“恶害”会让“全人类”感到恐慌或感同身受，这是公害犯罪区分危害公共安全罪在客体上的重要表征。换言之，公害犯罪的客体公共性不再是传统危害公共安全罪中“屈指可数”的多数，而一种是超越行政区划、超越地域局限的非常广泛性，一定程度上其是以捍卫“全人类”的安全感为目标宗旨，最典型的如自然环境犯罪，正是因为“自然环境是全人类所共享”的意识最早被人所认可和接受，

---

① 随着人类对经济活动依赖程度的加重，导致严重经济危机而使公众财产受损害的行为，能否纳入公害犯罪中，也是完全值得思考的。

所以早期的公害犯罪就是环境犯罪的代名词。随着科技的发达以及社会各种因素变迁，人类之间交流非常频繁，一些“恶害”已经不再仅限于某个地区或少数群体所单独承受，而是成为全人类在不同程度上共同的直接或者间接的承受，例如一个地区爆发公共医疗卫生防疫事故，全人类就会为之陷入大规模的恐慌，如早前的疯牛病、口蹄疫，稍早前的非典型肺炎，至今频发的禽流感、甲流等，这些事件不再仅仅是某个国家报端的新闻，而是被全世界的媒体所共同关注的焦点，这些公害事件处理的背后不再仅是一地区或一国最高行政机构的事项，甚至都有联合国组织的积极介入。就中国而言，近期发生的“毒奶粉”事件、“问题疫苗”事件、“艾滋病村”事件等，其背后也都有联合国组织的身影，正说明这些事件所侵害客体已经不仅仅是受害人本人的权益，而是关乎全人类在相关领域的安全感。

(三)公害犯罪客体的多元性

立法原因带来的客体分散性，以及公害犯罪客体所具备的广泛公共性，公害犯罪客体的多元性也就是其中的应有之义了。因此，对公害犯罪的客体进行罗列分析是对犯罪客体多元性的展示，同时，通过对公害犯罪客体的多元性背后所透露出的发展趋势进行展望也是十分的必要。

1. 社会的公共安全

社会的公共安全，即多数不特定人的生命、健康和公私财产安全，这是公害犯罪的必要性客体之一。① 这里的多数特定人，应当是具有非常的广泛性，客体的对象仅有地区限制力而无区域外影响力的，仅仅是普通危害公共安全罪的客体，而不属于公害犯罪的客体。司法实践中，就有不少公害犯罪案例的犯罪人被直接以危害公共安全罪的个罪来追究刑事责任，如“毒奶粉”事件中张玉军等人就被判“以危险方法危害公共安全罪”。

2. 国家的商品质量的监督管理制度

国家的商品质量的监督管理制度，这里的商品以各种在市场中流通或者高度可能进入市场流通的产品为主体，包括食品、药品、化肥、农药、种子、化妆品等。国家的产品质量的监督管理制度已经与公众的生命、健康、公私财产安全以及生活的舒适性密切相关，由于商品经济的发达，人类对市

① 公害犯罪的必要客体还有公众生活的必要舒适性。

场行为的依赖程度已经越来越高,绝大多数的人都在依靠购买来的产品来生活与生存,而伪劣、不合格产品一旦进入流通领域,其给公众带来的伤害就难以估量。司法实践中,“毒奶粉”事件、“地沟油”事件中就有不少人以生产、销售伪劣产品罪,生产、销售有毒、有害食品罪等生产销售伪劣商品罪而被追究刑事责任。

3. 公共医疗卫生的管理秩序

公共医疗卫生的管理秩序,尤其是防控疾病传播的公共医疗卫生秩序。疾病是剥夺人类生命,侵害人类健康的最主要的一种威胁,而病菌、病毒有其非常特殊的传播渠道,一旦爆发公共医疗卫生事件将对公众的生命健康造成侵害,对公众的安全感也有严重的威胁,如禽流感、非典型肺炎等。因此公共医疗卫生管理制度是关乎公众的生命、健康、公私财产安全以及生活舒适性的非常重要的环境因素。从实践情况来看,严重公共医疗卫生领域的公害事故的背后都有危害公共医疗卫生罪的身影,如“艾滋病村”事件中,就有多人涉嫌非法采集血液罪,或采集血液事故罪。

4. 环境资源保护秩序

环境资源保护秩序,又可分为环境保护秩序与资源保护秩序。环境保护制度在公害犯罪客体中有特殊地位,因为地球上的自然环境为人类所共同享有,自然环境中的任何一个部分,包括动物、植物、水体、山川,都与人类生活的家园休戚与共。因此,任何一种防止物种灭绝,防止植被破坏,防止土地退化,防止矿藏资源破坏等对自然环境和资源的保护制度,都是公害犯罪的客体。

5. 国家公务的正当性和有效性

国家公务的正当性和有效性之所以被纳入公害犯罪的客体,在于特定职责的国家机关工作人员,在履行职责的过程中滥用职权、玩忽职守,已经成为导致公害事故发生的标配原因。在我国的司法实践中,每起公害事故的爆发都有公务机关或国家工作人员的渎职,刑法为了避免类似“毒奶粉”事件而设立“食品监管渎职罪”。波及面广、性质恶劣的“山东疫苗案”被国务院定性为一起严重违法犯罪行为……并指出该案件暴露出疫苗质量监管和使用管理不到位、对非法经营行为发现和查处不及时、一些干部不作为、监管和风险应对机制不完善等突出问题,教训深刻。国务院指示要坚决依法严惩违法犯罪和失职渎职行为。① 可见,国家工作人员的渎职行为与公害犯罪的发生有相当的关联。

此外,公害犯罪客体的多元性同时也是公害犯罪客体的扩张性所致,由于公害犯罪形式的推陈出新,可以预期有其他的犯罪客体因为与公众的生命、健康、公私财产安全以及生活的舒适性密切相关,而成为公害犯罪的新的客体。例如,当人类对经济、金融的依赖程度不断提高,引发金融危机或区域性金融危险的金融诈骗犯罪,也是可以纳入公害犯罪的范围之中的。

二、公害犯罪的行为对象

犯罪对象是指刑法条文规定的犯罪行为所作用的客观存在的具体人或具体物。大多数具体的犯罪行为,都直接作用于一定的标的,使之发生一定的改变,使刑法保护的社会关系受到危害,进而阻碍、影响社会的正常运行,对社会造成危害。公害犯罪之所以能够在非常广泛的范围内对"公众的生命健康、生活舒适性、公私财产安全"造成侵害和威胁,就在于公害犯罪行为并不直接作用于被害人,而是因为其行为对象是人类所紧密依赖的并能广泛传播的媒介性事物,通过这些媒介事物强大的传播功能,对传播范围内的人类社会造成强大破坏。

(一)公害犯罪行为对象的媒介性

从已经发生的公害事故来看,所有公害犯罪的对象都有其非常鲜明的媒介特征。所谓的媒介,是介于传播者与受传者之间的用以负载、传递、延伸特定符号和信息的物质实体。公害犯罪的媒介(以下简称"公害媒介")是连接公害犯罪行为和被害人之间的必要纽带,正由于这种媒介的存在,让公害犯罪呈现出隐蔽性、广泛性特征。那么,公害犯罪的媒介究竟具有什么样的属性,下面的分析将进一步揭开其面纱。

1. 公害犯罪媒介的属性

在媒介的属性上,公害犯罪的媒介目前可主要分为自然环境媒介、卫生环境媒介和市场环境媒介三大类,这里尤其值得我们注意的是"环境"一词在媒介中的应用,这也是在讨论公害犯罪媒介的类型前,而必须讨论公害犯

---

① 参见《山东疫苗案处理结果公布》,载中国政府网2016年4月13日。

罪媒介属性的原因所在。在传统意义上,环境犯罪是特指以自然环境中的物质为对象的犯罪,而且环境犯罪在一定程度上也就成为公害犯罪的代名词;但公害犯罪媒介概念的应用,有必要对“环境”一词在公害犯罪领域的应用做出广义的定义解释,而这也有利于对新时期公害犯罪本质的形象化理解。

环境犯罪中的“环境”一词,是狭义的“环境”,仅指相对于人类这个主体而言的一切自然环境要素的总和。广义的“环境”既包括以大气、水、土壤、植物、动物、微生物等为内容的物质因素,也包括以观念、制度、行为准则等为内容的非物质因素;既包括自然因素,也包括社会因素;既包括非生命体形式,也包括生命体形式。在习惯上,人们主要将环境分为自然环境和社会环境,前者指环绕于人类周围的自然界,包括大气、水、土壤、生物和各种矿物资源等,自然环境是人类赖以生存和发展的物质基础;后者是指人类在自然环境的基础上,为不断提高物质和精神生活水平,通过长期有计划、有目的的发展,逐步创造和建立起来的人工环境,如公共医疗卫生系统,商品经济系统等。《环境保护法》从法学的角度对环境概念进行阐述:“本法所称环境是指影响人类生存和发展的各种天然的和经过人工改造的自然因素的总体,包括大气、水、海洋、土地、矿藏、森林、草原、野生生物、自然遗迹,人文遗迹、风景名胜区、自然保护区、城市和乡村等。”这虽然是采取了一个狭义的概念,但却道出了环境的本质所在——“影响人类生存和发展”。

之所以将“环境”(广义)作为公害犯罪的媒介,就在于其“影响人类生存和发展”的这一本质性要素。因为这种媒介是人类日常生活当中所必须依赖和接触的,甚至离开这种媒介人类已经无法正常的生存和发展。正因如此,自然环境被无可争议的成为公害犯罪,但不仅自然环境是人类日常性接触和依赖,其他人为的社会环境随着社会、经济、科技的发展已经为人类所紧密接触和依赖。由于人口越来越聚集,尤其是在城市中形成大规模的聚集,社会环境已经成“影响人类生存和发展”的紧密依赖性因素。例如,大量的人群已经无法通过自给自足来保障食物来源,保障食品安全的商品流通和监督环境,不仅为人类所紧密性依赖,更是日常性的必须接触性要素,而这些人类紧密性依赖、日常性接触的不可或缺的媒介,成为公害犯罪传播的良好途径。

因此,也可以毫不夸张地说,现在对公害犯罪的定义只是从原来仅包含自然环境的"狭义"的环境犯罪,变成如今涵盖自然环境、公共医疗卫生环境以及市场经济环境的"广义"环境犯罪。

2. 公害犯罪媒介的类型

如上所述,公害犯罪的媒介在属性上可主要分为自然环境媒介、公共医疗卫生环境媒介、市场经济环境媒介三大类。

(1)自然环境媒介。自然环境是环绕人们周围的各种自然因素的总和,如大气、水、植物、动物、土壤、岩石矿物、太阳辐射等,这些均是人类赖以生存的物质基础。以自然环境为媒介的公害犯罪,是对自然环境中的物质要素实施污染、破坏行为的公害犯罪,主要有两种方式:一是环境污染;二是生态资源破坏。环境污染型公害犯罪,是指自然的或人为的向环境中添加某种物质而超过环境的自净能力而产生危害的犯罪行为,依据犯罪的对象要素可以主要分为大气污染、土壤污染、水体污染,以及其他污染(噪音、放射性)。通过环境污染而爆发的公害犯罪是最常见的公害犯罪情形之一,如"紫金矿业污染事件""松花江污染事件"等,在《刑法》中直接表现为污染环境罪,非法处置进口的固体废物罪,擅自进口固体废物罪等。生态破坏型公害犯罪,是指不合理地开发、利用造成森林、草原、矿产等自然生态资源环境遭到破坏,从而使人类、动物、植物的生存条件发生恶化的犯罪行为。《刑法》中是有大量罪名规范该种犯罪的,非法捕捞水产品罪,非法猎捕、杀害珍贵、濒危野生动物罪,非法狩猎罪,非法占用农用地罪,非法采矿罪,破坏性采矿罪,非法采伐、毁坏国家重点保护植物罪,盗伐林木罪,滥伐林木罪,环境监管失职罪。

(2)公共医疗卫生环境媒介。卫生环境,是指人类身体活动周围的所有环境内,控制一切妨碍或影响健康的因素。卫生环境之范围非常复杂而广泛,其内容大致包括:饮水卫生、废污处理(包括污水处理、垃圾处理)、食品卫生、病媒管制、工业卫生、公害防治(包括空气污染防制、水污染防治、噪音管制等)、房屋卫生等。环境卫生的问题实际上是自然生态系统转化为人类生态系统过程中的问题,广义上的卫生环境的内容是包含对自然环境污染的防范。但在公害犯罪领域,作为媒介的卫生环境仅仅指公共医疗卫生环境,公共医疗卫生的具体内容包括对各种疾病,尤其是传染病(如结核、艾滋病、SARS 等)的预防、监控和医治;对食品、药品、公共环境卫生的监督管制,以及相关的卫生宣传、健康教育、免疫接种等。以公共医疗卫生环境为媒介的公害犯罪,是违反卫生管理法规,对公共医疗卫生环境中的要素加以破坏的公害犯罪行为,如"艾滋病村"事件中,就是由于非法采血的过程中,没有对采血设备进行清洁消毒而导致艾滋病病毒的广为传播;在应对 SARS 事件与甲型流感事件的过程中,司法机关也都有出具司法解释对故意和过失导致病毒或疾病传播的行为予以追究刑事责任。以公共医疗卫生环境为媒介的公害犯罪在刑法中往往表现为,妨害传染病防治罪,传染病菌种、毒种扩散罪,妨害国境卫生检疫罪,非法采集、供应血液、制作、供应血液制品罪,妨害动植物防疫、检疫罪,动植物检疫徇私舞弊罪,动植物检疫失职罪,传染病防治失职罪等。

(3)市场经济环境媒介。市场经济环境是指影响产品生产和销售的一系列因素。产品是指能够提供给市场,被人们使用和消费,并能满足人们某种需求的任何东西,包括有形的物品、无形的服务、组织、观念或它们的组合。因为人类对市场经济依赖程度的提高,产品安全成为公众生活中不可或缺的必要内容。如今的市场是一切交易行为的统称,其范围从传统市场,扩大至股票市场、期货市场等诸多领域。但在公害犯罪中,市场经济环境中的因素仅包含传统市场中的产品的生产、销售,以及与之相关的原料采购、产品运输、保管等环节,其中的任何一个环节受到侵害,就会导致有害性产品流入人类社会,进而发生公害事故。从司法实践来看,"毒奶粉事件""地沟油事件"等,都是通过产品进入市场流通,而在大范围内对公众的生命、健康造成巨大的伤害。在《刑法》中,以市场经济环境为媒介的公害范围,主要有生产、销售伪劣商品罪,生产、销售伪劣产品罪,生产、销售假药罪,生产销售劣药罪,生产、销售不符合安全标准的食品罪,生产、销售有毒、有害食品罪,生产、销售不符合标准的医用器材罪,生产、销售不符合安全标准的产品罪,生产、销售伪劣农药、兽药、化肥、种子罪,生产销售不符合卫生标准的化妆品罪。

除了上述的三种媒介在《刑法》分则中有相应客体来涵盖具体的犯罪行为外,还有其他客体的犯罪行为也是可以通过上述媒介来达到公害犯罪的目的。如投放危险物质罪、过失投放危险物质罪、以危险方法危害公共安全罪、过失以危险方法危害公共安全罪就可以通过市场经济环境媒介或公共医疗卫生媒介来实现,而破坏交通设施罪、破坏电力设备罪、破坏易燃易爆设备罪、过失损坏电力设备罪、过失损坏易燃易爆设备罪、危险物品肇事罪、消防责任事故罪等则是可以通过自然环境媒介等来实现公害犯罪。同时,公害犯罪也一直以扩张的状态出现,例如互联网新媒体作为一种新兴传播形式,具有传统媒介无法比拟的优势,体现在传播多元化、个性化、交互性、快速性、广泛性和全球性、开放性、丰富性等特点,网络犯罪应运而生,因此这份犯罪清单并不是封闭着的。

(二)公害犯罪对象的广为传播性

公害犯罪是通过公害媒介向公众传播某种恶害的,而真正能达到"公害"的结果,则在于这种媒介能够大范围的广为传播。

1.传播的方式非常隐蔽

传播方式的隐蔽性是公害媒介能够将某种"恶害"予以广泛传播的首要原因,在自然环境、公共医疗卫生环境、市场经济环境中的任何要素,都具有非常强的隐蔽性的。

在自然环境的要素中,水流、大气就是非常良好的传播性媒介,尤其是大气和水流被普遍污染的今天,人们对污染的麻痹而忽视掉那些达到犯罪级别污染。同时许多环境污染甚至让人体无法直接感觉,如某些黑心企业往地下水排污,而地下水系统的难以被发现,其后果之严重难以想象;有的污染即便人置身其中也是无法发觉,如放射性污染这类无色无味的致命性污染。此外,环境污染的鉴定本来也是一件颇具科技含量的"技术活",在没有得出确切的结论前,犯罪人和被害人也往往同样处于"麻痹"状态,放松对公害媒介的防范。

在公共医疗卫生环境的要素中,以病菌、疾病为代表的公害媒介,其隐蔽性则更加突出。病菌不为肉眼所察觉,疾病在一些相同症状的掩盖下,也容易被忽视。更令人忧虑的是,一些被公众赋予信任的公共医疗卫生机构,由于违反医疗卫生安全的规章制度,让某些医疗行为成为公害媒介的传播途径,如"艾滋病村"就是因为在采血设备被污染而没有被及时发现和制止,导致艾滋病毒在卖血者中广泛传播,产生了一个又一个"艾滋病村"。

在市场经济环境的要素中,假冒、伪劣、有毒、有害的物质被包装成各种各样的食品、化妆品、家电等生活必需品,在市场上广为的流通,让被害人毫无防备的接受他们。婴儿对奶粉紧密依赖,但根本没有发现问题的能力;人们在品尝食物的美味时,也是同样无法发觉其中的"地沟油"。与其他的公害媒介一样,假冒、伪劣、有毒、有害的产品即便造成严重的后果,由于被害人在同时期可能接受了多种其他产品,因此也非常难以发现究竟是何种产品致害的。同时,产品的制造者也往往基于自身的利益,通过各种手段掩盖产品的问题,从而让公害媒介信息没有被及时得到公布。

2. 传播的途径非常畅通

公害媒介传播途径的畅通性,既有公害媒介自身的原因,如隐蔽性、自然性;还在于国家机关在防范公害犯罪时的应对不足,多种因素让公害媒介通过其传播渠道非常容易的到达受害者。

公害媒介的隐蔽性让其在传播的过程中表现为自然性的一面,这种自然性源于人类对自身所处环境的高度依赖感,并对环境中的要素有种自然而然接受的本能。比如,公众对流通中食品的接受就是基于本能市场行为和身体需要的驱动,而不会考虑食品是否有毒、有害;公众对药物的接受是基于身体健康以及对医疗行为信任的本能,也不会过多考虑药物是否合格;而公众对于自然要素的取得更加是一种自然的本能,甚至是一种无法抗拒的本能,如呼吸、饮水、水产养殖、花卉栽培等,即便其中的介质遭到污染破坏,如受污染的大气水流,人们也是自然性的接受而无法抗拒其害。

面对公害媒介的自然性和隐蔽性,人类社会不得不酝酿出一套防御体系,在自然环境领域,形成环境资源保护制度;在公共医疗卫生环境领域,构筑出医疗防疫卫生体系;在市场经济环境领域,形成产品质量监督体系,以保障公众的生命、健康、生活舒适性以及公私财产的安全。但这套系统却是十分的脆弱,一旦防御体系中个别环节出现问题,公害媒介就会轻而易举地在人类社会进行破坏。可见,国家的监督管理制度的失效或者漏洞,是多数公害媒介传播的必要条件,就公害犯罪而言,对于公害介质传播途径的防范与公害介质产生源头的防范是同等的重要。

3. 传播的范围非常广大

公害媒介由于其发生的隐蔽性、缓慢性,以及扩散渠道畅通,其传播范围是非常的广大，这表现为空间上的宽广和时间上的长久。

在空间上，公害媒介在其所及之处大肆破坏，导致其破坏范围在空间上十分巨大，这是一种超越地理界限的传播，让整个人类世界都置于其威胁之中。在自然环境型媒介中，不但环境事故发生地域的公众受此影响，而且在气候、水流互通流动的作用下，直接导致整个地球的环境不分国界的成为一个整体。巴西雨林的大火会导致世界性的气候变迁；日本福岛的核泄漏事故，导致整个东亚地区乃至太平洋地区均受到核辐射的冲击和影响；苏联的"切尔诺贝利核电站泄漏事件"则是席卷整个欧洲，让全世界陷入惊慌和恐惧。在公共医疗卫生环境型媒介中，病菌、病毒在其可能接触到人群中传播，并因为人群的迁移到达病菌携带可及之处。在历史上，1348 年的欧洲大鼠疫夺走欧洲 2500 万人的生命，使欧洲人口锐减 1/3；从欧洲带到美洲的天花病毒，使南美大陆上的玛雅文明灭绝消失；明崇祯十六年，瘟疫肆虐中国华北，"朝发夕死""一家尽死孑遗"，仅仅北京损失人口达 40% 之众。历史上的这些教训不胜枚举，即便到今日，公害媒介的传播更让人心有余悸，2003 年的"非典"病毒更是将中国，乃至世界都笼罩在 SARS 的阴影之下，而来自国外的甲流、禽流感等，在肆虐全球时也将中国波及其中，损失惨重。在市场经济型媒介中，公害媒介则是将产品的流通领域纳入其施害的范围，如日本的"米糠油事件"就波及日本 20 多个府县，使整个日本陷入一片混乱；"三聚氰胺毒奶粉事件"实际上波及了包含港、澳、台在内的全中国各省市、地区，而其他国家，如孟加拉、缅甸等国，也实际上受到不同程度的影响。

在时间上，由于公害媒介的隐蔽性、缓慢性，其持续时间会相当的长久，甚至直到事态的严重恶化才为人所察觉。这是环境型公害事故的典型表现，如伦敦烟雾事件、北京 PM2.5 事件等，因为长期的环境污染逐渐积累，最终成为重大的环境事故。在食品和卫生领域，这样情况是有过之而无不及，"毒奶粉事件"肆虐了将近三年，山西问题疫苗也是危害了长达四年时间，"艾滋病村"的艾滋病毒已经肆虐了十余年，而且几乎无法予以治愈。

第二节　公害犯罪的客观要件

犯罪客观方面,是指刑法所规定的、说明行为对刑法所保护的社会关系造成侵害的客观外在事实特征。公害犯罪的客观方面,表现为违反国家规定,破坏公众所处的自然环境、公共医疗卫生环境以及市场经济环境中的要素,产生公害媒介,足以导致恶害广为传播,威胁公众的生命、健康、生活舒适度以及公私财产安全的行为。犯罪客观方面的要件具体表现为危害行为、危害结果,以及行为的时间、地点、方法(手段)、对象。由于在公害犯罪的客体中,已经对公害犯罪的行为对象有了良好的阐述和铺垫,因此本书将从危害行为和危害结果两个方面对客观方面展开论述。

一、公害犯罪的危害行为

公害犯罪的危害行为是指违反国家规定,破坏公众所处的自然环境、公共医疗卫生环境以及市场经济环境中的要素,产生公害媒介的行为。因此公害犯罪的危害行为实际上就有“违反国家规定”“破坏环境要素”“产生公害媒介”三个主要要素构成。

(一)公害犯罪所违反的国家规定

应当而言,除极为个别的情形外,公害犯罪是具有很强的行政从属性,[①]这与公害犯罪所侵害的对象是与人类生存与发展密切相关的各种环境有关。国家(乃至全人类社会)为了社会的发展,往往允许一定危险、有害或破坏的行为在合理的范围内存在(如排污、采矿、伐木、培育毒种等),同时为了保障公众生命、健康、生活舒适度,则制定大量的社会防御体系(公共医疗卫生体系、质量监督体系、环境保护制度),以防止危险的扩大导致公害结果的产生。因此,公害犯罪行为都必然有违反某种制度作为前提,随着威胁或侵害的社会关系达到广泛性,就会产生公害犯罪,而明确公害犯罪所违反的国家规定,也有助于有效地规制公害犯罪。至于具体的法律法

---

① 唐敏:《公害犯罪问题初探》,载《文史博览》2007年第5期。

规可以依据公害犯罪媒介的类型和《刑法》第 96 条"本法所称违反国家规定,是指违反全国人民代表大会及其常务委员会制定的法律和决定,国务院制定的行政法规、规定的行政措施、发布的决定和命令"来确定:

1. 环境保护的法律法规。环境保护制度是指人类为解决现实或潜在的环境问题,协调人类与环境的关系,保障经济社会的可持续发展的一切法律法规的总称,涉及工程技术、行政管理、法律、经济等诸多方面。从法律的渊源看,环境保护的根本法依据有《宪法》(第 9、10、26 条等),基本法有《环境保护法》,单行法规有环境资源保护类法律和污染防止类法律,和其他法律中环保条款。其中,环境资源保护类法律如《草原法》《水法》《煤炭法》《海洋环境法》等;污染防止类法律如《水污染防治法》《节约能源法》《可再生能源法》《标准化法》;其他法律中的环保条款,如《城乡规划法》《行政强制法》《行政许可法》中的环保条款等。此外,如果有国内法律的明确指示外,相关的国际保护公约也是可以成为作为指引公害犯罪的前提规范。

2. 公共医疗卫生的法律法规。公共医疗卫生制度是指对各种疾病,尤其是传染病(如结核、艾滋病、SARS 等)的预防、监控和医治;对食品、药品、公共环境卫生的监督管制,以及相关的卫生宣传、健康教育、免疫接种等方面法律法规的总称。这些法律可以分为卫生防疫制度,如《传染病防治法》《艾滋病防治条例》《公共场所卫生管理条例》《职业病防治法》《国境卫生检疫法》《突发公共卫生事件应急条例》《食品卫生法》等;药品管理制度,如《麻醉药品和精神药品管理条例》《医疗用毒性药品管理办法》《药品管理法》《中医药条例》《放射性药品管理办法》等;医疗卫生制度,如《人体器官移植条例》《母婴保健法》;其他医事行政管理法律法规,如《医师外出会诊管理暂行规定》《执业医师法》《医疗事故处理条例》《医疗机构管理条例》。

3. 产品质量监督的法律法规。产品质量监督制度,是由产品质量监督机构、有关组织和消费者,按照技术标准,对生产领域、流通领域的产品质量(可能危及人体健康和人身、财产安全或影响国计民生的产品)实施监督,以维护用户和消费者的利益。产品质量监督检查制度的法律依据是国家现行有效的法律、法规,整体性的法律渊源包括《消费者权益保护法》《产品质量法》《工业产品质量责任条例》《国家监督抽查产品质量若干规定》,同时还有其他诸多的单行性法律法规,例如《种子法》《植物新品种保护条例》《药品管理法》《食品安全法》《药品管理法实施条例》《食品安全法实施条例》《医疗器械监督管理条例》等。

（二）公害犯罪的行为方式

前文中，公害事故可以依据的过错性质，分为“生产累积型公害事故”“安全事故型公害事故”以及“故意违法型公害事故”。“生产累积型公害事故”是指企业、个人在生产、运输等过程中，由于未能预测的原因，导致其所产生的危害物质累积致危险程度，从而产生公害事故的现象。这些公害事故的产生并非单一企业违规生产的结果，因为即便是在环境法规允许的范围内，而在政府、社会、企业为发展经济，且对危害预防有限的情况，而出现策略指导失误。“安全事故型公害事故”是指企业、个人在生产、运输等过程中由于违反法律法规、规章制度，致使发生重大的安全事故，进而导致公害事故的情形。“故意违法型公害事故”是指企业或个人在生产、运输、存储等过程中，故意违反法律法规、规章制度，而致使发生重大人员伤亡、财产损失的情形。该型公害事故是目前危害我国最严重的公害事故，其在于商家为了牟利或者降低成本，或故意违规操作，或在产品中掺假，甚至添加有毒有害物质；而政府部门正因为与违法商家有着千丝万缕的联系，放任其行为甚至故意帮助隐瞒，最终酿成大祸。

对于公害犯罪而言，如果能够从公害媒介类型的角度论述公害犯罪的行为模式，不但可以揭示公害犯罪的行为本质，而且能够衔接公害媒介的产生。根据公害媒介的不同，目前的公害犯罪的客观要件可以分为，破坏自然环境型、破坏公共卫生环境型以及破坏市场经济型三种方式。

破坏自然环境型公害犯罪的行为方式，表现为行为对自然环境中的要素，如大气、土壤、水流、生物等进行破坏。这里所谓的“破坏”是一种能导致“公害媒介”产生的实害，因为威胁不足以产生“公害媒介”。从行为的表现形式上看，破坏环境资源保护罪中的个罪就具备最典型的破坏自然环境型公害犯罪的客观要件，有三种表现形式，其一是环境污染型，如污染环境罪、非法处置固体废物罪、擅自进口固体废弃物罪等污染型犯罪；其二是资源破坏型，非法采矿罪、破坏采矿罪、滥伐林木罪；其三是生物多样性破坏型，如非法捕捞水产品罪、非法狩猎罪等。

破坏公共卫生环境型公害犯罪的行为方式，表现为行为对公共卫生环境中的物质性要素或制度性要素的破坏。其中制度性要素,如传染病防治制度、重大疾病治疗制度等;物质性要素,如医疗器械、医药制品等。从行为表现方式上看,以公共卫生制度为客体的犯罪行为,其客观要件均是典型的破坏公共卫生环境型公害犯罪的客观要件,如妨害传染病防治罪,传染毒病菌种、毒种扩撒罪,非法采集、供应血液、制作、供应血液制品罪。

破坏市场经济环境型公害犯罪的行为方式,表现为行为对市场经济环境中产品、商品要素的破坏。但这里的产品、商品要素,仅包括有形的物品,而不包括无形的服务(明知患有性病而卖淫或嫖娼的,是否属于公害犯罪值得考虑)、组织和观念;既可以在产品生产的过程中,也可以在商品流通的过程中进破坏。产品的生产、加工容易理解,商品流通的环节,中间可能要经历“生产者——批发商——零售商——消费者”多个阶段,也可能涉及运输、搬运、仓储等多个环节。从行为的表现方式上看,多数以产品质量监督、管理制度为客体的犯罪行为,其客观方面是典型的破坏公共卫生环境型公害犯罪的客观要件,如生产、销售伪劣产品罪,生产、销售假药罪,生产销售劣药罪,生产销售有毒、有害食品罪等。值得注意的是,破坏市场经济型公害犯罪的客观要件与破坏公共卫生环境型公害犯罪的客观要件,有诸多重合交融之处,如生产、销售假药罪,生产销售不符合标准的医用器材罪,生产销售劣药罪,生产、销售不符合卫生标准的化妆品罪等的客观要件,就是可以视不同情形——“公害媒介”分属于不同类型的公害犯罪。

但是上述三种类型的公害犯罪客观要件的表现形式,并不是以刑法分则类罪中的客体为依据,而是以公害媒介的产生为依据。危害公共安全罪中放火罪、爆炸罪、决水罪、投放危险物资罪等行为,对自然环境要素、公共卫生环境要素、市场经济环境要素的严重破坏是应有之义。如放火、爆炸导致重污染气体仓库爆炸,让有毒有害物体大为扩散成立破坏公共卫生环境型公害犯罪。向食品原材料中投放化学危险物质,该种食品进入市场进行流通,成立破坏市场经济型公害犯罪;如果向食品、化妆品中投放传染病菌,则也可能成立破坏公共卫生环境型公害犯罪。

此外,因渎职犯罪而导致公害媒介产生的情形,是最不容忽视的。从某种程度而言,没有国家机关工作人员的渎职,公害犯罪的媒介难以得到传播,渎职犯罪是公害犯罪中的相对犯罪。因此,环境监管失职罪、食品监管渎职罪、动植物检疫徇私舞弊罪、动植物检疫失职罪、放纵制售伪劣商品犯罪行为罪、传染病防治失职罪,也是公害犯罪客观构成的重要表现形式。

（三）公害媒介的产生

公害媒介是公害犯罪所破坏环境中的某种物质要素,是公害犯罪行为的发展结果。公害媒介的产生是公害犯罪客观方面的核心要素,也是判断公害犯罪行为是否成立的重要标准。公害媒介产生的方式各有不同,但其标准是一致的,即达到足以广泛传播的条件,进而对“公众的生命、健康、生活舒适性以及公私财产”构成侵害和威胁。

1. 破坏自然环境型公害媒介的产生

破坏自然环境型公害媒介,是指一种严重危害人类的生命、健康、生活舒适性以及公私财产的自然环境状态。从行为的表现形式上看,破坏自然环境型公害犯罪行为可以分为环境污染型、资源破坏型以及生物多样性破坏型。这三种不同类型的公害媒介的产生方式虽然不同,但其根本性原理是一致的,即公害媒介在环境作用下对人类社会构成广泛的侵害和威胁。

自然环境污染型公害媒介的产生是比较容易理解的,一旦自然环境中的水体、大气、土壤受到污染,那么受污染的水体、大气、土壤就会对生活在其中的人类以及其他与人类密切相关的生存要素构成威胁。但小范围内的污染,并不足以对公众的生命、健康、生活舒适性以及公私财产构成威胁,只有当污染达到一定的广泛性,在这广泛性范围内的自然环境才成为公害媒介。

自然资源破坏型公害媒介的产生则相对抽象,这必须从自然资源对环境的意义予以考察。因为几乎所有的自然资源都构成人类生存的环境因子,对自然资源的破坏就在于割裂人类与其必要生存要素的联系,因此自然资源受到的破坏本身就是一种恶害,当对自然资源的破坏达到大规模的标准时,自然资源破坏型媒介即可形成。

生物多样性破坏型公害媒介的产生与自然资源破坏性公害媒介相类似,这在于生物多样性本就属于自然资源中至关重要的一种,其对人类生存也具有非常重要的意义,发生作用的方式也与前者相类似,一旦生物多样性破坏在当地环境范围内就是一种广泛的传播。但该型公害媒介的产生标准则有很大不同,随着野生动物、植物资源的大规模锐减萎缩,非法狩猎、非法捕捞、盗伐珍稀动植物在形成公害媒介的规模标准必然大为降低,例如,对本就非常稀少的野生华南虎进行非法猎杀,那么仅仅一只华南虎的损失就足以对当地的生物多样性造成根本性破坏,那么一只华南虎的损失即可形成公害媒介。

2. 破坏公共医疗卫生环境型公害媒介的产生

破坏公共医疗卫生环境型公害媒介,是指能够让病毒、疾病在人类社会中广为传播的某种不合格的卫生环境。该种媒介的产生,主要从对公共医疗卫生环境的制度性要素和物质性要素进行破坏而产生的。

制度性要素的破坏,是行为对卫生防疫、重大疾病治疗、传染病治疗等医疗制度的破坏,如未按照规定进行检验检疫,或没有对防疫区内患病的家禽进行处理,导致卫生体系防御病毒或疾病的效能减弱,从而使公众置身于疾病侵害或威胁的境地。以这些被破坏的制度为核心的公共卫生环境,就成为公害媒介。

物质性要素的破坏,是行为对医用器材、药品等物质性要素进行直接的破坏,或未按规定使这些物质性要素达到法定的卫生标准,导致接触这类要素的公众感染病毒或加剧病情。因此,如果这些物质性要素是面向多数的不特定人,那么以该物质性要素为载体的公害媒介就可以形成。

3. 破坏市场经济环境型公害媒介的产生

破坏市场经济环境型公害媒介,是指能够让不符合国家标准的产品、商品,在人类社会中自由流通并危及"公众的生命、健康、生活舒适性以及公私财产"的市场经济环境。由于产品和商品是市场经济环境的核心要素,对市场经济环境要素的破坏,既可以在产品生产的过程中进行,也可以在商品流通的过程中进行。

其实不论是哪个阶段,只要形成一定规模数量不符合质量标准的产品或商品,并确定被广泛的流通传播,那么破坏市场经济环境型公害媒介就可以形成。从实践经验来看,这些不符合质量、卫生标准,甚至有毒、有害的产品,就是公害媒介最好的载体。

4. 渎职犯罪与公害媒介的产生

国家工作人员的渎职,往往是多数公害犯罪产生的必要辅助性要素,但在公害媒介产生阶段,国家工作人员并非都具有强大的控制力。因为公害媒介的产生是具有秘密性的，在其广为传播之前并无法被人所感知，除极个别情况外，国家机关只能对公害媒介的广泛传播而承担渎职责任。而且公害媒介是具有双重属性的，可以是一种实害状态，也可以是一种危险状态；而渎职罪犯罪多为结果犯，正阐释了这一点。

渎职犯罪多为结果犯，食品监管失职罪、环境监管失职罪、传染病防治失职罪等，均要求有严重的后果，因此仅仅产生某种作为危险状态的公害媒介，并不足成立渎职犯罪。但公害媒介成立，是渎职公害犯罪成立条件的一个重要参考。

二、公害犯罪的危害结果

这里的危害后果是基于广义的角度而言，既包括现实侵害事实，也包括现实危险状态。[①] 在犯罪的客观要件中，公害犯罪的危害后果，是指"足以导致恶害广泛传播，威胁或侵害公众的生命、健康、生活舒适度以及公私财产安全"。

（一）为什么是"足以导致恶害的广为传播"？

在我国刑法中，"足以"要素出现在危害公共安全罪、危害公共卫生罪、生产、销售伪劣商品罪中，如破坏交通工具罪、破坏交通设施罪，有"足以使火车、汽车、电车、船只、航空器发生倾覆、毁坏危险"的要求；生产、销售不符合标准的卫生器材罪，非法采集、供应血液、制作、供应血液制品罪，采集、供应血液、制作、供应血液制品事故罪，有"足以严重危害人体健康"的限制。"足以"，是指构成本罪并不要求实际上已经发生某种实害的结果，只要对某种实害结果的发生有一种"足以"的高度盖然性即可。[②] 在公害犯罪中的"足以"的原理是一样的，所处罚的是一种危险状态，而非实害结果。"足以导致恶害广泛传播"并不要求对人类不利的恶害因素的传播，只需让这种恶害处于足以广泛传播的危险状态即可。在公害犯罪中的"恶害"，是指某种有损害生命、健康、生活舒适度以及公私财产安全的不利因素，如疾

---

① 张明楷：《刑法学》，法律出版社 2011 年版，第 167 ~ 171 页。

② 高铭暄、马克昌主编：《刑法学》，北京大学出版社、高等教育出版社 2011 年版，第 360 ~ 362 页。

病、有毒伤害、病毒伤害等,这些恶害源自某种变异的环境要素对人类的作用,是构成公害媒介的核心要素,也是提出公害媒介概念的意义所在。

由于公害犯罪是一些犯罪行为的总称,因此公害犯罪的危害结果的确定,不但要与各种个罪的特殊性相联系,同时也要符合公害犯罪的一般属性。将“足以导致恶害广泛传播,威胁公众的生命、健康、生活舒适度以及公私财产安全”作为公害犯罪的结果,这既是对公害犯罪本质属性的总结,也是对公害个罪特殊性的照顾。绝大多数从公害个罪来看,既有结果犯也有行为犯;从公害犯罪的整体来看,公害媒介的形成也并不必然导致恶害的广泛性传播,但公害犯罪一旦爆发其造成的后果就十分严重,不仅如此,许多公害媒介的形成本身就是对法益的侵害。为了保护法益或预防犯罪,在恶害传播之前,对足以引起恶害广泛传播的公害媒介行为予以处罚也就成了合理。从各国刑事立法来看,风险的提前介入和法益的前置保护已经成为不可避免的事实。①

这里我们进一步举例予以证实,《刑法》第338条所列的“污染环境罪”的罪状就是,“违反国家规定,排放、倾倒或者处置有放射性的废物、含传染病病原体的废物、有毒物质或者其他有害物质,严重污染环境的”。这里并不要求有侵害“公众的生命、健康、生活舒适度以及公私财产安全”的结果,是在于人类对自然环境有着高度的依赖性,水流、空气的污染,生物多样性的破坏,即环境的恶化,就必然导致“恶害”传播,而不再仅是“足以”导致恶害的传播,所以说,在这种情形下,公害媒介的形成与恶害的传播是统一的。

但“破坏公共医疗卫生环境型公害犯罪”与“破坏市场经济环境型公害犯罪”中,公害媒介的形成与恶害广泛传播是相分离的,严格来讲,公害媒介的形成只是为恶害的传播提供前提条件。在“破坏公共医疗卫生环境型公害犯罪”中,《刑法》第330、331条“妨害传染病防治罪”“妨害国境卫生检疫罪”的程度标准就有“有传播严重危险”的要求;在《刑法》第334条“非法采集、供应血液、制作、供应血液制品罪”“采集、供应血液、制作、供应血液制品事故罪”也有“足以危害人体健康”的要求。逃避国家的卫生防疫制度,携带传染病菌入境,或者逃避对严重传染病的隔离治疗,都会构成对公

① 张勇:《药品安全风险的刑法调控》,载《河北法学》2012年第12期。

共卫生环境制度性要素的破坏或物质性要素的破坏,形成某种让病毒、疾病广为传播的高度可能性,但这种危险状态毕竟与实害后果有着很大的区别。在"破坏市场经济环境型公害犯罪"中,第140条成立"生产、销售伪劣产品罪"则仅有销售金额的要求,而没有对人体伤害的要求;第130条"生产、销售不符合安全标准的食品罪"则是有"足以造成严重食物中毒事故或者其他严重食源性疾病"的要求。可见,大量伪劣、假冒产品、商品的一旦生产、流通就可以形成公害媒介,尤其是已经进入流通领域的商品,对公害的传播提供了高度便捷的条件,但是其毕竟仅仅是存在危险的状态,最重要的是"恶害"并没有得到广泛传播,尚未侵害公众的生命、健康、生活舒适度以及公私财产安全。

因此,将公害犯罪的危害结果提前为"足以导致恶害广泛传播,威胁公众的生命、健康、生活舒适度以及公私财产安全",这既是对公害犯罪本质属性的总结,也是对公害个罪特殊性的照顾。

(二)"足以导致恶害广泛传播"与结果犯的协调

在公害个罪中,多数的犯罪行为是结果犯而不是危险犯,如果将公害犯罪的犯罪结果提前至危险状态而非实害结果,那么是否有违背罪刑法定原则,而扩大打击面呢? 这是本节所重点需要阐述的问题。在论述的展开之前需要明确的是,公害犯罪是一系列具有公害品质的犯罪行为的统称,而不是罪名的统称。因此,并非所有纳入公害犯罪范畴内的罪名的所有情形,都属于公害犯罪,当且仅当该种罪名符合"广泛的威胁或侵害公众的生命、健康、生活舒适度以及公私财产安全"的条件时,才构成公害犯罪。

1. "足以导致恶害广泛传播"的判断标准

公害媒介是衔接公害行为与公害结果的纽带,因此,公害媒介的形成就是"足以导致恶害广为传播"的本质性标准。因为公害媒介的形成可以为恶害的广泛传播提供较为充要的条件,并对公害犯罪的法益构成侵害或较为紧密威胁。但"公害媒介"的形成是一个较为抽象的概念,对"足以导致恶害广泛传播"的判断,还需要其他的参考标准,如数量、程度、范围等直观性判断标准。

(1)数量标准。对广泛传播的要求而言,数量是必备性要素之一,尤其是破坏市场经济环境型公害犯罪,恶害若通过商品渠道广泛传播,就必须要有一定数量的传播载体。当这些数量达到在一定区域内广泛传播的程度，则符合具备数量标准，这可以从流通数量、销售数额方面等到参考。

(2)程度标准。程度标准在破坏公共医疗卫生环境型公害犯罪中有特别的意义，对于急性传染型病毒、感染型疾病而言，数量标准是不具有决定意义的。实际上，只要这类病毒突破国家的卫生防疫体系，疾病的广泛传播就有了高度盖然性，如 SARS 病毒、禽流感病毒。因此对于这类公害犯罪应当依据国家防控疾病、传染病的要求，来确定犯罪后果的成立标准。

(3)范围标准。范围标准一般运用于破坏自然环境型公害犯罪中，可以是地理范围标准，也可以是人群范围。地理环境污染的范围，小的可以是一座村庄、一条溪流；大的可以是一座城市、一条河流，甚至可扩展到一个国家，乃至全球。人群范围并非简单的个人累加，而是个人或环境所辐射到人群，例如，受污染河流其流域中的人群，患有急性传染病的人所接触或可能接触的人群。

2. 作为公害条件的公害媒介与作为危害结果的公害媒介

“足以导致恶害的广泛传播”既说明了一种条件关系，也体现了一种结果现象。公害犯罪的结果与(普通)犯罪结果之间的关系在于，公害犯罪的结果肯定是一种犯罪的结果，但并非所有的犯罪结果都是公害犯罪的结果。公害媒介与犯罪结果之间存在三种关系，其一是作为公害犯罪条件而非犯罪结果的公害媒介；其二是作为普通犯罪结果而非公害犯罪结果的公害媒介；其三作为公害犯罪结果的公害媒介。第一种情形方便理解，这里我们主要论述后两种情形的公害媒介。

(1)作为普通犯罪结果的公害媒介。许多普通犯罪的结果，往往是成立公害犯罪的必要前提，某种意义上讲，公害犯罪的犯罪结果是普通犯罪结果的发展。在投放危险物资罪，行为人以公害犯罪的目的，向可能的食品原材料中投放了危险物质，即成立普通的投放危险物质罪，但由于这些原材料是否会被用于制作食品并不确定，暂不成立公害型投放危险物资罪，但一旦这些原材料被用作食品，则形成“足以导致恶害的广泛传播”公害媒介，这时的行为还仅仅是普通的犯罪结果。

(2)作为公害犯罪结果之一的公害媒介。在不少公害犯罪的情形中，公害媒介的形成与公害犯罪结果的成立是统一的，即在公害犯罪媒介形成的同时成立公害犯罪，而其他“情节严重”情形，则是“恶害广泛传播”的加重情形。如因非法采集血液而造成艾滋病毒广泛传播的公害犯罪情形中，《刑法》第334条只要有“非法采集血液，不符合国家规定的标准，足以危害人体健康的”就可以构成非法采集血液罪，这种普通情形的“非法采集血液罪”可能只是“对人体健康造成严重危害的”或“造成特别严重后果”的公害犯罪型“非法采集血液罪”的公害媒介，而不是公害犯罪结果。所以“足以导致恶害广泛传播，威胁或侵害公众的生命、健康、生活舒适度以及公私财产安全”作为公害犯罪的危害后果，与某些以实害状态为犯罪结果的公害个罪并不矛盾，更没有违反罪刑法定原则。

第三节　公害犯罪的主体

我国刑法中的犯罪主体，是指实施危害社会的行为依法应当负刑事责任的自然人和单位。公害犯罪的主体是指参与公害犯罪各个环节的自然人和单位。由于公害犯罪发生的范围广泛、时间跨度长，在公害媒介形成期间，会有多方主体参与其中，而且公害犯罪的形成，也往往是源自不同主体不同行为的加功，这导致公害犯罪主体的认定趋于繁杂，给公害犯罪追究带来很大的困难。多方主体参与必然导致犯罪主体在性质上的非常多元。绝大多数食品、药品的生产都不再由一个制造商包办完成，在整个生产链条中，原料、辅料、半成品、成品往往由不同的分工者完成，而成品制造商不过是整个生产环节的最后一环，在这种生产格局下，因原料商等其他分工者提供的原料、半成品存在重大质量缺陷，食品、药品制造商没有进行详尽的检查，致使生产出的食品、药品有严重品质缺陷，并造成消费者伤亡事故时，制造商是否有成立重大责任事故罪的余地以及在何种条件下成立重大责任事故罪，在刑法理论上，是一个极具争议的问题。① 从性质上看，公害犯罪的主体既可以是单位也可以是自然人；公害犯罪的主体既可以是一般主体

① 王海涛：《食品、药品事故中制造商刑事责任认定的难点探讨》，载《中国刑事法杂志》2010年第9期。

也可以是特殊主体；在特殊主体中，既有国家机关工作人员，也有特殊行业的要求。绝大多数公害个罪的自然主体，由普通主体构成；但有少数公害犯罪则必须由特殊主体构成。

一、公害犯罪的自然人主体

（一）特殊主体

1. 国家机关工作人员。渎职型公害犯罪，只能是由特定的国家机关工作人员构成。环境监管失职罪、食品监管渎职罪、动植物检疫徇私舞弊罪、动植物检疫失职罪、放纵制售伪劣商品犯罪行为罪、传染病防治失职罪均需要相应的国家机关工作人员构成。此外，其他一些危害公共安全罪，如危险物品肇事罪、重大责任事故罪也是由特殊主体构成。

2. 特定的专业人员。在公害个罪中，有大量的行为主体必须是特殊的专业人员，如传染病菌种、毒种扩散罪的主体是从事实验、保藏、携带、运输传染病菌种、毒种的人员；铁路运营安全事故罪的主体必须是铁路职工；重大飞行事故罪的主体必须是航空人员。

3. 特定的责任人员。在危害公共安全中的个罪多因为犯罪的后果导致某种公害媒介的产生，而被纳入公害犯罪的范畴。如重大劳动安全事故罪、大型群众性活动重大安全事故罪的主体就是直接负责的主管人员和其他直接责任人员。

（二）一般主体

公害犯罪的一般主体，往往视情形的不同会有一定的角色限制，而弄清楚公害主体的不同角色则有利于防范公害犯罪。在公害犯罪中，随着自然人主体的参与方式不同，一般主体是会表现为不同的角色。如在生产、销售伪劣商品的公害犯罪中，公害犯罪的主体就有可能涉及原料提供者、生产者、销售者、物流运输人员、仓储保管人员。

这里非常值得强调的一般主体，是从事物流快递的人员。[①] 因为随着物流事业的快速发展，物流已经成为人类生活中非常重要的依赖性因素，涉

---

① 《刑法修正案（九）》中，原来的邮电工作人员私自开拆、隐匿、毁弃邮件、电报罪的犯罪主体进行了扩大的规定。

及物流运输环节的各种人员在公害犯罪中的地位显得十分的突出。在山东圆通快递致人伤亡的事件中,由于工作人员在卸载由武汉发往潍坊的快件时,发生化学品泄漏,直接导致154件快件受到污染。在48小时内先后有17人中毒,其中有1人死亡,造成了非常大的恐慌。事件背后透露出了快递网络对“公众的生命、健康、生活舒适度以及公私财产安全”的特殊意义,因为其对广泛传播恶害有着非常便捷的渠道。所以对于一般主体而言,加强对特别主体的注意,乃至上升到立法规制,均是非常必要的。

二、公害犯罪的单位主体

在司法实践中,单位已经越来越成为公害犯罪的主要主体。实际上,要满足大部分公害犯罪的标准,尤其是破坏自然环境型公害犯罪和破坏市场经济型公害犯罪,确实需要单位的力量——即便单位不作为直接的犯罪主体,也会有单位的背景。达到严重污染环境罪的标准,往往是个人的排污行为难以达到的;通过传播有毒有害食品的公害犯罪,不排除个人可以达成,但广为传播的数量、流通渠道,除非有单位力量的支持,个人在绝大多数情况下是难以达到的。而且,在某些公害个罪中,其犯罪主体必须是单位,如工程重大安全事故罪的主体,就包括建设单位、设计单位、施工单位、工程监理单位。

《刑法》第30条规定,我国的单位主体包括公司、企业、事业单位、机关、团体,而且法律有规定的才负刑事责任,多数的公害个罪均规定单位可以构成本罪。《刑法》第140~148条的生产、销售伪劣商品罪与第338~385条破坏环境资源保护罪均可以由单位构成,对单位判处罚金,并对其直接负责的主管人员和其他直接责任人员,依照本节各条的规定处罚。妨害传染病防治罪,妨害国境卫生检疫罪,非法采集、供应血液、制作、供应血液制品罪,采集、供应血液、制作、供应血液制品事故罪,妨害动植物防疫、检疫罪,也均可以由单位犯罪构成。

单位作为公害犯罪主体,主要有以下几种类型:

1. 企业。企业是按一定的生产方式和经营方式将生产资料、劳动者和经营者结合为一个整体的,以营利为目的的,从事商品生产、运输、销售或提供劳务或服务的社会组织。[①] 在中国,企业是公害犯罪的最主要主体,尤其是高污染企业,近年来由于社会道德观念的崩溃和政府机构的不作为,食品、药品企业已经跃居为公害犯罪主要犯罪人。同时,快递物流公司也可能成为公害犯罪的手段和对象之一。

2. 事业单位。事业单位,是指国家为了社会公益目的,由国家机关举办或者其他组织利用国有资产举办的,从事教育、科技、文化、卫生等活动的社会服务组织。我国的事业单位,包括教育事业单位、科技事业单位、文化事业单位、卫生事业单位、社会福利事业单位、体育事业单位、城市公用事业单位、农林牧渔水事业单位、环境保护事业单位等,在这些单位主要从事教育、科技、文化、卫生,虽然主要不从事物质产品的生产,但由于其在科技文化领域的地位,对社会进步既起着重要的推动作用,同时也对公害犯罪的发生有着一定的隐患,因此不能将其排出出公害犯罪的主体之外。公害个罪中,妨害传染病防治罪,妨害国境卫生检疫罪,非法采集、供应血液、制作、供应血液制品罪,采集、供应血液、制作、供应血液制品事故罪,妨害动植物防疫、检疫罪等,在理论上是可以与事业单位相关的。

3. 团体。团体即社会团体法人,是由自然人或法人自愿组成,有独立的经费或财产,从事各项社会活动的法人。有些行使一定社会管理职能,如工、青、妇等团体;有些行使行业管理职能,如律师协会,有些是纯学术团体,如全国文联。有学者认为,理论上讲团体均可成为单位犯罪主体,其实纯学术团体很难实施犯罪活动。[②] 在公害犯罪中也是如此,但公害犯罪毕竟不同于传统犯罪,而团体因为自身的属性,介入公害犯罪的可能是不能排除的;相反,其介入公害犯罪的可能性甚至要高于普通犯罪。

---

① 郑立、王益英主编:《企业法通论》,中国人民大学出版社 1993 年版,第 11 页。

② 臧冬斌:《单位犯罪主体范围探讨》,载《法学评论》2001 年第 6 期。

第三章　公害犯罪的主观方面*

公害犯罪主观方面在公害犯罪的研究中占据非常重要的地位，但公害犯罪处于不断发展中，其开放性、隐蔽性、科技性等特征给罪行的认定带来巨大困难，尤其在秉承主客观相一致的原则的前提下，公害犯罪的主观方面往往让现有的犯罪理论应对乏力。可以预计，欲解决公害犯罪的问题，主观方面需有一定的理论突破。

第一节　公害犯罪主观方面特征及认定的困境

恩格斯说过："推动人去从事活动的一切，都要通过人脑。"①可见，人们实施任何客观行动都是由主观心理来决定的，犯罪行为也不例外，任何犯罪行为都离不开犯罪的主观方面，是犯罪心理的客观外化。犯罪主观方面，也称罪过，是指行为人对其所实施的危害社会的行

---

* 本章节系该课题的参加者，即本书作者的博士生阶段性成果《公害犯罪之过失推定》《公害犯罪认定中严格责任适用之探析》两文修正扩展而成，参见龙敏博士：《公害犯罪认定中严格责任适用之探析》，载《内蒙古大学学报》（哲学社会科学版）2011 年第 3 期；龙敏博士：《公害犯罪之过失认定》，载《井冈山大学学报》（社会科学版）2011 年第 6 期。

① 《马克思恩格斯选集》（第 4 卷），人民出版社 1975 年版，第 228 页。

为及该行为危害社会的结果所持的心理态度，是我国犯罪成立必不可少的四大构成要件之一，包括犯罪故意与犯罪过失两种基本形式。人们意志行动的内在心理过程包括认识过程和意志过程。认识过程是意志过程的前提，行为人只有认识到某一事物，才能对该事物实施意志行为。意志过程是直接支配行为的动力，集中反映了行为人在实施行为时的心理态度。因此，认识和意志是犯罪主观方面的两个基本要素与特征。现代刑事立法和刑法理论，均是以主观心理的认识因素与意志因素的不同组合，来确定犯罪故意和犯罪过失并具体划分各种类型。① 表 3 - 1 对犯罪主观方面的类型及特征作简明表述：

表 3 - 1　罪过特征②

罪过类型		认识特征	意志特征
犯罪故意	直接故意	具有认识	希望意志
	间接故意	具有认识	放任意志
犯罪过失	疏忽大意过失	应当认识，却疏于认识	缺乏意志
	过于自信过失	应当认识，且具有认识	否定意志

如前所述，认识因素与意志因素是犯罪主观方面特征体现的两个重要形式。在此，本书也将从这两个方面对公害犯罪主观方面的特征进行探析。

一、公害犯罪的认识因素特征

公害犯罪主观方面认识因素的特征是指行为人对公害媒介、公害犯罪行为及其危害结果的认识所存在的一些特殊性。在公害犯罪中，认识因素的特征体现为行为人在实施生产生活行为时对其行为引发危害社会结果的必然性或可能性的认识，对行为及其危害结果的必然性认识，说明行为及其危害结果对行为人来说是意料之中的。在公害犯罪中，值得讨论的是，行为人对其行为及危害结果可能性的认识。公害犯罪有别于其他犯罪，具有复杂性、

① 姜伟：《罪过形式论》，北京大学出版社 2008 年版，第 36 页。

② 本表参考了张小虎著《犯罪论的比较与建构》2006 年版中第 279 页的犯罪故意结构表和第 322 页的过失结构表。

隐蔽性等特征,因此行为人在对其行为和结果的危害可能性认识上也存在一些特殊之处。

(一)行为危害可能的难以认识性

公害犯罪与其他犯罪不同,其行为、结果及因果关系等因素本身具有一些不确定性和复杂性等特征,由此导致了行为人在行为时,对这些因素的准确认识存在困难。公害犯罪中对危害可能的难以认识性主要缘于公害犯罪行为、结果及因果关系本身的复杂性,具体分析如下:

1. 公害行为的多元性致使行为人对行为产生违法性认识困难

公害犯罪的行为不同于一般刑事犯罪的行为,往往不具有直观性且通常体现出行为的多样性。在公害犯罪高发的当今社会,不少导致公害后果的行为都多少包含有一些复杂的科技行为,这些行为不是单一的行为而是具有多元化的。这种多元化的行为通常涉及各行各业,表现为物质参与多样化,行为过程复杂化。在日常的生产生活中,这些复杂的行为中到底哪个环节或者哪一参与物质会致害以及危害程度如何,行为人在行为时依照一般经验规则有时难以判断。甚至有时是由于多种物质或多个环节长期共同作用而产生危害,行为如此之复杂使行为人对其危害性的认识更加困难。以食品生产为例,食品生产涉及的行业包括原料生产、原料销售、食品加工、食品运输以及食品销售等,涉及的物质可能包括主料、各种食品添加剂以及包装材料等,从食品的生产到消费者的使用至少包含了生产、运输、销售等环节。在这一系列的行为中,可能某一个环节、某一种物质或者某一个行为人单独的行为并不会致害,但这些因素可能共同作用产生出某一公害结果,那么对于这些行为人来说,行为危害性的认识是相当困难的。

2. 公害结果的繁杂性加深行为人对后果预见的困难

公害犯罪不仅行为复杂,其行为所带来的结果同样也具有复杂性和难以认知性。最突出的表现在公害犯罪结果的时空跨越性。公害犯罪的结果不像杀人、伤害行为的结果一样具有立竿见影的即时性,而往往具有时空的跨越性,即某一行为所导致的危害后果不会立马能表现出来,而可能经过长时期的作用才体现出来,也可能在距离行为地很远的某处,危害结果方才显现。典型的如自然环境公害犯罪中,某一污染源通过水、大气或其他媒介排出后,并不必然立即产生可觉察的危害后果,其危害后果可能要经过对人体或其他物质长时间的影响才会显现出来,也可能随着公害媒介的传播,非在行为地而是在远离行为地的其他地方发生危害后果。以环境如染犯罪为例,大气污染、水体污染所造成的各种损害,尤其是疾病,往往是化学物质、重金属和烟类等原因物质长期微量排出,经过大气、水体等环境介质发生扩散、转化等复杂的物理和化学变化,经人体长期摄入,而逐渐造成危害后果。① 这种具有潜伏性的危害后果,也往往使行为人对其认识更加困难。

3. 因果关系的复杂性加剧行为人对公害犯罪整体的认识困难

正如前文所述,公害犯罪中危害行为具有多元参与性以及危害结果具有时空跨越性,这样难免会导致因果关系的复杂化。在多元参与的行为中,哪一参与行为与危害结果有因果关系,或者多元参与行为相互作用致害时,哪一行为是致害更主要的原因行为,这些都不容易认识。时空跨越过后的危害后果要追本溯源并不容易,而要求行为人在行为时认识到其行为是否可能产生危害后果,实属难上加难。因此,复杂的因果关系也给行为人对其行为及其后果的认识带来了困难。

行为、结果及因果关系是行为人对其行为认识的主要方面,公害犯罪在这三个方面本身纷繁复杂,难免让行为人眼花缭乱,致使对其行为、结果的危害可能性的认识不准确或者不充分。即公害犯罪在主观方面对危害可能具有难以认识性的特征。

(二)公害犯罪认识因素难以查证

司法机关在认定公害犯罪的主观方面时需证明,行为人就其行为或结果的危害性是否有所认识及是否具有应当认识的注意义务。正是因为公害犯罪中行为人对危害可能性的认识存在困难,导致了司法机关对公害犯罪认识因素的查证困难。一方面体现为司法机关难以查证行为人有无对危害可能性的认识。认识本身就是一种抽象的事物,不便查证,况且公害犯罪中有些行为人对所涉及的科技知识具有排他的垄断性,司法机关在缺乏足够信息与专业知识的情形下往往难以查证行为人对危害可能性有无认识。另一方面,在查明行为人无认识的情况下,还有必要进一步查证行为人是否具有应当认识的注意义务。对注意义务的查证与认定也是一个复杂而困难的问题,此问

① 张汀:《试析环境犯罪的因果关系》,载《山东审判》2005年第3期。

题将在下文的公害犯罪与犯罪过失一章中进行详细论述,在此不赘。

二、公害犯罪的意志因素特征

(一)公害犯罪意志因素的模糊性

犯罪主观方面的意志因素包括希望意志、放任意志、无意志和否定意志。意志因素是以认识因素为前提的。若行为人对其行为、结果等因素能够有准确而充分的认识,往往就会有一个明确的意志态度。然而在公害犯罪中,正因为行为人对危害可能性的认识常常具有不准确性和不充分性,也就导致了行为人对危害发生的心理态度也时常不明确。有时行为人对危害结果的认识不充分,只是隐隐有种可能会导致危害结果的危惧感,但自身也没法证实到底是否真正具有产生危害结果的可能。此时行为人对危害结果的心理态度趋于模糊,这种心理态度到底是属于放任意志还是带有侥幸心理的否定意志,连行为人自己都难以把握。

(二)公害犯罪意志因素难以查证

犯罪意志即行为人对其犯罪行为或结果所持的一种心理态度,意志是支配行为的直接动力。从理论上我们通常是以“主观意志——客观行为”的模式进行认识与研究。但是在司法实践中,由于犯罪意志是一种主观的、抽象的物质,无法直接进行认知与查证,因此,在查证犯罪意志时只能采用“客观行为——主观意志”这种逆向的认知模式,通过客观的、外在的行为推断出行为人主观方面的意志特征。由此,公害犯罪意志因素的查证离不开公害犯罪行为的认识,前述已论及公害犯罪行为具有复杂性,多因素参与的复杂的公害犯罪行为使得公害犯罪意志特征的推定显得不易。此外,又由于在公害犯罪中行为人本身或许对行为危害可能性就持有模糊不清的心态,司法机关对此查证起来就更加不易。

三、公害犯罪主观方面的认定困境

(一)公害犯罪中故意认定之困境

首先,对于公害犯罪是否存在故意犯罪以及故意犯罪中是否包括直接故意存在争议。有些学者认为,公害犯罪只存在过失犯罪的形态,而不存在故意犯罪的形态。在公害犯罪故意形态肯定论者中也存在分歧,有些人认为故意公害犯罪只包括间接故意的情形不包括直接故意的情形,而另一些人则认为故意公害犯罪既包括间接故意的情形也包括直接故意的情形。这一争论给故意犯罪情形下能否认定公害犯罪带来了困难。

其次,由于公害犯罪在主观方面本身具有一定的模糊性和复杂性,在实践中行为人主观方面多表现为不确定故意,即指行为人虽然明知自己的行为会发生危害社会的结果,但对危害结果发生的具体内容及发展趋向的认识并不明确,而希望或者放任危害结果发生的心理态度。不确定故意具有两大不确定:其一,是对故意的具体内容(侵害的性质、侵害的对象、侵害的范围)认识的不明确;其二,认识的程度不确定,即行为人认识不到自己行为的发展趋向具有多种可能性,因为结果能否发生,和结果发生的方式均无法认识。[①]因此,对公害犯罪的不确定故意,如概括的故意类型进行认定本身就是一个巨大的难题。此外,关于公害犯罪中主观故意的推定也是公害犯罪故意认定的难点所在。

(二)公害犯罪中过失认定之困境

在大陆法系中,刑法关于过失的理论存在旧过失论、新过失论以及新新过失论三大理论。这三大过失理论具有不同的理论基础、注意义务内容、判断标准和理论意义。在过失公害犯罪中,适用不同的过失理论,对同一行为可能导致不同的评价后果。哪一种过失理论更有利于认定和打击公害犯罪,在评判上存在困境,并且不同学者也各持不同观点。

注意义务是过失认定的关键与本质所在。公害犯罪过失的认定中,其注意义务的标准是一个不容忽视的问题。公害犯罪作为一种特殊的犯罪形式,其在注意义务标准的确定上是否存在特殊的问题,这也是公害犯罪过失认定的一个重点与难点所在。

(三)公害犯罪中罪过原则的困境

罪过原则要求在犯罪的认定过程中必须确证行为人在主观方面是否具有故意或过失的罪过表现。然而根据前文所述,公害犯罪主观方面有着查证困难的特征,在罪过原则的限定下,一些公害行为可能由于主观方面难以查

---

① 张永红:《概括故意研究》,载《法律科学》2008 年第 1 期。

证而逃避刑事处罚,造成对公害行为打击不力的后果,不利于公众安全和公共秩序的保障,从而使对公害犯罪的打击陷入一种困境。

正是因为罪过原则在公害犯罪的认定与打击过程中出现了不力状况,学者们在寻找出路时发现了严格责任原则能在一定程度弥补罪过原则的不足,满足打击公害犯罪、保护公众利益的需要。由此,在公害犯罪中是否要引入刑事严格责任原则被学者们普遍关注并引起了较大的争议。但是严格责任原则是英美法系的产物,能否引入为我国惩治公害犯罪所用,刑事严格责任的引入能否成为罪过原则在公害犯罪中适用困境的出路,抑或会陷入新的困境,都有待探讨。一旦引入严格责任又应如何为我所用,也有待进一步考究。

本节只是简要地概括公害犯罪主观方面认定中的问题所在,从而引出下文对上述几个问题的详细论述,并在此基础上试图寻找困境之出路。

第二节　公害犯罪与犯罪故意

传统的刑法教科书中,将犯罪故意分为两种表现形式,即直接故意和间接故意两种类型。直接故意是指行为人明知自己的行为必然或者可能发生危害社会的后果,并且希望这种危害后果发生的心理态度。间接故意是指行为人明知自己的行为可能发生危害社会的后果,并且放任这种危害后果发生的心理态度。公害犯罪的故意模式是不是会突破传统的故意类型呢?确实值得反思和探讨。

一、公害犯罪中故意形式的说明

(一)公害犯罪的主观罪过包括故意

在论及公害犯罪的故意罪过之前,有必要对公害犯罪是否存在故意犯罪及故意的形式做出说明,因为有学者认为公害犯罪只能出于过失而不包括故意犯罪的情形。① 笔者认为,这种观点主要来源于对公害犯罪以下两个方面的认识:一方面,持该观点的人将公害犯罪狭隘地等同于环境犯罪,并且认为

---

① 张梓太:《公害罪论》,载《南京大学学报》1999 年第 4 期。

污染环境的犯罪多源于过于相信环境的承载能力和自净能力，而使污染危害发生，因此，疏忽大意和过于自信是污染环境类公害犯罪的基本心态。[①] 另一方面，持这种观点的人认为，公害犯罪通常侵害的是公众的健康与安宁，行为人作为公众的一员，其利益也同样会受到损害。因而认为公害犯罪往往不会存在故意犯罪形态，其危害后果是由过失引起的。

以上两点理由，不足以说明公害犯罪不存在故意犯罪的情形。应当说，公害犯罪是绝对包含故意犯罪的情形，并且越来越多地体现出行为人的故意心态，如故意违法型的公害犯罪。首先，实践中不管是破坏自然环境的公害犯罪，还是破坏市场经济环境的公害犯罪，虽然多体现为过失的行为，但也有不少情形是行为人明知会造成侵害公众权益的后果，但为了达到既定目的，竟不顾人民生活安全和生命健康，而对危害后果持着放任甚至希望的心态，这种情况就形成了故意犯罪的主观心态。尤其是有些行为人，在反复受到警告或处罚之后依然不停止危害行为或者不采取措施避免危害结果继续发生，这显然是一种不计后果、听之任之的一种放任心态，属于故意犯罪，而无法认定为过失。例如，我国的三鹿奶粉案，由于有毒有害食品对公众生命、健康和财产造成威胁与损害的后果，各行为人的行为属于使公众公共权利受到侵害的行为，符合公害犯罪的特征，是较为典型的公害犯罪案件。本案中行为人对行为的心理态度显然不再是"应当预见而没有预见或者已经预见但轻信能够避免"，而属于明知的故意。可见公害犯罪中的主观特征也存在故意的情形。在实践中，类似于这种为实现既定目的而放任危害结果发生的公害行为并不少见。例如，不少企业违规排污或违规生产有害制品，在受到有关部门的警告或处罚之后，依然为之，最终导致严重的危害后果，在这种情形下行为人主观方面的心态显然已不再是过失，而属于故意了。

其次，以行为人作为人类的一分子及公众的一员同样需面对危害后果为根据，进而认为其不会故意实施公害犯罪的说法更是不堪一击。一方面，大千世界无奇不有，无法排除有这类亡命之徒为达犯罪目的置自己的生命健康而不顾。倘若因实践中这种情况出现的可能性小而置之不顾显然不利于实现法律的超前性。另一方面，公害犯罪有一个很重要的特征，即加害方的知

---

① 张梓太：《公害罪论》，载《南京大学学报》1999年第4期。

识具有排他垄断性，加害人往往对危害行为及危害结果有充分的认识，能够通过这种认识来有意地规避或降低作用于其本身的危害，而受害者和第三人则往往缺乏这种认识和抵御能力。可见，公害犯罪不包含故意罪过的理由并不充分。

在国外的立法列中，故意犯罪也没有被排除在公害犯罪之外。例如，在美国的环境公害规定中，立法已将“故意原则”适用于各种环境犯罪。如美国《清洁空气法》明确了对故意犯法者的刑事处罚。[①] 在日本，其《公害罪法》第 2 条明确规定了该法对故意犯罪的惩罚。在德国，其刑法典中对各种具体的污染环境犯罪均规定了故意犯罪的处罚。[②] 此外，瑞士、巴西、澳门等国家和地区的刑法典均规定了故意危害自然环境公害行为的犯罪。

（二）公害犯罪的故意包含直接故意

理论中，对于公害犯罪是否包含直接故意犯罪存在争议。有学者对公害犯罪中的间接故意形式予以肯定，而对公害犯罪中包含直接故意形态持否定态度。持这种观点的理由有两点：一方面，公害犯罪只能表现为间接故意的情形，如果行为人以直接故意的心态实施公害行为，积极追求公害后果的，其行为导致不特定多数人死伤或者公私财产造成重大损失的行为应当按危害公共安全的犯罪论处。另一方面，公害犯罪中行为人通常是明知其行为可能造成侵害公众公共权利的结果，为了牟取利益而放任危害结果的发生，这是间接故意的表现，且只能表现为间接故意的形式。这种观点在环境公害中最为多见，例如，有学者认为在环境污染的行为中，行为人明知向土地、水体、大气排放有毒、有害、放射性物质会造成公私财产的重大损失或人身伤亡，而为了少数人的利益置后果于不顾，属于间接故意而非直接故意。[③] 也有学者指出就污染环境的行为主体来看，主观上多出于过失，亦存在间接故意，但不可能是直接故意。因为环境是人类生存和发展的物质基础，人类无法回避环境污染给自身所造成的危害，所以行为主体不可能追求或希望污染环境危害后

---

① 赵秉志、王秀梅、杜澎：《环境犯罪比较研究》，法律出版社 2004 年版，第 81 页。

② 唐世月、贺志军：《中德污染环境犯罪若干问题比较》，载《安徽广播电视大学学报》2002 年第 2 期。

③ 赵秉志：《新刑法典释义与应用》，吉林人民出版社 1997 年版，第 655 ~ 657 页。

果的发生。[1]

我们认为,公害犯罪中故意形态的内容只能包括间接故意,这种观点是有欠妥当的,公害犯罪中故意形态的内容应该更多层面的界定,不仅应当包括间接故意,也包括直接故意,不仅有确定的故意表现形式,还应该包含不确定的故意表现形式,譬如,概括的故意。

否定公害犯罪包括直接故意心态的学者指出行为人作为公众的一分子,不会积极追求公害后果的发生,通常只是为了牟取利益而放任危害结果的发生,这是间接故意的表现。可见这一结论是站在行为人对危害结果心理态度的角度得出的。但对于不以危害结果作为犯罪构成要件的犯罪则不能以行为人对危害结果的态度来判断犯罪的主观心态。行为犯即是如此。行为犯是指以法定犯罪行为的完成作为既遂标志的犯罪,这类犯罪的即遂不要求有犯罪结果发生,而是以行为的完成作为标志。[2] 可见,行为犯主要是基于对行为人所实施的危害行为进行评判,至于是否造成危害结果,在所不问。[3] 因此,这种犯罪不存在间接故意和过失的犯罪形态,只能体现为直接故意犯罪。公害犯罪中包括了行为犯,根据我国《刑法》的规定,生产、销售假药罪,生产、销售有毒、有害食品罪,非法猎捕、杀害珍贵、濒危野生动物罪,非法处置进口的固体废物罪,非法采伐、毁坏珍贵树木罪等公害犯罪都属于行为犯,这些犯罪只以危害行为作为犯罪既遂的标准,危害结果的发生与否不影响犯罪的成立,只属于量刑情节。因此有些公害犯罪的主观方面只能由直接故意构成。以我国《刑法》第 144 条规定的生产、销售有毒、有害食品罪为例,该罪属于集合的构成类型,由基本罪、重罪、更重罪构成。其中基本罪是行为犯,其主观心态只能是直接故意,只要行为人故意实施了掺入有毒、有害的非食品原料的行为,就已经构成了本罪基本罪的既遂状态,无须考虑对于将要产生的危害结果的态度,因此不符合间接故意的心理状态的法律规定,只能表现为直接故意的心理状态。该罪的重罪和更重罪的构成则是以发生一定的危害结果为前提条件,对结果的主观心态只能影响其对重罪和更重罪的构

---

① 陈明华等:《试论危害环境罪的构成及其具体罪名》,载《政法论坛》1993 年第 4 期。

② 高铭暄、马克昌主编:《刑法学》(第 4 版),北京大学出版社、高等教育出版社 2010 年版,第 159 页。

③ 郑飞:《行为犯论》,吉林人民出版社 2002 年版,第 89 页。

成。可见,只要公害犯罪中包括了行为犯、举动犯,其主观特征应当包含了直接故意的情形。

二、公害犯罪与不确定的故意

根据犯罪故意中故意认识因素的不同,可以将犯罪故意划分为确定故意和不确定故意。所谓确定故意是指行为人明知自己的行为一定会发生某种具体的危害结果,并希望或放任这种结果发生的心理态度。确定故意在认识内容和认识程度上都具有确定性。所谓不确定故意是指行为人虽然明知自己的行为会发生危害社会的结果,但对危害结果的具体内容及发展趋向的认识并不明确,而希望或放任危害结果发生的心理态度。① 犯罪故意的不确定主要表现在认识内容不确定和认识程度不确定两个方面。根据不确定故意中认识内容和认识程度不确定的不同,又可以进一步将不确定故意划分为概括故意、择一故意和未必故意三种。正如上文所述,公害犯罪行为在认识因素和意志因素方面有其自身的特征,均具有一定的复杂性、模糊性和不确定性,因此,多数故意公害犯罪可能涉及不确定故意犯罪问题,对公害犯罪中不确定故意进行分析与论述有助于正确地解决故意公害行为的罪与刑问题。

(一)概括故意之公害犯罪

通常认为,概括故意指行为人明知自己的行为会发生危害社会的结果,但行为人对具体内容的认识并不明确,而希望或放任危害结果的发生。根据行为人认识的具体内容的不同,概括故意可以分为对行为认识不明确的概括故意、对行为对象认识不明确的概括故意以及对危害结果认识不明确的概括故意三种。② 不确定故意中"不确定"表现为故意的认识因素的不明确,由于犯罪故意的意志因素表现为希望或者放任的态度,一是积极追求危害结果发生,二是对危害结果的发生持消极容忍的态度,二者分属于积极与消极的心态,相互之间是一种排斥的关系,所以通常情况下不可能同时存在。可见,不确定故意不可能表现为意志因素的不明确,只能表现为认识因素的不明确。概括故意就是不确定故意中认识内容不明确的一种故意形态,

---

① 姜伟:《罪过形式论》,北京大学出版社 2008 年版,第 153 页。

② 张永红:《概括故意研究》,载《法律科学》2008 年第 1 期。

具体表现为行为人对于行为、对象以及危害结果、危害性评判的认识存在不确定的情况。①

1. 行为认识不明确的概括故意公害行为

对行为的认识主要包括对行为的手段、行为的性质以及行为的时间、地点等的认识。以上各种因素可能成为影响定罪与量刑的因素,因此,对于这些因素的认识不明确也可能影响到行为人的定罪与量刑,以下予以一一讨论。

(1)行为性质认识不明确之概括故意公害行为

在刑法意义上说,所谓行为的性质即指行为是否构成犯罪以及行为构成何种犯罪。因此,对于行为性质的认识不明确包括两种情形,即罪与非罪认识不明确之概括故意和此罪与彼罪认识不明确之概括故意。

①罪与非罪认识不明确之概括故意公害行为

罪与非罪的认识不明确是指行为人对于自己的行为是否构成犯罪存在认识上的不明确,也即行为人在不能确知其行为是否构成犯罪的情况下实施了相应的行为。应当而言,对于这种情况的公害犯罪,行为人认识到自己的行为可能构成犯罪,也可能不构成犯罪,即是否属于犯罪行为存在不明确的认识的情形下,实施了相应行为并客观上构成犯罪的,应当以犯罪论处。理由在于,行为人在对于自己的行为是否构成犯罪存在不确定的情形下依然选择了实施相关行为,说明行为人对于公害行为的两种性质皆认可与接受,即行为人认识到如果行为构成犯罪亦可,因此应当按照其客观事实予以认定,客观行为构成犯罪就以犯罪论处。

需要强调的是,公害行为罪与非罪的不明确不同于法律上罪与非罪的认识错误。所谓罪与非罪的法律认识错误,是指行为人对于自己的行为在法律上是否构成犯罪存在不正确的认识。虽然,在这种情形下概括故意犯罪的处断上与法律认识错误的处断结论相同,都是按照客观事实予以认定,但二者之间存在本质的差别。罪与非罪的认识不明确在于,行为人是在对自己的行为是否构成犯罪没有一个确切认识的情况下实施行为的,对行为的罪与非罪性质均接受。而罪与非罪的法律认识错误则不同,行为人对自己行为罪与非

① 张永红:《概括故意研究》,载《法律科学》2008 年第 1 期。

罪的认识虽然不正确但是该认识是确切肯定的，而非两者皆可的态度。

②此罪与彼罪认识不明确之概括故意公害行为

此罪与彼罪认识不明确之概括故意指行为人对于自己的行为构成何种罪存在不明确的认识，也即行为人意图达到某一目的，但是对于通过何种犯罪行为来达到此目的存在不明确的认识。概括故意中此罪与彼罪认识不明确的情形也不同于法律认识错误，此罪与彼罪认识不明确之概括故意指的是行为人对于自身行为的内容并没有明确的认识，内心无法确定以何种犯罪行为来达到所追求的目的。而此罪与彼罪的法律认识错误则不同，行为人内心已经确定要通过何种行为来达到所追求的犯罪目标，但是对其行为构成何罪存在一个认识错误，此处虽也涉及多个犯罪，但是行为人内心的犯罪故意内容是明确的，主观上认为构成何罪也是确定，其行为客观上会构成何罪也是确定的。而概括故意则不同，行为人主观上对于构成何罪是一种不确定，此罪与彼罪均可的心态。因此，这种概括故意的情形不能参照法律认识错误进行处断。

对于这种概括故意的罪刑问题不妨以一公害案例来分析说明。例如，某林业局职工甲某由于对单位长期表示不满，于是想采取某种犯罪行为报复社会。某日，甲某想出报复的主意，即进山去做破坏以制造一些影响，于是带着破坏工具就进山了。至于是想进山去杀害珍贵野生动物还是进山去毁坏重点保护植物，主观上并没有确定的认识。如果本案中行为人甲某进山后发现有濒危野生动物，并予以杀害，其行为当然应当构成非法杀害珍贵、濒危野生动物罪。因为从其具体行为的表现可以认定，行为人原本不确定的故意内容在其行为时已经确定下来了，所以对其应当根据行为人具体行为时的具体故意内容来予以定罪。这一点并无疑问，难点在于，如果行为人怀着不确定的故意进山后，在危害行为还未着手就被抓获了，应当属于何种犯罪的犯罪未完成形态。在上述案例中，甲某进山后，还未开始着手实施具体的犯罪行为就被相关人员给抓获，此时甲某的行为应当是非法杀害珍贵、濒危野生动物罪的未遂还是非法毁坏国家重点保护植物罪的未遂，值得探讨。笔者以为，在这种司法机关无法提供证据证明行为人的主观故意内容的情况下，也即行为人对行为性质认识不明确的情形下，只能根据“疑罪从轻”的原则来进行处理。在上述案例中，应当比较非法杀害珍贵、濒危野生动物罪和非法毁坏国家重点保护植物罪的轻重做出决定，根据我国《刑法》的规定前罪比后罪重，所以本案中的行为人甲应当以非法毁坏国家重点保护植物罪的犯罪预备予以处罚。

(2)行为手段认识不明确之概括故意公害行为

多数情形下，同一犯罪可以通过各种不同的手段予以实施，可见行为的手段并非所有犯罪的构成要件，因此手段的认识不明确并不必然影响行为的定性。但有些犯罪对于犯罪的手段有特定的要求，也即手段在有些犯罪中是犯罪成立的必备要件。公害犯罪中亦有这样的犯罪，所以有必要对于手段认识不明确之概括故意公害行为的罪刑问题进行论述。

以自然环境公害中的破坏性采矿罪为例，该罪的成立以破坏性的采矿手段为要件，非采取破坏性的采矿手段则不能构成本罪。若某行为人对于自己的采矿行为是否违反矿产资源法的规定，属于破坏性的开采方法认识不明确，意识到自己的开采方法可能是合法的也可能是不合法的破坏性的开采方式，并依然采用了该手段实施开采行为，结果造成了矿产资源的严重破坏。在这种情况下，对于行为人来说，由于其主观上出于概括的故意，且客观上实施了破坏性开采的行为，因此应当定罪毫无疑问。但问题的关键在于，在共同犯罪的情形下，非实行犯对于实行犯的行为手段认识不明确，实行犯采用了破坏性的手段开采矿产资源造成损害的，非实行犯在认识不明确的情形下应当如何承担刑事责任？例如甲是某矿矿主，指使矿工们去开采某矿场，结果矿工们采用了破坏性的手段进行开采，造成了矿产资源的损害。在这种情形下，如果矿主意识到矿工们可能采用破坏性的开采手段，而未予以提醒或制止，则应当认定其主观方面具有破坏性采矿的概括故意，应当与矿工一起对此行为承担刑事责任。理由在于，矿主已经预见到矿工们可能会采取破坏性的采矿手段，并未予以提醒或制止，说明其主观方面对于破坏性的手段持一种容认的态度，即破坏性采矿可视为包含于其主观故意的范围之内，因此应当承担刑事责任。此处应当注意的是矿主是否已经预见到矿工们可能采取破坏性手段也可能采取合法手段，即对于行为手段是否存在不明确的认识，若矿主对矿工的破坏性开采手段完全没有认识或者存在认识错误，则不属于概括故意，其刑事责任问题就另当别论了。

(3)行为时间、地点认识不明确之概括故意公害行为

行为的时间、地点同上述行为的手段一样属于选择性的构成要件，只有

在一些对时间、地点有明确要求的罪名中会影响犯罪的成立。在自然环境公害中，非法捕捞罪和非法狩猎罪均属于对时间地点有明确要求的犯罪，因此行为人行为时对于行为时间和地点的认识可能影响其行为的定性。非法捕捞罪与非法狩猎罪都要求在禁捕、禁猎区或者禁捕、禁猎期实施捕捞或狩猎行为才构成犯罪。如果行为人主观上存在概括故意则显然应当以犯罪论处。本问题的关键依然是共同犯罪中的非实行犯的行为定性问题。该问题的处断方式和上述对手段认识不明确的处断方式一样，只要行为人认识到了时间与地点有非法的可能性并采了容认的态度则应当承担故意犯罪的刑事责任。如果存在认识错误则刑事责任就另当别论。

2. 行为对象不明确之概括故意公害行为

我国刑法对于有些犯罪的犯罪对象有特殊要求，有些情况下行为相同但因行为对象不同而可能构成不同的犯罪。例如在药品公害中，行为人销售不合格药品的行为，可能因为销售的具体对象不同而罪名有所不同，若销售的是假药则定销售假药罪，若销售的是劣药则定销售劣药品，两罪在罪名的成立条件和量刑上均有所不同。行为对象不明确之概括故意犯罪的罪刑分析，不妨以销售假药罪和销售劣药罪为例进行分析。例如，某行为人以极低的价格从他人处购得大量不合格药品，对于这批药品是属于假药还是劣药或者假药劣药均有则存在不明确的认识，便把药品销售给消费者，造成消费者严重人身伤害的后果。其行为应当如何定性存在疑问，因为对象不同该行为应当承担的刑事责任存在较大的差别。对于本案的定性问题存在不同意见，有观点认为应当直接以较重的销售假药罪论处，也有观点认为应当根据不合格药品的实际性确定罪名，还有观点认为在故意内容无法查清的情形下应根据“疑罪从轻”原则以较轻的销售劣药罪论处。对于本案这种情形，由于行为人对于药品的性质认识不明确，但对于假药劣药均认可，即不管是假药还是劣药，其为了谋取利益，均会实施贩卖行为，也即行为人对于销售假药的行为和销售劣药的行为均认可，因此，应当根据其实际贩卖的药品性质进行定罪，如果这批不合格药品是假药，则定销售假药罪，如果这批不合格药品是劣药则定销售劣药罪，若这批不合格药品中既有假药也有劣药，则属于想象竞合犯，根据想象竞合犯的处断原则，应择一重罪进行处罚，按销售假药罪予以惩处。

3. 行为结果不明确之概括故意公害行为

对行为结果的认识不明确,即行为人认识到可能有多种危害结果可能发生,但具体会是发生此种危害结果还是发生彼种危害结果认识不明确。对于这种概括故意情形的罪刑判断也同上述几种情形一致,由于各种危害结果的发生均包含在行为人的故意范围内,即行为人均不排斥各种危害结果的发生,因此,对于行为人行为性质的认定应当根据实际发生的危害结果来确定是否构成犯罪以及构成何罪。

鉴于上述对于概括故意各种情形的罪刑分析,行为人概括故意的处断原则为在行为人概括故意的内容范围之内,结合实际实施的行为或实际发生的结果进行定罪与量刑。概括故意的罪刑判断关键之处在于正确区分概括故意行为和认识错误的行为,两者在行为性质上和处断上均有所不同。在认识错误中,行为人对于行为有明确的认识,只是这种认识发生了错误,与客观事实不符。而在概括故意中,行为人对于行为、结果等因素有一定的认识,但这种认识不确切。认识错误的刑事责任根据具体情况不同可能有不同的处断结果,包括构成故意犯罪、过失犯罪,也包括属于意外事件的情形。而概括故意则不同,行为人主观上对行为、结果等各种因素有所认识,尽管认识不明确,只要包含在行为人的主观认识中并且主观上不被行为人所排斥,则认为行为人对某犯罪行为具有概括的故意,一旦结果发生了就应当以相应的故意犯罪论处。

(二)择一故意之公害犯罪

在我国传统教材中,对于择一故意的解释只有一种情形:"是指行为人明知自己的行为会发生危害社会的结果,但对侵害的具体对象尚不明确的心理态度。"近年来,经过比较从国外翻译的文献可以发现,虽然对于择一故意的界定众说纷纭,但有一点是一致的,即择一故意也称为选择故意,就是数个故意中选择其中的一个故意。由此可以看出,外国刑法并未对数个故意的内容作出限制,可以是数个具体对象中的一个,也可以是数个结果中的一个,还可以是数个不同性质中的一个等。笔者赞同外国刑法对择一故意的界定形式,认为择一故意不仅仅表现为对象的不确定,可以有多种表现形式,如结果的择一、对象的择一、行为性质的择一等。

对于择一故意的刑法地位问题,学界也存在争议。目前我国刑法教科书基本都是把择一故意与概括故意、未必故意并列地作为三种不确定故意。但有学者提出择一故意其实应当属于概括故意的一种，而不能作为一种独立的不确定故意与概括故意和未必故意并列。[①] 笔者赞同这一观点。理由在于，我国刑法理论将认识因素不明确的称为不确定故意，进而又把认识内容不明确的称为概括故意，认识程度不明确的称为未必故意，即根据对认识内容和认识程度的不确定将不确定故意分别称为概括故意和未必故意。择一故意是指行为人对行为事实的某一因素不确知，但明知或者预见必有之一会发生，并且在实施行为时希望这种结果发生的犯罪心理。从定义上看，择一故意实质上就是一种认识内容不明确的不确定故意，因此应当与概括故意同归于一种不确定故意，而非独立存在的第三种不确定故意。正如有学者指出，择一故意的本质在于行为人的自觉选择性，在于几种危害结果都在行为人的追求范围之内，选择一般是在概括的故意范围内进行的，只是对行为指向的实际对象还不很明确，二者必居其一，择一故意。[②] 可见将择一故意界定为概括故意的一种特别情形更符合逻辑常理。

有上述关于择一故意刑法地位的重新定位作为基础，对于择一故意罪刑处断问题则迎刃而解。在公害犯罪场合，行为人概括故意的处断原则，为行为人在概括故意的内容范围之内实施公害犯罪行为，提供定罪量刑的理论依据，即在行为人择一故意的范围内，结合实际实施的行为或实际发生的结果进行定罪与量刑。这种处断原则在择一故意中的适用事实上比在普通的概括故意中适用更具有说服力，因为行为人在择一故意的情形下对于可选择的危害均是积极追求的心态，因此一旦发生某种危害，就按相应的故意犯罪定罪量刑。由于一行为只能定一罪，所以对于行为人积极追求但未发生的其他的选择性犯罪故意，则不再以犯罪未遂论处。

（三）未必故意之公害犯罪

所谓未必故意，是指行为人明知自己的行为或许（可能）会发生危害社会的结果，并希望或放任这种结果发生的心理态度。未必故意的实质在于行为人的认识程度，行为人对危害结果是否发生的认识处于不确定状态，即危

---

① 张永红：《概括故意研究》，载《法律科学》2008 年第 1 期。
② 姜伟：《罪过形式论》，北京大学出版社 2008 年版，第 155 页。

害结果可能发生,也可能不发生。[①] 行为人在对行为结果是否发生存在认识不明确的情形下实施了可能导致危害结果发生的行为,说明行为人主观上对于可能发生的危害结果具有容认的心态,根据主客观相统一原则,行为人应当对其认识范围内的实际发生结果负刑事责任。理由在于虽然行为人对行为将造成的实际损害处于不确定的状态,但危害结果的发生已经在其认识范围之内,行为人不排斥危害结果的发生,这是未必故意区分于过于自信过失的关键所在。

以环境公害中的重大环境污染事故罪为例,该罪名是以行为人的行为是否造成重大污染事故这一结果为构成要件的,即在未发生重大污染事故结果的情形下不以犯罪论处。若某行为人向水体中排放有毒的工业废水,在排放时,行为人对于是否会发生重大污染事故这一结果认识不明确,即行为人主观上认识到其行为可能会发生重大污染事故也可能因为水体自身有足够的自净能力而不会发生重大污染事故,在此前提下,还是实施了非法排污行为,结果导致重大污染事故的发生,对此,行为人应当根据其行为实际导致的危害结果来定罪,即定重大环境污染事故罪。在此种情形下,容易发生混淆的是对结果认识不明确的概括故意和过于自信的过失,两者在主观心态上有所区别。由于主观事实无法直接认识到,只能通过行为人的行为进行合理的推断,所以在区别未必故意和过于自信的过失时应当根据行为人的各种客观表现进行合理推断,笔者将在下文的故意推定内容中予以详细论述。

三、公害犯罪与故意的推定

尽管英美有较为发达而完善的证据法,但在刑事实体法领域,犯罪意图的理论仍离不开推定,英美法并没有把这当成证据法的"专利"而不予理会。我国传统刑事实体法理论基本不考虑推定,认为这是属于证据法的领域。然而,这种认识是值得反思的,刑事实体法更应当重视有关领域推定的研究与运用,犯罪故意的认定往往需要科学合理的推定。故意的推定在公害犯罪中显得尤为重要,因为在公害犯罪中,行为人往往垄断了该领域或行业的相关信息,给司法机关查证行为人的主观心态带来了极大的困难,也无法指望行

---

① 姜伟:《罪过形式论》,北京大学出版社2008年版,第155页。

为人能够不避重就轻，真实地供述自己的主观心态。此时，司法工作人员就得采用故意推定的方法，准确判断行为人是否存在犯罪的故意心理。犯罪故意的推定有两种情形：一种是一般故意的推定；另一种是证明故意的推定。两类故意推定在公害犯罪中的运用都必不可少。

（一）公害犯罪之一般故意的推定

一般故意的推定类似于英美刑法理论中的一般故意，即无须特别证明的故意。是指以假定为前提，只要查明行为人对其行为结果的事实已有明确认识，可推定行为人具有犯罪故意，不必专门证明行为人具有社会危害意识。① 一般故意是从一种假定的事实出发进行推定的，假定任何一个达到刑事责任年龄具有刑事责任能力的人都能明确自己行为及其结果的刑法性质，因此一旦其实施了相应的危害行为就推定其存在犯罪的故意。例如，在有害制品公害犯罪中，如果行为人认识到了其行为的对象属于有害制品或者认识到了其行为会造成严重的危害后果仍然生产、销售有害制品，则可以推定行为人具有犯罪故意的主观心理。具体以生产、销售假药罪为例，若行为人明知是假药还予以生产或销售的话，则可推定其主观上具有生产、销售假药的故意。

一般故意的推定虽然是以假定事实为前提进行的推定，但是并非没有条件限制的，否则容易造成无视事实而盲目认定的不良后果。这种主观臆断的不良后果可以通过对一般故意的推定进行合理的限制来予以摒弃。目前关于一般故意推定的条件已有学者作了相关研究并得出了相应的结论，因此可以在借鉴他人研究成果的基础上对公害犯罪中一般故意推定应当遵循的条件予以阐述。

1. 犯罪行为的故意性

所谓犯罪行为的故意性，要求对行为进行一般故意推定的只能是仅由故意构成的犯罪。如果某种犯罪既可以由故意构成也可以由过失构成，则不宜直接采用一般故意的推定。例如，生产、销售有毒、有害食品罪，该犯罪只能由故意构成，因此行为人只要明知其生产、销售的是有毒、有害的食品即可以按照一般故意的推定将行为人的主观心态推定为故意心态。

① 姜伟：《罪过形式论》，北京大学出版社2008年版，第168页。

2. 危害性质的明显性

危害性质的明显性则要求适用一般故意推定的犯罪必须是具有明显的危害社会性质的自然犯，即平常人周知的犯罪行为，如杀害珍贵动植物的行为等具有明显社会危害性的行为。而对于那些社会危害性质不明显的犯罪，则不便采用一般故意的推定。例如，环境公害中的非法捕捞水产品罪，若行为人确实不知保护水产资源法所规定的禁渔区、禁渔期或者禁止使用的捕捞工具而实施了相应的禁止捕捞行为，造成危害后果的，便不能简单地根据一般故意推定的原则将行为人的主观心态推定为故意的心态。

3. 推定结果无异议性

推定结果无异议性要求司法机关按照一般故意推定的原则对公害行为人的主观心态做出故意心态的推定后，行为人对自己行为的故意性质未能提出有根据的异议。对于推定的故意，应当允许公害行为人提出反证，即允许公害行为人根据事实和法律进行辩解，或行为人能够提供有力的证据证明其不具有故意心态，则可以排除行为人的故意推定。但是在行为人的反证不能成立时，便可推定行为人的犯罪心理为故意，否则应根据“疑罪从轻（无）”的原则排除行为人的故意心态。

（二）公害犯罪之证明故意的推定

证明故意的推定与一般故意推定不同，不是以假定为前提，而是以证明为基础，从客观事实出发，推断行为人主观心理的故意内容，尤其是在直接故意与间接故意的区别判断中，需要运用相当的证据来推定具体的罪过形式。

1. 公害犯罪证明故意推定原则

证明故意的推定，其作为一种推定，必须遵循相应的原则，否则极易造成主观臆断的不良后果。在进行证明故意的推定过程中必须遵循以下几个原则：

（1）客观性原则。所谓客观性原则即证明故意的推定必须以具体客观事实为基础。证明故意的推定，其关键在于利用行为人的主观心理态度在其行为中的反映来进行推定。因此，证明故意的推定必须以行为过程中表现出来的各种客观事实为基础，其中包括行为人行为过程中的全部活动，如行为对象、行为方式、行为条件、行为结果、事后表现等，也只有这些客观事实才能成为证明故意的推定材料。

（2）一致性原则。所谓一致性原则即指推定行为人具有故意心理的证明材料之间不能相互矛盾，更不能彼此对立。如果证明结果相互矛盾，无异于没有结论，当然也无法进行推定。事实上，只有当证明材料符合一致性，才能推定出行为人的实际心理态度，才能增强证明故意推定的可信性。①

（3）排他性原则。排他性原则即证明结果的唯一性，也就是说证明故意的推定只能得出唯一的结论，不能有得出其他结论的可能，否则推定的结果则不能让人信服。这也即刑事诉讼法中所要求的排除一切合理怀疑的证明标准。

以上几个原则，事实上就是从刑事诉讼法中的证明标准与证据规则演化而来的，由于证明故意的推定就是一种科学地运用证据进行逻辑推定的方法，因此证明标准的要求和证据规则的运用在证明故意的推定中不可或缺。

2. 公害犯罪证明故意推定方法

犯罪故意的特征体现在意志因素和认识因素两个方面，对故意的推定也不妨从这两方面入手，根据客观事实推断行为人的意志特征和认识特征，进而推定行为人主观方面是否存在故意及故意的具体形态。

（1）意志因素的推定方法

故意的意志因素即公害行为人对于危害结果所持的态度，意志因素不同可以将犯罪故意区分为直接故意和间接故意。犯罪人具有直接故意时意志上表现为积极追求危害结果的发生，而在具有间接故意时意志上表现为有意识地放任后果发生，但这个后果既不是目的，也不是达到目的的手段，而是一个实现行为目的必须接受的附属结果。根据这一点可以判断是否存在故意心态甚至可以区分故意的具体形态。

①在公害行为实施过程中判断对危害结果的态度。如果在公害行为的过程中，导致某种危害结果是显而易见的，或者行为人已经预见危害后果，但既不采取措施预防和排除，也不改变自己行为的，则可以认定行为人对于危害结果的发生至少持放任的态度。例如，行为人生产、销售劣药，劣药会对消费者带来人身伤害是行为人已经预见的，行为人依然为之，由此可以判断行为人对于危害结果的发生起码达到了故意的最低程度，即间接故意的心态。

---

① 姜伟：《罪过形式论》，北京大学出版社2008年版，第172页。

②通过对危害结果出现后的态度反应来判断。通过对危害结果出现后公害行为人的反应也可以推断行为人的主观心态。在间接故意心态下,行为人对危害后果的发生持“不希望”“不追求”的态度。因此,间接故意的行为人在满足了自己行为目的的行为结束后,表现出有点庆幸的态度,而对于危害结果的出现,有时也显出了懊悔的表现,甚至还会尽力避免更坏的结果出现。当出现阻碍危害行为的进行和危害结果发生的因素时,比如,他人的干涉,自然条件的改变,机械力量的限制等,行为人仍执意做出积极排除的表现,依然我行我素,则可以推定是希望危害结果发生,属于直接故意。如果行为人没有积极排除阻碍行为,或者犹豫不决,则可以推定行为人对于危害结果的发生持放任的态度,属于间接故意。

(2)认识因素的推定方法

认识因素包括认识内容和认识程度两个方面,认识内容的多寡正误与认识程度的高低虽然无法直观地查证,但可以通过行为人的认识能力进行推定。又由于认识能力是可以从行为人的受教育程度,自身素质和周边环境等可以观察的因素中得出结论,因此,就能为推断行为人的认识内容和认识程度找到客观依据,进而推定行为人是否存在故意心态,及故意的具体形态。例如,在公害犯罪的故意推定中,由于行为人多数情况下对于客观事实的认识具有排他的垄断性,则此时不能以一般人的认识能力对行为人的认识内容和认识程度进行判断,而因根据其自身具体的素质、受教育程度和所处的具体环境等因素进行推断。

由于公害犯罪本身具有复杂性,因此,有些情形下只从意志因素或认识因素方面进行推定还难以得出准确或唯一的结论,此时则需要将意志因素和认识因素结合起来进行推定,才可以准确推定出行为人的主观心态及具体内容。

第三节 公害犯罪与犯罪过失

一般来说,从消极的角度看,过失是没有故意但又需要承担责任的一种心理态度;从积极的角度看,过失是违反注意义务。[①] 在日本,过失一词与违反注意义务一词在含义上是完全相同的。[②] 在美国,刑法理论通常认为,过失就是注意义务的违反。[③] 我国刑法理论中关于过失理论的通说也认为,过失的本质,是注意义务的违反。[④] 因此,本章对公害犯罪过失方面的研究不能脱离注意义务,以下笔者将梳理各不同历史阶段的过失理论及其对公害犯罪过失认定产生的不同影响,并以公害犯罪中的注意义务为中心来论述公害犯罪中犯罪过失的认定问题。

一、公害犯罪与过失理论

大陆法系中刑法关于过失理论的发展,经历了旧过失论、新过失论以及新新过失论三大阶段。这三大过失理论都是依附于不同的社会历史背景而产生的,因而具有不同的理论基础、注意义务内容、判断标准和理论意义。可见,依据不同的过失理论将导致差异化的过失认定结论,过失理论的合理选择对公害犯罪过失的正确认定至关重要。

(一)公害犯罪与旧过失理论

旧过失理论即传统过失理论,是以古典犯罪学理论中因果行为论和道义责任论为理论基础的。该理论认为,行为人在行为时欠缺意识集中的心理状态,以致没有预见结果,从而导致结果发生的,行为人应负过失责任而受处罚。[⑤] 旧过失论注重结果预见义务,认为过失的本质在于对结果预见义务的违反。根据旧过失理论,认定过失的关键在于行为人是否能够预见到结果,若行为人没有预见到危害结果的可能性,即使最后发生了危害后果也不能认定其具有犯罪过失;若行为人具有预见危害结果的可能性,即使采取了防止结果发生的措施,只要结果最后出现了,就能认定成立犯罪过失。

旧过失论产生的社会背景是因果关系简单的农业社会,在这种社会背景

---

① 张明楷:《外国刑法纲要》,清华大学出版社 1999 年版,第 230 页。

② [日]西原春夫主编:《日本刑事法的形成与特色》,李海东等译,法律出版社 1997 年版,第 253 页。

③ Erwin Deutsch,"Professional Negligence: A Comparative View",*Victoria University Law Review*,Vol. 20,1990.

④ 林亚刚:《犯罪过失研究》,武汉大学出版社 2000 年版,第 41 页。

⑤ 廖正豪:《过失犯论》,台北三民书局 1993 年版,第 69 页。

之下,运用旧过失理论来认定过失似乎并无不妥。但是,随着科技和经济的发展,越来越多的未知危险围绕着人们的生产与生活,旧过失论的弊端日渐突显。一方面,根据旧过失理论,只要对危害结果没有预见可能性,即使发生了危害后果也不能认定过失的成立。这样的过失判断标准会使生产者在日常的生产与生活中疏于对危害结果的回避,不利于对社会秩序和公民安全的保障。另一方面,在现代的风险社会中,很多有益于科技和经济发展的生产或生活行为本身就具有一定的危险性,如果以结果预见义务为认定过失的中心,则会造成各种具有风险性的生产作业活动极易犯罪化的后果,进而导致人们在生产发展中以规避风险为行动取向,不利于甚至有碍于社会的发展。因此,旧过失理论具有纵容结果回避的不作为和动辄得咎的双重弊端,已经不适应现代社会的发展。①

在公害犯罪中,根据旧过失理论,行为人在行为之时只要能够预见其行为有造成公害的可能性,一旦后果发生行为人就要承担过失责任,若行为人行为当时不能预见其行为具有造成公害的可能性,那么即便造成了公害的后果也不认定存在过失。企业的生产活动是公害犯罪的高发领域,大多数的企业生产经营行为本身就具有一定的危险性,这也是企业本身能够认识到的。此种情况下,不管什么原因,只要发生了公害后果,就是有结果预见的可能性,因而也就存在过失,应当接受刑罚处罚。这从刑法责任原则来讲,是不公正的。因此人们逐步认识到"不能说因为有结果预见的可能,就总有过失"。② 旧过失论在此是行不通的。

此外,在当今科学技术广泛使用于生产活动的情形下,不少企业生产活动涉及一些科学新知,通常存在实践经验不足的问题,生产者对其行为或行为所涉及的物质往往缺乏全面的、正确的认识,对危害后果的预见不充分。此时,根据旧过失理论,行为人可以以其对危害可能不能预见作为其不承担责任的辩解。以德国著名的擦里刀米德公害事件③为例,擦里刀米德是一种

---

① 杨丹:《医疗刑法研究》,中国人民大学出版社2010年版,第113页。

② [日]藤木英雄:《公害犯罪》,丛选功等译,中国政法大学出版社1992年版,第59页。

③ 擦里刀米德案是20世纪50年代末发生在德国的一个药品公害案,过失的认定成为本案是否要追究刑事责任的关键问题之一,西德在1970年12月18日对该案的终审判决中明确地肯定了这是一起刑事案件,制造擦里刀米德安眠药公司的负责人受到了刑事追诉。

为孕妇提供的安眠药,该药从 1958 年就开始出售,由于受当时医学水平的限制,一直到 1961 年才确认擦里刀米德安眠药是致畸性药物。在已经出售的三年中不少孕妇因使用该药而生下患有先天畸形、四肢异常的孩子。在该案中,企业方面曾经主张,根据当时的医学水平,不能预见到擦里刀米德药剂是发生致畸的药品,所以不应当认定有过失。若以旧过失理论为判断标准,企业方面的辩解显然是可以成立的。但是这样一来,危害后果的责任承担只能转嫁到无辜的被害者身上,导致了责任承担上的不公平。同时,此案若是仅凭对后果的不能预见就否定了企业方的责任,还可能造成行为人疏于回避危害后果的不良影响。可见,在公害犯罪中,旧过失理论逐渐丧失立足之地。

(二)公害犯罪与新过失理论

19 世纪末 20 世纪初,随着工业革命的兴起,科学技术取得重大进展,工商业及其他高科技产业活动迅速发展,社会活动也日趋组织化和复杂化。在此社会背景之下,旧过失论过于扩大过失犯处罚范围的缺点显然不合时宜,不利于社会的发展与进步,因而以目的行为论和规范责任论为基础的新过失论应运而生。

新过失论一改旧过失论以预见义务为中心的立场,以结果避免义务为中心,认为避免结果发生的具体行为就是注意义务的内容。对于过失犯而言,不只是疏于认识、预见结果的发生,还在于没有尽到义务,实施旨在避免结果发生的必要行为。① 由此,如果仅仅存在结果预见的可能性,并不足以成立过失,必须行为人没有履行结果回避义务,方才成立过失,即便行为人有所预见,但其为避免结果发生而采取了必要的措施,履行了相应的结果避免之义务,即使发生了法益侵害的后果,也不能认定过失成立。新过失论使过失犯从"结果无价值"转向了"行为无价值"和"结果无价值"。② 新过失理论相比之旧过失理论,其意义在于,一方面降低了注意义务的要求,一定程度上限定了过失成立的范围,摒弃了旧过失论使生产作业活动极易犯罪化的弊端;另

---

① 孙国祥:《刑法基本问题》,法律出版社 2007 年版,第 181 页。

② 廖正豪:《过失犯论》,台北三民书局 1993 年版,第 71 页。

一方面则区分了过失行为与不可抗力。当前,新过失论是德日刑法中的通说,[①]在实务中也被迅速普及。[②]

公害犯罪中,新过失理论在一定程度上弥补了旧过失论动辄得咎的不足,有利于鼓励人们在生产生活中以履行危害结果避免义务为前提,尽可能地运用各种科技手段发展生产、便利生活,并且促进科学技术的发展和推动社会的进步。但是在公害犯罪中,新过失理论也有两个方面的不足,一方面体现为新过失论的结果避免义务是以对危害结果的具体预见为前提的,但对结果的具体预见在公害犯罪中较难实现。因为公害犯罪中的行为、结果及行为结果之间的因果关系都具有复杂性和难以认知性,如果以危害结果的具体预见为过失认定的前提,则易造成行为人以情形复杂、科技水平有限等原因致使结果难以明确认知作为辩解,从而逃避责任的承担,不利于企业对保证人类、环境等公共安全的重视。另一方面的不足在于新过失论在公害犯罪中对不能预见的最初公害事故的宽容。目前高发的企业公害事故,不少情形就是因为对其所利用的新知识、新物质以及新技术缺乏足够认识而造成的。例如在一些科学实验、工程等新尝试的场合,由于没有经验积累,不可能对结果有具体的预见,根据新过失理论就不可罚,这是不合理的。[③]

新过失论的不足也能在德国的擦里刀米德案件中得以说明。在该案中,擦里刀米德安眠药是一种崭新的化学药剂,在1961年以前,即药品开始出售之时,以当时的医学水平是不能具体预见到该药会有导致新生儿畸形的预见可能性。但是在当时的医学水平之下,可以通过实验得知胚胎对该药物的吸收率上升,吸收率的上升对胚胎所起的作用是有害的,但具体会产生何种有害后果却无法预见。按照新过失理论,作为过失的要件,预见可能性要求附有"此处就有畸形发生"的具体被害预见可能。若采取这种立场,那么就擦里刀米德事件而言,要使公司方面承认过失相当困难。[④]

(三)公害犯罪与新新过失理论

新新过失论,又称为危惧感说,不安感说。该理论是在20世纪60~70

---

① 林亚刚:《犯罪过失研究》,武汉大学出版社2000年版,第28页。

② [日]甲斐克则:《过失犯的理论基础》,载高铭暄、赵秉志主编:《过失犯罪的基础理论》,法律出版社2002年版,第3页。

③ 张明楷:《外国刑法纲要》,清华大学出版社1999年版,第239页。

④ [日]藤木英雄:《公害犯罪》,丛选功等译,中国政法大学出版社1992年版,第63页。

年代产生的，当时的社会背景是，经济、社会迅速发展，高危险行业不断增多，企业公害事件日益严重，旧过失论和新过失论在法益的保护过程中已显得无力。因而，在新过失论的基础上形成了新新过失论。该学说认为，只要行为人对于危险的发生具有危惧感或者模糊的不安感，就应当承担结果避免义务，如果行为人没有履行结果避免义务以致结果发生的，就应当认定成立过失。新新过失论与旧过失论不同，其重点在于结果的避免义务而不在于结果的预见义务。在这一点上与新过失理论相同，但新新过失论的这种结果避免义务又不同于新过失论，在新过失论中的结果避免是以危害后果的具体预见为前提，而新新过失论中结果避免义务不是以危害结果的具体预见义务为前提，无须行为人在行为当时能够具体预见到危害结果，只要根据行为时的客观状况足以认定行为人对于发生危害结果有抽象的危惧感就足已。这就是新新过失论与旧过失论、新过失论的根本区别之所在。

刑法理论界对新新过失理论存在较大的争议：肯定者认为，该理论对于认定企业灾害事故中组织体的责任极具实际意义；而否定者认为，新新过失论将结果预见义务抽象化，放宽了预见义务的范围，轻易就能成立过失，过于扩大刑事责任的范围，有重陷结果责任窠臼之虞，不利于科技与经济的发展与进步。[①] 事实上，支持新新过失理论的人并不多，新新过失理论自产生以来也未得到广泛的使用。在日本，森永公司奶粉中毒案采用了新新过失理论，但它没有成为判例的主流，[②]甚至还有学者指出，之后还有判决明确否定了该理论。[③]

虽然支持新新过失理论的人不多，对该理论的批判之声也不绝于耳，尽管如此，新新过失理论在公害犯罪中还是有很大的适用空间。在公害犯罪中，新新过失理论，站在旧过失理论和新过失理论的中间，既改善了旧过失论动辄得咎，不利于新技术的开发与利用，阻碍社会发展进步的不足，也弥补了新过失理论对公害犯罪打击不力的缺点。一方面，在公害犯罪中，新新过失

---

① 杨丹：《医疗刑法研究》，中国人民大学出版社 2010 年版，第 115 页。

② ［日］藤木英雄等编：《刑法的争点》（新版），有斐阁 1987 年版，第 94～95 页；川端博：《刑法总论讲义》，成文堂 1997 年版，第 192 页。转引自马克昌：《比较刑法原理》，2002 年版，第 256 页。

③ 张明楷：《外国刑法纲要》，清华大学出版社 1999 年版，第 239 页。

理论仍然以行为人的结果避免义务为中心,要求行为人在尽到足够的注意义务的前提下,鼓励了各行业积极探索未知领域,利用新知为人民和社会谋福利,有利于促进经济社会的发展。另一方面,新新过失理论不要求以具体结果的预见可能性为前提,只要行为人具有某种不安感、危惧感就认为具有预见可能性。这样能够促使行为人在实施具有一定危险性的行为时谨慎行事,充分查清各种可能出现的危害,履行尽量消除这种危惧感的义务,最大程度地保障安全。即使不能完全杜绝未知危害的发生,但至少能防止研发者或者企业以不能预见具体危害可能性为由,为了研发成果或者为了企业利润而盲目推行不能保证安全的新产品或新技术。

在德国擦里刀米德药品公害案件中,擦里刀米德安眠药作为一种崭新的化学药剂提供给孕妇,就其对人体内的作用机理还不能充分掌握的情况下,企业方就不能完全信赖其安全性,即使是存在哪怕十分细微的危惧感,企业方面也应当具有尽量消除这种危惧感的义务,以防止危害的发生。如果按照新新过失理论,在这种情形下企业方应当认定其对危害结果是有预见可能性的,那么就应当承担注意义务,在不能消除危惧感的情况下就不能盲目销售该药品。根据西德的裁判,他们对以往的过失理论采取了回避的态度,对预见可能性做了这样的理解:倘若能预知到药品对胚胎具有某种有害作用即可,并从这一趣旨出发,判断公司方面是可以认识到有害性的预见可能性的。① 该判决最终追究了刑事责任,其中对过失的认定关键所在。

综上所述,以上三种过失理论,当属新新过失理论更适应打击公害犯罪的现实需要。尤其是在我国,目前我国还属于发展中国家,发展中国家的历史定位使得经济发展至上的观念和安全意识淡薄的情形在我国广泛存在。在公害犯罪中,新新过失理论既有利于促进经济社会的发展,又能督促行为人提高安全生产意识,从而缓解经济发展与安全、秩序保障之间的矛盾,符合我国目前发展的需要。由此可见,在我国目前的国情下,新新过失理论在公害犯罪中应该有立足之地。

---

① [日]藤木英雄:《公害犯罪》,丛选功等译,中国政法大学出版社1992年版,第63页。

二、注意义务的基本问题

我国《刑法》第 15 条规定："应当预见自己的行为可能发生危害社会的结果，因为疏忽大意而没有预见，或者已经预见而轻信能够避免，以致发生这种结果的，是过失犯罪。"由这一规定可知，过失的成立，应当具备以下条件：具备注意能力，具有注意义务，却由于疏忽或过于自信而没有履行注意义务。这一概念充分揭示了行为人在不履行注意义务之时，缺乏高度的责任心和足够谨慎的态度。[①] 这也正是行为人主观心理应受谴责的根据所在。

（一）注意义务之内容

所谓注意义务，是指法律、法令对社会日常生活做出当为一定行为或不当为一定行为的要求时，应当谨慎以避免危害社会的结果发生。[②] 就注意义务的内容而言，不同的过失理论有不同的见解。旧过失理论指出，注意义务的内容是结果预见义务。行为人对危害结果具有预见可能的，能够预见到危害结果时而没有预见的，即违反了注意义务，在危害结果发生的情况下，应当负过失责任。而在新过失论和新新过失论中，注意义务的内容就不仅仅是结果预见义务了，还包括结果避免义务，同时以结果避免义务为中心。行为人在对危害结果的认识、预见的基础上还应当采取适当的措施防止危害结果的发生。行为人如果没有尽到结果回避的义务，导致结果发生的就可以认定过失成立。对于过失犯罪来说，将注意义务仅仅概括为结果预见义务或结果回避义务都是不妥当的。注意义务应当涵括结果预见义务和结果避免义务。[③]

1. 结果预见义务

所谓结果预见义务，是指行为人在行为之时应当集中注意力，保持意识紧张，以便根据行为时的具体情况认识和预见自己的行为可能产生危害结果的义务。在结果预见义务中，预见义务的内容，根据不同的过失理论又有不同的观点，包括具体结果说和抽象结果说。持具体结果说的学者认为，预见义务是具体的，而不是抽象的，[④]即行为人应当预见到的只能是《刑法》分则

---

① 周光权：《注意义务研究》，中国政法大学出版社 1998 年版，第 18 页。
② 胡鹰：《犯罪过失研究》，中国政法大学出版社 1995 年版，第 74 页。
③ 周光权：《注意义务研究》，中国政法大学出版社 1998 年版，第 8 页。
④ 胡鹰：《犯罪过失研究》，中国政法大学出版社 1995 年版，第 86 页。

对过失犯罪所规定的具体的危害结果。根据具体结果说,如果没有具体的预见,就不能认为具有结果预见的可能性,因为只有预见到具体结果发生的可能性才能要求行为人采取适当的结果避免行为。而抽象结果说则认为,过失中的结果预见可能性,是指结果将来是否发生的问题,因此,若将其理解为对现实发生的结果能够准确、具体的预见至其时间和场所的想法,过于苛刻,结果预见可能性必须具有一定程度的抽象。①

行为人不需要对结果有具体的预见,只要对于可能产生的危害结果具有"危惧感"或者"不安感"这种抽象的认识就可以认定已经有所预见,进而应当承担结果避免义务。抽象结果说在日本很有影响,藤木英雄认为,在科学技术无限发展和扩大的同时,未知的危险对我们的威胁越来越多,在过失犯罪注意义务的内容上,应有新的认识。行为人虽无具体的结果预见可能性,但对于结果的发生具有笼统的、一般的危惧感、不安感,即可判定为有结果预见可能性,追究其过失责任自然就不成问题。② 预见义务内容的不同要求正是新过失论和新新过失论区别的关键所在。

2. 结果避免义务

所谓结果避免义务,是指行为人在行为时应当集中注意力,保持意识紧张,采取必要的措施以避免危害结果发生的义务。对于结果避免义务的内容,不同的学者也持不同的观点。在日本,关于结果避免义务,日本法院在森永奶品中毒案中指出:"结果规避义务,具体地说,就是:(甲)要预想到危险的盖然性;(乙)要预想到危险的严重性;(丙)考虑到其他情况等。必须对行为者所承担的防止危险的责任达到什么程度才是妥当的,作出判断来。"③

我国有学者认为,结果避免义务可以分为排除危险状态的义务、在危险状态中保持谨慎的义务以及积极避免危害结果的义务三种情况。④ 也有学者指出,以上三分法中,排除危险状态的义务和积极避免的义务难以区分,因而应当把结果避免义务分为危险状态中保持谨慎态度义务和消除危害结果

---

① [日]大谷实:《刑法讲义总论》,黎宏译,中国人民大学出版社2008年版,第181页。
② [日]藤木英雄:《公害犯罪》,丛选功等译,中国政法大学出版社1992年版,第62页。
③ 同上书,第71页。
④ 姜伟:《罪过形式论》,北京大学出版社2008年版,第229页。

义务，其中保持谨慎态度是前提，消除危害结果是目的。①

（二）注意义务之来源

注意义务之来源也被称为注意义务之根据，即判断行为人行为时是否存在注意义务的根据，注意义务的来源主要有以下几个方面：

1. 律令规章上的注意义务

律令及规章制度上的注意义务，是指法律、法令以及规章制度上明确规定的注意义务。这种注意义务通常具有明确性和一般性，容易查明。目前，世界各国都会通过各种法律、法令来对注意义务做出一些明确的规定。对注意义务做出规定的法律、法令既可以是刑法也可以是其他法律、法令，如行政管理法等。在公害犯罪中，食品安全管理制度、环境保护制度、公共医疗卫生管理制度，均是其注意律令的注意义务来源，前文已有详述。

2. 习惯经验上的注意义务

习惯经验上的注意义务，是指人们根据其在长期的社会生活实践中所形成的习惯以及所积累的经验而逐渐形成的注意义务。西原春夫指出，法律不可能将所有的注意义务完全类型化，因此，是否具有注意义务与注意义务的范围最终还是根据一般的道义习惯等社会规范来认定。② 未被法律予以类型化的、基于习惯与经验而产生的注意义务，因其涉及社会万象而纷繁复杂，因此与律令规章上的注意义务相比缺乏一般性和明确性，通常需要法官根据具体情况与经验进行判断与认定。

3. 先行行为产生的注意义务

先行行为产生的注意义务，是指行为人的某一行为具有侵害他人法益的危险时，行为人理所当然负有的为或不为一定行为，以排除或避免危害结果出现的注意义务。在各种公害犯罪行为当中先行为义务，可以围绕公害媒介的形成来予以认定。

4. 日常生活中尊重他人法益所应为的一切注意义务

日常生活中尊重他人法益所应为的一切注意义务，是指人们在上述三类

---

① 周光权：《注意义务研究》，中国政法大学出版社 1998 年版，第 87 页。

② ［日］西原春夫主编：《日本刑事法的形成与特色》，李海东等译，法律出版社、成文堂 1997 年版，第 257 页。

义务之外,作为社会共同体的一员应当承担的尊重他人法益的义务,包括伦理、道义的以及在日常生活中,为阻止危险或者侵害行为发生所应尽的注意义务,这是维持社会共同生活所必要的注意义务。[①]

(三)注意义务之违反

注意义务的违反是认定过失成立的关键,注意义务的内容包括结果预见义务和结果避免义务,相应的注意义务的违反也包括结果预见义务的违反和结果避免义务的违反两个方面。在判断结果预见义务和结果避免义务的违反时,都是以行为人对危害结果具有注意能力为前提的。如果行为人对特定的危险不具有注意能力,则行为人不能构成过失。由此,可以将过失认定的审查分为两个层次:注意能力的判断和注意义务的违反,其中注意义务的违反又包括预见义务违反和避免义务违反的判断。

1. 注意能力之判断

行为人具有注意能力是其履行注意义务的前提,若公害行为人没有相应的注意能力,则说明其无法认识行为的性质,更谈不上保持谨慎的注意。对于注意能力的内容,通说认为,应当包括结果预见能力和结果避免能力,注意能力应当是预见能力和避免能力的统一。在疏忽大意过失中行为人具有预见能力却疏于发挥而导致危害结果,在过于自信过失中行为人具有避免能力却未能充分发挥而导致危害结果。对于注意能力的判断标准主要存在以下三种学说:(1)主观说,也称个人标准说,以行为人本人的注意能力为确定违反注意义务的过失标准;(2)客观说,以社会一般人或平均人的注意能力为标准,确定某具体行为人的违反注意义务的过失责任;(3)折衷说,认为把具有相应情况的某些个人的注意能力加以抽象化,作为一种类型标准,而这一类型标准是根据社会相当性形成的。在以上三种判断标准中,我国刑法学界通常主张主观标准说。[②]

依照行为人某种专业能力,或者可以说是某种特殊的行为能力,可以把过失区分为普通过失和业务过失。[③] 与之对应的注意能力分为普通的注意

① 杨丹:《医疗刑法研究》,中国人民大学出版社2010年版,第120页。

② 陈兴良:《刑法哲学》,中国政法大学出版社2004年版,第191~192页。

③ 许玉秀:《探索过失犯的构造——行为人能力的定位》,载许玉秀:《主观与客观之间——主观理论与客观归责》,法律出版社2008年版,第158页。

能力和特殊的注意能力。普通的注意能力指社会一般成员基于日常生活实践而普遍具有的注意能力，它是普通过失犯罪的成立要件。特殊注意能力指具有专门知识、经验、受过专门训练且从事专门业务活动的人在其业务活动中所具有的注意能力，它是构成业务过失的主观前提。①

2. 预见义务之违反

预见义务之违反即指行为人应当预见自己的行为可能发生危害社会的结果，却由于行为人注意力没有集中或未保持应有的谨慎态度而没有预见。换句话说，行为人具有注意能力，但根本没有发挥这种注意能力。正由于对危害结果没有预见，也就未能采取有效措施避免危害结果的发生。因此，违反预见义务的同时也必然会违反避免义务。与预见义务违反相对应的过失形态就是疏忽大意的过失，行为人应当预见而由于注意力没有集中或未保持应有的谨慎态度而没有预见的状态，就可以用“疏忽”一词来概括。

3. 避免义务之违反

避免义务之违反是指行为人在对危害结果已经有所预见的情况下，应当集中注意力和保持意识的紧张，采取有效的措施避免危害结果的发生，却由于轻率而未充分采取相应的避免措施。也即行为人没有正确地、充分地发挥注意能力。与避免义务违反相对应的过失形态是过于自信的过失，行为人在预见到危害结果的情况下，没有采取应有的谨慎态度，未能正确估计有利因素和不利因素的影响就盲目行动的心态，可以用“轻率”一词来概括。

三、公害犯罪过失的认定

注意义务被认为是过失认定的本质与关键，公害犯罪中的过失认定也离不开对行为人注意义务的判断。因此，笔者在此主要从注意义务出发来论述公害犯罪中过失认定的一般标准与具体问题。

（一）公害犯罪注意义务认定的一般标准

违反注意义务的标准事实上包含两个层次的问题：一是“注意义务的标准”；二是“注意能力的标准”。②

---

① 周光权：《注意义务研究》，中国政法大学出版社1998年版，第113页。

② 林亚刚：《犯罪过失研究》，武汉大学出版社2000年版，第92页。

1. 公害犯罪注意义务标准

注意义务的判断应当采用客观标准,对此我国学者未存争议。注意义务的判断是以平均人、普通人或理性人在当时的情境下谨慎行事所具有的注意程度,作为确定注意义务的判断标准。所谓"平均人""普通人"则是指在社会普通交往中,所有社会成员中不具有特殊性的一般人。

在公害犯罪中,笔者认为,不能将注意义务判断标准中的"平均人"界定为无任何特殊限定的一般群众。因为公害犯罪中的过失大量体现为业务过失,即发生在企业的生产活动中,并且这些生产活动或多或少都包含有一定的专业知识与经验。非相关领域的一般人往往不具备相应的知识、经验及技能。尤其是在一些风险性较高的行业,对其从业人员在知识、技能上有较高的要求,甚至需要受过特别的训练,具有一定资质的人才有胜任资格。这种情形下,若还以无任何特殊限制的"平均人"的标准去要求行为人的注意义务,对于行为人而言要求太低,不利于行为人对其行为保持应有的谨慎态度,也不利于社会安全的保障。可见,作为公害犯罪中注意义务判断标准的"平均人"应当是一个相对的标准,而不是一个绝对的标准,即在不同的行业与领域应该具有不同的"平均人"标准。例如,在食品、药品公害过失中,"平均人"应当是指具有相同食品、药品生产资质和生产技术的企业。在自然环境公害犯罪过失中,"平均人"应当是具有同样生产资质和废弃物处理能力的企业。总之,在公害犯罪过失的认定中,行为人注意义务的判断应当以地位和身份同等于行为人的"平均人"作为参考标准。

2. 公害犯罪注意能力标准

对行为人预见能力的判断是认定行为人是否履行注意义务的前提。如果行为人对特定危害结果的发生是不能预见的,那么,行为人对危害结果就不应当承担过失责任,因为理性人无法对不能预见的结果采取谨慎的态度。因此,根据什么标准来确定行为人是否具有预见能力也成了一个不容忽视的问题。

在注意能力的判断标准上,我国刑法学界通常主张主观标准说,即以行为人本人的注意能力作为确定违反注意义务的过失标准。法官在判断行为人的注意能力时根据行为人的身体、生理状况,知识、实践水平,社会生活经验以及社会地位等个人因素综合判断行为人对危害结果的注意能力。如果行为人基于自身因素的缺陷不具有注意能力,则可以排除行为人的过失责任。

在公害犯罪中,注意能力的判断应当摒弃主观标准说而采用客观标准说,即以社会“平均人”的注意能力为标准,确定某具体行为人的注意能力。当然,此处的“平均人”与上述注意义务标准中的“平均人”一样,应当是与行为人具有同等地位与身份的一般人。在注意能力的判断中不应考虑行为人的个人情况与因素,这是因为公害犯罪与普通犯罪具有根本性的差异。公害犯罪一般与企业的生产活动紧密联系,往往是伴随着企业的生产作业活动而发生,因此,公害犯罪过失往往体现为业务过失。在业务过失中要求行为人具有特殊注意能力,即具有对其业务行为的危险性保持必要注意、事先预料的能力。例如,通常对企业在各方面的资质都有一定的要求,尤其是对一些从事高风险作业的企业,对企业各方面的资质要求就更高,其实就是对行为人特殊注意能力的要求。如果行为人不具备必要资质或没有达到必要的技术水准,即不具备特殊的注意能力,就盲目从事生产作业,那么我们就可以认为其违反了注意义务。

就自然环境公害中的过失来说,如果一个企业要启动一项新的生产技术或生产一种新的产品,若其生产活动会生成一种新的废弃物,那么该企业在废弃物排放之前必须根据当前的最高科技水平对废弃物的有害性进行安全确认才可以排放,若该企业在未掌握相关方面的最高技术水平,那么在不能确认废弃物足够安全的情况下排放了有害废弃物,则可以认为其行为违反了注意义务。在食品、药品公害领域亦如此,在食品、药品生产中,若某产品含有从未使用过的新成分,那么该产品在上市之前必须通过最新科技对其安全性进行确认,若该企业的技术水平未能达到对其安全性进行安全确认的水准,盲目将食品、药品上市,则可以认为其行为违反了注意义务。

(二)公害犯罪中注意义务判断的具体问题

1. 判断标准的时间性

公害犯罪的行为与结果经常具有时间上的跨越性,有些情况下危害结果通常在行为发生较长时间后才显现出来,这就涉及注意义务判断标准的时间性问题。在行为发生和结果显现的时间差中,随着科学技术的不断发展,注意义务的判断标准也必然与时俱进,由此则可能存在至少两个判断标准,即行为时的判断标准和结果时的判断标准。在公害犯罪过失的认定中,所依据的注意义务判断标准应当是犯罪行为发生之时的判断标准,而不应当是危害结果显现出来时的判断标准。这是因为,行为人在行为之时只能根据其当时所知悉的标准行事,不可能要求行为人超越当时的认知能力和行为能力知悉和遵守未来可能的标准。例如,某行为人在生产作业过程中向外界排放了一种以当时的最高科技水平认知确定其无害的废弃物,若干年后通过更高的科学技术认知到该废弃物的有害性,此时,我们不能以若干年后的标准来认定若干年前的行为成立过失。

2. 判断标准的地域性

公害犯罪的行为与结果不仅具有时间的跨越性,空间的跨越性也经常出现,即行为地与结果地相隔甚远的情形。行为与结果发生的不同地域可能具有不同的注意义务标准。例如,各国之间由于社会经济发展水平的不同或其他原因,可能在某一方面规定有不同的注意义务判断标准,即国家标准有所不同。在我国,由于国土幅员辽阔,且各地区之间的发展极不平衡,也可能出现各地区判断标准不同,即地区标准有所不同。由此,注意义务判断标准的地域性问题显得尤为重要。

在注意义务的标准中可能涉及地方标准、国家标准与国际标准三种情况,关于这三种标准应如何适用的问题,可以分为三种情况:第一种是行为地与结果地均属于同一地区的情形,在这种情形下,可以适用地方标准进行判断。但是,此处必须指出,如果对于该行为或结果国家已事先规定了全国性的统一标准,则地方标准就没有适用的余地了。例如,我国在污水排放、大气污染物综合排放等方面都有统一的标准,这种情况下地方标准在犯罪认定中就不能适用了。第二种是行为地与结果地不属于同一地区但都在我国范围之内的情形,在这种情形下,就应当以国家标准为判断标准。第三种是行为地与结果地有跨国特征的情形,在这种情形下,应当适用国际标准。值得一提的是,有些情形在国际上是没有统一标准的,此时,应当以各国中最先进、最高要求的标准为适用标准为宜。这就要求,在可能具有国际影响的行为中,行为人应当在全球范围内对该领域最新发展保持必要的、合理的注意,掌握和运用最新的技术与方法。

3. 判断标准的差异性

在公害犯罪中,根据危害结果发生可能性的大小不同和危害程度的大小不同，行为人的注意义务程度应有不同的要求，因此，在公害犯罪中应当有相对灵活的、差异性的注意义务判断标准。

首先，根据行为危害结果发生可能性的大小不同，对注意义务的判断标准应当存在差异。如果能够预见到危害发生的可能性小，则行为人的注意义务标准会相应低一些。如果能够预见到危害发生的可能性大，则行为人的注意义务标准也会相应提高。以环境公害为例，若行为人排放某种废弃物对环境的危害可能性较大，则行为人的注意义务标准，应当是采用最先进的科学技术去防止废弃物排放可能造成的危害，若采取相应措施仍不可能防止危害的发生，则行为人只能采取停止排放的措施。如果行为人排放某种废弃物对环境的危害可能性较小，则其注意义务的标准便可能只是对废弃物的成分进行紧密观察与监测，及时收集危害发生可能的情报等。

其次，根据行为危害结果严重程度的大小不同，对注意义务的判断标准也应当存在差异。如果危害结果一旦发生便会造成不可挽回的结果，则注意义务的标准就应较高。如果危害结果的严重程度较小，结果发生后，采用适当的措施能够较快地使受害情况恢复正常水平，则此时的注意义务标准可能相对较低。例如，在有害制品公害领域，如果某种商品的生产与销售可能会造成使用者伤残或死亡等不可扭转的后果，则注意义务的标准可能高至停止该商品的生产与销售。如果某种商品的生产与销售可能会对使用者造成一些较小的伤害，并且这种伤害可以通过短暂的治疗予以恢复，则注意义务的标准可能不会高至停止该商品的生产与销售，而只是要求谨慎行事而已。

第四节　公害犯罪的严格责任适用

“无犯意即无犯罪”是近代刑法理论中的一条重要的格言，体现出了罪过原则在犯罪认定中的基础性地位。但是罪过原则作为犯罪认定的基本原则却不能应对公害犯罪中主观方面难以认知与查证的特征，不能有效地惩治公害犯罪。有不少学者因此而提出在公害犯罪中引入严格责任的建议。因此，应当对严格责任进行分析，并探析严格责任在我国公害犯罪中是否具有适用的可能性，如若可以，在公害犯罪中引入严格责任又应当如何具体适用。

一、严格责任原则概述

（一）严格责任产生之缘由

任何一个理论都有其产生、发展的背景。罪过责任是在人类文明不断发展与进步的社会背景下对古老的加害原则[①]进行修正和发展的结果，并且作为一项重要的基本原则被长期贯彻。但是随着社会进一步的发展与变化，社会理论也随之不断变化与更新。在旧的社会理论已经无法应对社会发展需要的情形下，新的社会理论便会崭露头角。严格责任就是为了适应新的社会发展需要而产生的。

19世纪末20世纪初以来，随着工商业活动的日益频繁，经济交往的日益密切，高危险行业发展迅猛，危害公众健康、社会安全与社会福利的违法犯罪行为日渐严重，犯罪率也急剧上升。尤其是公共福利方面的犯罪和道德方面的违法行为不仅数量繁多，而且社会危害性巨大。在这样的社会背景之下，人们生存与发展所必需的安全有序的社会条件受到了前所未有的威胁。面对这些犯罪，若依然恪守"无罪过即无犯罪"的罪过原则，容易使罪犯逃脱法网，难以适应对社会利益保护强化和经济发展的需要，必须采取更有效的法律和政策来控制这方面的犯罪。

由于这些犯罪通常具有复杂性和隐蔽性的特点，所以证明行为人的主观罪过往往很困难。公共福利犯罪和道德犯罪行为人通常是存在罪过的，只是难以查证，所以如果要按照罪过原则对每一个危害行为都必须证明罪过，就很难对这些犯罪行为进行起诉和定罪，容易使罪犯逃脱法律的制裁，不利于保护广大公众和社会的利益。因此，为了避免行为人以主观罪过无法查证为理由来逃避法律的制裁，严格责任制度就在这样的社会背景下诞生了。严格责任犯罪是资本主义商品经济发展中的产物，它主要集中在"公共福利犯罪"（Public Wel-fare Offenses）和"道德犯罪"（Morality Offenses）两个方面。

从法律效果和社会效益来看，严格责任在英美国家起到了维护社会秩

---

① 加害原则可以说是最早的归责原则，根据此原则，只要有加害人造成他人损害的事实存在，法律就确认加害人要承担责任，这是单纯以客观结果归责的报复刑产物，与当时民、刑不分以及赔偿刑盛行的背景也分不开。

序、保护公共利益的作用。面对这样一种新型的社会背景，严格责任在以下两个方面的贡献巨大：首先是有利于保护公共安全。立法机关往往把一些涉及公共健康、公共安全、公共道德和秩序的犯罪规定为严格责任。例如，在有关食品、药品的销售，环境污染，工作环境的安全等方面的犯罪中适用严格责任。如此一来就可以提高行为人的注意义务，使之能够以更为谨慎的态度去保护公共利益。其次，严格责任在提高司法效率方面的贡献也很突出，有利于对一些严重犯罪的打击。采用严格责任可以减轻公诉机关的证明责任，进而提高司法效率。由于没有必要证明被告人对某个特定要素的主观心态，公诉机关的证明责任也就大大减轻了，办案效率也就相应提高了。

（二）严格责任内涵之辨析

目前学界对严格责任并没有一个统一的定义，不仅我国如此，严格责任的发源地英美法系国家亦是如此，“论者对严格责任有多种定义，其中有些重要而令人头昏的差异”。[①] 在探讨公害犯罪引入严格责任必要与否的问题之前，有必要先厘清严格责任之含义，以避免因理解不同而带来的不必要之争。目前关于严格责任概念之说法不一，本书只能在对各家之言进行梳理与解读的基础上，提出个人认为更为合理的概念，即本书所采用之内涵。关于严格责任的定义，大致可归纳为两大类型：

第一种观点认为，严格责任是指行为人主观上既没有故意也没有过失，只要实施了一定的危害行为或导致一定的危害后果就构成犯罪，应受刑罚处罚。通常被称为绝对严格责任。持此种定义观点的如“严格责任通常被认为是这样一类犯罪，即没有犯罪心态的要求”。[②] 英国著名法学教授鲁珀特·克罗斯和菲利普·A. 琼斯在其著作《英国刑法导论》中也开宗明义地将严格责任表述为“在某些特殊的犯罪中，即使被告的行为不具有对被控犯罪必要后果的故意、放任或过失，即使被告对必要的犯罪条件没有犯罪意识或行为过失，即使被告的行为是基于合理的错误认识即认为自己具有犯罪定义所规定的某个特殊的辩护理由，他也可能被定罪。在这种情况下，被告本人虽然

---

① Alan C. Michaels,“Constitutional Innocence”,Harvard Law Review,February,1999.

② Laurie L. Levenson,“Good Faith Defenses: Reshaping Strict Liability Crimes”,Cornell Law Review,March,1993.

没有任何过错,但却要承担刑事责任,这种责任称为严格责任。”①我国学者在介绍严格责任时也如此定义“绝对责任也可以称严格责任,就是法律许可对某些缺乏犯罪心理的人追究刑事责任。因此绝对责任也就是无罪过责任(liability without fault)”。② “无过失责任是指在某种特殊情况下,某种行为构成犯罪并对其追究刑事责任不以本人具有罪过或犯罪的心理状态为必要条件,只要本人或他人具备一定的危害行为并造成一定的危害后果,就要负刑事责任。”③

第二种观点认为,严格责任是指行为人在实施某一危害行为或导致某一危害结果之时,其主观方面是有罪过的,罪过形式虽不明确但至少是过失,仍然构成犯罪,应受刑罚处罚,不要求控方对其罪过形式予以证明。通常被称为相对严格责任。实际上,这种严格责任是一种推定的罪过,控方无需对此予以证明但行为人可以提出抗辩理由来避免承担责任。持此种定义的观点如“一般把严格责任的犯罪定义为‘不需要有犯罪意图……只有行为(犯罪行为)就足够了’……修正的刑法理论不能接受上面对严格责任所下的定义……由于两种不同的原因,不必要求有犯罪意图的证据。第一,犯罪意图可能与定罪完全没有关系。无论如何,有犯罪意图或者无犯罪意图对责任来说可能都不是实质性的,我们把这称为严格责任的‘实体性’解释。第二,起诉不要求有犯罪意图的证据,尽管被告提出的无犯罪意图的证据可能排除他的责任。按照第二种‘程序性’的理解,如果把有关犯罪意图的举证责任加给被告,这种犯罪属于严格责任的情况。此类犯罪包括所谓的‘犯罪意图的推定’,被告可对此予以反驳来逃避承担责任。这种程序性方法使被告免除证明犯罪意图的艰难责任,尽管它最后对责任仍是实质性的。人们认为,许多犯罪的产生是前一种意义上的严格责任,但是法院却对它们追究后一种意义上的严格责任”④我国也有学者持这种观点,“刑法中的严格责任,是指在

① [英]鲁珀特·克罗斯、菲利普·A.琼斯著,理查德卡德修订:《英国刑法导论》,赵秉志等译,中国人民大学出版社1991年版,第67页。

② 储槐植:《美国刑法》,北京大学出版社2005年版,第61页。

③ 陈兴良:《刑法哲学》,中国政法大学出版社2000年版,第247页。

④ [美]道格拉斯·N.胡萨克:《刑法哲学》,谢望原等译,中国人民公安大学出版社1994年版,第137页。

行为人主观罪过具体形式不明确时,仍然对其危害社会并触犯刑律的行为追究刑事责任的制度。”①

可见,关于严格责任的概念,既包括绝对严格责任也包括相对严格责任,但是,这里关于严格责任的两种情况并非横向的并列,而是纵向的排列。也即并不排除早期的严格责任是采用绝对严格责任的概念,但现代意义上的严格责任应当是相对严格责任,相对严格责任是绝对严格责任长期以来发展进步的结果。之所以这么认为,理由有二:第一,既然严格责任是肇始于以判例法为主的英美法系国家,那么,它的确切含义也有必要从具体的判例中进行考证。有学者在对一系列关于严格责任适用的经典案例进行考证后指出,严格责任经历了从完全排斥被告人犯意的证明到要求被告证明缺乏与行为相关的犯意;从免除控方的举证责任到要求被告人承担举证责任,严格责任的适用正趋于缓和。② 由此可见,严格责任产生伊始,完全排斥犯罪意图在定罪过程中的意义,即为绝对严格责任。经过不断的司法实践,司法机关逐渐认识到在定罪过程中过分绝对地忽略行为人的犯罪意图可能导致不公正,从而增加一定的免责事由来缓和绝对严格责任的严厉程度,也就产生了相对严格责任。第二,这种说法也可以从一些关于严格责任的著名论述中得到证实。首先,从道格拉斯关于严格责任的定义来看,该定义最开始提到绝对严格责任,转而提“修正的刑法理论不能接受上面对严格责任所下的定义”,进而又提出行为人可以提出抗辩理由,这正说明了从绝对严格责任到相对严格责任的转变。其次,英国著名法学教授鲁珀特·克罗斯和菲利普·A. 琼斯在其著作《英国刑法导论》中论述到严格责任时,虽然开篇就将严格责任定义为绝对严格责任,但是在之后的论述中又指出:“既然许多犯罪案中适用严格责任的目的是处罚那些由于过失而实施某种特定行为的人,法院却通过解释适用严格责任的法律规定,而对那些主观上无过失的人和有过失的人都同样处以刑罚,这是很奇怪的。目前,在一些法定的犯罪中,专门规定了可以用来辩护的理由,一旦起诉方证实被告实施了被控罪名的犯罪行为,被告方就可以用这些理由进行辩护,这样一来,就使不公正的程度有所减轻。‘无过

---

① 李文燕、邓子滨:《论我国刑法中的严格责任》,载《中国法学》1999 年第 5 期。

② 黄竟瑶:《论我国刑法中的严格责任原则》,中国政法大学 2007 年硕士学位论文。

失’就是辩护理由之一。”[①]这也证实了绝对严格责任向相对严格责任的一种转变。

另外,中国化的严格责任定义更应该是相对严格责任。严格责任是英美法系的产物,我国的犯罪构成与英美法系的犯罪构成是有所不同的,因此我们在讨论严格责任能否从英美法系移植为我所用之前,必须正确地将该定义中国化。这就要求我们不能机械地将定义拈来就用,而应正确分析严格责任所处的背景对其定义进行必要且合理的转化。

英美刑法的犯罪构成是一种双层次的犯罪构成模式,第一层次是犯罪的本体要件,即客观行为与主观心态两个本质要件。第二层次是责任充足条件,即排除合法辩护。英美刑法在对具体个罪下定义时往往只包括第一层次的本体要件,即只包括犯罪行为和犯罪心态两个方面。但是,包含在犯罪定义之中的犯罪行为和犯罪心态只能是刑事责任的基础。在有些场合,行为特征虽然符合犯罪定义,但行为人不具备责任条件,或者行为在本质上缺乏政策性危害,这些在犯罪定义中没有包括的问题留待诉讼过程中作为“合法辩护”加以解决。[②] 对于严格责任犯罪,其责任充足与否就体现在其是否存在一定的事实抗辩理由。然而这第二层次关于责任充足的内容在个罪定义时往往又不会体现出来。这就是英美法系国家个罪定义的特征。所以说,在英美法系国家对严格责任犯罪的定义中未表明行为者的主观心态并非表示整个犯罪的成立就完全排除了行为人主观罪过的存在。由此,把严格责任定义为不考虑犯罪心态的责任形式是具有英美刑法特色的,其核心在于不必证明主观罪过就可起诉,而并不是不问主观罪过就能定罪。定罪前还要考虑责任是否充足,即行为人是否有合法的抗辩理由,如果行为人确实没有主观罪过则可以以此提出抗辩。

然而,我国的犯罪构成是由四个构成要件组成的同一层次的平面的犯罪构成模式,在严格责任定义中国化的过程中应把英美双层次的犯罪构成也一并转化了。笔者以为,根据我国的犯罪构成思路应把严格责任定义为:对于

---

① [英]鲁珀特·克罗斯、菲利普·A. 琼斯著,理查德·卡德修订:《英国刑法导论》,赵秉志等译,中国人民大学出版社 1991 年版,第 78 ~ 79 页。

② 储槐植:《美国双层次犯罪构成模式的构造与刑法价值》,载梁根林主编:《犯罪论体系》,北京大学出版社 2007 年版,第 153 页。

某些特殊的犯罪,只要行为人实施了一定的危害行为或导致了某种危害后果,就直接推定行为人实施该行为时具有主观过错,起诉方无需证明行为人的主观罪过即可对其追究刑事责任的一种刑法制度。显然这是一种推定罪过,推定行为人在行为时至少存在过失,至于行为人主观罪过到底为何种形式则无需进一步证明。既然是推定,则行为人就可以用自己无罪过的反证来进行抗辩。

(三)严格责任引入之争议

严格责任是英美法系的产物,对于这一在英美法国家就饱受争议的责任论,我国学者难免态度不一,存在较大争议。

1. 严格责任肯定说

严格责任制度作为英美法系的产物,受到我国一些学者的青睐,特别是对有限度地适用严格责任持肯定态度的,其理由归结起来主要体现在以下几个方面:

(1)严格责任有利于惩治犯罪与保护社会利益。罪过责任对于主观罪过的苛求容易造成犯罪行为人脱逃责任的后果。在违反管理法规的犯罪中,大多数对公众有很大的危害性,而且,要证明被告的行为是否出于故意或过失,非常困难。因此,若把犯罪意图作为犯罪构成的必要要件,往往会使被告逃脱惩罚,使法律形同虚设。[①] 如果因为行为人主观罪过无法得以查证就以无罪论处,势必将降低对犯罪行为的惩治力度,不利于对社会利益的保护。实行严格责任恰恰能够弥补罪过责任在这方面的不足,严密法网,惩治犯罪,保护社会利益。

(2)严格责任有利于刑罚目的的实现。刑罚的目的包括犯罪的特殊预防与一般预防,在一些存在罪过却难以查证的场合,严格责任的适用能使行为人受到惩罚,有利于实现刑罚的特殊预防。同时,严格责任也有利于刑罚一般预防的实现,体现为严格责任能够强化行为人在其行为时的注意义务,从而促使行为人谨慎行事,预防危害结果的发生。并且对某些特定行为的从业者也是一种鞭策,例如,在环境污染的犯罪中,严格责任有助于加强排污者

---

① 刘仁文:《严格责任论》,中国政法大学出版社2000年版,第8页。

的责任感,[1]进而起到较好的一般预防作用。

(3)严格责任有利于司法效率的提高。主观罪过作为一种抽象的事物,难以认识。再加上有些犯罪在主观方面较为模糊,一味地苛求司法机关对其进行明确的查证,可能导致高成本和长时间的诉讼过程。适用严格责任,可以在有效惩罚和预防犯罪的同时,提高司法效率和降低诉讼成本。

(4)严格责任与主客观统一原则不冲突。有些学者认为,在严格责任的场合,仍然是以行为人在实施违法行为时具有故意或过失的罪过心理为基础的,只不过是为了保护较大的公众利益,对这种罪过心理采取了严格推定的态度,只要没有有力的证据证明行为人毫无过失,就推定其有过失,从而认定其存在罪过心理。——这种做法,既符合保护特殊法益的要求,又使刑事责任建立在可以归责的合理基础之上。[2]

2. 严格责任否定说

在我国,有不少学者排斥严格责任在我国刑法中的适用,如陈兴良教授明确指出"在当前我国刑事立法与司法实践不存在严格责任,而且将来也不应采用严格责任。罪过责任始终是我国刑事责任的原则,无过失责任与我国刑法性质是背道而驰的,应予否定"。[3] 对严格责任持否定态度的学者其理由主要在于以下几个方面:

(1)严格责任有悖于罪刑法定原则。罪刑法定原则要求对于刑法没有规定为犯罪的行为不得定罪处罚,即"法无明文规定不为罪,法无明文规定不处罚"。[4] 该原则是以保障人权为出发点,排斥那些不利于被告人、犯罪嫌疑人人权保障的制度。根据我国现行刑法的规定只有主观上具有罪过,即故意或过失的情况下才构成犯罪,并明确规定主观上缺乏罪过,即使是行为人的行为客观上造成了损害结果,也不承担刑事责任。然而我国刑法对于严格责任却没有明文规定,因此,如果在司法过程中适用严格责任原则就是违反了罪刑法定的原则。

(2)严格责任有悖于罪刑相适应原则。罪刑相适应原则指犯多大的罪,

---

① 杨春洗:《论环境与刑法》,载《法律科学》1996 年第 1 期。
② 张智辉:《刑事责任通论》,警官教育出版社 1995 年版,第 264 ~ 265 页。
③ 陈兴良:《刑法哲学》,中国政法大学出版社 2000 年版,第 247 页。
④ 高铭暄、马克昌主编:《刑法学》,北京大学出版社、高等教育出版社 2010 年版,第 27 页。

就应承担多大的刑事责任，应当根据犯罪行为的社会危害性，犯罪行为人的主观恶性的不同来决定不同的刑罚。犯罪行为人在主观方面的表现就是判断行为人主观恶性的关键因素，并且主观方面的故意与过失两种表现形式往往在主观恶性上有着较大的差别，而严格责任不区分故意和过失，甚至不区分有无罪过均作同一处置，这是违反罪刑相适应原则的表现，会导致对犯罪行为人不公平对待的后果。如果认为我国刑法典中存在严格责任立法例，那么这种含糊其辞、混淆是非的立法方式是不可取的。①

(3)严格责任有悖于主客观统一原则。主客观统一原则是我国刑法应当遵循的基本原则之一，这一原则要求刑法在认定犯罪、追究刑事责任过程中，必须要求行为人在客观上实施了危害社会的行为，主观上具有一定的罪过，两者相互依存，不可偏重任何一方。② 严格责任强调行为结果的客观危害性，忽略行为人的主观认识状况，对缺乏犯罪主观要件或主观要件不明确的行为一概予以处罚，这是一种唯结果是从的客观归罪的情形，违背了主客观相统一的原则，应当坚决予以摒弃。

(4)我国刑法不能包容严格责任。严格责任与我国刑法的规定不相容。根据我国《刑法》第 14 条和第 15 条的规定，只有故意犯罪和法律规定的过失犯罪才负刑事责任。并且第 16 条还规定行为在客观上虽然造成了损害结果，但不是出于故意或过失，而是由于不能抗拒或不能预见的原因所引起的，不是犯罪。而严格责任忽略行为人的主观罪过认定犯罪成立的观点是违背我国刑法规定的，不被我国刑法所包容。

笔者认为，学者们对严格责任在态度上的分歧，一定程度上是由于他们对严格责任内涵的不同认识所造成的。否定说中有些理由明显是只针对绝对严格责任的。例如，刘仁文在其《严格责任论》一书中论及我国刑法与刑诉法不能包容严格责任时，明确地指出了是绝对的严格责任不被我国刑法和刑诉法所包容，而对于相对的严格责任，他所持的是肯定的态度。笔者在前述中已经界定了严格责任中国化的定义应当是相对严格责任而不是绝对严格责任，由此否定说中针对绝对严格责任的那部分理由便不攻自破了。

---

① 冯亚东：《理性主义与刑法模式》，中国政法大学出版社 1997 年版，第 107～108 页。

② 廖红：《论主客观统一原则》，载《湘潭大学社会科学学报》2003 年第 27 期。

二、严格责任在公害犯罪中的适用

严格责任作为一项刑事归责原则,在英美法系国家被长期运用于刑法领域。目前有不少国家在公害犯罪中也陆续引入了严格责任制度。我国在公害犯罪中是否可以引入严格责任制度也不断引起了学者们的关注。笔者拟从严格责任在我国公害犯罪中适用的必要性、合理性和可行性三个方面论述严格责任在我国公害犯罪中的适用。

(一)必要性分析

1. 弥补传统理论不足之必要

罪过原则认为罪过是犯罪构成的必要要件,即无罪过则不能认定犯罪成立。在公害犯罪中,由于公害犯罪行为通常具有复杂性、隐蔽性和专业性的特点,使得公害犯罪主观方面通常具有复杂、模糊和难以判断的特征。罪过原则对罪过的苛求通常使司法机关对一些公害犯罪束手无策,只能放任其继续对公众造成危害。这样一来,便不利于惩罚和预防公害犯罪,也有碍于对公众权益与社会秩序的保护。可见,罪过原则已经无法应对公害犯罪的特殊性,在公害犯罪的惩治与预防中存在明显的不足。

罪过原则所面临的上述的困境,正好可以通过严格责任的适用来弥补。严格责任在行为人的行为造成一定的危害后果,而司法机关对其罪过特征不能确证的情形下也可以对危害行为予以定罪处罚。同时又赋予行为人相应的辩护权利,即行为人可以以其不存在罪过来进行抗辩。可见,适用严格责任可以在非客观归罪的情况下,突破罪过原则的束缚,使应当受到惩治的公害行为受到应有的惩罚,有利于保护公众权益和社会利益。因此,在公害犯罪日益增多,公众利益威胁日趋严峻的现状下,在我国公害犯罪中引入严格责任有其必要性。

2. 实现犯罪预防目的之必要

就目前我国的现状来看,大量的公害犯罪事实涌现出来。不管是环境公害还是食品、药品公害都呈现出严峻的形势。大气污染、水污染使我国生态环境不断恶化已是明显的事实,但大量违法排放废弃物的行为依然广泛存在。从“齐二药假药”事件、“梅花 K”事件、“欣弗”事件到最近的“三鹿奶粉”事件给我国的药品、食品安全保护敲响了警钟,但食品、药品公害犯罪依然频繁发生。为了我国经济、社会的可持续发展考虑,加强公害犯罪的犯罪预防势在必行。严格责任能够有效惩治公害犯罪,并能通过强化行为人的责任,来提高行为人的犯罪意识,因此在实现公害犯罪预防目的方面能起到较好的效果。

(1)实现一般预防之必要。公害犯罪的一般预防目标是通过对公害犯罪的惩罚使人们提高公害行为的犯罪预防意识,从而威慑、警戒潜在的犯罪者。我国的国情决定了公害犯罪的一般预防在我国显得尤为重要,理由在于:第一,我国人口众多,一旦造成公害后果,就会使大量的人蒙受危害或造成大量的财产损失,即后果特别严重。第二,我国长期处于发展中国家阶段,经济的发展长期以来被作为头等重要的大事,导致民众培养了经济发展至上的观念,往往会忽略对环境、安全等的保护,甚至有人认为为了发展经济,人们就应当承受一定的危害后果。严格责任是在19世纪初,由于工业发展,公害事故增多,经济活动日益频繁,为保护公众利益和健康,预防或限制公害事故的发生而产生的。目前我国的社会现状已逐渐体现出这种社会特征,因此,我国对严格责任的引入有了时代性的需求。

严格责任在公害犯罪中能否起到较好的预防和限制效果,实现犯罪的一般预防目的有待验证。首先,严格责任的引入势必对行为人形成一种心理压力,至少能够使行为人从自我保护的角度出发,更加谨慎地进行生产或生活活动,以防公害后果的发生。正如美国法学家波斯纳所说:"如果预防成本小于预期事故成本,严格责任的被告就会采取措施避免事故以减低其净成本。"①这是从理论上对严格责任能否有效实现一般预防目的的论证。其次,在实践中,严格责任的一般预防效果也已得到证实。经验证明,英国适用严格责任来控制水污染非常有效,因为自1989年《水法》(1991年作了修正,条款比以前更为严格)实施以后,严重的水污染实践减少了一半。② 可见,为了实现对公害犯罪的一般预防目的,有必要引入严格责任。

(2)实现特殊预防之必要。公害犯罪中特殊预防的目标在于使行为人在受过一次刑罚惩罚后不再重新犯罪危害公众和社会利益。目前,由于受罪过原则的限制,对于一些主观方面存在过错的公害行为,由于不能查证其主

---

① [美]理查德·A.波斯纳著:《法律的经济分析》(上册),蒋兆康译,中国大百科全书出版社1997年版,第226页。

② 卢永鸿:《中国内地与香港环境犯罪的比较研究》,中国人民公安大学出版社2005年版,第34页。

观罪过,而使之逃脱了刑事制裁。造成危害后果的企业通常只是在民事赔偿和行政处罚方面遭受一些损失,与其巨大的企业利润相比,这些损失无法对其危害行为形成威慑效果,因而使得行为人为了追求利润而一如既往地实施公害行为。如果因为主观方面难以查证就不追究行为人的刑事责任,势必影响犯罪特殊预防目的之实现。严格责任的适用能够使公害犯罪得到应有的刑罚处罚,达到抑制行为人以后再犯的威慑效果,实现对公害犯罪的特殊预防。因此,严格责任的适用有实现公害犯罪特殊预防之必要。

(二)合理性分析

1. 实现公平之合理性

在公害犯罪中,加害人和受害人之间往往存在较大的强弱势力对比,加害人多为具有经济实力的企业,而受害人多为缺乏规避与抵制能力的一般公众,加害人与被害人之间的地位具有较明显的不平等性。据法理中的公平原则,企业由于其进行生产带来的巨大利润和给人类生活带来的极大危害而应承担更大的责任,否则对受害者来说是不正义的。① 因而,基于企业现代生产的高度技术性和秘密性,同时考虑到工业生产给企业带来的丰厚利益,应当按照“谁受益,谁就应当承受风险”的公平观念来分配风险。② 在公害犯罪中,从法律的公平性要求出发,我们必须考虑到公害犯罪主观方面的特殊性,应采用符合其特征的刑事归责原则,即严格责任原则,让制造公害后果的企业来承担危害责任而不是由占弱势地位的一般公众来承受。可见,严格责任在公害犯罪中的适用具有实现公平价值之合理性。

2. 平衡利益之合理性

保护社会是严格责任产生的重要目标之一,旨在避免公众遭受某些活动带来的危险。严格责任侧重于社会防卫目的,关注一般公众利益的保护,体现了对社会安全价值的追求。同时严格责任又不是绝对的严格责任,在推定行为人存在主观罪过的同时也设定了一些免责事由,赋予了被告人辩护权利。被告人可以充分发挥自己的证据资源优势进行辩护。严格责任通过被

---

① 钟晓玲、阎李曼:《严格责任与中国环境犯罪》,载《山西广播电视大学学报》2006 年第 6 期。

② 李光禄、牛忠志:《论刑事严格责任原则的合理性》,载《山东公安专科学校学报》2004 年第 1 期。

告人辩护权利的赋予尽可能地保护了被告人的合法权益，在实现社会防卫目的的同时也没有牺牲人权保障价值，而是在社会防卫和人权保障之间寻找到了一个平衡点，使二者均得到最大程度的实现。在公害犯罪中适用严格责任，既可以使受害人不平白遭受灾害，也可以使被告人不无辜接受刑罚惩罚，平衡了受害人与加害人之间的利益保障。

3. 便于诉讼之合理性

刑事诉讼实行的是控方举证规则，根据罪过原则的规定，控方必须对其起诉的行为在犯罪构成范围内承担举证责任。在公害犯罪中，行为人主观方面往往具有复杂性、模糊性的特征，不利于司法机关对其进行查证。尤其是在环境公害犯罪中，由于环境犯罪的复杂性使得司法机关要证明行为人主观上的犯罪意图极端困难，如果恪守“无过错即无刑事责任”的归责原则，对环境罪行的刑事检控几乎不可能进行。① 司法机关耗费大量的人力物力搜集证据，到头来还可能无功而返，由于证据不足则不能对行为人提起控诉，只能任由其逍遥法外。即使司法机关通过长期的奋战最终搜集到了相关证据，但证据搜集的困难性和长期性使得对公害犯罪的打击缺乏了及时性，即使是实现了正义也只是迟来的正义，是打了折扣的正义。如果在公害犯罪中适用严格责任，就减少了司法机关的举证责任，使司法机关避开了查证行为人主观方面的困难，符合公害犯罪的特殊性，有利于公害犯罪诉讼的顺利进行，能够增强司法机关惩治公害犯罪的及时性和高效性。

（三）可行性分析

1. 严格责任与罪过原则不冲突

鉴于作者前文对严格责任内涵的界定，严格责任其本质是过错的推定。刑事严格责任中所指的“无罪过”是相对而言的，其实质是只要没有有力的证据证明行为人毫无罪过心理，就推定其有罪过。② 如果行为人能够提出证据证明自己的行为不存在故意或过失，则可以宣告无罪。可见，严格责任并没有置主观罪过而不顾，因此与罪过原则并不对立，只是根据公害犯罪的特殊性质对罪过原则作了一些变通与修正。因此，有些学者关于严格责任因违

① 蒋兰香：《环境犯罪基本理论研究》，知识产权出版社2008年版，第207页。

② 王懿：《试论严格责任原则在环境犯罪中的适用》，华东政法大学2004年硕士学位论文。

背了我国一直以来所贯彻的罪过原则和主客观相统一原则两大基本原则而不具有可行性的观点是不成立的。严格责任与这两大基本原则并不冲突,因而在公害犯罪中引入严格责任具有可行性。

2. 严格责任符合世界发展潮流

在公害犯罪中引入严格责任符合世界发展的潮流。在公害犯罪尤其是环境公害犯罪中,英国、美国、加拿大、澳大利亚、日本及泰国等国家都有关于严格责任的规定。加拿大在所有环境公害犯罪中全面采用了严格责任,英国1951年的《水污染防治法》、1956年的《空气清洁法》、1971年的《滥用药物法》,美国1965年的《固体废弃物处置法》和1976年的《资源保护和再生法》,澳大利亚1970年的《空气污染防治法》,日本修改后的《空气污染控制法》《水污染控制法》以及泰国的《提高和保护环境质量法》等都规定了严格责任。[①] 若我国也在公害犯罪中适用严格责任,则符合世界发展潮流,可以更好地与国际接轨,加强与其他国家的交流与合作。

根据以上对严格责任在公害犯罪中适用的必要性、合理性和可行性的分析,笔者认为在公害犯罪中可以且应当引入严格责任原则。

三、严格责任在我国公害犯罪中的具体适用

虽然本书赞成并建议在我国公害犯罪中引入严格责任,但是由于严格责任是其他法系的“舶来品”,盲目照搬国外经验难免引起“水土不服”的不良后果。因此,并不主张在公害犯罪的所有场合对一切公害犯罪都适用严格责任,而应在分析严格责任的弊端和考虑我国的具体国情和法律文化的基础上,对其法律地位、适用条件作一定的限制,以扬长避短,使之更好地为我国惩治公害犯罪而服务。

(一)严格责任法律地位

任何事物都有其两面性,虽然严格责任能够有效地弥补罪过原则在公害犯罪惩治中的不足,但也会带来一些问题诸如主观归罪等。罪过原则和严格责任两者之间正好能够互相弥补对方之不足,因此,在公害犯罪的惩治过程

---

① 杨春洗、向泽选:《危害环境罪的理论与实践》,高等教育出版社1999年版,第166~167页。

中可以将二者结合起来,各自取长补短发挥作用。在二者的相互结合中应当以罪过原则为基本原则,严格责任作为补充原则。

1. 罪过原则为基础

罪过原则的基础性地位与严格责任的补充性地位是对二者所实现的法的价值进行权衡的结果。罪过原则的目的在于对人权的保障,从法的价值上来说,其实现的是自由价值。而严格责任所体现的是有效地预防和惩治犯罪,实现了对社会秩序的保障,体现的是法的价值中秩序价值的实现。自由与秩序都是法的重要价值,但自由是法的目的性价值,因此任何法的制定和实施,都必须以自由为核心和宗旨。秩序价值也是以实现自由价值为宗旨的,秩序的保障是为了更好地实现自由。可见,牺牲自由来实现秩序是没有意义的。因此我们应当把对自由的实现放在第一位,这就奠定了罪过原则的基础性地位。

2. 严格责任为补充

秩序价值虽然不是法的目的性价值,但秩序价值的实现同样至关重要。因为秩序对于人来说具有极其普遍和广泛的意义,是人类生存和发展之必需。秩序为自由的实现提供现实保障,失去了秩序的自由是虚无缥缈、无法实现的。因此,刑法既要实现自由价值也不能忽略秩序价值,现代法律应当是秩序与自由的统一。严格责任作为秩序价值实现的重要原则在公害犯罪中不可或缺,但鉴于自由与秩序两大价值的关系,严格责任就应该在罪过原则的指导下,发挥实现秩序价值的作用。也就决定了公害犯罪中严格责任的补充性地位。

根据上述分析,在公害犯罪中,罪过责任应当在归责原则中占据主导地位,严格责任只能作为补充,这样既能弥补罪过原则过于僵硬带来的不足,也能限制严格责任不被滥用,缓解了秩序与自由价值的冲突,保证了两大价值实现的最大化。

(二)严格责任适用限制

严格责任是一种较为特殊的归责原则,在公害犯罪中是作为对罪过原则的补充而从英美法系引入的。鉴于严格责任的补充地位,以及严格责任易被滥用的不利后果,有必要对严格责任的适用作一些限制性的规定。笔者认为,可以从规定严格责任的适用条件和辩护理由来实现严格责任的限制适用。

1. 严格责任的适用条件

对严格责任的适用条件进行必要的限定,可以避免造成对严格责任滥用的后果。无论在立法上和司法上都有必要对严格责任设立适用条件。

(1)立法条件

公害犯罪严格责任的立法条件是指立法者在规定哪些公害犯罪可以适用严格责任时必须遵守的条件。法律的明确规定对行为人具有指引作用,可以为行为人提供行为依据。故,在有关公害犯罪立法中,明确规定哪些罪行可以适用严格责任很有必要,以督促行为人在实施相应行为时提高注意力并谨慎行事。

多数的公害犯罪后果,都是在社会财富的创造和社会产品的生产中造成的,如果对所有的公害犯罪都适用严格责任,势必会打击人们创造社会财富的积极性,影响社会发展与进步。因而在立法中有必要对严格责任的适用进行限制,不能对所有的公害犯罪都适用严格责任,否则可能造成得不偿失的后果。那么,对于哪些公害犯罪可以适用严格责任,立法者不能盲目规定,而应当遵循合理的适用条件进行确定。

笔者认为,在公害犯罪严格责任的立法中,符合以下条件的公害犯罪才应当规定可以适用严格责任:行为的危害后果发生可能性大,以及行为可能发生的危害后果严重。立法者在立法时应当从上述两个方面对具体罪名进行衡量后再决定是否可以适用严格责任。例如,在有害制品公害中,用于食用的食品和药品因为直接作用于人体,一旦存在问题,发生危害后果的可能性较大,并且对人体造成的危害后果也较为严重。相对来说,那些发生在日常生活用具方面的有害制品公害,由于大部分不是直接作用于人体,发生危害的可能性和危害的严重性相对较小。因此,在笔者看来,食品、药品公害犯罪应当在立法时规定可以适用严格责任,而其他有害制品公害犯罪则无需引入严格责任。当然,此处关于危害可能性即严重性的比较是出于一般情况的考虑,不具有绝对性。

(2)司法条件

立法者在立法时对严格责任适用应当符合一定的条件,司法机关在具体的司法行为中能否适用严格责任,也应受到相应条件的限制。首先,司法机关在具体案件中确定适用严格责任,必须有法律的明文规定为适用依据。立法者在立法时对严格责任的适用做了第一层次的把握,那么,司法者在确定严格责任的具体适用时不能超出立法者规定的范围。司法过程中不能任意扩大严格责任的适用范围,即使某具体行为产生了极大的危害后果也不能超越法律的规定而适用严格责任。这同样也是罪刑法定原则的要求。其次,严格责任的具体适用必须以该行为发生了严重的危害后果为前提。根据罪过原则,若某行为的主观罪过不能查证,那该行为不能认定为犯罪,只能通过其他法律来实现制裁目的。只有当该行为造成严重的法律后果,其他法律制裁方式已经不能满足需要,必须动用刑罚时,才能启动严格责任的适用。

2. 严格责任的免责事由

在严格责任中规定免责事由也是对严格责任适用的一种限制。严格责任是当公害犯罪中行为人主观罪过难以查证时,出于犯罪惩治与预防之必要,只要发生了危害后果就强制推定行为人主观上具有罪过的一种特殊的责任原则。既然是一种过错的推定,就应当赋予行为人辩护的权利,即规定某些情形下行为人只要能够对自己无主观过错予以证明,就可以不承担刑事责任。公害犯罪中的严格责任免责事由,归纳起来主要包括以下两个方面:

(1)不可抗力

所谓不可抗力,是指不能预见、不能避免和不可抗拒的客观事实。并非任何的意外都可以认为是不可抗力,不可抗力通常表现为以下两种方式:一种是由于自然力量引起的,如水灾、火灾、雷电、地震等自然灾害;另一种是由社会力量所引起的,如战争、暴乱等。[①] 不可抗力成为免责事由是以行为人事前尽到了合理的注意义务并且事后也采取了必要的排除危害措施为前提的。只有这样才能说明危害后果完全是由不可抗力的原因造成的,从而保证行为人在主观方面没有罪过。否则不能作为免责事由,行为人应当承担刑事责任。例如,在我国《环境保护法》中规定:“由于完全不可抗拒的自然灾害,并经及时采取合理措施,仍不能避免造成环境污染损害时,免于承担责任。”

(2)他人过错

他人过错是一个重要的免责事由。根据罪责自负原则,行为人无需对他

---

① 周婷:《不可抗力与免除责任》,载《国际经贸消息》2002年9月第4版。

人的过错行为承担责任。由此,当行为人能够举证证明危害后果的发生是由于他人的过错行为造成的,可以免除其刑事责任。当然,此处以他人过错为免责事由时,应以行为人尽到了合理注意义务为前提,即在证明他人有过错的同时,还要证明危害后果完全是由他人过错所引起的,这样才能排除行为人的主观过错。

总之,所有的免责事由都是以证明行为人无主观过错为目的,除了上述两个主要的免责事由,还可能存在其他的事由。在此不赘述。

第四章　公害犯罪的因果关系*

公害犯罪作为工业技术进步的伴生物，存在不同于其他犯罪的特殊性。尤其在风险社会的背景下，更加凸显出其难以认定的困境。公害犯罪的原因行为具有间接性、复杂性和多元参与性、危害结果具有潜伏性、加害方知识具有排他垄断性，这些特性使得公害犯罪的因果关系呈现出多因性、易变性、不紧密性、隐蔽性等特点，因果关系的认定十分困难，传统刑法因果关系理论在公害犯罪因果关系的认定中出现了困境。为了解决这种困境，加强对公害犯罪的惩治力度，日本等国家提出了因果关系推定原则，发展出疫学因果关系理论、间接反证理论、因果关系推定理论等理论学说，并在刑事司法实践中不断完善其理论。

第一节　公害犯罪因果关系特征以及理论准备

一、公害犯罪因果关系的特点

从上述对公害犯罪特殊性的分析中可以看出，公害

---

* 本章节系博士生周薇参与本人主持的司法部课题《公害犯罪研究》的阶段性成果基础上修改而成。参见周微：《公害犯罪因果关系推定》，载《河北法学》2012年第7期。另见其《公害犯罪因果关系的认定》的论文。

犯罪因果关系的认定,较之于其他犯罪因果关系的认定更为复杂和困难。

（一）因果关系认定的复杂性

1. 公害犯罪因果关系具有多因性

在自然环境公害中,公害的发生源(祸源)多为不特定的多数工厂;在产品公害中,公害的发生源可能来自不同的原料提供方、不同的产品加工生产方,以及产品的销售、运输、仓储机构。一个危害后果可能是由多个致害者的多个危害行为所导致的,因果关系具有多因性,纵使勉强指出特定的公害主体,因果关系仍有许多不明确之处,或者各工厂的污染灾害比率的立证亦有困难,因而易生纠纷,致判断责任问题的归属甚为困难。

2. 公害犯罪的因果关系具有间接性

在公害犯罪中,危害行为通常是先对公害媒介产生作用,然后再通过这一公害媒介传播恶害而作用于公众。所以,公害犯罪因果关系的认定具有间接性。这种间接性,使公害犯罪的原因物质难以认定,究竟是何种物质的作用导致了危害结果不无疑问。如在食品、药品公害中,由于个人体质的差异,同一种致害物质通过不同的介质作用于不同的人可能产生不同的危害结果。

3. 公害犯罪的因果进程具有易变性与反复性

公害犯罪中原因物质的间接性,导致公害犯罪的原因行为与危害结果之间的因果进程变得易变且反复,危害过程难以明断和预测。如在自然环境污染公害中,"各种不同性质的污染物被排入环境后相互间可能会发生物理、化学、生物学的反应,形成各种层次的次生物质,加上后续排放的污染物质,与次生物质交叉反应,再通过环境媒介危害具体环境对象,其间的作用过程促使对污染经由的判断难度增加"。①

4. 因果进程具有不紧密性和隐蔽性

由于公害犯罪的危害结果具有潜伏性,从危害行为实施之初到危害结果显现,一般需要较长的周期,且公害在最初阶段不易被感受察觉。这一方面导致原因行为和危害结果间的因果关系由于时间上的阻隔而难以论证,

---

① 邓建忠、陈杨、陈凌:《试论环境犯罪中的疫学因果关系》,载《长沙民政职业技术学院学报》2004 年第 4 期。

使因果关系呈现出不紧密性和隐蔽性;另一方面由于历时久远,时过境迁,从而很可能导致证据灭失,使查明原因行为与危害结果之间的连接方式更加困难,且费时费力,进而难以证明因果关系。

(二)因果关系认定的高科技性

"公害现象常是第一次科技之副作用,以目前之科技水准,往往难以作确切的证明。又损害的发生,不能以人体做实验,而无法作确切之因果关系之证明。"①因此,对于那些以到目前为止尚未被人们所认识的有害物质为起源而发生的事故,在追究厂方的民事或刑事责任阶段,厂方一味否认,如不从科学上弄清原因,他们就不负有任何责任,并以此进行辩解的大有人在。如日本的富山骨痛病,从 1945 年前后就开始发觉有这种病状出现,当时把它当作一种怪病处理。20 年以后才判明,这是由于三井矿山神岗工厂废液中的镉中毒所致。在根据公害诉讼程序对骨痛病事件做出了民事判决后,三井矿山神岗工厂始终坚持:没有科学证明骨痛病是因镉中毒引起的,还请出金泽大学教授作鉴定人,骨痛病是由于缺乏维他命 B2 引起的,顽固地争辩说公司没有责任。②

(三)因果关系证明责任的高负担性

在公害犯罪中,加害者一方处于知识的垄断地位,此时如果仍然坚持要由处于相对弱势地位的控方来承担因果关系的证明责任,则多数情况下会使诉讼活动陷入对自然科学论争的陷阱中,导致危害结果确定上的困难以及证明因果关系上的误区。"尤其是当这个企业排他性地独占了科学技术上的知识,掌握着犯罪证明的关键之类的案件,即使是拥有强大搜查权限的国家,对企业一方来说,也不好说就是强者。从这种关系来看,企业活动甚至带有相对独立于国家权力的一种所谓治外法权性的圣地色彩。"③

综上所述,由于公害犯罪的特殊性,使得在公害犯罪因果关系的认定中存在对原因物质通常很难做出科学性的解释、因果进程易变且反复,以及责任主体难以认定等问题,造成了公害犯罪因果关系认定的复杂和困难。

---

① 陈贻男:《因果关系学说在环境犯罪论中之归趋》,载《刑事法杂志》2001 年第 5 期。

② [日]藤木英雄:《公害犯罪》,从选功等译,中国政法大学出版社 1992 年版,第 27 ~ 28 页。

③ 同上书,第 53 页。

二、传统刑法因果关系理论在公害犯罪中的适用

因果关系是一种引起与被引起的关系。刑法上的因果关系是犯罪客观方面的两个因素即主体行为和危害结果之间相互联系相互作用的方式。因果关系是刑法理论中的一个重要问题,是否存在因果关系,是确定行为人行为性质和刑事责任有无及大小的一个重要的客观因素。“刑法中所规定之犯罪,除形式犯(举动犯)仅具有一定之行为即构成犯罪,不以发生一定结果为必要,自不生因果关系外;结果犯(实质犯)之成立,系以一定结果发生为必要,且需该行为为结果发生之原因,该结果由该行为所产生者始足,故而一行为在事实上对于结果之发生是否具有原因力,乃有研究之必要。”①

刑法上的因果关系历来是一个非常复杂的问题。“行为与结果间之因果关系有时甚为清楚;惟有时发生结果之原因并不限于单一,甚或夹杂自然之因素,则如何认定因果关系之范围,亦即在何种状况下始可认定某行为与结果间有因果关系,乃成为复杂之问题。”对普通刑事犯罪而言,传统的因果关系理论基本上能够胜任对犯罪因果关系的认定。但是,公害犯罪的独特性使得确定主体行为与危害结果之间的因果关系成为一个难题。

(一)国外因果关系理论之比较

1. 大陆法系刑法因果关系理论之概览

(1)条件说。又称为条件原因说、同等说、等价说、伦理的因果关系说、共同原因说,是指“因果关系中,凡是有逻辑上意义之一切条件,皆为行为结果之原因。亦即在论述上,一切行为发生之条件,即为结果之原因。故一切之条件,具有同等价值,条件即原因”。② 根据条件说,如行为与结果之间存在着“无前者即无后者”的条件关系,则两者间有因果关系,前者为后者的原因。但若单纯依“若无前者,即无后者”判断因果关系是否存在,恐有不足之处,故理论上提出修正之判断模式,即须加上“若无前者,后者仍会发生”,而前者与后者间无因果关系之双重判断,较易得精确之结论。

(2)原因说。又称为原因条件说、限制条件说、个别化理论、差别原因

---

① 郑昆山:《环境刑法之基础理论》,五南图书出版股份有限公司 1998 年版,第 251 页。

② 陈贻男:《因果关系学说在环境犯罪论中之归趋》,载《刑事法杂志》第 45 期。

理论、个别观察理论，是为了修正过于宽松的条件说而出现的学说。原因说为了限制条件说不当扩大刑事责任范围，将条件与原因加以区别，主张从导致结果发生的条件中，以某种规则为标准挑选出对于结果的发生具有重要作用者为原因，只有这种原因与结果之间才存在因果关系，其他条件则不认其有原因力，称为单纯之条件。对于何种条件对结果的发生具有重要作用，主要有必要条件说、优势条件说、最后条件说、最有利条件说、动力条件说、反则条件说、最先原因说、决定条件说等不同的主张。

(3)相当因果关系说。相当因果关系说也是为了限制条件说过于扩大因果关系的范围而产生的。相当因果关系说认为，犯罪学上的因果关系，虽然是伦理上的因果关系，但并非所有伦理上的因果关系都是犯罪学上的因果关系，而必须在社会经验法则上具有相当性，始得谓有因果关系存在，即根据一般社会生活经验，在通常情况下，某种行为产生某种结果被认为是相当的场合，行为与结果之间就具有因果关系。“相当”是指该行为产生该结果在通常生活中是一般的、正常的，而不是特殊的、异常的。“此说非如条件说将所有伦理上可以发生结果之条件行为，均视为原因；亦非如原因说依据个别的观察，选出众多条件之一，作为原因，而系依据一般化、普遍的观察，选出其一作为‘原因’，亦即此等条件行为，依一般的原因，是为法律上之原因。”①相当因果关系说的基本思想，是行为与结果间应有必然条件关系，即如无此行为，则应有不发生此结果之关系；若有此行为，依人类全部经验知识，一般会发生此结果，亦即有相当之程度会发生此结果。实行相当性判断时的判断标准主要有主观相当因果关系说、客观相当因果关系说和折衷相当因果关系说三种。

(4)重要性说。又称法的重要关系说。“重要性说以条件说之因果关系为出发点，严格区分因果思想与责任思想，认为刑罚之所以处罚行为，乃因该行为所造成之具体结果，其有刑法之重畏性；故造成具体结果之条件，必须具有刑法之重要性，始可认为是原因。”②而有无刑法上之重要性，原则上应就构成要件的规定及其保护的法益定之。惟有构成要件该当之条件，

---

① 陈贻男：《因果关系学说在环境犯罪论中之归趋》，载《刑事法杂志》第45期。

② 林山田：《“刑法”通论》，台北三民书局1993年版，第108页。

始能认为是形成结果之原因,而与结果有因果关系,故有无因果关系,应就各个构成要件之规定,分别加以判断。重要性说将因果关系与客观归责判断分开,在因果关系判断时,采条件说,在归责判断时,采构成要件重要性之观点。

(5)客观归责理论。“客观归则理论形成之动机,系在排除导致构成要件结果之诸行为因素中,意外的、不可预估的行为,用以避免不合理、无法自圆其说之刑事处罚。”“客观归责理论通说认为行为制造之风险、行为客体为法所不容许之风险,且此风险实现了构成要件之结果,则此人之行为所导致之结果系可归责的。”①行为人的行为若制造法所不容许的风险,而实现构成要件之结果,则在客观上是可归责的。客观归责说将因果关系与归责问题相区别,因果关系以条件说为前提,存在条件关系的行为中,只有当行为造成了法律禁止的危险,并且该危险是在符合构成要件的结果中实现时,与人的行为具有条件关系的结果才具有归责可能性。客观归责论在德国是以过失犯领域为中心发展起来的,由三个具体理论构成:一是危险增加理论;二是规范的保护目的理论;三是规范的保护范围的理论。

2. 英美法系双层因果关系理论之解读

与大陆法系注重理论研究不同,英美法系以遵循先例为原则,刑法研究的重点在于通过以前的具体判例来归纳出各种刑法原则和案件处理方法,因果关系的判定原则也是通过研究过往的判例总结出来的。英美法系以前认为因果关系的问题属于事实问题,需由陪审团认定,与法律问题关系不大,因而只是在一些与因果关系问题联系较紧密的具体犯罪的研究中顺便提到这一问题。但近一个世纪以来,对因果关系一般原理的研究逐渐受到学者的重视,英美法系的刑法理论中出现了形形色色的因果关系理论。其中,为英美刑法学界所公认的因果关系理论是法定原因学说,也称为双层次因果关系理论。该理论认为,法定原因包含两个层次,第一层是事实原因,第二层是法律原因,而依此把刑法中的因果关系分为两个层次进行考察,第一层是事实上的因果关系,该层次是因果关系成立的前提;第二层是法律上

---

① 许玉秀:《最高法院七十八年度台上字第三一六号判决的再检讨——前行为的保证人地位与客观责任理论初探》,载《刑法杂志》1991年第4期。

的因果关系,该层次是因果关系成立的关键。

所谓“事实上的因果关系”,是指“客观存在于外界之中的先行为与后结果之间的引起与被引起的联系。这种联系是纯自然的存在,与人的主观认识没有任何联系,与法律规定也无关。人们对这种事实关系只能客观地进行认识判断,并不能人为地进行纯主观的肯定或者否定”。[①] 事实上的因果关系的判断方法用“but—for”公式来表达,即“如果没有行为人的行为,就不会发生危害结果”时,就可以判定行为人的行为是危害结果发生的事实上的原因。可以看出,这一判断方法与大陆法系国家条件说的判断必要条件时所采用的方法相似,因而也存在与条件说一样容易扩大处罚范围的问题。法律上的因果关系就是为了限缩事实原因所认定的因果关系的范围而提出的。

所谓“法律上的因果关系”,“是在法律上有价值的原因,也就是事实原因中,能够被法律认为应让行为人对所产生的危害结果承担责任的原因”。[②] 通常每个案件中都存在不止一个事实原因,第二层次的存在就是为了运用一定的原则对这些事实原因进行一定的限制,从中筛选出具有法律价值的行为人应当对此承担刑事责任的法律原因,主要标准有:近因说、预见说和刑罚功能说(政策说)。在这些学说中,较有影响力的观点是近因说。该说符合现代自然科学关于因果关系的统计规律理论,并且有明显的可操作性。

3. 两大法系刑法因果关系理论之述评

条件说在大陆法系是一种有力的学说,在现在的德国刑法理论、同本刑事审判实践中,条件说都处于通说地位。但是,条件说不区分伦理上的原因与法律上的原因,而将伦理上所有的原因皆视为法律上的原因,一切条件具有同等价值,只要行为人的行为在伦理上是结果发生的一项条件,该行为就构成结果发生的一项原因,它们之间即成立因果关系。其将因果关系成立的范围立于伦理观点,失诸过于广泛,可能会扩大处罚范围。

“原因说虽有不同之判断标准,惟其主要目的乃在于不将所有之条件

---

① 张绍谦:《刑法因果关系研究》,中国检查出版社 1998 年版,第 2 页。
② 同上书,第 7 页。

视为等价,此为其进步之处,促使结果之发生,往往是各个条件互相累积或互相作用而形成,不可能每一因素均具有相同之作用。故原因说破除了条件等价之迷思。”①可见,原因说的意图是正当的,但是,要从对结果起作用的诸多条件中挑选出一个条件作为原因,不仅是极为困难和不现实的,而且会导致因果关系认定的随意性。况且现实结果的发生,并非总是依赖于一个单纯的条件,而往往是很多不同的条件所促成,若仅择其一,作为结果之原因,似亦有不当。

相当因果关系说囿于必须有“条件理论”为前提,“相当理论”被空洞化。因为在“条件理论”的前提下,只有通过“必要条件说”的检验,才会进入“相当性”的审查。也就是说,作为前提,当先行事实未发生时,发生后行事实的概率必须为零;但是当先行事实发生,后行事实发生的概率绝对大于零,因此先行事实的发生提高了后行事实的发生率,两者必然有相当关系。这也是相当性的判断造成学者困扰的原因。

客观归责理论是对于依条件理论认定应负责的范围,多一次的过滤而加以限缩。客观归责理论虽然试图建构一些标准,来判断所谓的“归责”。但是整个理论仍以条件说为自订提,因此仍然无法逃脱条件理论的缺陷。甚至可以说,客观归责理论有价值的部分仅在于“风险”这一概念被正式提出。其他的部分,却是把许多主观构成要件、阻却违法事由混入了因果判断之中,并不足取。

双层因果关系理论从事实原因和法律原因两个层次来考察刑法因果关系是一个正确的思路。但关于从事实原因中筛选出法律原因的标准的各个学说都存在一些不足和缺陷:近因说对近因的判定缺乏统一的认识,必然会引发司法实践的争议;预见说以行为人的主观认识为标准来评判法律原因,既否定了因果关系理论研究意义,也混淆了因果关系与主观罪过的区分;刑罚功能说从刑事责任出发来考察法律原因,本末倒置,将刑法因果关系的认定与刑事责任混为一谈;政策说以抽象、易变的政策为标准来认定法律原因增加了司法实践的困难。②

---

① 陈贻男:《因果关系学说在环境犯罪论中之归趋》,载台湾《刑事法杂志》2001 年第 5 期。

② 张绍谦:《刑法因果关系研究》,中国检查出版社 1998 年版,第 9 ~ 24 页。

（二）我国刑法因果关系理论之分析

我国的刑法理论受苏联刑法理论的影响，立足于辩证唯物主义的哲学立场研究刑法因果关系理论，刑法因果关系理论基本上是围绕"必然因果关系说"和"必然、偶然因果关系两分说"这两种具有代表性的学说而展开的。

1. 必然因果关系说

必然因果关系说认为，将刑法上的因果关系分为必然因果关系与偶然因果关系，违背了马克思主义哲学关于因果关系含义的基本论述，违背了马克思主义哲学关于必然性与偶然性相互关系的原理，违背了因果关系"孤立""简化"原则，会把原因推到无限远的行为中去，从而人为扩大了刑法中因果关系的范围。[①] 因此，刑法上的因果关系，仅仅是指危害社会行为与危害社会结果之间的必然联系。也就是说，只有当危害行为在一定的条件下必然地、不可避免地引起危害结果的时候，才能认为危害行为与危害结果之间存在内在的、本质的、必然的联系，才能成立刑法上的因果关系。如果行为人的行为只是在偶然的情况下促成了危害结果的发生，则不能构成刑法意义上的原因，而只是危害结果产生的条件，条件与结果之间不存在刑法上的因果关系。

2. 必然、偶然因果关系两分说

必然、偶然因果关系两分说是为了弥补必然因果关系说之不足而提出的，认为在刑法因果关系中，必然因果关系和偶然因果关系都是客观存在的，必然因果关系是刑法因果关系主要的、基本的表现形式，偶然因果关系是次要的、补充的表现形式，它们两者都是刑法因果关系的研究对象。偶然因果关系是指，"行为人实施的危害社会的行为同危害结果之间外在的、非本质的联系。引起这种危害结果产生的根据，不存在于行为人的行为本身，而存在于另一事物之中"。[②] 具体来说，某种危害行为合乎规律地产生了危害结果，是危害结果发生的决定性因素，则该危害行为与该危害结果之间存在必然因果关系；而某种危害行为所产生的某种危害结果在发展中偶然介

---

① 刘宪权主编：《中国刑法理论前沿问题研究》，人民出版社2005年版，第88～89。

② 张文：《关于刑法因果关系几个问题的探讨》，载《北京大学学报》1982年第3期。

入了其他的因素,合乎规律的产生了另一个危害结果,危害行为对后一危害结果的产生不具有决定性的作用,两者之间存在的即为偶然因果关系。

3. 我国刑法因果关系理论之述评

必然因果关系说严格区分原因与条件,有效地避免了因果关系范围的不适当扩大,而且也使刑法上的因果关系理论与哲学上的因果关系理论协调一致。但是,必然因果关系说存在诸多缺陷与不足:

首先,由于人们认识客观规律的能力有限,如果过分强调危害行为与危害结果之间的必然性、合乎规律性,那么势必会引发不必要的哲学争论,造成因果关系认定上的困难,从而影响刑法因果关系的判断;

其次,必然因果关系说将所有的偶然性因素全都排除在刑事责任之外,这样,在偶然介入的危害行为与原因行为共同作用引起危害结果发生的情况下,就无法让这种配合原因行为的条件行为实施者承担刑事责任,这显然是有失公允的;

最后,在原因行为具有多元参与性的情况下,特别是在多个行为之间不具有共同犯罪关系的情况下,很难证明每个行为都对结果产生起了决定作用,因而无法解释多因一果的现象。

偶然因果关系说在一定程度上弥补了必然因果关系说的不足,体现了我国刑法因果关系理论的发展。但是作为必然因果关系说的修正性学说,偶然因果关系说同样囿于直接套用哲学因果关系理论进行刑法因果关系理论研究的案臼,因而其也无法摆脱刑法因果关系判断上的哲学之争,造成了司法实践中的诸多困扰。

其实,无论是“必然说”,还是“两分说”,都是从哲学上必然性与偶然性和因果性范畴的关系上寻找解决方法的,过分强调了刑法因果关系与哲学因果关系的协调统一,纠缠于必然性与偶然性等哲学问题的争论上,而在一定程度上忽视了对刑法因果关系具体法律问题的研究分析,使得刑法因果关系的理论研究与司法实践脱节。“研究刑法因果关系的任务,在于确定危害结果是由某人的危害行为引起的,从而提供刑事责任的客观根据,至于因果联系的必然性和偶然性问题,不是因果关系存在的决定因素。所以,把因果关系说成是必然的和偶然的,违背了事物发展的必然性和偶然性对立统一的基本原理。”[1]有鉴于此，我国刑法学界在反思传统因果关系理论的基础上，不断学习借鉴国外的因果关系理论，目前大多数学者持大陆法系相当因果关系理论的立场，但这种吸收还停留在研究其理论的程度上，尚未形成植根于我国实际的我们自己的理论体系。

（三）传统刑法因果关系理论在公害犯罪中适用的困境

1.理论分析

其实，无论是大陆法系国家的条件说、原因说、相当因果关系说等学说，还是英美法系国家的双层次因果关系说，抑或是我国的必然因果关系说与偶然因果关系说，这些传统的刑法因果关系理论均属于科学法则的因果关系理论，在因果关系的判定上都是由因至果的证明思路，即因果关系的成立需要控诉方证明危害结果确实是由行为人的危害行为所造成的，因果关系的认定必须依赖于人类已经掌握的科学经验予以证明，强调危害行为或者介入因素能够“合乎规律”的引起危害结果的发生，而所谓的“合乎规律”实际上一般就是要做到自然科学上的证明，这种证明要以自然科学法则为基础，通常情况下需要经历大量的、复杂的、严密的证明历程。而公害犯罪认定中的难题，恰恰在于其因果关系难以用已有的科学法则予以证明。

由于公害犯罪的因果关系具有多因性、不紧密性、隐蔽性、滞后性等特点，其因果关系的认定必须依靠生物、医学技术的证明，但以人类有限的技术经验，目前往往是难以实现的。倘若固守原有的技术手段、知识经验和传统刑法理论，势必因证明的困难而让大量公害行为游离于刑事法网之外，难以追究其刑事责任。如果行为与结果之间的因果关系的发展，由于没有被科学的、自然的法则完全解明，就否认刑法上的因果关系，则对大多数公害犯罪都不能认定。传统因果关系理论对公害犯罪的因果关系之判定已捉襟见肘。要确定公害犯罪的因果关系，必须跳出科学法则因果关系理论的樊篱，寻求有别于现有理论的因果关系判定方法。

2.以大陆法系刑法因果关系理论为例

条件说因其以经验关系之认识，作为判断基础，故若有偏离常规之因

---

① 赵延光主编：《中国刑法原理》（总论卷），武汉大学出版社1992年版，第311页。

果历程,或属科技之第一实践,而无经验可供判断,则无法以条件说解决问题。[①] 而公害现象常是第一次科技之副作用,常有无经验可供判断,依条件说,则无法认定其因果关系。而原因说、相当因果关系说、重要性说以及客观归责说,实都以条件关系之理论为前提,为避免条件说之不当扩大范围,而有此等因果关系理论的产生,故均或多或少无法克服条件说在认定公害犯罪因果关系中存在的问题。

相当性因果关系说不论采何种判断标准,均必须作"相当性"的判断,而此"相当性"之判断,是以社会通常经验法则为基础,且必须达于"无合理怀疑"之程度;而公害现象常有原因不明,若必须达无合理怀疑,始得作为其系属"相当性"之判断,可能会造成有明显危害,却无法找到应负责之人之窘境。"客观归则理论是以过去经验之正常因果历程供作判断之基础,此在公害现象中第一次之科技行为,因无过去经验,即无'正常因果历程',故难以认定有无'反常因果历程'。又客观归责理论提出风险升高理论,欲以取代因果关系,并回避举证上之困难,此故有利于解决公害现象因果关系之问题,惟仅以此项风险升高理论,尚无法解决全部之公害现象。公害现象因果关系之认定,仍需严谨之理论,始能取得加害人与被害人之平衡。"[②]

综上,科学新知的发现,经常是在没有前例或是没有足够的资料的情形下,必须靠着实验来证明。但是通常生活中,我们仍然了解许多事实之间的因果关系,无需要数据来证明。这是因为在正常生活中,有先行事实与没有先行事实相比,在因果关系存在时,后行事实发生的概率通常近于零,所以可以很容易地判定,但也因此因果关系会被错认为可以用条件理论来解决。然而,如果当判断因果关系存否的问题已经超出一般人通常生活经验时,则有待于专家的判断,也就是"鉴定"。这类因果关系判断则必须借助于过去的经验,鉴定人必须提出文献资料以供说明。最为棘手的是,如果亟待判断的因果关系存否的问题,不但超出一般人的常识,而且在专业领域上是个从未被完整研究过,或是尚未有定论的议题。这时,法庭一方面被要求"迅速

---

① 陈贻男:《因果关系学说在环境犯罪论中之归趋》,载《刑事法杂志》2001 年第 5 期。

② 黄荣坚:《风险实现》,载黄荣峰:《刑罚的极限》,月旦出版社股份有限公司 1998 年版,第 147 页。

裁判"的时间限制,不容许对此一问题涉及实验重行研究,一方面法庭也不可能成为学派争论的场所,因此,对于这类"新鲜案件"必须有解决的方法。公害犯罪通常是第一次科技之副作用,常有无经验可供判断,面对此类犯罪必须寻找新的因果关系认定方法。"公害现象严重到对公众生命、身体或健康产生具体危险时,常常是有毒物质之检验及其危害程度的确定涉及极高深的科学技术,故此,在因果关系的追踪上,既相当复杂,且极端困难。如欲严守传统之相当因果关系,则公害犯罪之适用,必绝无仅有。"①有鉴于传统因果关系理论无法完全解决公害之问题,因果关系推定理论孕育而生,并在不断的理论探索和实践运用中发展完善,成为解决公害犯罪因果关系认定问题的有力理论。

第二节 推定在公害犯罪中的适用

一、推定的基本原理

(一)推定的定义及理论定位

"所谓推定,就是根据查明的已经存在的基础事实和人们在大量社会实践基础上总结出来的行为规律或经验法则,来作出某种判断。判断的内容是某事物的存在、不存在或该事物的状态,并允许当事人提出反证予以推翻。推定,既是一种判断,也是一种判断的方法,更是一种运用证据的手段。"②

刑事推定作为一种证据规则,归属于证据法(或程序法)。但亦有学者从刑事一体化的视角,认为推定乃刑事实体法与刑事程序法的联结点,将推定界定为兼容刑法和刑事诉讼法的跨学科问题。③ 笔者认为,推定既是一个程序问题,亦是一个实体问题。首先,推定渊源于纯正的民事实体法概念。据史料记载,推定作为一项成文的规则最早始于罗马法,在罗马法上即

---

① 邱聪智:《公害与刑事责任》,载《刑事法杂志》1972 年第 5 期。
② 邓子滨:《刑事法中的推定》,中国人民公安大学出版社 2003 年版,绪论部分。
③ 同上书,第 1 页。

有关于死亡的推定、婚生子女的推定、要式买卖的推定、善意的推定、占有为所有的推定、占有意思的推定等规定。① 其次,推定是证明的重要的辅助性方法,而证明的实现为实体法所关注。如果证明不能实现,即使实体法制定的再完善,也将使已经产生的实体权利变得缺乏保障。德国诉讼法学家罗森贝克即认为推定同样具有实体法的性质,因为证明的实现同样为立法者所关注,因此对推定的认识应当超越诉讼法的范畴。② 最后,以是否由法律规定为标准可以将推定区分为法律推定和事实推定。法律推定也叫立法推定,是指由法律明文规定的推定。"法律推定,究其实质,当属实体法上的行为规范,具有适用的强制性,只不过是以程序性的语言表述而已。"③在本书中,笔者将站在刑事实体法的角度探讨推定。

(二)推定的合理性

刑事法上的推定有其存在的合理性,但在我国的刑事法中,没有法律对推定的问题作出明确的规定,对其适用也可谓少之又少,《刑法》第 395 条第 1 款对巨额财产来源不明罪的规定可能是唯一存在的有关推定的规定,而该条的规定也经常受到抨击。刑法理论界对于推定也持审慎的态度,不少学者否定推定的证明效力,认为推定违背禁止无罪推定的刑法原则。究其理由主要在于我国刑事诉讼法学界长期以来一直坚持以"客观真实"为证明标准,认为由确实充分的证据所达到的案件真实应当是一种完全排除盖然性的绝对确定的客观事实,而根据推定所证明的案件事实存在盖然性和不确定性。在刑事法领域,每当法庭需要确定某一案件事实时,无非采取两种方法:要么通过获取实际证据,要么采取较容易的然而也是不精确的方法,即依靠先验的推定。④ 证据证明与推定证明的主要差别体现在证明的精确性上,就此点而言,推定证明远逊色于证据证明,根据推定所证明的案件事实具有盖然性,不符合"客观真实"的证明标准,而这也成为学者们抨

---

① 叶白强:《论推定法则》,载陈光中、姜伟主编:《刑事诉讼法论丛》(第 2 卷),法律出版社 1998 年版,第 467 页。

② [德]莱奥·罗森贝克:《证明责任论》,庄敬华译,中国法制出版社 2002 年版,第 214~217 页。

③ 张云腾:《刑事推定论》,吉林大学 2007 年博士学位论文。

④ [英]J. W. 塞西尔·特纳:《肯尼亚刑法原理》,王国庆等译,华夏出版社 1989 年版,第 485~486 页。

击推定的主要原因。

但是,把"客观真实"作为刑事诉讼的证明标准,不仅在理论上是站不住脚的,也是与司法实践的客观现状相违背的。

首先,"客观真实"的证明标准违背了马克思主义辩证唯物主义关于绝对真理和相对真理的辩证关系的原理。辩证唯物主义认为,真理是客观的,是绝对和相对的统一,人们对真理的认识过程,是一个不断深化和全面的过程。从长远来看,客观世界是可以认识的,但个人的认识能力总是有限的,任何人对于事实之存在很难得到绝对确实之认识。从人的发展的无限性来看,人可以达到对真理的完全的把握和认识,但这只是人们对客观真理认识的一种无限性的趋势。"客观真实"标准说在哲学上所犯的一个错误是把真理绝对化。

其次,时间的不可逆性决定了对已成为过去事实的案件不可能完全再现。刑事诉讼的过程是对已发生的案件事实进行再现的过程。它是一个由已经过去的事件所遗留下来的若干痕迹来逆推的过程,任何已经发生的事件都不可能把所有的证据性材料完全存留下来,也不可能把已经发生的案件事实原封不动地再现。由于人类认识能力的无限性趋势,加之认识手段的限制,人类不可能再现过去的事实,所以"客观真实"的证明标准不具有现实性。① 刑事诉讼的证明标准应当是"法律真实"。所谓法律真实,是指公检法机关在刑事诉讼证明的过程中,运用证据对案件真实的认定应当符合刑事实体法和程序法的规定,应当达到从法律的角度认为是真实的程度,法律推定符合"法律真实"的证明标准,具有存在的合理性。

(三)推定的意义

首先,推定有益于法益保护机能的发挥。运用刑事推定,可以使犯罪构成中某些无法通过直接证据加以证明的要素得到确认。例如,犯罪主观故意尤其是主观超过要素的认定往往是难点,因为犯罪行为人通常会避重就轻装糊涂,掩盖真实的犯罪意图。推定实现证明责任倒置或者转移的后果必然使控诉方证明被告人有罪的难度降低,如此,使犯罪受到有效的追诉和

---

① 游伟、肖晚祥:《刑事推定与犯罪的认定》,载《浙江省政法管理学院学报》2001 年第 6 期。

惩罚。《刑法修正案(九)》对于打击恐怖、极端主义犯罪、职务犯罪,都降低了证明标准,采取了推定的方法。

其次,推定有益于诉讼经济价值的实现。推定借助于转移对推定事实举证和证明的困难,减少司法投入,节约诉讼成本,有益于诉讼经济价值的实现。对特殊类型犯罪的某些客观方面适用推定,可以缓解犯罪证明上的困难,从而切实降低刑事诉讼的社会成本,达到高效率惩治犯罪的作用。

最后,推定有益于社会正义的实现。运用刑事推定,可以减少控方一些不必要的举证,使刑事诉讼中的证明责任分配尽可能做到公平和公正。"法律推定的存在基础不仅仅在于基础事实与推定事实间具有较为稳定的常态联系,其中往往蕴涵着立法者所希冀实现的社会政策……"①推定彰显立法者的价值取向和法官对社会正义的内在追求,有利于实现社会正义。

二、公害犯罪中因果关系推定的理论

因公害犯罪中具体案件因果关系的复杂性与多样性,因果关系推定的方法有所差异,应当根据不同案件的具体情况来确定使用何种因果关系推定方法。对于公害犯罪中因果关系推定的具体方法,学术界主要存在疫学因果关系理论、间接反证理论和因果关系推定理论三种代表性学说。

(一)疫学因果关系理论

1. 理论渊源

疫学因果关系理论来源于环境民事救济上的盖然性说。一般认为,奠定疫学因果关系在刑事司法判例中合法地位的是日本富山骨痛病的判决。该案是由日本三井矿山神岗工厂排放的含镉污染,致使神通川下游一带发生骨痛病引起的,案件的焦点在于骨痛病与被告工厂排放的镉是否存在因果关系。富山地方法院第一审判决指出,严格的病理上的证明是没有必要的,以疫学上因果关系的证明为充足,从而首开疫学证明之先河。在公害犯罪中,按照疫学的方法,如果能够证明原因行为与危害结果之间存在高度盖然性,符合统计学的规律,就可以认定它们之间存在刑法上的因果关系,即使不能从生理学和药理学的角度证明该结论的正确性。

① 张云腾:《刑事推定论》,吉林大学2007年博士学位论文。

2. 理论内涵

疫学，又称流行病学、传染病学，是"从集团现象，研讨疾病之发生、分布、消长，探究自然、社会的因素的影响，进而基于此研讨之结果，研究如何防止、抑制疾病蔓延、再生之医学"。[①] "与临床医学以诊断、治疗单个患者为目的相对，流行病学以多数群体为对象，通过调查疾病的发生状态，探讨该疾病的流行原因、扩散过程与预防方法，是与临床医学、病理学并列的第三种医学研究方法。"[②]疫学因果关系理论，是指"疫学上所采用的因果认识方法，某因子与疾病之间的关系，即使不能够从医学、药理学等观点进行详细的法则性证明，但根据统计的大量观察，认为其间具有高度的盖然性时，就可以肯定存在因果关系"。[③]

疫学的主要研究方法是，"将有关某疾病发生的原因，就疫学上可考虑的若干因素，利用统计的方法，调查各该因子与疾病发生间的关系，选出关联性（盖然性）较大的因素，对之进行综合性的研究及判断"。[④] 在没有 A 物质就不会产生 B 结果的高度盖然性的情况下，即可断定 A 与 B 有因果关系。疫学因果关系的判断必须遵循"疫学四原则"："第一，该因子是在发病前的一定期间发生作用的因子；第二，该因子作用的程度越显著，则该病患者的比率越高，这被称为量与效果的关系；第三，根据该因子的发生、扩大等情况所作的疫学观察记录，能够说明流行特征，而没有矛盾；第四，该因子作为原因而起作用的机制与生物学不发生矛盾。"[⑤]上述四个条件只需通过数量统计能达到合理程度的解释即可成立因果关系，而不必严格的科学试验证实。

3. 理论评析

疫学因果关系虽然以高度盖然性为判断标准，但这并不代表疫学的证明是主观随意的，相反，疫学是建立在大量的科学实验的基础之上，是按照

---

① 邱聪智：《论公害之因果关系》，载《宪政时代》1984 年第 2 期。

② 郑昆山：《环境刑法之基础理论》，五南图书出版股份有限公司 1998 年版，第 257 页。

③ [日]大冢仁：《犯罪论的基本问题》，冯军译，中国政法大学出版社 1993 年版，第 104 页。

④ 郑昆山：《环境刑法之基础理论》，五南图书出版股份有限公司 1998 年版，第 257 页。

⑤ [日]野村稔：《刑法总论》，全理其、何力译，法律出版社 2001 年版，第 142 页。

公共卫生学的统计方法以可以观察到的统计数据显示的高度盖然性为判断标准的一种重要的研究方法。疫学因果关系理论成功地将疫学的证明方法运用到了公害犯罪因果关系的判定中,从而极大地克服了公害犯罪因果关系证明中的困难。但是,疫学因果关系理论也有其局限性。受疫学证明方法的限制,该理论只能适用于发生有群体患病现象疫病的公害犯罪案件,对其他损害则无能为力,对单个的公害犯罪受害人的救济作用也不大。

(二)间接反证理论

1. 理论渊源

间接反证理论是德国民事证据法上的一种学说,源于环境侵权民事责任领域,后逐渐被刑事法领域所吸纳。间接反证理论被运用于公害犯罪的因果关系认定,源于日本新潟水俣病判决。在该案中,裁判所认为,加害企业对原因物质的排放情况(乃至生成和排放量)通常都要以“企业秘密”为理由,根本就不对外公开,除当事企业的有关人员以外,别人不仅很难准确知道原因物质的种类、性质、数量等,而且由于这类排放物到达被害者身上是与自然现象及其他复杂因素都有关系,因而,受害者和第三者,在通常情况下,可以说是无从知道的。因此,裁判所认为没有必要完全从自然科学的角度上去一一证明:(甲)有机汞是以什么样的方法和通过什么途径混到废液中去的;(乙)它是通过什么途径污染了鱼类等科学机理,而是根据情节证据推定公司就是污染源,如果拿不出足以推翻这种推定的反证来,那就可以断定为因果关系了。① 该案就是通过间接反证理论的运用,在污染结果是否是由被告的行为造成这一事实尚未从科学上予以明确地判定之时,推定因果关系存在,而让被告承担反证的责任,肯定了原因行为与危害结果之间的因果关系,从而断定被告就是污染源。

2. 理论内涵

间接反证理论意指,在案件的主要事实是否存在尚不明确的情况下,举证责任发生转移,由本不负举证责任的当事人承担证明该主要事实不存在的证明责任。与直接反证不同,间接反证不是直接针对举证者举证事实进行的反证,故称间接反证。将间接反证理论运用于公害犯罪因果关系的认

---

① [日]野村稔:《刑法总论》,全理其、何力译,法律出版社2001年版,第142页。

定时，只要原告能够证明整个因果关系链中的部分事实，即可推定其余事实的存在，而由被告方承担反证其不存在的责任，如果被告方反证成功就能免责；反之，反证不能，就要追究其刑事责任。以环境污染公害为例，只要控方能够证明"如果不是某种污染物排放作用于人体，也就不会有某种疾病和症状发生的事实"，[①]尽管只有因果关系链中的部分事实得到了证明，但其余事实即被推定为存在，并由加害企业反证该推定的事实不存在，除非企业能够根据临床医学、药理学等拿出足够的证据推翻这种间接的证明，否则就要追究其污染环境的刑事责任。

间接反证理论不是把因果关系链中的事实作为一个整体，而是将其具体细化为几个关联的部分，作为复合的要件事实分别进行认定的。至于划分为几个部分，日本学界主要有两种学说。"（1）好美、竹下说。此说由好美清光教授和竹下守夫教授共同提出。该说将因果关系的链锁事实分为五个部分，即 a. 被告企业在生产过程中产生有害物质；b. 放到外部；c. 经由媒体扩散；d. 到达原告身体或财产；e. 发生损害。原告无须对上述五个方面进行全部举证，而只需证明其中一部分事实，其余部分可就经验法则加以推定。若被告认为该推定与经验法则不符或因特别情事而不当，则应排除推定，负间接反证的责任。（2）淡路说。此说由淡路刚久教授提出。该学说将因果关系的事实要件分解为三部分，即损害发生的原因物质及其装置（病因论或原因论 a）；原因物质到达损害者或损害地的经过路程（污染路程 b）；企业内原因物质的生成及排放（c）。原告只要证明其中二者，即 a + b 或 a + c 或 b + c，就可推定另一个事实的存在（c 或 b 或 a），被告若持有异议，则需举证排除另一事实的存在，否则因果关系可推定成立。"[②]

3. 理论评析

在公害犯罪中，如果只有在原告对因果关系链中的每一个环节都一一逐项地作出自然科学上的证明时才能认定因果关系成立，那就意味着要求处于弱势地位的受害者能对所有的争议问题都具备高度专业的自然科学方面的知识，这将是极其困难而不现实的，其结果不但有失公平正

---

① 付立庆：《环境刑法学》，中国方正出版社 2001 年版，第 627 页。

② 张汀：《试析环境犯罪的因果关系》，载《山东审判》2005 年第 3 期。

义，甚至还会堵死救济被害者的途径。间接反证理论在公害犯罪案件的诉讼中极大地减轻了原告的举证困难，更好地体现了“法”的公平诓义的精神。

（三）因果关系推定理论

1. 理论渊源

日本是在公害案件中最早承认因果关系推定的国家，因果关系的推定原则是日本在20世纪五六十年代通过对公害案件的审判实践经验总结出来的。日本的《公害罪法》第5条规定了因果关系推定的原则，“某人由于工厂或企业的业务活动排放了有害于人体健康的物质，致使公众的生命和健康受到严重危害，并且认为在发生严重危害的地域内正在发生由于该种物质的排放所造成的对公众的生命和健康的严重危害，此时便可推定此种危害纯系该排放者所排放的那种有害物质所致”。①

2. 理论内涵

公害犯罪中的因果关系推定，是指在认定公害犯罪的主体行为与危害结果之间的因果关系时，无须直接证明主体行为与危害结果之间存在必然的因果关系，而应以某一主体行为与危害结果发生的时间、地点以及该行为导致该后果的可能性作为认定因果关系的依据，来推定某一行为可能产生的危害结果，进而再判断该行为是否应承担刑事责任。如果根据已经查明的事实和经验法则能够证明，在绝大多数情况下该主体行为的实施会造成该危害结果，而被告人举不出反证推翻这个结论，则可以推定因果关系成立。推定的效果应该理解为，“并不是将推定事实不存在的证明责任转移给对方，而仅限于就推定事实不存在让对方承担提出证据的责任（提出足以使推定事实的存在产生疑问的证据之责任）”。②

按照因果关系推定理论，在环境污染公害犯罪诉讼中，只要控方根据疫学的方法证明主体行为与危害结果之间具有高度盖然性的联系，就可以推定两者间具有刑法上的因果关系，这时，证明责任就发生了有条件的转移，被告方如果不能从以下几个方面举出反证，那就不能被免除罪责：（1）没有

① ［日］藤木英雄：《公害犯罪》，丛选功等译，中国政法大学出版社1992年版，第159页。
② 曲阳：《日本的公害刑法与环境刑法》，载《华东政法学院学报》2005年第3期。

排放有害物质;(2)虽然排放了有害物质,但没有到达被害人居住的地域;(3)即使排放了有害物质,且该有害物质到达了被害人的区域,但该有害物质不可能导致此种疾病;(4)该地区还存在许多污染源,被害人的疾病是由多种污染导致的;(5)被害者的损害是由于自己的过错导致的。①

3. 理论评析

无论是疫学因果关系理论还是间接反证理论,它们在刑法因果关系的判定中都采用了推定的思维方法,只是由于推定的方式、方法不同而有所差异。司法实践中,由于公害犯罪的因果关系极其复杂、多样,单纯使用疫学因果关系推定方法或者是间接反证法来处理是远远不够的,通常情况下,我们要将这两种方法结合起来使用去判断因果关系成立与否,并且要根据案件具体情况的不同而灵活采用不同的推定方法。

实际上,因果关系推定理论就是对疫学因果关系理论与间接反证理论的综合运用,该理论有效地弥补了单一适用疫学因果关系理论或者间接反证理论难以适应复杂因果关系判断的不足。在证据认定方面,因果关系推定理论采取疫学因果关系理论的盖然性认定方法;在举证责任方面,有条件地进行举证责任倒置,有罪推定。因果关系推定理论的适用既很好地规避了因果关系判定中的困难,同时又能有效地强化污染物质排放企业的责任意识,更加符合社会公平正义的价值观念。

三、因果关系推定在公害犯罪中适用的合理性

(一)因果关系推定符合刑事诉讼的证明标准

刑法上的因果关系不等同于哲学上的因果关系,作为事物之间普遍联系的哲学上的因果关系是事实上的、经验上的、逻辑上的,而刑法上的因果关系则是规范性的、有选择的,是为了归责而设置的。“诉讼上因果关系之举证,并非如自然科学之证明不许有一丁点之疑义,而是须参照经验法则,综合检讨全部之证据,若能肯定特定之事实会造成特定结果之发生,因具有如此之关系而可证明其高度之盖然性,则其判定在通常人不引

① 工丽伟:《论环境污染犯罪的因果关系》,山东大学2007年硕士学位论文。

起怀疑之程度之范围内，即得确信其真实性，此系有必要，而且，如此即足矣。”①绝对客观真实的司法追求，无疑是在假定我们是全知全能的，刑事诉讼中的证明标准应当是“法律真实”。

首先，刑事诉讼中案件事实的认定是在法律框架内进行的一种评价，案件事实的真实与否，只具有法律上的意义，而不具有自然事实上的意义。通过正当程序所达到的案件的真实，只能是“法律真实”，而不可能是“客观真实”。这种“法律真实”的效果并不是来自判决内容的实际上的“正确”或“错误”与否等实体性的理由，而是从程序过程本身的公正性、合理性产生出来的。

其次，刑事诉讼过程中从对证据的审查判断和采信，到证据案件事实的推断，都离开不法官的主观意志，刑事诉讼的过程，也就是法官自由心证的过程。法官的主观意志是因人而异的，对于同样的证据，不同的人可能会得出截然不同的结论。所以，法官通过法庭审理所得出的案件真实自然只能是“法律真实”。

最后，对于刑事诉讼的证明标准应当达到何种程度，不同的国家有不同的要求，只要在法官的内心深处形成一种基于理性和良知的内心确信即可。在大陆法系国家，刑事诉讼的证明标准是“高度的盖然性”；而在英美法系国家，刑事诉讼的证明标准是“排除合理怀疑”。也就是说，刑事诉讼法中的证明标准并不要求案件的证明程度达到百分百的客观真实。

（二）因果关系推定具有坚实的科学理论基础

有学者提出，因果关系的客观性决定必须客观地判定行为与结果之间是否确实存在引起和被引起的关系，如果没有从医学、药理学的角度严密地确认存在科学的条件关系，就不能肯定存在刑法上的因果关系。适用因果关系推定原则将有违因果关系的客观性。② 但笔者认为，因果关系推定原则具有科学的理论基础，符合因果关系的客观性。

首先，我国已经在环境污染民事侵权领域中确立了因果关系推定的原

① 曾淑瑜：《医疗过失与因果关系》（下册），翰芦图书出版有限公司 1998 年版，第 639～640 页。

② 张绍谦：《刑法因果关系研究》，中国检察出版社 1998 年版，第 211～219 页。

则。虽然“传统观点认为,刑罚与损害赔偿在法律效果、构成要件方面存在很大差异,两者是水火不兼容的。但是随着个人法益保护意识的加强,刑事责任与民事责任出现了相互融合和渗透的趋势,刑罚不仅被认为是国家对犯罪的惩罚,而且还包括恢复因犯罪给被害人个人造成的损害,即‘修复的责任’。”①如果把刑罚看作一种与损害赔偿性质相近的“修复的责任”,那么,在刑法中运用环境侵权民事诉讼中的推定原则来追究犯罪人的刑事责任也就具备了合理性根据。

其次,因果关系推定原则是建立在证据学和统计学的理论基础之上的。疫学因果关系理论是建立在“疫学理论的高度盖然性”判断的基础之上的,“它不是发生与不发生的可能性平分秋色的50%,也不是多数与少数之分的75%对25%,而是绝大多数与例外之别,若要用比例的话,发生的可能性至少应在90%以上,”②这不同于民事诉讼中的“优势证明”,而是要达到“排除合理怀疑”的程度。“疫学因果关系采用的概率统计方法是研究随机现象统计规律性的数学方法,它运用数学工具,记述数据产生过程,描述概率分布、进行推定和假设检验,形成完整的理论体系。概率统计的科学性是不容置疑的。”③传统的因果关系是运用科学法则直接证明因果关系的存在,疫学的因果关系是以推测性判断作为桥梁的间接证明,它们都是对客观的案件事实的不同证明方法。因此,疫学因果关系并没有以主观臆断代替客观真实,以疫学推定的证明方法来认定因果关系恰恰体现了对因果关系客观性的尊重。同样,间接反证理论以积累的情节证据与相关科学无矛盾性的证明为条件,也是具有科学性的。

大冢仁教授认为,“疫学的因果关系是在未知问题的法律领域对相当因果关系说的适用。因为既然在社会观念上已经认识到某两个事实之间具有高度盖然性的联系,就不妨肯定其间存在刑法上因果关系”。④

(三)因果关系推定保障刑法功能的最大发挥

因果关系推定原则体现了刑法的两大功能,即保护功能和保障功能,表

---

① 程红:《刑法与损害赔偿之关系新探》,载《法学》2005年第3期。

② 张少林:《刑事证据的运用》,中国方正出版社2003年版,第63页。

③ 张汀:《试析环境犯罪的因果天系》,载《山东审判》2005年第3期。

④ [日]大冢仁:《犯罪论的基本问题》,冯军译,中国政法大学出版社1993年版,第105页。

达了立法者所倡导的某些价值取向。保护功能侧重于秩序，以国家权力惩治犯罪，保护人民不受或少受犯罪侵害。保障功能则侧重保障个体的权利免受国家刑罚权的不当侵害，使之能正常发展工业，推进科技进步。保护功能的价值体现是功利，保障功能的价值体现是公正。①

因果关系推定的功利价值体现在：在证据认定方面，采用优势证据原则，即只要能达到在合理的思考下可以看出该项证据比其他证据更为优越的证明程度即可，在此基础上以盖然性为因果关系的认定标准，只要原因行为对危害结果的产生具有高度的盖然性就可以认定因果关系的存在；在举证责任方面，有条件地实行有罪推定，举证责任部分倒置。因果关系推定极大地减轻了控方的举证责任，科学性地缩小了证明的范围，避免了无休止的科学论争，从而能有效地摆脱司法困境，保证及时有效的打击公害犯罪，体现了刑法的保护功能。

因果关系推定的公正价值体现在：公害犯罪是工业技术发展的产物，"新技术得到发展的同时，必然会引起公害或肉眼所能看得见的危害"。②在认定公害犯罪，特别是以因果关系推定认定公害犯罪时，应慎重行事，把握刑法的必要性、辅助性和最后手段性的原则，重视刑法的保障功能，在强调刑法对公害犯罪的抗制的同时，也应重视刑法对工业技术发展的保护作用，防止滥用刑罚阻碍工业技术的发展以及人类文明进步。

"作为国家最后制裁力量的刑法，历来有人权保障和社会保护的双重机能。国家在承担这种双重责任时，不仅要为社会利益而惩罚犯罪者，也要保护犯罪人不受被害人的报复，进而保护犯罪人不受刑事追诉机关的不当行为的侵害。"③因果关系的推定不仅使公害犯罪的犯罪人得到应有制裁，受害人得到及时救济，而且又不失科学，避免了无休止拖延诉讼时间，提高诉讼效益。在公害犯罪因果关系的认定中引入因果关系推定原则，最大限度地发挥了刑法的保护与保障功能，实现了其功利与公正的价值。

---

① 储槐植：《美国刑法》，北京大学出版社 1997 年版，前言部分。
② 刘守芬、汪明亮：《论环境刑法中疫学因果关系》，载《中外法学》2001 年第 2 期。
③ 邓子滨：《刑事法中的推定》，中国人民公安出版社 2003 年版，第 61 页。

第三节 因果关系推定在公害犯罪中的适用分析

一、公害犯罪中适用因果关系推定的规则

(一)一般规则

上文在论述疫学因果关系理论时提到的“疫学四原则”,最早是由细菌学家 Koch 提出的,但这只是一个粗糙的方法论,连 Koch 本人都认为并不能作为一个硬性的标准,而仅可作为参考。[①] 要将“疫学”的方法和推定的原则运用到公害犯罪因果关系的认定中,需要更具体和实用的规则。“疫学”是一个发展中的学科,其在方法论上仍然在持续地发展中。最近在流行病学的方法论上,提出了许多新的判断基准,其中将因果关系的判断归纳为必要基准、次必要基准和其他参考判定基础三个层次的基准的方法[②]具有代表性和合理性。下文中,笔者将根据流行病学方法论上所提出的这三个层次的基准,论述因果关系推定原则在公害犯罪中适用的具体规则。

1. 必要基准

认定公害犯罪因果关系的前提和必要基准是因果关系的时序性,即行为的作用必须发生在危害结果发生之前,如果行为作用于危害结果发生之后,则可以否定其间的因果关系。

2. 次必要基准

认定公害犯罪因果关系的次必要基准是指排除因果关系存在的因素,即不符合这些标准者将被排除。

(1)一致性。记载不同时间、空间、研究方法、研究者或研究对象等情况下都能得到一致的结果。

(2)客观性。结果出于巧合的概率极小,以统计学的分析方法排除了巧合的可能性。

---

① 曾淑瑜:《医疗过失因果关系——以中日两国之实例为检讨对象》,台湾大学法律学研究所 1997 年博士学位论文。

② 王荣德:《流行粕学方法论——猜测与否证的研究》,健康世界出版社 1995 年版,第 46 页。

(3)排他性。没有具有较大影响力的干扰性因素介入。

(4)合理性。与现存已被高度证实的定理或假说不相冲突,即因果关系的判断具有生物学上的赞同性。

3. 其他参考判断基础

(1)因果关系的强度。因果关系的强度,是指有某因素组(暴露组)与无某因素组(非暴露组)发生危害结果之比(相当危险度:RR)愈大,则因果强度越大,说明该因素与该结果存在因果联系的可能性愈大。在疫学理论上,相对危险度 RR > 2 时,可以认为有强的联系了。① 例如,工厂排放含有有毒物质的废水至某一河流,河流沿岸居民中,有 50% 证实罹患了由该有毒物质所引起的疾病,而社区中该疾病的发病率仅为 0.02%,那么其相对危险度为 50%:0.02%,即与被告所排放的废水有接触的人患病的可能性是一般人群 2500 倍,被告的行为与被害人致病之间具有很高的因果关系强度。

(2)反应关系。反应关系,是指因子的分布与危害结果的发生在人群、时间、空间的分布具有一致性。例如,医院将含有传染病病原体的污水未经处理即排入河流,后来河流下游沿岸使用该河水的居民大量感染了该传染病,传染病爆发的区域与医院污水污染的河流流域是一致的,且居民感染的危险度比其他社区的明显要高,则可以认定医院排污与疾病流行之间具有因果关系的一致性。相反,如果医院虽有排污,但是传染病的爆发分布并不在污染的流域,则可以认定二者之间不具有因果关系的一致性。

(二)特殊规则

公害犯罪中因果关系认定的关键,在于认定被告人的行为是否是危害结果发生的原因,具体来说,在环境犯罪中,被告人所排放的有毒物质是否是污染或破坏环境的原因;在有害产品犯罪中,被告人所生产的有害产品是否是损害发生的原因。而对于这一问题,在被害人为不特定多数的案件和被害人为特定对象的案件中,适用的判断规则是不同的。大多数公害犯罪侵犯的是不特定多数人的生命、身体或者财产的安全,但也不排除某些案件

---

① 庄劲:《论传染病因果关系的认定——疫学因果关系理论的倡导》,载《政法论丛》2003年第6期。

仅对特定对象产生危害结果。

对于被害人为不特定多数的案件，可以通过疫学统计事实，把全体可能的被害人作为疫学统计的对象，运用上述规则进行判断。但是，对于被害人为特定对象的案件，由于受害个体的有限性，缺乏统计样本的数量，运用疫学的方法受到限制，不可能像前一情形那样进行数据统计的推定。认定因果关系的方法，必须采取更为严格的规则。在这种情况下，可以借鉴同本公害犯罪中的"密室犯罪原理"来判断因果关系。

所谓密室犯罪原理，是指"在密室里可能进行犯罪活动的某些人当中，肯定有一个是犯罪人，在这种情况下，只要把跟被害人有可能接触的人都列举出来，然后在从这些人当中把不可能成为人犯的人一个一个地排除，最后就可以断定剩下的那个人是人犯"。① 对于被害人为特定对象公害犯罪，其因果关系的认定可以采用这一原理。首先要确定被告人的行为具有发生危害结果的可能性，然后将可能导致危害结果发生的原因进行"密室调查"逐一考察这些行为是否有发生危害结果的可能性，如果这些因素都予以排除，那么剩下的唯一原因就是结果发生的原因，就可以推定被告的行为与危害结果之间存在因果关系。如果在"密室调查"中发现还有其他因素可能导致危害结果发生，由于无法确定真正的原因，根据"疑罪从无"的原则，应当认定被告的行为与结果没有因果关系。

（三）必要限制

1. 限制的必要性

刑事推定的实质，是刑事诉讼中证明责任与证明方式的问题，是部分减轻控方的证明责任和证明难度，并将部分证明义务转移给被告人，即当推定的事实无法直接证明或者直接证明的社会成本过高时，可以通过证明基础事实的存在而间接证明推定事实的存在。由于物质世界因果关系无限性和极端复杂性，这种间接反面推断出的结论难免出现偏差，从而扩大刑法的适用范围，违背应切实尊重和保障犯罪嫌疑人人权的基本理念。在达不到"排除合理怀疑"的定罪标准时，不是推定其无罪，而是降低标准。举证责任的转移，实际是在软化无罪推定的刚性，是综合权衡社会利益的结果。推

① ［日］藤木英雄：《公害犯罪》，丛选功等译，中国政法大学出版社1992年版，第49页。

定是在特殊情况下人权的让与，作为一种有效率的刑事统治手段，是不可能从官方的“武器库”中去除的，因此必须审慎使用，避免擦枪失火，伤及无辜。[①] 故此，我们必须对在公害犯罪因果关系的认定中适用推定做出限制。

2. 限制的具体规则

（1）基础事实具有可靠性。控方用于推定的基础事实必须真实可靠，必须证明危害行为和危害结果都是现实存在而不是主观想象的，还必须收集足够的情节证据证明危害行为与危害结果之间具有引起与被引起的高度的盖然性。

（2）推定结论具有合理性。推定的结论是一个理智的正常人依经验判断能够接受的。并且从个案的具体情况分析，没有明显的例外，没有合理的相反解释。

（3）允许被告人提出反证。推定具有可反驳性，不可反驳的就不是推定，而是法律的具体规定。在法律上，对于推定一般应当允许对方当事人提出反证，用反证来推翻所做出的推定，从而使推定失去效用。推定本身就是要加重辩方的证明责任，因此如果不对反驳推定一方提出比较高的要求，就显然违背了设置推定的初衷，也使推定的转嫁证明责任的功能无法发挥。[②]

3. 严格区别于“有罪推定”

刑事推定与有罪推定存在本质上的区别。有罪推定是指在审判机关对犯罪嫌疑人或者被告人有罪判决之前，就将其作为罪犯来看待，如果被告人不能证明自己无罪，就以犯罪论处。有罪推定与无罪推定相对，是封建专制纠问式诉讼的象征。刑事推定虽然在某种程度上软化了无罪推定的刚性，但完全不同于有罪推定。而是契合无罪推定的思想，建立在推定的科学性与必要性基础之上。

首先，刑事推定是指在发生了某种危害结果的前提下，为了避免无法获取证据或者难以获取证据证明案件事实的困难而不得已采取的证明方法，即推定的适用具有置后适用的特征，只有必要时才予以适用。其次，这一推断是在掌握了大量事实根据的基础上通过科学鉴定得出的结论。再次，刑

---

① 邓子滨：《刑事法中的推定》，中国人民公安出版社2003年版，第70~71页。

② 同上书，第116~118页。

事推定的适用是有严格前提的，并不是起诉方不承担举证责任，而只是将部分举证责任转移给加害方，起诉方仍然具有不可推卸的举证责任。最后，这种推定赋予了被告充分的反驳权利，只要被告能做出合理的反驳并提出相应的证据，就可以推翻这种推定。

二、因果关系推定在三鹿奶粉事件中的运用

2007 年 12 月以来，三鹿集团陆续收到消费者投诉，反映有部分婴幼儿食用该集团生产的婴幼儿系列奶粉后尿液中出现红色沉淀物等症状。2008 年 5 月 17 日，三鹿集团客户服务部书面向集团领导班子成员通报此类投诉的有关情况。为查明原因，三鹿集团于 2008 年 5 月 20 日成立了技术攻关小组。通过技术小组排查，确认该集团所生产的婴幼儿系列奶粉中的“非乳蛋白态氮”含量是国内外同类产品的 1.5～6 倍，怀疑其奶粉中含有三聚氰胺，于 2008 年 7 月 24 日将其生产的 16 批次婴幼儿系列奶粉送河北出入境检验检疫局检验检疫技术中心检测确定是否含有三聚氰胺。随后，该检验检疫技术中心出具检测报告：送检的 16 个批次奶粉样品中 15 个批次检出三聚氰胺。至 2008 年 8 月 1 日，全国已有众多婴幼儿因食用三鹿婴幼儿奶粉出现泌尿系统结石等严重疾患，部分患儿住院手术治疗，多人死亡。国家投入巨额资金用于患病婴幼儿的检查和医疗救治。①

（一）传统因果关系判断的困境

2009 年 3 月 26 日河北省高级人民法院对三鹿奶粉一案做出终审判决，使轰动全国的三鹿奶粉事件告一段落。本案中，被告人耿金平（奶站经营者）为牟取非法利益，伙同他人自 2007 年 10 月开始购买含三聚氰胺的“蛋白粉”共计 560 公斤。2007 年 10 月至 2008 年 8 月，被告人耿金平等在明知“蛋白粉”为非食品原料、人不能食用的情况下，将约 434 公斤“蛋白粉”添加到其收购的 900 余吨原奶中，销售到石家庄三鹿集团股份有限公司等处，销售金额 280 余万元。被认定犯生产、销售有毒食品罪，判处死刑。② 根据

---

① 张亚宁：《三鹿企业及原四名高管人员被控生产、销售伪劣产品案今日开庭》，载 http//www.hbsfy.org/ReadNews.asp? NewID = 3807. 2008 - 12 - 31。

② 丁力辛、周俊华：《三鹿系列刑事案件一审宣判》，载 http://www.hbsfy.org/ReadNews.asp? NewsID = 3940，2009 - 01 - 23。

我国《刑法》第 144 条的规定,生产、销售有毒食品罪是行为犯,只要实施了生产、销售有毒食品的行为即构成该罪,但是只有在“致人死亡或者对人体健康造成特别严重危害的”情况下,才能判处死刑。也就是说,在该案的审理中,法院不仅认定被告人实施了在生产、销售的食品中掺入有毒的非食品原料(三聚氰胺)的行为,还认定被告人的这一行为与致多名婴儿患病、死亡的危害结果之间存在刑法上的因果关系。这一案件是由于有毒食品而对公众的生命、健康和财产造成威胁和损害的犯罪,是一典型的公害犯罪案件,符合公害犯罪的特征,其中因果关系的认定存在诸多的困难。

首先,根据 1994 年国际化学品安全规划署和欧洲联盟委员会合编的《国际化学品安全手册》第三卷和国际化学品安全卡片的说明:“长期或反复大量摄入三聚氰胺可能对肾与膀胱产生影响,导致产生结石。”但是,三聚氰胺是否会对人体产生危害、会产生什么样的危害,以及多少含量的三聚氰胺会对人体产生危害在科学上尚没有定论。

其次,被告人生产、销售含有三聚氰胺的“蛋白粉”的行为不会直接对他人的生命、身体健康造成损害,这种有毒食品不是直接作用于消费者,而是通过三鹿集团等牛奶生产厂商的添加行为间接地对消费者造成影响,因而原因行为具有间接性。而含有三聚氰胺的“蛋白粉”在经过牛奶生产厂商的添加、处理、加工等生产流程后,会发生什么样的物理、化学、生物作用,会发生什么样的转换,产生什么次生物质都很难从科学上予以准确的认识。

最后,奶粉的生产是一个复杂的工艺流程,有许多其他物质的添加和大量的加工处理,如何能够肯定是因为添加了被告生产、销售的含有三聚氰胺的“蛋白粉”造成了危害结果的发生,如何能够排除不是因为其他添加物质的作用或者不是工艺流程中所产生的其他致害物质所导致的呢?奶粉生产厂商的生产技术是其生存之本,通常被视为商业秘密予以保护,其他人根本无法知道厂商在生产过程中添加了什么或是生成了什么,自然也无法判明。

传统的刑法因果关系理论均属于科学法则的因果关系理论,在因果关系的判定上都是由因至果的证明思路,运用传统因果关系理论对这一因果关系进行认定时,需要控诉方证明危害结果确实是由行为人的危害行为所造成的,因果关系的认定必须依赖于人类已经掌握的科学经验予以证明,强调危害行为或者介入因素能够"合乎规律"的引起危害结果的发生，而所谓的"合乎规律"实际上一般就是要做到自然科学上的证明。根据传统因果关系理论，要想认定被告生产、销售含三聚氰胺的"蛋白粉"的行为与多名婴儿患病、死亡之间具有刑法上的因果关系，必须在科学上证明：第一，三聚氰胺这种物质能够造成婴儿患肾结石甚至死亡；第二，所添加的三聚氰胺的量足以造成这一危害结果的发生；第三，被告所生产的含三聚氰胺的"蛋白粉"就是造成这一结果的原因，没有可能是由于奶粉生产厂商的所添加的其他物质或者在生产过程中产生的其他物质造成了这一结果，也没有可能是由于被害人食用的其他物质导致了这一结果。根据上文的叙述要证明这些是非常困难和不现实的。

（二）因果关系推定的适用过程

根据因果关系推定理论，只要能够证明以下情况，就可以认定被告人的行为与婴儿患病、死亡之间存在刑法上的因果关系。

1. 必要基准

符合因果关系的时序性，即婴儿患病和死亡是在食用了添加被告提供的含三聚氰胺的"蛋白粉"的三鹿牌奶粉后发生的。

2. 次必要基准

（1）一致性，即大多数食用该品牌该批次奶粉的婴儿都罹患该病。

（2）客观性，即婴儿在食用其他品牌奶粉后患该病甚至死亡的概率极小，以统计学的分析方法排除了巧合的可能性。

（3）排他性，即大多数婴儿在患病时并未食用其他可能造成该病的食品，并且三鹿集团未添加该"蛋白粉"的其他产品没有造成婴儿罹患该病的危害结果。

（4）合理性，即长期食用三聚氰胺有造成被害人罹患该病的可能性是已被高度证实的假说。

3. 其他参考判断基础

（1）因果关系的强度，即未食用三鹿牌奶粉的婴儿罹患该病的可能性明显低于食用该品牌奶粉的婴儿罹患该病的可能性。

（2）反应关系，即食用三鹿牌奶粉的量越多时间越长的婴儿，病情越严重，而患者停止食用该奶粉后病情有所好转。

总之，该案中之所以能够认定被告人的行为与婴儿伤亡之间具有因果关系，实际上使用的正是因果关系推定的理论。

三、因果关系推定成文化的设想

（一）成文化的必要性

我国现行刑事法律中缺乏对因果关系推定的明确规定，但由于因果关系推定原则在公害犯罪中适用的必要性和可行性，我国实际上已经在实践中“隐性”地采用推定原则对因果关系进行证明。因果关系推定原则具有严格的适用方法和适用限制，没有将其法定化不仅造成与“罪行法定主义”的刑法基本原则相冲突，而且容易造成推定适用的随意性和法官的自由裁量权过大，不利于对犯罪嫌疑人、被告人的合法权益保护。因此，我国应当在刑事立法中明确规定因果关系推定原则和适用的具体规则和限制，以彻底贯彻罪刑法定原则，保障因果关系判断的合法性和客观性，满足惩治公害犯罪的需要。

（二）成文化的方式

关于将因果关系推定原则植入我国的刑事立法的具体方法，包括在刑法条文中直接规定因果关系推定原则和通过颁布相关司法解释在公害犯罪的司法实践中引入该原则两种体例。再或者通过判例的方式进行阐释。而分析比较这两种方法，笔者认为以我国的实际情况来看，颁布司法解释的方法具有较大的合理性和可行性。这主要是由于从对因果关系推定原则的分析中我们可以看出，该原则不但涉及了刑法中认定与追究公害犯罪行为人刑事责任的问题，而且还涉及了刑事诉讼法中举证责任负担等程序性问题，而按照我国实体法与程序法分立的立法体例，要在刑法条款中直接规定因果关系推定原则，显然是不适宜的。因此，最高人民法院应该根据司法实践的需要尽早出台相关的司法解释，将因果关系推定原则成文化、规范化。

（三）法律的具体规定

因果关系推定成文化可以在司法解释中分三条规定公害犯罪因果关系的推定。

第一条首先必须界定公害犯罪的定义，以明确因果关系推定的适用范围，即“公害犯罪，是指由于企业活动及其他人为原因，致使不特定多数人的生命、健康、财产和生活的舒适性受到威胁和损害的行为，包括污染或者破坏环境的犯罪和由于食品、药品、化妆品以及其他家庭用品等各种有害制品而对公众的生命、健康和财产造成威胁和损害的犯罪”。

第二条阐述公害犯罪因果关系推定的原则，在法律上明确因果关系推定的地位，即“由于公害犯罪的特殊性，如果判断特定公害犯罪案件中的因果关系是否存在的问题，不但超出一般人的常识，而且在专业领域上是个从未被完整研究过，或是尚未有定论的议题，这时如果运用传统因果关系理论无法认定其因果关系时，可以适用推定的方法认定其因果关系”。

第三条规定公害犯罪因果关系推定的具体规则和限制性规定，明确具体案件中判断因果关系存否的标准。相关的具体规则可以参照上文中的有关因果关系推定在公害犯罪中适用的规则和限制予以规定。这部分是保证因果关系推定在认定公害犯罪因果关系中的正确性与合理性的关键部分。

因果关系推定原则很好地解决了公害犯罪因果关系认定上的困难，符合刑事诉讼的证明标准，具有科学的理论基础，最大限度地发挥了刑法的保护和保障功能。“推定带来效率，带来便利，但用之不当，必然带来侵犯公民权利的后果。立法推定和司法推定，其控方推定主体总是掌握权力的一方，推定既然这样便利，由于人性使然，有权者会乐于使用推定作为实现自己目的的手段。因此，它是一个温柔的陷阱，必须加以严格的限制，设置樊篱，以免公民误入法网。”①因此，必须对因果关系的推定做出必要的限制，推定的适用必须建立在真实可靠的基础事实和允许反证的良好机制之上。

总之，在公害犯罪因果关系的认定中引入推定原则有着坚实的理论基础和成功的实践经验，是必然与合理的。

---

① 邓子滨：《刑事法中的推定》，中国人民公安大学出版社2003年版，第65页。

第五章　公害犯罪的刑事责任

有犯罪就必须承担刑事责任。行为人实施了公害犯罪,理应承担公害犯罪的刑事责任。本章着重讨论公害犯罪刑事责任的原则、实现方式、追究程序以及立法模式等问题。

第一节　公害犯罪刑事责任概述

作为公害法律责任体系的有机组成部分,公害犯罪刑事责任是刑事责任理论在公害犯罪领域的具体运用和拓展。就公害法律责任体系而言,包括公害民事法律责任、公害行政法律责任和公害刑事法律责任,具有责任范围的扩大化、责任构成要件的松动、综合性的责任以及责任的严厉性等特点。[①] 就刑事责任理论而言,刑事责任已经作为一个重要范畴进入刑法理论体系,基本形成了由刑事责任概说、刑事责任地位、刑事责任根据、刑事责任的发展阶段、刑事责任的实现等部分组成的刑事责任体系。学界关于刑事责任的目的、刑事责任的承担对象、刑事责任的实现方式等问题已形成共识,而关

---

① 张梓太:《环境法律责任研究》,商务印书馆2004年版,第39~43页。

于刑事责任的基本内涵、刑事责任的体系地位以及刑事责任的基础理论等问题尚存争议。[①] 公害法律责任的特点和刑事责任的一般理论共同决定了公害犯罪刑事责任的相关内容。

一、公害犯罪刑事责任的概念与特征

（一）概念

关于公害犯罪刑事责任的概念，国内外学者尚无专门论述，与其相关的研究表现在公害法律责任和环境公害刑事责任两个方面的探讨。对于前者，典型观点如“作为追究公害责任的方法，都要与各种法律相关联……第二，事后处理法，是追究民事和刑事责任的方法和从行政上采取经济措施的方法。从时间发生开始，通过法律形式，对肇事者追究责任并给予肇事者以处罚，就是所谓追究刑事责任的方法”。[②] 对于后者，主要观点有：（1）认为环境公害刑事责任是指行为人故意或过失地实施了严重危害环境的行为，并造成了人身伤亡或公私财产的严重损失，从而构成犯罪所应承担的刑事法律后果。（2）认为环境公害刑事责任是指单位或个人因违反环境保护法律规范，严重破坏环境资源，导致严重的环境污染，造成或者可能造成公私财产重大损失或者人身伤亡的严重后果，构成犯罪所应负的刑事方面的法律责任。（3）认为环境公害刑事法律责任是指环境刑事法律关系的主体因违反环境法律法规的规定，或违反环境行政和民事合同的约定，严重破坏了法律上的或合同中的功利关系或道义关系所应承担的对人、单位、国家、社会和环境的补偿、惩罚或其他性质的具有强制性的不利刑事法律后果。[③] （4）认为环境公害刑事责任是国家立法机关通过环境刑事法律对各种危害环境的行为进行否定性的评价和谴责的一种方式，从危害环境行为实施者角度看，又是行为者因实施刑法禁止的对环境有害的行为而应承担

① 杜宇：《理解“刑事和解”》，法律出版社2010年版，第120～121页。

② ［日］藤木英雄：《公害犯罪》，丛选功等译，中国政法大学出版社1992年版，第2～3页。

③ 雷鑫：《生态现代化语境下的环境刑事责任研究》，知识产权出版社2010年版，第120～121页。

的法律后果。[①] (5)认为环境公害刑事责任是指行为人因为实施环境犯罪行为而应当承担的环境犯罪法律后果及国家因对环境犯罪行为的谴责、非难而规定的一种处罚方式。[②]

上述定义都从某一侧面对公害犯罪刑事责任的内涵或外延进行了揭示,有助于启发我们进一步探讨公害犯罪刑事责任的科学定义。但上述定义,都不同程度地存在一些问题,如将公害犯罪刑事责任放在公害法律责任中表述,未能突出其特殊性,难以避免综合责任之嫌;环境公害刑事责任诸定义的共同问题是将公害犯罪刑事责任局限在环境公害领域,范围失之过窄,因为公害除了环境公害还包括有害制品造成的公害;除此之外,环境公害刑事责任诸定义还存在不同问题,如定义(1)强调造成了人身伤亡或公私财产的严重损失才承担刑事责任,显然不适合公害危险犯;定义(2)诸条件的关系不清,易产生不同理解;定义(3)混淆刑事法律关系主体和刑事责任主体,与法理相悖;定义(4)、(5)则混淆了刑事责任与刑事责任实现方式。根据我国刑事立法和刑法理论,一般将刑事责任看作由犯罪行为引起的一种法律责任,不是犯罪成立的一个要件。[③] 什么是刑事责任,理论上众说纷纭,有法律后果说,法律义务说,责难说等。学界较为认同的是责难说,即认为刑事责任是指犯罪人因实施刑法禁止的行为而应当承担的、代表国家的司法机关依照刑事法律对其犯罪行为及其本人的否定性评价和谴责。[④] 据此,我们认为,公害犯罪刑事责任是指行为人因实施公害犯罪行为所应承担的来自国家的刑事处罚和否定性法律评价。

(二)特征

根据公害犯罪刑事责任定义的界定,公害犯罪刑事责任具有以下特征:

第一,保护对象的特殊性。公害犯罪刑事责任保护对象是公益,即与公众(全人类)的生命健康、生活舒适性、公私财产安全等生存、生活要素直接密切相关的,具有广泛公共性的社会关系。公害犯罪显然不仅仅是侵害个

---

① 杨春洗、向泽选、刘生荣:《危害环境罪的理论与实务》,高等教育出版社1999年版,第272页。

② 蒋兰香:《环境刑法》,中国林业出版社2004年版,第75~76页。

③ 陈明华:《刑法学》,中国政法大学出版社1999年版,第248页。

④ 赵秉志:《全国刑法硕士论文荟萃》,中国人民公安大学出版社1989年版,第40页。

人法益,还侵害了公益。公益可以分为多人个人的利益(多人公益)与集体的利益(集体公益),多人公益属于多个人中的各个人,集体公益是不可在多个人之间分割的真正的共享利益。[①] 公益体现了公害犯罪刑事责任保护对象的特殊性。

第二,责任主体的双重性。公害犯罪刑事责任主体既包括自然人,也包括单位,即公害犯罪刑事责任由单位和自然人承担。"《公害罪法》的第三个特点是,不仅要追究因公害而造成灾害的企业干部及其他从业人员的个人责任,而且规定还要对法人进行处罚,即对作为企业法人科以罚金刑。"[②]

第三,公害犯罪刑事责任是行为人因实施公害犯罪而承担的一种责任,公害犯罪包括各种以通过某种广为传播的公共媒介,对公私财产、公共环境,以及多数不特定人的生命、健康等刑法保护的社会关系构成重大侵害或威胁的犯罪行为。

第四,惩罚性和补偿性特征。公害犯罪刑事责任首先体现惩罚性,剥夺公害犯罪者的自由、财产乃至生命权利。同时,公害犯罪刑事责任通过对公害犯罪行为人的惩罚,来实现因公害犯罪造成的公益侵害的补偿。

二、公害犯罪刑事责任理论的基本内容

公害犯罪刑事责任是通过对公害犯罪行为作有罪宣告,并施以刑事制裁,制裁是手段不是目的,其重点在预防和恢复,而不是为了满足人们的社会正义感。[③] 公害犯罪刑事责任理论包括公害犯罪刑事责任的定位、理念、根据、功能、原则、构成要件、实现方式、追究程序和立法模式等几个方面的基本内容。

(一)公害犯罪刑事责任的定位

公害犯罪刑事责任的定位,即什么是公害犯罪的刑事责任。如前所述,公害犯罪刑事责任是指行为人因实施环境公害犯罪行为以及有害制品公害犯罪行为所应承担的来自国家的刑事处罚和否定性法律评价。公害犯罪刑

---

① 吕霞:《环境公益诉讼的性质和种类——从对"公益"的解剖入手》,载《中国人口资源与环境》2009 年第 3 期。

② [日]藤木英雄:《公害犯罪》,丛选功等译,中国政法大学出版社 1992 年版,第 19 页。

③ 郑昆山:《环境刑法之基础理论》,五南图书出版股份有限公司 1998 年版,第 142 页。

事责任的定位主要涉及公害的犯罪性问题。长期以来,人们对公害犯罪的意识十分淡薄。对待公害问题,最要紧的是必须认识到,环境污染,或者由于各种有害的制品而对公众的生命和健康造成威胁与危害,是具有明显犯罪性质的行为和问题。“尚且已经有了实际危害发生的情况下,加害者还缺乏犯罪意识,更何况在没有实际危害发生,而只是停留在一般地污染海水和空气阶段,所谓犯罪的感觉当然就更加淡薄了。”①公害行为所具有的社会价值判断上的双重性,及其所引发的危害后果的长期性和潜伏性,使得人们很难清楚认识到其犯罪本质。对公害行为的犯罪性质及其刑事责任的认定,在立法和其他领域,应当更多地从公共政策、社会发展、伦理道德等方面需要出发,来认识和揭露公害行为的犯罪性质。②

(二)公害犯罪刑事责任的理念

公害犯罪刑事责任首先要求建立生态本位观,这是由公害犯罪刑事责任保护对象的特殊性所决定的。公害犯罪刑事责任的保护对象是公益,而生态法益恰是公益的典型体现,生态法益直接影响传统的法律思想、法律观念、法律价值和法律重心。法律生态本位观要求既体现人的权利,也要反映生态自然的权利,以顺应21世纪在全球范围内兴起的旨在改变人类现行生产模式和生活方式的可持续发展社会变革运动的时代潮流。③ 其次,公害犯罪刑事责任要求树立宽严相济观。宽严相济是我国的基本刑事政策,当然应运用在公害犯罪刑事责任中。因果关系认定和主观方面认定是公害犯罪中的两大难点,司法实践中对一定范围的公害犯罪采取推定方法来认定因果关系和主观过错,这些便是宽严相济刑事政策的体现。以因果关系认定为例,因果关系本身是中性的、价值中立的,本身无所谓宽严,但由于公害犯罪因果关系的难以认定性,司法实践中往往采取推定即举证责任倒置的方法来解决因果关系问题,从而减轻控方责任,加重辩方的负担,体现了宽严相济中“严”的一面。最后,公害犯罪刑事责任要求采取恢复性司法观。恢复性司法作为一种思想、理念,核心是恢复,主张将刑罚控制模式与

---

① [日]藤木英雄:《公害犯罪》,丛选功等译,中国政法大学出版社1992年版,第3~5页。

② 王树义等:《环境法基本理论研究》,科学出版社2012年版,第126页。

③ 陈泉生:《环境法学基本理论》,中国环境科学出版社2004年版,第242~243页。

赔偿控制、治疗控制等结合起来应对犯罪，平衡加害方与被害方的利益，既帮助被害方恢复被犯罪行为侵害的利益，也有利于帮助加害方复归社会。

（三）公害犯罪刑事责任的根据

公害犯罪的刑事责任根据包括哲学根据、实质根据、法律根据和事实根据四个方面的内容。公害犯罪刑事责任的哲学根据是行为人具有的主观能动性，即行为人在意志自由的前提下选择了公害犯罪行为；公害犯罪刑事责任的实质根据是公害犯罪行为具有严重的社会危害性；公害犯罪刑事责任的法律根据是公害犯罪行为违反了公害刑法的规定；公害犯罪刑事责任的事实根据是行为人在主观意志支配下实施了公害犯罪行为，致使不特定多数人的生命、健康、财产和生活的舒适性受到威胁与损害。公害犯罪刑事责任的立法模式有刑法典为主模式、附属刑法为主模式和特别刑法模式三种。我国现有公害犯罪立法模式存在不足，需要对公害犯罪立法模式进行选择和完善，采取单行的特别公害刑法模式，甚至可以建立独立的公害法。

（四）公害犯罪刑事责任的实现

公害犯罪刑事责任的实现形式包括刑罚和非刑罚措施两类。但是，现有公害犯罪刑事制裁种类比较单一，需要予以完善、改进甚至重构，以实现公害犯罪刑事责任承担方式的多元化。公害犯罪刑事责任的追究程序包括自诉和公诉两种。但是，现有刑事诉讼模式在追究公害犯罪刑事责任方面存在不足，需要建立刑事公益诉讼。鉴于公害的日益严重和犯罪率的急剧上升，一些国家对公害犯罪刑事责任要件有所松动，突破了传统刑事责任理论的“无罪过即无犯罪”原则，确立了刑事无过失责任，如英国在《水污染防治法》中有关于适用刑事无过失责任的规定。①

第二节　公害犯罪刑事责任的原则

公害犯罪刑事责任的原则是指公害犯罪刑事责任在设置及适用时必须遵守的基本准则，它对于公害犯罪刑事责任的立法及司法具有根本性的指

---

① 张梓太：《环境法律责任研究》，商务印书馆2004年版，第42页。

导意义。

一、理论界不同观点及简评

理论界对公害犯罪刑事责任的原则进行了研究,关于公害犯罪刑事责任应当包括哪些原则,学界至今尚未达成一致意见。主要存在以下几种比较典型的观点:

(一)不同观点

1. 有学者认为,公害犯罪刑事责任的原则包括:罪刑法定原则,罪刑相适应原则,罪责自负原则,及时性原则,有效性原则。①

2. 有学者认为,公害犯罪刑事责任的原则包括:标本兼治原则;多元处理原则,区别对待原则,与民事、行政措施相协调原则。②

3. 有学者提出,确定公害犯罪刑事责任时除了应考虑刑法所规定的基本原则外,还应坚持如下原则:刑罚节俭原则(轻刑化原则),财产刑与自由刑并用原则、刑罚与非刑罚方法并用原则。③

4. 有学者主张,公害犯罪刑事责任的原则除了刑法所规定的基本原则外,还应包括以下原则:刑罚谦抑原则,财产刑、资格刑与自由刑并用原则,刑罚与非刑罚方法并用原则。④

5. 有学者指出,公害犯罪刑事责任的原则除了刑法基本原则之外,还应当包括:预防为主原则,区别对待原则,刑罚轻缓原则,处罚多元原则。⑤

6. 有学者认为,公害犯罪刑事责任的原则必须区别于刑法基本原则,应当包括责任谦抑原则、责任前置原则和经济制裁原则。⑥

(二)观点评述

上述各种观点都不同程度存在问题,其中,观点 1 所提出的原则均是共

---

① 杨春洗、向泽选、刘生荣:《危害环境罪的理论与实务》,高等教育出版社 1999 年版,第 276~289 页。

② 付立忠:《环境刑法学》,中国方正出版社 2001 年版,第 253~256 页。

③ 蒋兰香:《环境刑法》,中国林业出版社 2004 年版,第 78~82 页。

④ 吴献萍:《环境犯罪与环境刑法》,知识产权出版社 2010 年版,第 68~75 页。

⑤ 刘斌斌、李清宇:《环境犯罪基本问题研究》,中国社会科学出版社 2012 年版,第 114~120 页。

⑥ 李希慧、董文辉、李冠煜:《环境犯罪研究》,知识产权出版社 2013 年版,第 128~134 页。

性东西，未能体现公害犯罪的个性；观点2所提出的标本兼治属于刑事政策内容，不宜作为公害犯罪基本原则；观点3和观点4基本一致，是从刑事责任实现方式层面论述公害犯罪刑事责任的原则，未能体现公害犯罪刑事责任原则的位阶和本质；观点5指出的预防为主属于公害犯罪的目的范畴，不宜作为公害犯罪刑事责任的原则；观点6中的责任谦抑原则与经济制裁原则存在重合部分。

公害犯罪较之其他犯罪，既有共性，也有个性。因此，公害犯罪既有与其他犯罪共同的刑事责任原则，也有与其他犯罪不同的特有原则。对于前者，公害犯罪刑事责任原则包括罪刑法定原则、罪责刑相适应原则以及适用刑法人人平等原则。对于后者，必须强调突出这些原则区别于一般犯罪的刑事责任原则和刑法基本原则，为公害犯罪刑事责任所特有。公害犯罪与其他犯罪存在显著的区别，有其自身独特的地方，表现在发生的领域在不断扩大、破坏的范围十分广泛、破坏的后果非常严重、原因行为具有复杂性、危害结果具有潜伏性等特点。基于公害犯罪的特殊性，公害犯罪刑事责任原则除了刑法基本原则外，还应当包括责任谦抑原则和责任前置原则。

二、公害犯罪刑事责任原则

（一）责任谦抑原则

公害犯罪刑事责任的谦抑原则，又称责任经济原则或责任节俭原则，是指在设置和适用公害犯罪刑事责任时，应当力求以最小的支出——少用甚至不用刑罚（而用其他刑罚替代措施）或者适用较轻的刑罚，获取最大的效益——有效预防和控制公害犯罪。英国法学家边沁言："温和的法律能使一个民族的生活方式具有人性；政府的精神会在公民中间得到尊重"，[①]这句话可谓谦抑原则的法哲学基本理论。公害犯罪刑事责任谦抑原则包括两方面，一是公害犯罪范围的谦抑，即国家对公害的刑事干预是有限度的；二是公害犯罪刑罚限度的谦抑，即国家刑罚权的行使是有限度的。因此，制定和适用公害刑法时，应当坚守责任谦抑原则。

---

① ［英］吉米·边沁：《立法理论》，李贵方等译，中国人民公安大学出版社2004年版，第150页。

对于公害行为，只有其他的社会控制方式不能充分发挥作用时，才能动用刑法这一最后的手段。现代社会重视人权保障，刑法对社会生活的干预范围应当限于最小限度的领域。公害刑法不应全面介入公害领域，公害犯罪刑事责任应当具有自治品格。立法时应当贯彻责任谦抑原则，不是所有的公害行为都必须入罪，也不是所有的公害行为都必须追究刑事责任。责任谦抑原则通过限制公害犯罪刑事责任的惩罚必要性来限制公害犯罪圈的划定；司法时应贯彻责任谦抑原则，对不值得科处刑罚的公害行为不以犯罪论或者运用非刑罚处理方法，对需要判处刑罚的，在公害刑法所规定的法定刑幅度内选择较轻刑种和较短刑期；执行时也要贯彻责任谦抑原则，通过灵活运用各种刑罚执行制度，充分发挥刑罚的教育改造和鼓励功能。

刑法谦抑的国际潮流是非犯罪化和非刑罚化，但在我国表现为犯罪化和轻刑化。[①] 公害具有犯罪性，应予以犯罪化；但考虑到大多公害犯罪在客观上有利于社会发展的一面，且行为人主观上并不以直接以损害或威胁公众的生命健康、财产安全以及生活舒适性为目的，而是在从事生产经营或开发利用过程中附带地间接地带来的后果。因此，具体到公害犯罪，责任谦抑原则决定了“严而不厉”的公害刑法结构。责任谦抑并不是不追究责任，只是责任轻缓罢了。因此，我们反对打着责任谦抑的幌子，造成大量出现该入罪的不入罪，该追究刑事责任的不追究，以罚代刑等不正常现象。1998 年到 2002 年，我国重特大环境污染事故发生 387 起，仅有 25 起被追究了重大环境污染事故罪；2003 年到 2007 年，我国发生重特大环境污染事故 90 多起，被追究违法犯罪的仅 12 起。[②] 公害犯罪刑事责任追究的现实，足以引起我们重视和反思。公害犯罪刑事责任的谦抑原则是要追究责任的，而且要及时追究，因为，“惩罚犯罪的刑罚越是迅速和及时，就越是公正和有益”。[③]

以责任谦抑原则，审视我国公害犯罪的责任规定，就可以看到其中合理之处，应当予以坚持。以医疗公害犯罪为例，我国刑法对医疗过失犯罪处以

---

① 陈兴良：《刑法的价值构造》（第 2 版），中国人民大学出版社 2006 年版，第 328 ~ 355 页。

② 赵星：《环境犯罪论》，中国人民公安大学出版社 2011 年版，第 137 页。

③ ［意］切萨雷·贝卡利亚：《论犯罪与刑罚》，黄风译，北京大学出版社 2008 年版，第 47 页。

较之普通过失犯罪更轻的法定刑是合理的。因为,要找到既能保护患者的利益,又能促进医学进步的刑法最佳平衡点是很困难的,医疗法律规范是把双刃剑,一方面督促医务人员加强责任心,保护患者利益,但过重的刑罚处罚则会迟滞医疗事业的发展。刑法对医疗过失的惩罚应以医学进步为最终目的,因此,对医疗过失处以过重的刑罚是不合适的。[①] 正是基于医疗行为的特殊性,应坚持医疗事故罪现有的主刑强度。[②]

(二)责任前置原则

鉴于工业发展对人的生命、健康、财产以及生活环境、生态环境带来的各种危险,有必要在实际危害后果发生之前,运用刑法抑制这些危险。因为,一旦这些危险变为现实,危害后果是不可逆转的、无法恢复的。故而,刑法不仅要介入公害领域,而且要适当提前介入。公害犯罪刑事责任的前置原则,是指刑法要在更早的阶段创设公害犯罪的罪责,使刑罚权的触角延伸到以前不曾涉足的领域。责任前置原则表现为公害犯罪处罚早期化和处罚扩大化。

公害犯罪处罚早期化,是指随着法益观由人类中心主义向生态本位主义的变化,对公害行为在更早的危险发生阶段进行处罚。为满足处罚早期化的需要,公害刑法在规定具体危险犯的同时,创设大量抽象危险犯,强调应对公害的策略应当从事后处理向事前预防转移,更加积极发挥刑罚的预防效果。公害犯罪处罚扩大化,是指为了更有效预防公害犯罪,刑事处罚的界限被扩张到以前没有作为公害犯罪论处的领域。基于公害犯罪的严重性,刑法降低对某些公害行为的容忍度,只要具有侵害公益的类型性危险,就会作为犯罪处理。处罚扩大化,一方面,会导致公害犯罪圈的扩张;另一方面,会造成刑罚体系的膨胀。处罚扩大化主要是通过立法继续对公害行为犯罪化或者修改公害犯罪的构成要件,降低入罪门槛,对新增公害犯罪配置法定刑,对修改公害犯罪加重法定刑,在刑种和刑量方面丰富原有的刑罚体系。

以责任前置原则来审视我国现有公害犯罪立法,就可以发现其中不足,

① 臧冬斌:《医疗犯罪比较研究》,中国人民公安大学出版社2004年版,第35~36页。
② 杨丹:《医疗刑法研究》,中国人民大学出版社2010年版,第258~260页。

需要完善。以食品公害犯罪为例。我国有关食品安全犯罪的对象范围太窄，应该将生产、加工、包装、运输、储藏等行为，纳入食品安全犯罪的刑法条文之中，将食品公害犯罪的对象从单一的食品宽展到食品添加剂、食品相关产品等，从而扩大食品安全犯罪的犯罪圈；对于食品安全犯罪刑法条文应该全部设置为抽象危险犯，同时增加食品公害犯罪的过失犯，使刑法保护的提前介入；应该适当加大对食品安全犯罪的处罚力度。这里的加大食品安全犯罪的处罚力度，并不是越严厉越好。①

第三节 公害犯罪刑事责任的多元实现

公害犯罪刑事责任与其他普通犯罪刑事责任一样，是通过刑罚和非刑罚方法来实现。但公害犯罪刑事责任是由于行为人实施公害犯罪行为所引起，公害犯罪现象千差万别，造成的社会危害轻重不一，行为人的主观恶性和人身危险性各异。这样，承担公害犯罪刑事责任的方式应与公害犯罪的复杂性相适应，带有多样性、多元性。

一、公害犯罪的刑罚适用及其完善

（一）公害犯罪的刑罚适用

1. 国外环境公害犯罪的刑罚适用②

在环境公害犯罪中，国外在刑罚适用的选择上主要是以自由刑、罚金刑为主要形式，同时少数国家在其刑法典中规定了资格刑。

（1）自由刑的适用。环境公害犯罪中的自由刑一般指的是有期监禁。在环境公害犯罪的处罚中，几乎所有的国家都规定了自由刑，区别只是由于各国法律传统的不同，规定的自由刑的长短不同。在环境公害犯罪中规定

---

① 柳小惠、张建春、马如栋：《国外食品公害的刑法规制及其对我国的启示》，载《未来与发展》2013 年第 4 期。

② 该部分内容为本人所指导的博士研究生马如栋的论文《国外环境公害犯罪惩罚模式及其对我国的启示》的节选，系本课题的成果之一。详见马如栋：《国外环境公害犯罪惩罚模式及其对我国的启示》，载《未来与发展》2011 年第 10 期。

自由刑的主要优点体现在：通过剥夺犯罪人一定的自由能够发挥刑罚的威慑作用，能够起到较好的一般预防作用，因为在大部分国家已经废除死刑的情况下，对自由的剥夺成为一国刑罚体系中最为严厉的刑罚，这种严厉的处罚有利于发挥刑罚的威慑作用，虽然刑罚的轻重并不一定是刑罚威慑性强弱的唯一条件，但是自由刑的威慑性一般情况下较之于财产刑的威慑性强，这是经验判断的事实，这种威慑作用有利于一般预防的发挥。但是自由刑也有一定的缺点，在环境公害犯罪中，有些国家法律中规定的自由刑刑期较短，英国《水资源法》第 85 条规定，违反本法规定，故意排放有毒、有害物质、污物、固体废物进入被控的水域；引起或者直接将废弃物、污物从排水管道流入被控水域；或者故意将工厂生产过程中的废物排放到被控水域，或引起任意物质进入内陆清洁水体，阻碍水体流动而导致污染的，构成犯罪，轻罪处以 3 个月以下的监禁或者 2 万英镑以下的罚金，重罪处 2 年以下的监禁或者罚金。[①] 笔者认为，英国《水资源法》中规定的自由刑与其他国家相比尤其是与其国情相似的美国来比自由刑的刑期较短（例如，美国环境犯罪的使人处于危险状态的最高刑期可以达到 15 年），在司法实践中判处的刑期更短，这种较短自由刑的弊端已经被广泛地认识到，即短期自由刑矫正不足，而存在交叉感染的概率很大，这种情况下特殊预防的效果大打折扣。因此，在环境公害犯罪中，尽量少规定短期自由刑，应该积极适用中长期自由刑，中长期自由刑是适用与环境公害犯罪的危害性是相一致的，对于环境犯罪处以中长期自由刑符合世界环境保护的趋势，当然各国国家的法律体系有很大的不同，各国刑罚中的自由刑最高年限也五花八门，这里所说的中长期自由刑是根据本国实际法律体系及其特点确定的，不是所有国家都统一。

（2）财产刑的适用。财产刑在环境公害犯罪中适用最为广泛，这里的财产刑主要指的是罚金刑，目前各国法律体系中环境公害犯罪的相关规定中都有罚金刑的规定，并且在司法实践中大量的适用罚金刑，例如英国的附

---

① Stephen Homewood, *Environmental Law Statutes* 2003/2004, London: Published by Sweet & Maxwell, 2003: 265 – 266.

属环境刑法,注重用罚金刑来惩治环境犯罪,比较少用监禁刑。①

财产刑在环境公害犯罪的预防和打击方面具有很大的优势,这种优势主要体现在:首先,环境公害犯罪一般是发生在经济领域内的犯罪,很多都是为了谋取高额的经济利益,在这种驱动下所进行的犯罪,因此,对于这类犯罪处以罚金刑,能够做到犯罪与刑罚的相似性,这种相似性质的处罚更能起到一般预防的作用,因为相似性的刑罚总是能够被人们熟知。因此"一种惩罚方式,依其外表更与实在相称,可以说是更具有儆戒性,于是,说到与惩罚本身的选择有关的问题,除了选择那种类似于罪过的惩罚,就没有任何手段使既定量的惩罚可以变得更有儆戒性。使惩罚类似于,或换言之代表罪过的另一个缘由,就在于此"。② 因此,对于经济领域内的犯罪判处一定的罚金刑,使得犯罪与刑罚相类似,更具有一般预防的效果,因为让一般人认识到经济犯罪所产生的结果就是剥夺犯罪人的一定的金钱,使其感觉到得不偿失,进而不愿犯罪。

其次,从特殊预防的角度来看,罚金刑也有利于特殊预防效果的实现,特殊预防在很大程度上与刑罚的威慑性有关,而刑罚的威慑性在很大程度上取决于刑罚的强度,虽然罚金的威慑性质不如直接剥夺自由的自由刑那么直接强烈,但是通过提升罚金刑的额度,对犯罪人判处高额的罚金也能体现刑罚的威慑性,有时候判处罚金使得企业濒临倒闭,这种高额的罚金刑能剥夺犯罪人再犯罪的能力,也能起到很好的特殊预防的效果。一些国家在相关的法律中规定了无上限限额的罚金,这种无上限限额的罚金的威慑性是可想而知的,因此并不是说罚金刑的威慑性以及其特殊预防效果就一定不明显,如果罚金刑运用的得当,能收到较好的效果。

(3)资格刑的适用。资格刑是指剥夺犯罪人一定权利的刑罚,在环境公害犯罪领域内主要是指剥夺犯罪人从事相关职业的资格。在环境公害犯罪中规定资格刑的国家不多,但是也有涉及。例如,《俄罗斯联邦刑法典》第 250 条规定,使地表水或者地下水、饮用水源受到污染、堵塞和枯竭,或以

---

① Susan Wolf, Anna White, NeilStanley, *Principles of Environmental Law* (third edition), London: Published by Cavendish,2002:87.

② [英]边沁:《道德与立法原理导论》,时殷弘译,商务印书馆 2006 版,第 240 页。

其他方式使水的自然性质发生改变,如果这些行为使得动物界、植物界、鱼类资源、林业或者农业受到重大损害的,处数额 8 万卢布以下或被判刑人 6 个月以下的工资或其他收入的罚金;或处 5 年以下的剥夺担任一定职务或从事某种活动的权利;或为期 1 年以下的矫正性劳动刑;或处 3 个月以下的拘禁刑……[①]《俄罗斯联邦刑法典》中的这一规定是在环境公害犯罪中规定资格刑的典型。笔者认为,在环境公害犯罪中可以规定剥夺一定权利的刑罚,这种剥夺一定权利的刑罚限制了其在一定时间内继续从事相关产业的经营活动,这种对从事一定经营活动的限制,有助于减少和预防环境公害犯罪的频繁发生。但是,综观世界很多国家的有关环境公害犯罪的刑事处罚中,这种剥夺权利的处罚比较少。

2. 我国公害犯罪的刑罚适用

从我国公害犯罪所涉罪名的法定刑来看,公害犯罪的刑罚适用涵盖了全部刑种,分为死刑、自由刑、财产刑和资格刑四大类,其中又以自由刑和财产刑为主要形式。

死刑只适用于罪行极其严重的犯罪分子。公害犯罪一般不会招致死刑的发动,除非是公害犯罪造成了重大人员伤亡,才有可能适用死刑。因此,总体而言,死刑在公害犯罪中的适用比较有限。在公害犯罪中,自由刑是适用最广泛的刑罚,所有公害犯罪都规定了有期徒刑,基本上体现了罪责刑相适应原则,也能够发挥刑罚的威慑作用,起到较好的一般预防作用。但是,我国司法实践中对于公害犯罪适用自由刑的期限相对较短,例如在福建汀江污染案中,对相关责任人只是判处了 3～4 年或者 3～5 年的有期徒刑。此外,自由刑存在一定的缺点,一是不同公害犯罪的自由刑以及公害犯罪与其他犯罪的自由刑设置不均衡、不协调;二是自由刑执行成本相对较高。因此,自由刑在公害犯罪中并不能起到防止公害犯罪行为继续发生的作用,也可能是执行效果不理想的一种方式。财产刑在公害犯罪中大量适用。由于公害犯罪一般是发生在经济领域内的犯罪,很多都是在谋取高额的经济利益驱动下所进行的犯罪,生产销售伪劣商品罪就是经济领域中典型的贪财图利性犯罪,如果对这些犯罪分子不适用财产刑,往往难以遏制其犯罪动

---

① 《俄罗斯联邦刑法典》,赵路译,中国人民公安大学出版社 2009 年版,第 181 页。

机、难以实现刑罚的特殊预防和一般预防目的。① 但公害犯罪司法实际中判处的罚金很低，公害犯罪主体所受到的罚金刑远小于他们所获得的不法经济利益，由于处罚力度极其弱，犯罪收益远远大于犯罪成本，致使很多犯罪分子一而再再而三地冒险从事犯罪活动，从而降低了财产刑适用实效。在我国现行刑法中，资格刑仅表现为政治权利的剥夺（另外，对于外国人可以驱逐出境），是对犯罪分子在社会政治生活中某种利益的限制剥夺，与公害犯罪几乎没有关系，因而剥夺政治权利没有多少实际价值。

（二）公害犯罪的刑罚完善

1. 国外环境公害犯罪惩罚模式对我国的启示②

目前国外通过刑法加大对环境公害犯罪的打击力度，这是一个趋势。美国在 20 世纪 70 年代制定了相当多的环境法律法规，但是这些环境法规中的刑事责任条款，仅仅承担轻罪的刑事责任，最长的监禁不超过一年，即使判处监禁刑也几乎很少执行（运用缓刑作为替代刑），到了 80 年代，美国国会在《资源节约与回收利用法》的修正案中规定了环境犯罪重罪，即到 80 年代环境犯罪由轻罪变为重罪，故意违反环境法规在使得他人处于高度危险之中的，可以处以最高 15 年的监禁刑，到 2001 年美国加大了对环境犯罪的打击力度，起诉的被告人从 1984 年的 36 人猛增至 2001 年的 371 人，在过去 20 年对环境犯罪作为重罪起诉代表了环境犯罪诉讼的主流。③ 可以说从 20 世纪 90 年代到现今为止，美国对环境犯罪的打击力度一直在不断地加大。

澳大利亚环境犯罪的处罚也有一个从轻到重的转变。20 世纪 80 年代以前澳大利亚环境刑事司法可以概括为“对环境罚罪的量刑偏低，对环境污染者很少追究刑事责任”。④ 例如，对即使严重的污染环境的违法行为，无论是自然人或者是法人最高罚金不超过 1 万澳元，这种极其低的罚金在

---

① 熊选国：《生产、销售伪劣产品罪》，中国人民公安大学出版社 1999 年版，第 17 页。

② 该部分内容为本人所指导的博士研究生马如栋的论文《国外环境公害犯罪惩罚模式及其对我国的启示》的节选，系本课题的成果之一。详见马如栋：《国外环境公害犯罪惩罚模式及其对我国的启示》，载《未来与发展》2011 年第 10 期。

③ Michael M. O' Hear. Sentencingthe Green-Collar Offender: Punishment, Culpability, and Environmental Crime[J]. *The Journal of Criminal Law and Criminology*, 2004, 95(1): 142 – 144.

④ N. Gunning ham, J. Nor berry, eds. *Environmental Crime*, Canberra, 1995: 124.

实践中很难起到预防和打击环境犯罪的目的,因为自然人或者法人缴纳的罚金与其违法环境为代价带来的利益相比要小得多,在这种功利的驱使下,环境污染越来越严重。这种状况在20世纪80年代以后有了很大的改变,澳大利亚经济最发达的两个州维多利亚和新南威尔士州率先通过增加罚金数额和引进监禁刑来处罚环境犯罪。为了打击越来越严重的环境犯罪,澳大利亚制定了环境特别刑法。在加强刑法对环境的保护和环境犯罪的惩处方面,新南威尔士州是一个很好的例子。澳大利亚新南威尔士州于1989年制定《环境犯罪与处罚法》(The Environmental Offencesand Penalties Act),该法以后经过了多次修改,并规定了以下三种罪刑:第一种是最为严重的环境犯罪行为,主要适用于非经授权的处置废物的行为;第二种是中等程度的犯罪,主要由《清洁空气法》(1961年)、《清洁水法》(1970年)、《噪声控制法》(1975年)和《污染控制法》(1970年)以及《地方政府法》(1919年制定,1993年修改)规定,乱丢废物和不遵守"清理环境"的通知也属于这种犯罪;第三种是轻微的犯罪,该法为处理轻微的环境法律实施问题规定了一种"现场"侵权通知。[①] 对于序列一的罪刑,如果是自然人会被处于25万澳元的罚金,单处或者并处7年监禁刑,如果是法人则会被处以100万澳元的罚金;序列二的罪刑是指涉及空气、水、噪声等污染防治法的严格责任罪刑,违反者最高可以被处12.5万澳元的罚金;序列三是指以违法通知书处罚的轻微的污染违法行为,违法者最高可以被处600澳元以下的罚金。[②]

反观我国,环境公害犯罪的刑事处罚力度总体上来说是很低的,因此,笔者认为,我国环境公害犯罪立法应该进行改革,加大对环境犯罪的处罚力度。

2. 我国公害犯罪的刑罚完善

相对而言,我国针对公害犯罪的刑罚手段较为单一薄弱。因此,对于公害犯罪刑事责任的刑罚实现方式,需要予以改进。既可以创制一些新的刑罚手段,也可以将行政处罚中行之有效的惩罚措施升格或升级为刑罚,从而

---

① 蔡守秋:《澳大利亚环境刑法》,载 http://www.riel.whu.edu.cn/article.asp?id=24957。

② 卢永鸿:《中国内地与香港环境犯罪的比较研究》,中国人民公安大学出版社2005年版,第18页。

丰富刑罚手段,改变过去较为单一的做法。基于前述责任谦抑原则,根据“刑罚设置,应采取扩大资格刑(如增设职业禁止、投资限制)、加重财产刑、适当适用自由刑、慎用死刑的模式”。[①] 我们认为,对于公害犯罪的刑罚,应当改进的主要是财产刑和资格刑。

对于财产刑的改进,一是对于公害犯罪的财产刑不应限于罚金刑这一种财产刑,应注重对没收财产的适用。没收财产刑是一种惩治、预防公害犯罪,恢复被破坏的环境的有效途径。因此,应扩大没收财产刑在公害犯罪中的适用。[②] 鉴于没收财产是一种十分严厉的财产刑,没收财产应限于针对自然人的没收财产。二是注意罚金与行政执法中罚款的衔接,公害犯罪中罚金刑的最低数额应高于相对应的行政执法中罚款的最高数额,罚金刑幅度应当大于罚款幅度,从而保证充分剥夺公害犯罪主体通过公害犯罪所得的非法收益。此外,立法至少应规定确定罚金数额的标准,确定罚金数额,应考虑公害犯罪所造成的直接损失、可能造成的损失或者违法所得以及恢复被破坏的公众所处的自然环境、公共医疗卫生环境以及市场经济环境所需的运行成本等因素,确立以日为单位的罚金数额计算方式,敦促公害犯罪人尽早停止危害行为。这一点,2014 年 4 月 24 日第十二届全国人民代表大会常务委员会第八次会议修订的《环境保护法》值得借鉴。新修订的《环境保护法》第 59 条第 1 款规定:企业事业单位和其他生产经营者违法排放污染物,受到罚款处罚,被责令改正,拒不改正的,依法作出处罚决定的行政机关可以自责令改正之日的次日起,按照原处罚数额按日连续处罚。

改进公害犯罪的资格刑,意义重大。公害犯罪多是在从事生产经营活动中实施的犯罪,实施犯罪行为的自然人在很多情况下是以该种生产经营活动为其职业,对其判处资格刑,在一定时期内或永久剥夺其特定的从业资格,等于直接切断了其主要经济来源,相当于对其判处了从事这种活动的自由刑或死刑,因而具有极大的威慑和预防犯罪的作用。[③] 对于自然人而言,主要是剥夺或限制从业资格,如剥夺从医资格,刑法可以增设剥夺或限制自

---

① 高铭暄:《新型经济犯罪研究》,中国方正出版社 2000 年版,第 3 页。

② 吴献萍:《环境犯罪与环境刑法》,知识产权出版社 2010 年版,第 82 页。

③ 赵秉志:《环境犯罪及其立法完善研究——从比较法的角度》,北京师范大学出版社 2011 年版,第 121 页。

然人从事某种职业或者从事特定活动的资格刑；对于单位而言，主要是限制或剥夺经营资格，如勒令解散，刑法可以增设独立或者附加适用禁止单位从事生产经营活动和剥夺经营资格。这方面，法国刑法典的规定制定借鉴。法国刑法典列举了9种对法人适用的资格刑，如解散法人、禁止直接或者间接从事一种或几种职业性或社会性活动、关闭用于实施犯罪行为的企业机构、置于司法监督之下、排除参与公共工程、禁止公开募集资金等。[①]“将这些制裁措施规定为对法人适用的资格刑，就可以由法院直接作出，一是可以确保环境犯罪法人受到应有的制裁，立即停止对环境的危害；二也可以避免行政机关处于不当因素的考虑，而纵容法人继续实施危害行为；三还可以减少执法成本，节约执法成本。”[②]

二、公害犯罪的非刑罚方法适用及其完善

（一）公害犯罪的非刑罚方法适用

公害犯罪不同于传统犯罪，对其仅适用刑罚方法不足以起到威慑公害犯罪、救济公益的效果。对于公害犯罪人在惩罚的同时，选择一些能够有效防治犯罪行为继续发生、使被犯罪人侵害的各种关系得到恢复的手段和措施，是有效途径。非刑罚方法，亦称为非刑罚措施，非刑罚处理方法，正好契合了这样的要求。针对传统刑事责任形式不能对付公害犯罪的困境，国外早有创设专门的非刑罚措施的尝试，“已被执行的新的制裁方法可以在环境法实施中起到重要的作用，即禁止使用某种设备，重建被损害的环境，销毁设备，等等”。[③] 我国刑法规定的非刑罚方法包括：训诫、责令具结悔过、赔礼道歉、赔偿损失、行政处罚、行政处分和没收性处罚措施。刑法学界对这类措施较为一致的看法是，“非刑罚处理方法，是指人民法院对犯罪分子适用的刑罚以外的处理方法。非刑罚处理方法的特点是：对犯罪分子适用，但不具有刑罚性质”。[④] 虽然我国刑法中的非刑罚处理方法都可以用于追

---

① ［法］卡斯东·斯特法尼等：《法国刑法总论精义》，罗结珍译，中国政法大学出版社1998年版，第475～476页。

② 张梓太：《环境法律责任研究》，商务印书馆2004年版，第360页。

③ A.C.基斯：《解决环境问题的法律措施》，文伯屏译，载《国外法学》1984年第1期。

④ 高铭暄、马克昌：《刑法学》，北京大学出版社、高等教育出版社2000年版，第256页。

究公害犯罪的刑事责任，但从包括公害犯罪在内的刑事司法状况看，适用非刑罚方法的案件不多。一方面是由于过于强调刑罚的打击和保障作用，忽视非刑罚处置措施的教育和挽救功能；另一方面也是由于非刑罚处置措施欠缺可操作性。①

（二）公害犯罪非刑罚方法的完善

司法实践率先对完善公害犯罪的非刑罚处理方法进行了有益探索，出现多起以补种树木和进行管护为内容的判决。“我国刑法没有规定诸如植树、抚育之类的恢复环境的措施，但司法实践中以恢复环境为目的的非刑罚方式的大胆尝试所起到的教育效果和惩罚效果是明显的。”②因此，完善公害犯罪刑事责任的非刑罚方法，首先涉及罪刑法定原则的理解和适用问题。具体表现在两个方面：一是非刑罚方法的种类问题，即对于刑法没有规定的非刑罚方法，法院能否适用；二是非刑罚方法的适用对象问题，即对于判处刑罚的公害犯罪人能否适用非刑罚方法。

对于非刑罚方法的种类，刑法中规定了一些非刑罚方法，民法、行政法中亦有非刑罚方法，如责令停业、关闭、限期治理、缴纳排污费、支付消除污染费用、赔偿损失、恢复正常使用、责令改正和恢复原状等。2014 年新修订的《环境保护法》规定的非刑罚方法有：警告、罚款、责令其采取限制生产、停产整治等措施，责令停业、关闭，责令停止建设，责令恢复原状，责令公开，予以公告、拘留等。应当注意的是，这些非刑罚方法的名称不一定限制为立法上的标准称谓，只要这种措施在立法上有抽象的规定即可，如植树造林、清除垃圾、义务服务等具体处罚措施在刑法、行政法、民法中都只有抽象的规定而没有具体规定。“法院判处公害犯罪人这些制裁措施同样合法，因为刑罚辅助手段不是刑罚，故虽然法律在名称上没有明确规定的也可以适用，非刑罚措施名称不必遵循罪刑法定基本原则。”③在构成公害犯罪的情况下，法院根据民法、行政法对公害犯罪人决定非刑罚方法并不违法，同时，由于非刑罚方法并非刑罚，不属于“刑”的范畴，所以与罪刑法定无

① 吴献萍：《环境犯罪与环境刑法》，知识产权出版社 2010 年版，第 85 页。

② 雷鑫：《论环境犯罪刑事责任实现方式的多元化——以李华荣、刘士密等人盗伐防护林案为例》，载《法学杂志》2011 年第 3 期。

③ 蒋兰香：《环境犯罪基本理论研究》，知识产权出版社 2008 年版，第 298 页。

关。法庭应有附属权利,当行为人被提起侵害环境犯罪公诉时,除了依据环境刑法规定所为的制裁以外,法院应参照犯罪的本质即该犯罪行为的周围环境,可以有权作出下列各项命令及其效果:(a)禁止行为人从事任何行为或活动,而产生犯罪的再犯或继续犯罪的机会;(b)命令暂时停业、勒令歇业、撤销从事该活动之执照、解散或禁止其商业行为,及没收公司特许状;(c)没收从事犯罪计划之财产;(d)剥夺行为人之公权、财产利益及附属价值;(e)命令经理人或干部,暂停执行及解除职务一段时间;(f)引导行为人采取法院认为适当的赔偿行动,或避免环境造成任何伤害的结果或可能从构成犯罪的作为或不作为所造成的结果;(g)需要行为人依照法院认为适当的合理条件,而确保行为人良好行为的环境,以预防该行为人继续重复相同的犯罪或其他犯罪;(h)指示行为人,依照法院的记载方法,将被控诉的事实加以出版;(i)指示行为人,以自己的费用,依照法院的记载方法,将被控诉的事实通知给被行为人的行为所攻击或侵害的其他任何人;(j)指示行为人履行社区服务,在理性的条件下为主体;及(k)如行为人为组织时,须完全对全国的一般大众公开其犯罪的进行、环境刑事责任、刑事制裁方式、该组织的附属机构(假如有的话)或其领导者、干部、经理人或受雇人。[①]这里几乎涵盖了公害犯罪刑罚方法以外的所有辅助手段,值得立法和司法借鉴。有学者主张借鉴有关国家非刑罚处罚措施的有益经验,增设公告有罪判决并责令公开悔过、责令补救、限期治理和社区服务等非刑罚处罚措施。[②] 从应然性角度,公害犯罪非刑罚辅助措施可分为:教育性辅助措施,如公开悔过、赔礼道歉等;民事性辅助措施,如赔偿损失、恢复原状等;行政性辅助措施,如勒令解散、限期治理等;没收性辅助措施,如追缴违法所得、没收违禁品等。[③]

对于非刑罚方法的适用对象,前述非刑罚方法的运用,根据我国刑法规定,其适用对象是,因犯罪情节轻微不需要判处刑罚而被免予刑事处罚的犯罪分子,也就是说,对于需要判处刑罚的犯罪分子不适用非刑罚方法。但

---

① 郑昆山:《环境刑法之基础理论》,五南图书出版股份有限公司 1998 年版,第 272 ~ 273 页。

② 刘斌斌、李清宇:《环境犯罪基本问题研究》,中国社会科学出版社 2012 年版,第 130 ~ 132 页。

③ 蒋兰香:《环境犯罪基本理论研究》,知识产权出版社 2008 年版,第 309 页。

是，站在应然性的立场，这些措施，尤其是训诫、责令具结悔过、赔礼道歉、赔偿损失、行政处罚以及行政处分的适用不应限于被免除刑事处罚的人，还应包括需要判处刑罚的犯罪分子。[1]

对于公害犯罪非刑罚方法的进一步完善，则涉及非刑罚方法的性质定位问题。因为传统刑事责任实现形式中的非刑罚措施在实践中运用很狭窄，对公害犯罪真正有价值的是赔偿损失和给予行政处分的司法建议。赔偿损失，要么数额较小，起不到惩罚和威慑效果，要么数额较大，犯罪人承担不了，破产了之。而行政处分的司法建议最终采纳与否，由行政主管机关决定，且在大多单位公害犯罪中，政企存在某种利益关联，行政处分起不到真正的制止和预防作用。因此，非刑罚制裁必须做出适当改进。[2] 基于我国现行规定的非刑罚方法存在不足，以及国外已有立法将其规定为刑罚方法的现实，我国学界主张对公害犯罪非刑罚方法进行刑罚改造的呼声颇为一致，基本赞同将现行一些非刑罚处理方法通过立法改造成为附加刑。[3] 改造后可增加刑罚的威慑力，发挥刑罚的强制功能；人民法院可以直接操作刑罚，无须再向行政机关建议采取刑罚辅助措施，将形同虚设的法院建议落到实处。

三、从业禁止制度在公害犯罪领域的适用

2015 年 8 月 29 日通过的《刑法修正案（九）》，基于预防犯罪、防卫社会的目的，对因利用职业便利实施犯罪，或者实施违背职业要求的特定义务的犯罪被判处刑罚的犯罪人，增设了禁止从事相关职业的规定。从业禁止制度的设立，对于以环境、食品和药品三大领域为主的公害犯罪而言，无疑将成为一项重要的刑事责任实现和预防犯罪的方式。不过，由于从业禁止是一项新设立的刑事制度，其在基本性质、适用条件、溯及力等方面都存在较大争议，因而有必要结合上述问题探讨其在职业性特征突出的公害犯罪领域的适用问题，以期更为有效地发挥从业禁止制度对于公害犯罪的预防

---

① 蒋兰香：《环境犯罪基本理论研究》，知识产权出版社 2008 年版，第 315 页。
② 张梓太：《环境法律责任研究》，商务印书馆 2004 年版，第 347～348 页。
③ 蒋兰香：《环境犯罪基本理论研究》，知识产权出版社 2008 年版，第 323 页。

功能。

（一）从业禁止制度的性质

关于从业禁止制度的性质，官方的界定是一项预防性措施。① 不过，作为一项预防性措施，从业禁止制度在刑法体系中究竟应当如何定位却充满争议。大体上，理论界有如下几种看法：一是保安处分措施。有学者指出，有前科者从业禁止乃是基于预防有前科者再犯目的考量的正本清源之策，其适用基础并非有前科者的罪责，而是再次实行与职业相关的危害社会行为的人身危险性，该规定对适用对象亦侧重矫正、预防而非惩罚、非难，所以从法律性质上将有前科者从业禁止设定为一种保安处分措施为宜。② 二是刑罚的附带处分。有学者认为，从业禁止制度只有在判处刑罚的前提下才能加以适用，其不符合可以独立适用的附加刑的特征，但是这项措施又具有权益剥夺的内容，而权益的剥夺或者价值的褫夺恰恰是刑罚之所以成为刑罚的根本特征，因此，考虑到这一措施与刑罚的紧密相连，可以将其称为刑罚的附带处分。③ 三是附加刑中新增的资格刑种类之一。曾有研究者指出，该处罚从性质上看应属于新的刑罚种类，并建议在附加刑中增设从业禁止的附加刑。④ 四是非刑罚处置措施。于志刚教授指出，从条文设置上看，从业禁止是作为《刑法》第 37 条之一予以规定的，因此，它肯定不属于刑罚制度，而是我国刑法规定的一种非刑罚性处置措施。⑤

应当说，将从业禁止制度作为我国《刑法》中附加刑新增的资格刑种类之一的观点显然是错误的。事实上，立法机关已明确指出，从业禁止制度并不是一项新增加的刑罚种类，其不同于有的国家刑法中规定的资格刑。例如，全国人大常委会法工委刑法室副主任臧铁伟指出，《刑法修正案（九）》

① 李适时：《关于〈中华人民共和国刑法修正案（九）（草案）〉的说明》，载《全国人民代表大会常务委员会公报》2015 年第 5 期。

② 叶良芳、应家赟：《论有前科者从业禁止及其适用》，载《华北水利水电大学学报》（社会科学版）2015 年第 4 期。

③ 林维：《刑法中从业禁止研究》，载《江西警察学院学报》2016 年第 1 期。

④ 陈丽平：《一些常委委员提出，附加刑中明确规定从业禁止》，载《法制日报》2014 年 12 月 18 日。

⑤ 于志刚：《从业禁止制度的定位与资格限制、剥夺制度的体系化——以〈刑法修正案（九）〉从业禁止制度的规范解读为切入点》，载《法学评论》2016 年第 1 期。

第1条规定并非新刑种的增设,而是从预防犯罪、保障社会公众安全和维护社会公众利益的角度,采取的一项预防性措施。①不仅如此,从从业禁止制度之体系定位和适用条件来看,其也不符合附加刑的基本特征。一方面,从业禁止制度是作为《刑法》第37条之一予以规定的,这一规定紧随非刑罚处罚措施,而完全没有触动《刑法》第33、34条关于主刑、附加刑的刑罚种类和体系的规定。另一方面,从业禁止制度只有在判处刑罚的前提下才能加以适用,而不能独立适用,这与《刑法》第34条第2款规定的"附加刑也可以独立适用"的属性相违背。因此,从业禁止制度并非新增的刑罚种类,其不具有附加刑的基本属性,不是新的资格刑种类。

此外,从业禁止制度虽然具有广义上的保安处分之性质,但却不能认为其属于我国刑法中的保安处分措施。保安处分有广义和狭义之分,广义的保安处分系指以行为人之危险性为基础,而目的在于对该行为人之危险性为特别预防的国家之处分而言。在广义的保安处分中,一般都特别将刑法上的保安处分称为狭义的保安处分。为保护受处分者之人权,并为防卫社会之目的,各国均主张"保安处分法定主义",即以法律规定保安处分之种类、条件、内容、期间等。②以我国台湾地区为例,刑法规定的保安处分之种类有感化教育、监护、禁戒、强制工作、强制治疗、保护管束、驱逐出境,一共七种法定的保安处分措施。③根据保安处分法定主义,从业禁止制度并不属于任何一项刑法规定的保安处分类型,因而不是我国刑法中的保安处分措施,但应当承认其具有广义上的保安处分性质。

至于从业禁止制度究竟应当被定性为一项非刑罚处置措施,还是刑罚的附随处分,笔者认为,二者之间并不相互排斥。非刑罚处置措施强调的是其不具有刑罚的性质,不属于刑罚的种类,至于其能否与刑罚一同适用则是另一个范畴的问题。我国《刑法》第37条规定了训诫、责令具结悔过、赔礼道歉、赔偿损失、由主管部门予以行政处罚和行政处分等非刑罚处罚措施,

---

① 臧铁伟:《"禁止从事相关职业三到五年"不是新刑种》,载人民网,http://npc.people.com.cn/n/2015/0829/c14576-27531225.html,最后访问日期:2016年7月16日。

② 陈子平:《刑法总论》(2008年增修版),中国人民大学出版社2009年版,第539~542页。

③ 林钰雄:《新刑法总则》,中国人民大学出版社2009年版,第516~520页。

其中,赔偿损失既可以单独判处,也可以在给予刑事处罚的同时根据情况一同判处。因此,笔者认为,从业禁止制度在性质上属于一项非刑罚处置措施,只不过,与其他的非刑罚处罚措施不同的是,从业禁止制度只能以刑罚的附随处分的形式出现,而不能以独立的形式予以适用。从业禁止制度既有惩罚的功能,也有预防的功效。

明确从业禁止制度的非刑罚处置措施之性质,以及作为刑罚的附随处分之特性,是将其正确适用于公害犯罪领域的基础和前提。在公害犯罪领域,尤其是在环境、食品和药品公害犯罪的三大领域,由于行业性、职业性、职务性特征极为突出,对相应犯罪行为人在一定期限内剥夺或者限制其从事特定职业的资格,对于有效预防相关犯罪十分重要。当前,涉及剥夺或者限制被告人从事特定职业资格的刑法规定有禁止令和从业禁止制度两种。应当说,这两项制度尽管在禁止内容上具有一定的相似性和重合性,但二者实际上存在本质区别。只有准确界定从业禁止制度的性质,并把握其适用的范围和条件,才能将其与禁止令制度相区别,从而根据二者的不同适用特性充分发挥其相互补充、相互配合的功能。对此,笔者将在探讨从业禁止制度的适用条件和溯及力问题的过程中附带予以说明。

(二)从业禁止制度的适用条件

根据《刑法修正案(九)》第1条之规定,因利用职业便利实施犯罪,或者实施违背职业要求的特定义务的犯罪被判处刑罚的,人民法院可以根据犯罪情况和预防再犯罪的需要,禁止其自刑罚执行完毕之日或者假释之日起从事相关职业,期限为3年至5年。尽管从上述规定中,我们可以根据一定的解释方法得出从业禁止制度的性质及其适用特征,即其属于我国刑法中的预防性的非刑罚处置措施,并作为刑罚的附随处分而适用。但是,由于上述立法规定整体上较为笼统,有许多具体适用问题尚不明确,如“刑罚执行完毕”中的刑罚具体包括哪些、如何认定“利用职业便利”以及“违背职业要求的特定义务”等,因而有必要对从业禁止制度的立法规定进行体系化解读,以明确其具体的适用条件和范围。

第一,从业禁止制度首要的适用条件在于被告人被判处了刑罚处罚。于是,主要探讨的问题是:

其一,单独判处附加刑是否可以予以从业禁止处罚?答案是否定的。

一方面,从体系性解释的角度来看,在刑法的其他条文中也有规定了“刑罚执行完毕”,而相应规定的这一表述一般均限定解释为主刑执行完毕,在同一部刑法典中,应当遵循体系性解释的规则对这些关键的词语尽可能做相同的或类似的解释。另一方面,单处附加刑表明犯罪情节较为轻微,予以从业禁止的必要性也较小,而且对于单处罚金刑而言,其刑罚执行完毕之日期及方式往往都不确定,如此一来在此基础上适用从业禁止将面临巨大的实践难题。因此,适用从业禁止制度的首要条件在于被告人被判处了主刑刑罚。[①] 相应地,自主刑执行完毕之日或者假释之日起开始计算从业禁止的期间。

其二,从相关立法规定来看,拘役和有期徒刑无疑可以适用从业禁止制度,死刑立即执行没有适用从业禁止制度的必要,那么,管制、无期徒刑和死缓是否可以适用从业禁止制度呢?笔者认为,对于被判处管制的被告人,如有必要仍然可以适用从业禁止。《刑法》第 38 条第 2 款规定,判处管制,可以根据犯罪情况,同时禁止犯罪分子在执行期间从事特定活动,进入特定区域、场所,接触特定的人。其中,根据禁止令禁止从事的特定活动,显然包括相关职业在内。需要特别说明的是,由于在管制期间可以同时适用禁止令,所以有必要厘清二者在管制刑罚中的适用问题。一般而言,禁止令的效力仅仅局限于管制执行期间,并不涉及管制执行完毕之后的期间,而从业禁止则刚好从管制执行完毕之日起产生实效,二者实际上可以起到相互补充预防的作用。当然,在管制执行期间适用禁止令并不必然要求在管制执行完毕之后适用从业禁止,因为有可能根据案件情况没有预防的必要性。但是,如果对管制犯适用从业禁止,那么根据“举重以明轻”的当然解释规则,也应当在管制执行期间适用禁止令。否则便会导致在管制执行期间可以从事相关职业,而在管制执行完毕之后反而从业禁止的不合理现象。

至于无期徒刑和死缓,考虑到二者在实际执行过程中同样存在减刑之后的刑罚执行完毕或者假释问题,因而当然存在适用从业禁止制度的可能和必要。但是,由于无期徒刑和死缓在刑罚宣告阶段没有必要同时适用从

---

① 沈德咏:《〈刑法修正案(九)〉条文及配套司法解释理解与适用》,人民法院出版社 2015 年版,第 27 页。

业禁止制度，因为对于二者而言，减刑、假释等都是不确定的，在此时适用从业禁止制度没有实际意义，所以，对于死缓和无期徒刑，应当允许法院在裁定减为有期徒刑时决定是否适用从业禁止制度，而无需提前至刑罚宣告阶段决定。[①] 需要强调的是，在这种情况下，适用从业禁止制度应当坚持从旧兼从轻原则，即以犯罪行为发生的时间为基准，只要是在《刑法修正案（九）》生效之前所犯罪行，均不能适用从业禁止制度，而不论其何时宣告假释。[②]

第二，从业禁止制度另一重要的适用条件在于被告人必须是“利用职业便利实施犯罪，或者实施违背职业要求的特定义务的犯罪”，此为适用从业禁止制度的范围限定性要件。如何限定“相关职业”的范围？我们认为，“利用职业便利实施犯罪”与“实施违背职业要求的特定义务的犯罪”之间存在一定的差异。利用职业便利实施犯罪强调的是犯罪行为（手段、方法等）的职业关联性，此类犯罪往往具有目的性强、危害性大以及易共通性等特点，一旦行为人利用职业便利实施犯罪，则对与该职业相关的其他职业而言无疑存在较大的犯罪风险。而实施违背职业要求的特定义务的犯罪则强调犯罪行为的职业义务违反性，此类犯罪既可能由故意构成，也有可能由过失构成，而且由于每一个职业内部的义务均存在差别，所以不同职业之间的违背义务内容和程度都有所不同。“利用职业便利”则是指行为人利用自己在职业范围内的或者因执行职务而产生的经管、经手、管理而产生的便利条件，为达到自己的非法目的而实施的犯罪。从公害犯罪的种类来看，绝大多数犯罪具有较强的职业特点，也有特定遵守的义务和职责，如网络犯罪中的“未履行网络安全义务”的犯罪，而食品安全的“监督管理义务”、环境犯罪中的“环境监管义务”等，均能体现出“实施违背职业要求的特定义务的犯罪”或者“利用职业便利实施犯罪”的特点。所以，在公害犯罪中，类似食品生产、药品生产、林业保护、网络安全等领域，这些条件的认定并不困难。

（三）从业禁止制度的溯及力

关于从业禁止制度的溯及力问题，《最高人民法院关于〈中华人民共和

---

① 刘志伟、宋久华：《论刑法中的职业禁止制度》，载《江西社会科学》2016 年第 1 期。

② 林维：《刑法中从业禁止研究》，载《江西警察学院学报》2016 年第 1 期。

国刑法修正案(九)〉时间效力问题的解释》第1条明确规定,对于2015年10月31日以前因利用职业便利实施犯罪,或者实施违背职业要求的特定义务的犯罪的,不适用修正后《刑法》第37条第1款的规定。其他法律、行政法规另有规定的,从其规定。这意味着,对于从业禁止制度而言,应当采取从旧(实际上也是从轻)原则,不具有溯及力。值得探讨的是,最高人民法院对于从业禁止制度溯及力的这一立场,与先前对于禁止令制度溯及力所采取的立场正好相反。根据《最高人民法院关于〈中华人民共和国刑法修正案(八)〉时间效力问题的解释》第1条之规定,对于2011年4月30日以前犯罪,依法应当判处管制或者宣告缓刑的,人民法院根据犯罪情况,认为确有必要同时禁止犯罪分子在管制期间或者缓刑考验期内从事特定活动,进入特定区域、场所,接触特定人的,适用修正后刑法第38条第2款或者第72条第2款的规定。这意味着,对于禁止令制度而言,应当采取从新(实际上也是从重)原则,具有溯及力。

那么,从业禁止制度与禁止令制度在溯及力问题上为何采取截然相反的立场呢?官方给出的解释是,禁止令并非一种新的刑罚,而只是对管制犯、缓刑犯具体执行监管措施的完善,对一些犯罪情节较轻的罪犯并不适宜判处管制、宣告缓刑,而禁止令制度增设后,可以依法判处管制、宣告缓刑。这样相比较而言,适用修正后的刑法对被告人更为有利,在实质上是符合从旧兼从轻原则的。① 对于司法解释采取的这一立场及其理由,理论界存在普遍的质疑。②

笔者认为,从业禁止制度和禁止令制度在溯及力问题上的迥异,在本质上源自于二者基本属性和适用特性的差异,而二者之间这种差异的存在又将极大地影响其适用方式。对于从业禁止制度而言,如前所述,其在性质上属于预防性的非刑罚处遇措施,在适用特性上属于刑罚的附随处分。由于适用从业禁止以对被告人判处刑罚为前提条件,这就使得从业禁止制度不应成为先前刑罚裁量的考量因素,对于刑罚裁量的部分,应当根据案件事实

---

① 胡云腾、周加海、刘涛:《〈关于《中华人民共和国刑法修正案(八)时间效力问题的解释〉的理解与适用》,载《人民司法·应用》2011年第13期。

② 李立众编:《刑法一本通》(第11版),法律出版社2015年版,第42页。

和其他相关情节准确做出，在此基础上，如果符合从业禁止制度的适用条件，则直接决定适用从业禁止制度，刑罚裁量与从业禁止适用之间并不相互产生影响。

近期，在《检察日报》报道的一起药品公害犯罪中，涉及的核心问题就是禁止令和从业禁止制度的溯及力问题。该案中，5名被告人于2012年9月至2014年9月期间累计销售总额达80余万元的假药，一审法院认定被告人刘某销售假药72万余元，判处有期徒刑二年零六个月，并处罚金40万元；对其余4名被告人适用缓刑，但未同时宣告缓刑考验期内禁止从事药品生产、销售及相关活动。在法律适用方面，一审法院认为被告人刘某的销售金额虽为50万元以上，但犯罪行为发生在最高人民法院、最高人民检察院《关于办理危害药品安全刑事案件若干问题的解释》（2014年12月1日正式施行）施行之前，根据从旧兼从轻的原则，应适用最高人民法院、最高人民检察院《关于办理生产、销售假药、劣药刑事案件具体应用法律若干问题的解释》（2009年5月27日正式施行）的相关规定，被告人刘某的行为不属于情节严重和情节特别严重。相应地，一审法院也拒绝适用新司法解释关于“对于适用缓刑的，应当同时宣告禁止令，禁止犯罪分子在缓刑考验期内从事药品生产、销售及相关活动”之规定。检察机关则认为，根据《关于适用刑事司法解释时间效力问题的规定》，司法解释的效力适用于法律的施行期间。新司法解释是针对2011年刑法修正之后有关办理危害药品安全刑事案件若干问题所作的规定，而刘某的犯罪行为均发生在2011年《刑法修正案（八）》施行后，因此，该案应当适用修订后的刑法及其配套的新司法解释，一审判决属于适用法律错误和量刑畸轻。经抗诉审理，二审法院全部采纳了检察机关的抗诉意见，依法将案件予以改判，被告人刘某的刑期从有期徒刑二年零六个月提高至十年，其余4名被告人被禁止在缓刑考验期内从事药品生产、销售及相关活动。[①] 从该案可以看出，对于《刑法修正案（九）》正式施行之前实施的犯罪行为，即便在此之后才进入审理阶段，无论如何也不能适用从业禁止制度的。但是，对其适用禁止令却是可以甚至应

---

① 董政荣、徐艳茹、徐蓉：《5人卖80余万假药竟获轻刑：一审适用法律错误》，载《检察日报》2016年4月6日。

当的。禁止令不仅应当适用于《刑法修正案(八)》正式施行之后实施的犯罪行为,还可以适用于在此之前实施的但在此之后才进入审判的犯罪行为。正是从这个意义上来说,禁止令的溯及力对于从业禁止制度而言具有一定程度的补充功能。

综上所述,在公害犯罪领域,除一般的刑事责任措施外,司法机关应特别注重从业禁止制度以及禁止令的适用。一方面,由于绝大部分公害犯罪都集中在环境、食品和药品三大领域,而在相应行业领域内发生的公害犯罪基本都具备一定的职业属性。就环境公害犯罪而言,一般都是由容易造成污染的相关行业如金属冶炼、化工、大型制造业等的企业单位及其主要负责人作为涉事主体;就药品公害犯罪而言,由于药品行业属于国家重点管控的领域,相关行业主体均需具备一定的准入条件方能获得批准、许可进入,因而相应的涉事主体基本都具备一定的职业属性;就食品公害犯罪而言,除极少数单纯由自然人作为涉事主体外,大部分的食品公害犯罪都有专门的食品企业涉事其中,这也使得其职业属性较为明显。对于这些极易出现因利用职业便利而实施的犯罪,或者实施违背职业要求的特定义务的犯罪,人民法院有必要根据犯罪情况和预防再犯罪的需要,对行为人予以从业禁止、禁止令等处罚。这不仅是禁止令、从业禁止制度等的立法初衷,也是预防犯罪、防卫社会的必然要求。新近发生的"山东疫苗事件"①的核心人物,就是一个曾有非法经营疫苗的犯罪前科的正在缓刑考验期的社区矫正人员,其此次作案属于在缓刑期间"重操旧业",且所涉非法疫苗数量和规模相比于之前有过之而无不及。这起案件非常值得我们反思,同时也从反面说明,对于因利用职业便利实施犯罪,或者实施违背职业要求的特定义务的犯罪被判处刑罚的,根据犯罪情况和预防再犯罪的需要适用从业禁止,或者在管制、缓刑期间予以禁止令,对于预防行为人再犯相关犯罪而言是何等的重要。

另一方面,在几乎每一起环境、食品和药品等公害犯罪的背后,都存在相关政府职能部门公务人员的监管渎职问题。对于这些因玩忽职守、滥用

---

① 《数亿元疫苗未冷藏流入18省份:或影响人命,山东广发协查函》,载澎湃新闻,http://finance.qq.com/a/20160318/012115.htm,最后访问日期:2016年7月22日。

职权等监管渎职行为而入罪的公务人员,有必要禁止其在刑罚执行完毕或者假释之日起再去从事与其先前职务范围相关的职业,这对于有效预防行为人再犯此类职业领域的犯罪而言非常关键。从实践来看,具有监管职能的公务人员往往与在其职务监管范围内的相关职业的从业人员具有非常紧密的业务往来甚至利害关系,尤其是在监管人员与相关职业的从业人员相互串通、勾结共同谋取利益的场合,二者之间的利害关系更为突出。在这种背景下,如果不禁止监管渎职的公务人员在刑罚执行完毕或者假释之日起从事与其先前职务范围相关的职业,那么,将很难预防行为人在被褫夺公权力之后,不去从事并实施与其先前职务范围相关的职业的违法犯罪行为。因此,对于公害犯罪领域中的监管渎职犯罪,也应当充分发挥禁止令、从业禁止制度等预防犯罪、防卫社会的作用。

第四节　刑事公益诉讼之构建

公害犯罪的特殊性,决定了追究公害犯罪刑事责任需要不同于一般刑事诉讼追究的程序。

一、现有刑事诉讼在公害犯罪追究方面的不足

随着人类对犯罪本质认识的深化,刑事诉讼经历了从私诉(自诉)到公诉的发展历程。目前,世界上大多数国家都设立专门机构,代表国家对主要危及国家利益、社会利益的犯罪以及严重侵害个人利益的犯罪行使刑事起诉权,同时,对那些不危及国家、社会公共利益而主要涉及冲突双方个人利益的轻微犯罪,保留私诉的方式。我国刑事诉讼法同样规定了两种起诉方式,检察机关代表国家提起的公诉和被害人及其法定代理人、近亲属提起的自诉。根据我国刑事诉讼法和司法解释,公害犯罪案件中的生产、销售伪劣产品案件(严重危害社会秩序和国家利益的除外)以及被害人有证据证明被告人实施的公害犯罪行为侵犯了自己的人身、财产权利,依法应当追究刑事责任,而公安机关或者人民检察院不予追究被告人刑事责任的案件属于自诉,其余的公害犯罪案件由人民检察院提起公诉。但是,这种以公诉为

主、自诉为辅的刑事追诉模式在应对公害犯罪方面存在诸多不足。

第一,从法益保护角度看,公害犯罪侵犯的是与公众的生命健康、生活舒适性、公私财产安全等生存、生活要素直接密切相关的,具有广泛公共性的社会关系,属于典型的社会公共利益。公诉机关代表国家维护国家利益不言而喻,对维护个人利益的不周之处,有自诉补充。但对于社会公共利益而言,在现代社会,国家利益与社会利益会出现冲突,完全依靠代表国家的公诉机关并不能充分维护社会利益。①

第二,从观念层面看,作为司法者的控诉机关,他们的观念受传统伦理和法益保护观念的羁绊而未及时更新,结果是涉及传统的人身、财产等法益的犯罪受到重视并及时被追究刑事责任,致使大量本该起诉的公害犯罪案件不能被控诉机关立案、审查、起诉。② 只有在人身、财产法益被实际侵犯的情况下才可以提起刑事诉讼,单纯以公害犯罪侵犯公共法益或者以公害足以导致恶害广泛传播可能危及人身、财产法益而提起刑事诉讼则不能进入司法程序。这就造成一部分可能对公众(全人类)的生命健康、财产安全、生活舒适性造成严重危害的行为得不到刑事追究,从而难以发挥刑法在惩治和预防公害犯罪方面的特殊作用和功能。实际上,这与对公害犯罪客体以及公害犯罪的危害结果不正确认识有关。

第三,从起诉主体资格看,现有刑事诉讼对起诉主体资格要求严格,被害人可以提起自诉,但案件范围有限并且对原告资格限制较多。对于公害犯罪自诉案件,均要求有具体的被害人,并且要求公害犯罪被害人或与其有直接利害关系的人才可以提起自诉,而社会组织不能代表其行使权利。

总之,由于刑事诉讼结构缺陷,加之公害犯罪极端的法益侵害性、地方保护主义、责任主体强势,在现有条件下,很难实现高效防控、惩治公害犯罪,构建一种全新的刑事公益诉讼是解决这一问题的正当的、现实的途径。③

---

① 颜运秋、彭海清:《刑事公益诉讼的价值分析和制度构建》,载《河北法学》2006 年第 2 期。

② 吕欣:《环境刑法之立法反思与完善》,法律出版社 2012 年版,第 174 页。

③ 赵星:《环境犯罪论》,中国人民公安大学出版社 2011 年版,第 138 页。

二、公害犯罪刑事责任追究的刑事公益诉讼建构

(一)刑事公益诉讼的可行性

从起诉制度的发展历程可以看出,公诉与自诉差异在于保护的法益不同,一般来说,自诉保护个人利益,公诉保护社会利益和国家利益,即公益。故而可以认为,公诉就是公益诉讼。公益诉讼是指,“以个人、组织或机关等为原告,以损害国家、社会或者不特定多数人利益的行为为对象,以制止该损害行为并追究该行为人(包括公民、法人、组织、机关、团体等)相应法律责任的特殊诉讼活动”。[①] 根据提起诉讼的主体性质与地位的不同,分为狭义和广义的公益诉讼。前者仅指国家机关代表国家以国家的名义提起的诉讼,又可称为公益公诉,而后者除了包括前者还包括任何个人和组织以自己的名义提起的公益诉讼,[②]即公益私诉。

从刑事诉讼法的公诉转自诉规定看,这类案件为刑事公益诉讼提供了契机和思路。立法者规定公诉转自诉案件的目的是基于对公安检察机关可能怠于行使或者滥用法定控诉权的隐忧,而解决被害人状告无门的情况,实质是对公诉权的一种有效补充和制约。目的与本质的一致使得这类本属于私益私诉的公害犯罪案件被改造为公益私诉案件具有了可行性。[③]

从司法实践看,虽然公益诉讼尚无法律规定,但已有公民个人、组织提起公益诉讼的案例。2005 年 12 月 7 日,北京大学贺卫方教授、汪劲教授等以鲟鳇鱼、松花江、太阳岛名义起诉吉林石化,被称为环境公益诉讼第一案;[④]2009 年 7 月 6 日,法院受理了中华环保联合会以公益诉讼人身份起诉江苏江阴港集装箱有限公司环境侵权纠纷案,被誉为中国 ENGO 破冰第一案,同年 7 月 29 日再次以公益诉讼人身份状告贵州省清镇市国土资源管理局一案也顺利立案。[⑤] 实践中的公民个人以及社会组织提起公益民事、行

---

① 曹明德、王凤远:《美国和印度 ENGO 环境公益诉讼制度及其借鉴意义》,载《河北法学》2009 年第 9 期。

② 韩志红、阮大强:《新型诉讼——经济公益诉讼的理论与实践》,法律出版社 1999 年版,第 27 页。

③ 吕欣:《环境刑法之立法反思与完善》,法律出版社 2012 年版,第 178 页。

④ 赵星:《环境犯罪论》,中国人民公安大学出版社 2011 年版,第 135 页。

⑤ 同上书,第 148 页。

政诉讼，昭示我们应注重发挥其在刑事公益诉讼中的巨大作用。

从新环保法看，其明确规定环境公益诉讼。2014 年新修订的《环境保护法》第 58 条第 1 ~ 2 款规定，“对污染环境、破坏生态，损害社会公共利益的行为，符合下列条件的社会组织可以向人民法院提起诉讼：（一）依法在设区的市级以上人民政府民政部门登记；（二）专门从事环境保护公益活动连续五年以上且无违法记录。符合前款规定的社会组织向人民法院提起诉讼，人民法院应当依法受理”。由于环境保护涉及千千万万社会公众的利益，此次《环境保护法》的修订科学借鉴了国际通行的公民诉讼制度，建立起环境公益诉讼制度。这里的环境公益诉讼，并没有具体的限制，应当包括环境民事公益诉讼、环境行政公益诉讼和环境刑事公益诉讼。新环保法为构建环境犯罪公益诉讼乃至包含环境犯罪在内的公害犯罪公益诉讼奠定了基石，指明了方向。

（二）公害犯罪公益诉讼的构建

构建公害犯罪公益诉讼，主要是解决公害犯罪公益诉讼的主体资格问题，以及建立其他配套制度。

首先，要解决公害犯罪公益诉讼的主体资格问题。公害犯罪公益诉讼主体资格问题，核心是放宽公害犯罪起诉主体资格限制、扩大公害犯罪起诉主体的范围问题。具体来说，就是赋予公民、社会组织、行政机关公害犯罪起诉权。赋予公民以公益刑事起诉权具有历史渊源、域外先例和理论根基：①公益诉讼最早出现在罗马法中，不分刑事、民事，涉及公共利益的诉讼，凡市民均可提起；现代英美等国均规定，非直接受害人可以保护公共利益为由提起诉讼；环境权理论的诞生为公益诉讼奠定了理论根基。社会组织本质上与公民并无二致，因此，也应赋予社会组织以公益刑事起诉权。虽然社会组织或社团是直接从私益中诞生，但社团本身是具有公共管理和公共服务性质的，即其主要是为公益而存在。社会组织提起公益诉讼优势显而易见：社团力量大、专业知识雄厚、集思广益、能克服单个成本大积极性

① 吕欣：《环境刑法之立法反思与完善》，法律出版社 2012 年版，第 176 ~ 177 页。

不足的问题。[①] 对于行政机关,包括环保、食品、药品、卫生、渔业、林业等行政主管部门,也应赋予公益刑事起诉权。以环保行政机关为例,环保行政机关既是政府职能部门,是合法的环境资源受托者或者国家环境资源所有权的代表人;又是环保方面的专业机构,其专业技术水平是一般公安检察机关所不具备的。环境犯罪所涉及的科技因素需要专门的证据收集方法和技术性手段,这些都是环保机关所具备的。而且,大多公害犯罪都已违反行政管理法规为前提,因此,大部分公害犯罪案件最初是以违法的面貌出现的,当这些违法行为的危害程度超出行政法所调整的范围,则需要追究刑事责任。环保行政机关在执法过程中往往面临罪与非罪的界定区分问题,环保机关只是对违法行为进行处罚,出于地方保护主义、监管不力伴随渎职犯罪等原因,对于涉嫌构成公害犯罪的移送屈指可数。这样,对公害犯罪案件的移送、起诉、审判造成现实困难。为此,可赋予环保等行政机关公害犯罪公益诉讼权,由环保等行政机关可在执法过程中对于那些涉嫌公害犯罪的行为提起控诉,既适应公害犯罪的特殊性要求,也做到了行政执法与刑事司法的有效衔接。不少国家都有类似做法,为我们提供了有力佐证和可借鉴的经验。如在英国和美国,其程序法赋予环境保护部门独立的起诉权。[②] 在荷兰,在设定的检察机关控制下,设置环保部门和警察的代表委员会,有该委员会决定是采取有效的行政措施还是进入正式的法律诉讼程序。[③]

赋予环保等行政机关的刑事公益诉讼权,则涉及诉权的分配,进而引起行政与司法的关系,以及行政机关权力如何分配协调问题。因此,实现这种权限变化,绝非易事。有学者为此开出了“药方”:通过其他方式先行赋予环保机关以起诉意见权,即环保机关有权提出起诉意见,有权起诉的检察机关必须予以重视和答复;在无充分证据证明可以拒绝时,则应予采纳;对于应采纳而没有采纳造成严重后果的,应追究相应法律责任;对于环境刑事自诉案件,有被害人的,环保部门可以支持被害人向法院起诉;没有被害人的,可有环保部门直接向法院提起诉讼。应当履行环保职责的机关如果有

---

① 敖双红:《公益诉讼的反思与重构》,载《中南民族大学学报》(人文社会科学版)2007年第2期。

② 徐平:《环境刑法研究》,中国法制出版社2007年版,第29页。

③ 付立忠:《环境刑法学》,中国方正出版社2001年版,第616页。

违法犯罪行为的，非利害关系人的公益组织也应该拥有诉权，既可监督环保机关向检察机关举报，又可监督环保机关履行职责。① 笔者深以为然。

从应然角度，我们承认赋予公民、社会组织和行政机关刑事公益诉讼权，但从现实角度，公民个人的力量十分有限。真正有实践价值意义的当属社会组织和行政机关。

其次，要建立其他配套制度。一是合理分配证明责任。根据我国刑事诉讼法，自诉案件的证明责任在自诉人，公诉案件的证明责任在控方，被告人不自证其罪。但在公害犯罪中，犯罪分子往往处于强势。“像企业给一般公众带来灾害之类的案件，尤其是当这个企业排他性地独占了科学技术上的知识，掌握着犯罪证明方面的关键的案件，即便是拥有强大搜查权的国家，对企业一方来说，也不好说是强者。”②在这种情况下，让没有专业知识的被害人去证明掌握专门技术的人(包括公害犯罪单位和个人以及环保等行政机关)在专业方面的问题，是很难的，从而导致许多犯罪人得以减轻甚至是逃避惩罚。因此，应对公害犯罪案件的证明责任重新分配：控方承担证明被告人有罪的责任，证明应达到排除合理怀疑的程度；被告人应承担自己无罪的责任，即承担推翻特定公害犯罪的因果关系推定和主观罪过推定事实的证明责任。这实际上就是举证责任倒置，可以运用在环境污染等案件。以主观过错推定为例，可以直接根据污染事实推定污染企业对危害结果的发生具有主观过错，污染企业则承担证明自己主观无过错的责任，以尽到合理注意义务、不可抗力或第三人过错等理由抗辩。这里的合理注意义务，应当以监管机关要求的污染防治措施和手段为依据。③ 二是建立预审制度、诉讼保证金制度、胜诉奖励制度等。④ 好的制度有时难以抵抗居心不良的人们的错误使用，因此，为了防止滥诉，应当设立公害犯罪刑事公益诉讼案件的预审制度以及保证金制度。预审制度又称为实质性审查制度，由法院对案件进行实质审查来决定是否作为公害刑事公益诉讼案件进行审理。还可以规定，提起公害犯罪刑事公益诉讼的原告人必须缴纳一定金额的保证

---

① 徐平：《环境刑法研究》，中国法制出版社2007年版，第29～30页。

② [日]藤木英雄：《公害犯罪》，丛选功等译，中国政法大学出版社1992年版，第53页。

③ 王树义等：《环境法基本理论研究》，科学出版社2012年版，第128页。

④ 赵星：《环境犯罪论》，中国人民公安大学出版社2011年版，第148～149页。

金,但不必过于高昂,以保障案件的客观真实。鉴于公益诉讼是一项高尚的行为,因此,2014 年新修订的《环境保护法》规定,提起诉讼的社会组织不得通过诉讼牟取经济利益。但同时,公益诉讼也不是一项义务,因此,宜激励公害犯罪刑事公益诉讼。为了鼓励公害犯罪刑事公益诉讼,如果案件判决胜诉,有罚金或者罚款,可以拿出一部分资金奖励原告人,奖励金额以略超过诉讼费用为限。

第五节　特别公害刑法之提倡

公害犯罪的刑事责任首先是通过立法表现出来。虽然从表面看,立法模式只是一个简单的形式问题,与公害犯罪的实质内容关联不大,但实际上,公害犯罪立法模式的选择影响法律观念、法律目的、法律价值以及法律功效的实现。

一、公害犯罪刑事责任的立法模式

公害犯罪及其刑事责任的立法模式,是指一国在惩治公害犯罪方面所采用的立法体例或立法刑事。由于各国经济发展水平、政治制度模式、历史文化传统、法律传统等方面的差异,各国的公害犯罪会采取不同的立法模式。目前,世界各国的公害刑事立法模式大多属于一种复合型或者综合型的模式,即刑法典、附属刑法或者特别刑法相结合对公害犯罪做出规定,但又各自在侧重点和相互结合的要素上有所不同。①

综观国内外公害刑事立法,可将其立法模式分为三种。

第一种模式是主要由刑法典规定公害犯罪及其刑事责任。这种立法模式表现为在刑法典中以专章或专节的形式,或者至少设置几个条款对公害犯罪及其刑事责任作出专门的规定。采取这种模式的国家主要有德国、法国、苏联(俄罗斯)以及我国,以德国为代表。德国刑法典是以专章刑事规定公害犯罪的,德国 1980 年修改刑法时,将危害环境罪列为刑法典第 29

---

① 赵秉志:《环境犯罪及其立法完善研究》,北京师范大学出版社 2011 年版,第 48 页。

章,后又在1994年将环境刑法的范围予以扩大,并加重了环境犯罪的处罚力度。①

第二种模式是主要在行政法中规定有关公害犯罪,以英国、美国为代表。这又分为三种情况:②第一种情况是在环境行政法中直接规定刑事法则,这种方式多见于英美国家;第二种情况是在环境行政法中规定比照刑法典的具体条款对对环境犯罪予以处罚;第三种情况是在环境行政法规中规定原则上要依照刑法典定罪处罚,但并不指明具体条款。

第三种模式是主要创设特别公害刑法对公害犯罪及其刑事责任作出规定,以日本、巴西为代表。日本1970年制定了《关于危害人体健康的公害犯罪制裁法》(以下简称《公害罪法》),它是世界上第一部特别环境刑法,创立了一种运用刑法保护环境的新模式。这一立法形式的积极意义不仅在于它是世界首创,更重要的是,这种自成一体的立法模式可以使它突破传统刑法理论的窠臼。③ 巴西1998年通过了《环境犯罪法》,成为唯一以专门的特别刑法控制环境犯罪的国家。④

二、特别公害刑法之提倡

(一)特别公害刑法模式选择

对于上述公害犯罪及其刑事责任的三种立法模式,由于我国与英美国家的法律传统差异较大,加之附属立法易造成公害犯罪立法与适用过于分散,所以我国不宜采用这种模式;我国现在采取的虽然是法典化模式,但刑法典中规定相关公害犯罪及其刑事责任过于分散,分别规定在第二章危害公共安全罪、第三章破坏社会主义市场经济秩序罪第一节生产、销售伪劣商品罪、第六章妨害社会管理秩序罪第五节危害公共卫生罪、第六节破坏环境资源保护罪以及第九章渎职罪中,从我国刑法分则体系的分类标准以及公害犯罪的特殊性看,现行模式有法典化之"名"无法典化之"实",名实不符。

① [德]汉斯·海因里希·耶赛克:《为德意志联邦共和国刑法序》,载《德国刑法典》,徐久生、庄敬华译,中国方正出版社2004年版,第27页。

② 李希慧、董文辉、李冠煜:《环境犯罪研究》,知识产权出版社2013年版,第45~46页。

③ 杜澎:《破坏环境资源犯罪研究》,中国方正出版社2003年版,第22页。

④ 吕欣:《环境刑法之立法反思与完善》,法律出版社2012年版,第71~72页。

因为,现行刑法关于公害犯罪的规定依然显得分散、零落,没有形成一个应有的科学体系。这一方面冲淡了该类犯罪所具有的最本质属性——“公害”性,不足以引起司法人员、社会公众对其特有的隐蔽性、复杂性、极大危害性保持应有警觉;另一方面却把人们关注的视线引向经济秩序、社会管理秩序方面,从而混同于一般的经济犯罪、妨害社会管理秩序的犯罪,最终导致立法及司法适用中评价其社会危害性基准的错位。[①] 如何做到名实相符,无外乎两条路径:一是将这些分散的公害犯罪集中起来,在刑法典中设立公害犯罪专章;二是将这些分散的公害犯罪集中起来,设立公害犯罪单行刑法。有学者主张否定单行刑法而采取专章规定的路径,认为我国不可能采用单纯的特别立法模式,现阶段我国不可能制定出一部公害刑法,如果单独设立一部公害犯罪单行刑事法律,一方面与我国现有的立法水平不相适应;另一方面已有的刑事诉讼法难以通过特别刑法规定特殊的刑事诉讼程序,考虑到目前我国的公害状况、公害犯罪的特殊性、我国刑法体系的设置以及刑法立法的特点,应将第六章妨害社会管理秩序罪第六节破坏环境资源保护罪从该章独立出来,并将分散在刑法典各章节中有关公害犯罪的规定纳入其中,单独成立一章。[②] 上述观点认为不能采取单行刑法模式的理由经不起推敲,一则我国有着丰富的单行刑事立法经验,二则我国 2012 年修订的刑事诉讼法已经规定了 4 种特殊刑事诉讼程序。加之单设专章,同样需要做重大调整,并且考虑到刑法分则的分类排列等复杂情况、体系难以统一以及受刑法典自身约束等因素,不如直接创设特别公害刑法。单行的特别公害刑事立法模式既能突破传统刑法理论的窠臼,实现理论上的创新,同时也为公害犯罪提供更新法律思想、法律理念和法律价值的空间和机会,而且其成文法形式与我国传统吻合。[③] 特别公害刑法是采取集中立法方式,制定公害特别刑法的优势在于能够集中立法、便于司法操作。特别公害刑法的制定既可以避免在刑法典中直接嫁接的不便,又能解决给刑事诉讼法带来的不便,还能突出公害犯罪的特殊性。因此,我们认为,我国宜选择

---

① 陈航:《公害犯罪若干问题研究》,载《甘肃政法学院学报》2001 年第 4 期。

② 赵秉志:《环境犯罪及其立法完善研究》,北京师范大学出版社 2011 年版,第 134 页。

③ 吕欣:《环境刑法之立法反思与完善》,法律出版社 2012 年版,第 71 ~72 页。

单行的特别公害犯罪立法模式。

(二)特别公害刑法的制度设计

在设计思路上,应将伪劣商品犯罪、公共卫生犯罪和环境犯罪等一并按公害犯罪加以设计,给公害犯罪一个相对独立、完整、显著的位置,突出公害犯罪的特殊性。只有这样,才能在立法上区别对待,司法中恰当处置,真正做到罪刑相适应。①

对于特别公害刑法的具体设计,我们可以借鉴日本和巴西、尤其是巴西的特别公害刑法,因为巴西的立法实践较日本有所进步,内容更加完善,立法思路和我国接近,颇具参考价值。② 日本《公害罪法》只有7条,规定了立法目的、故意、过失、因果关系推定原则、法人刑事责任、诉讼时效、管辖等,是一部集实体和程序为一体的综合性法律。③ 而巴西《环境犯罪法》共有8章82条,内容更为丰富,依次为总则、刑罚、对环境行政违法或犯罪中的产品和工具的扣押、刑事诉讼程序、具体的环境犯罪、环境行政违法行为、环境保护中的国际合作,④是一部融行政、刑事一体化,实体、程序一体化的综合性法律。

其实,现行公害犯罪已有的规范从内在联系上具有进行一体化立法的基础。首先,虽然公害犯罪分散在我国刑法的不同章节,但这些分散在不同位置的公害犯罪具备共性,即客体的广泛公共性。广泛公共性是指其所保护的社会关系在较大时间和空间范围内,被公众所共同直接依赖,并与公众的生命健康、生活舒适性、公私财产安全等生存、生活要素直接密切相关。其次,公害犯罪大多是行政犯,也就是说,要构成公害犯罪,一般首先必须违反相关行政法,只有既违反行政法,同时又符合刑法中有关公害犯罪的构成要件,才能构成公害犯罪,即公害犯罪具有双重违法性。因此,公害犯罪与公害违法行为在许多方面存在相似之处,其间的区别并非不可逾越的鸿沟,完全可以通过立法技巧予以弥补。通过独立的公害刑法将公害违法犯罪一体化框架可从以下几个方面着手:一是主体一体性,无论是公害违法行

① 陈航:《公害犯罪若干问题研究》,载《甘肃政法学院学报》2001年第4期。
② 郭建安、张桂荣:《环境犯罪与环境刑法》,群众出版社2006年版,第178页。
③ [日]大谷实:《刑法各论》,黎宏译,法律出版社2003年版,第301~304页。
④ 郭建安、张桂荣:《环境犯罪与环境刑法》,群众出版社2006年版,第178~186页。

为还是公害犯罪,其主体都可以既是行政执法机关及其有关责任人,也可以是有法定义务的相对人。二是惩罚一体化,针对公害违法行为的行政处罚和针对公害犯罪的刑罚无论在处罚方式上还是在处罚轻重方面都具有一致性,两种处罚的差距不大,并且能够相互衔接,“我国现有的行政处罚和刑罚处罚在体例上是相互依存、循序渐进、环环相扣的。这种依存递进在现行法律体系中也通过依附性散在型立法表现得淋漓尽致,单行刑法中也有一些行政处罚的内容,其实在表明二者的不可分割”。[①] 三是实体与程序一体化,针对公害刑事司法的需要,需要把刑事诉讼中相关原则规则剥离出来并加以改造吸收到特别公害刑法中。本来,刑事实体法与程序法就难以分开,加之公害犯罪是一类特殊犯罪,公害刑事实体法与程序法更具有高度的一致性。

当然,在单行的特别公害刑法中,亦应融入民事责任,通过附带民事诉讼解决。同时,应当明确规定前述构建的公益诉讼,包括民事、行政和刑事公益诉讼,赋予公民、社会组织和环保等行政机关刑事公益起诉权等。尽管特别法的内容既有刑事责任,也有行政责任以及民事责任,但不妨碍称为特别公害刑法,至于具体的名称,考虑到我国单行刑法的立法实践以及公害犯罪的特殊性,宜定为《公害犯罪惩治法》。

---

① 徐平:《环境刑法研究》,中国法制出版社2007年版,第27页。

第六章　食品公害犯罪的理论与实践

第一节　食品公害犯罪的现状

一、食品公害是世界性难题

2010年6月，第七期《小康》杂志针对“社会治安、食品安全、交通安全、婚姻安全、隐私安全等11项安全问题，你最担心什么？”在全国12个城市中进行了调查，结果显示食品安全以72%的比例，超过社会治安和医疗安全而高居首位。食品安全是世界性难题，发展中国家受此困扰，发达国家也难以幸免。除了那些历史上臭名昭著的食品公害事物外，近年来世界各地接连发生一系列重大食品安全事件，使该问题的严重性越发凸显。2012年8月，美国发生因食用芒果导致沙门氏菌感染的病例。此病例由进口墨西哥芒果引发，疫情已至少导致121人感染。2012年12月，日本局部地区连续发生集体诺如病毒感染事件。到2012年12月22日，日本全国14个都道府县内共发生63起集体感染诺如病毒事件，6名高龄男性患者死亡，5人病危。此外，还有2011年日本明治奶粉检出放射性铯事件，2012年德国冷冻草莓诺如病毒污染事件，2012年韩国农心方便面含苯并茈事件，2013年新西兰奶粉含双氰胺事件，2013年欧洲“挂牛头卖马肉”丑闻，等等。在我国台湾地区，从塑化剂、“毒酱油”到“毒淀粉”，一连串的食品安全事件不仅让“台湾制造”美食蒙羞，也让人们扼腕叹息：“舌尖上的台湾”也有着晦暗、灰色的另一面。①

从某种程度而言，食品安全问题完全可以与食品公害犯罪画等号，社会关注度高，舆论“燃点低”，一旦出现问题，容易引起公众的强烈不满，甚至引发社会骚乱。尤其是在信息高度透明的互联网时代，哪怕仅是个案，一经网络传播渲染放大，也有可能酿成群体性抗议事件。德国二恶英污染事件发生后，2.2万民众走上柏林街头抗议示威，强烈要求政府采取更加严格的食品标准和监管措施。② 综观世界，发达国家的食品安全大都经历了由乱到治的过程，经过长期努力，已经形成了一整套比较严格的法律法规和食品安全监管体系，以防御食品公害事故。但尽管如此，食品公害问题依然难以杜绝。欧洲“马肉风波”后不久，欧盟迅速发布了一份食品安全新法令，全面引入新的肉制品DNA抽检制度，同时规定欧盟有权强制成员国做相关检测，以保证各国食品安全，重建人们对于食品安全的信心。③

食品安全问题之所以成为世界性的难题，在于其通过人类紧密依赖的市场经济环境要素作为其传播媒介，以公害犯罪的典型形式展开。处于市场环境中的食品是最具有隐蔽性及传统途径最为通畅的公害媒介要素，因为公众对流通中食品的依赖，是基于市场的本能和身体需要的天然驱动，绝大多数的人们不可能通过自给自足来维持食品的供应，必须通过市场手段获得食品，而且对流通中的食品只能选择信赖，所以，如同所有公害犯罪一样，食品公害犯罪既可以由危害食品安全的个罪组成，同时也包含了渎职犯罪中的食品监管渎职罪。

二、我国对食品公害犯罪的刑法应对

现代刑法的目标之一，就是赋予公民合理的安全感，公民对安全的诉求

① 《台湾毒淀粉风波愈演愈烈，食品添加屡中毒》，载《人民日报海外版》2013年6月4日。

② 《食品安全是世界性难题》，载《求实杂志》2013年6月3日。

③ 同上。

就刑法机能而言,实际上是加强了刑法的秩序维护机能,对可能公害犯罪行为进行威慑,对已经发生的公害犯罪行为予以惩罚。然而,食品公害犯罪作为新近持续出现的危险,具有长期性、复杂性、累积性、不易觉察、隐蔽性高、人为不确定因素加大、科技含量上升、波及范围广以及受影响人数多等特征,在司法实践中往往难以查证,难以认定,最终往往以行业自律、道德谴责、产品召回销毁、行政处罚、官员调离撤职等形式结束,即便予以打击,出现的畸轻畸重的判罚,不仅无法满足法律效果与社会效果的统一,而且给相关犯罪行为人以不正确的法律预期。

危害食品安全犯罪并不是一个罪名,对其内涵的理解也有一定分歧。但从原来刑法的规定以及《刑法修正案(八)》的修改增加条文来看,危害食品安全犯罪的刑事法律规范体系构成了对食品安全最严厉的法律保护。并且,危害食品安全犯罪在刑法中呈现为一个存在法规竞合和刑罚层阶明确的罪名体系。

(一)生产、销售不符合安全标准的食品罪

我国《食品安全法》第99条规定食品安全,是指食品无毒、无害,符合应当有的营养要求,对人体健康不造成任何急性、亚急性或者慢性危害。2011年《刑法修正案(八)》将《刑法》第143条修改为:"生产、销售不符合食品安全标准的食品,足以造成严重食物中毒事故或者其他严重食源性疾病的,处三年以下有期徒刑或者拘役,并处罚金;对人体健康造成严重危害或者有其他严重情节的,处三年以上七年以下有期徒刑,并处罚金;后果特别严重的,处七年以上有期徒刑或者无期徒刑,并处罚金或者没收财产。"

认定的难点:何谓不符合安全标准的食品?由谁来做专业鉴定和危险评估?本罪的基本罪是具体危险犯,并根据危害食品安全犯罪危险性及危害后果确定了三个幅度的刑罚结构。但是,罚金刑的适用没有明确规定比例或者上限,加大了处罚力度,法官具有一定的自由裁量权。

(二)生产、销售有毒、有害食品罪

我国《刑法》第144条规定:"在生产、销售的食品中掺入有毒、有害的非食品原料的,或者销售明知掺有有毒、有害的非食品原料的食品的,处五年以下有期徒刑,并处罚金;对人体健康造成严重危害或者有其他严重情节的,处五年以上十年以下有期徒刑,并处罚金;致人死亡或者有其他特别严重情节的，依照本法第一百四十一条的规定处罚。”[①]可见，生产、销售有毒、有害食品罪，包含了行为犯、危险犯、实害犯三种犯罪构成形态；本罪的法定刑规定中涉及自由刑（有期徒刑和无期徒刑）、财产刑（罚金和没收财产）和生命刑。

认定难点：对于该罪的构成要件的理解，我国刑法学界尚未达成共识，面对现实中形态各异的案件，司法实务部门往往得出不一致的结论；生产、销售有毒有害食品罪的关键词“有毒、有害食品”的界定缺乏明晰的判定依据；行为人对生产、销售的有毒、有害食品可能会造成的严重后果采取放任的心理态度，其动机一般是节省原料，降低成本，或者是获得食品的外观亮泽、感观真实或口味适宜牟取暴利。如果行为人在食品中掺入有毒、有害的物质是为了追求“致人中毒或造成疾患”的危害后果的发生，则已不是本罪的性质，等同于“投放危险物质”的性质，因而构成其他更为严重的犯罪（危害公共安全犯罪）。认定的证据需要进一步确定。

（三）生产、销售伪劣产品罪

《刑法》第140条规定的生产、销售伪劣产品罪是指：“生产者、销售者在产品中掺杂、掺假，以假充真，以次充好或者以不合格产品冒充合格产品，销售金额五万元以上不满二十万元的，处二年以下有期徒刑或者拘役，并处或者单处销售金额百分之五十以上二倍以下罚金……销售金额二百万元以上的，处十五年有期徒刑或者无期徒刑，并处销售金额百分之五十以上二倍以下罚金或者没收财产。”

认定难点：本罪作为兜底的罪名，与处于《刑法》第三章第一节生产、销售伪劣商品罪体系下对不符合第141～148条的规定，但生产、销售伪劣产品销售金额在5万元以上的行为进行入罪处罚的其他危害食品安全犯罪行为之间是一种包含或者交叉的关系，还是法规竞合的关系；[②]是依照“重法优于轻法”还是一律遵从“特别法优于普通法”？例如，最高人民法院公布的犯罪典型案例中，被告人孙某某将受三鹿奶粉事件影响而被客户退货的

---

① 《刑法》第141条规定，生产、销售假药罪，致人死亡或者有其他特别严重情节的，处10年以上有期徒刑、无期徒刑或者死刑，并处罚金或者没收财产。

② 杨凯：《危害食品安全犯罪法规竞合初探》，载《甘肃政法学院学报》2009年第6期。

奶粉藏匿，在明知该奶粉含有“三聚氰胺”，并且超过保质期的情况下，仍以62.51万元转售他人牟取利益。此行为不仅符合销售有毒有害食品罪的构成条件，也符合销售伪劣产品罪的犯罪构成条件，因此，按照“特别法优于普通法”，应该以销售有毒有害食品罪定罪。但是，法院采取的是“重法优于轻法的原则”，将其行为定罪为销售伪劣产品罪。当出现法条竞合时，提倡“特别法优于普通法”还是“重法优于轻法”不仅会影响个案的定罪量刑，还会反映出一种刑事司法政策的导向。如果处理不当，必然会引发罪刑失衡，处罚不平等的争议。

（四）以危险方法危害公共安全罪

《刑法》第114条规定了以危险方法危害公共安全罪，其是指故意以放火、决水、爆炸、投放危险物质以外的并与之相当的危险方法，足以危害公共安全的行为。2010年最高人民法院、最高人民检察院、公安部、司法部联合出台的《关于依法严惩危害食品安全犯罪活动的通知》中指出：“危害食品安全犯罪活动严重危害人民群众生命健康安全，严重破坏社会主义市场经济秩序，人民群众对此深恶痛绝。”食品安全关系到千家万户，系不特定的人身和财产安全，因此，食品安全也是公共安全。概由于此，有学者提出将生产、销售有毒有害食品罪等调整到危害公共安全犯罪体系中，从刑事立法上旗帜鲜明地表达国家对上述犯罪的重视程度。①

在前述最高人民法院公布的犯罪典型案例中，指导性地确立了被告人刘某等生产、销售盐酸克仑特罗（俗称瘦肉精），致使食用盐酸克仑特罗饲养的生猪大量流入市场，严重危害不特定多数人的生命、健康，致使公私财产遭受特别重大损失，社会危害极大，影响极其恶劣，五名被告人共同犯罪，其行为均已构成以危险方法危害公共安全罪。

观点述评：对于上述做法，我国学者提出了质疑与隐忧。以危险方法危害公共安全罪何以呈现出口袋罪名的扩张趋势？仅仅通过强调危害结果的公共危险性，恣意扩大以危险方法危害公共安全罪的适用范围，则是在根本

① 吴情树等：《论我国食品安全刑法保护的完善》，载赵秉志、张军：《刑法与宪法之协调发展》（下），中国人民公安大学出版社2012年版，第1090页；王利宾：《简论食品安全刑法保护》，载赵秉志、张军：《刑法与宪法之协调发展》（下），中国人民公安大学出版社2012年版，第1133页。

上否定刑法的规范性。[①] 但也有学者认为,司法实践已经确立了危害食品安全犯罪构成以危险方法危害公共安全罪的先例,而且从犯罪侵犯的客体(法益)、犯罪行为所造成的严重的社会危害性来看,只有将生产、销售有毒、有害食品罪直接纳入危害公共安全犯罪的体系之中,才可以体现"以人为本"的法治理念,才可以严惩危害食品安全的犯罪行为。[②] 还有学者论证:在"97 刑法典"之前,在食品中掺入有毒有害物质行为是以《刑法》114条的以危险方法危害公共安全罪认定处罚的,这就表明食品安全犯罪在性质上与以危险方法危害公共安全罪相当。从而认为,应该加大对食品安全犯罪的刑罚力度使立法更加符合罪刑相适应原则。[③]

笔者认为,应该严谨慎重地适用以危险方法危害公共安全罪。仅从危害结果上看,生产、销售有毒、有害食品罪造成的危害后果可能与以危险方法危害公共安全罪相当,但是,两个罪名在性质上还是有所区别。首先是侵犯的客体(法益)上的区别,这是最初的立法原意。除此之外,两个罪名在行为表现、主观恶性、行为与结果的直接因果关系以及对危害结果遏制的困难程度方面与放火、爆炸、决水、投放危险物质罪进行比较,还是明显不同的。关键在于甄别行为人的主观恶性程度和侵害的法益,尤其是主观目的的区别。明知是有毒的食品添加剂,甚至国家三令五申地禁止使用,行为人却毫不犹豫地生产和销售,追求危害结果的发生,并且实际造成广大消费者的健康与生命的危害后果以及重大的经济损失,这是以危险方法危害公共安全罪。倘若是,行为人明知是有毒、有害的非食品原料而故意掺入或明知是掺有有毒、有害的非食品原料的食品而故意销售,虽然对于可能会造成的严重后果采取放任的心理态度,但其动机一般是节省原料、降低成本、牟取暴利。并非为了达到致人中毒或造成疾患的目的。那么,就应该按照生产、销售有毒、有害食品罪定罪量刑。

(五)其他危害食品安全的犯罪

危害食品安全犯罪可能涉及的相关罪名还包括《刑法》第 225 条规定

---

① 孙万怀:《以危险方法危害公共安全罪何以成为口袋罪》,载《现代法学》2010 年第 5 期。

② 曹松柏、范涛、徐杰:《生产销售有毒有害食品罪应纳入危害公共安全犯罪》,载《检察日报》2011 年 6 月 1 日。

③ 陈靖、兰定兵:《我国刑法中食品安全犯罪的立法思考》,载《新疆大学学报》(哲学·人文社会科学版)2012 年第 1 期。

的非法经营罪和第 408 条之一规定的食品监管渎职罪。这两个罪名与危害食品安全犯罪相关,更加侧重于对扰乱市场秩序的规制或对渎职犯罪行为的惩罚,与其他危害食品安全犯罪相关的罪名可能存在犯罪行为上的牵连关系,依法择一重罪论处。

综上所述,我国刑事法律中危害食品犯罪的罪名体系比较完整,法网比较严密;几个罪名所配置的刑罚比较合理,严惩的力度形成阶梯。面对相对完善的危害食品安全犯罪的刑事法律规范体系,法院审判的重点就是如何依据个案的具体犯罪事实,在相对固定的刑事法律规范体系中寻找到相对公平合理的惩处,更好地定罪量刑。而在这个判断过程中,渗透着刑事司法政策的理念指导。

第二节　食品公害犯罪主观方面的司法认定

从食品的生产、加工、储存、运输到销售,从食品原料、食品添加剂到食品包装,食品行业因与人们的生活息息相关,其每一个环节均有可能高风险的产生公害媒介,令人防不胜防。食品安全领域频繁成为公害犯罪的滋生地,究其原因,并非不想追究相关部门和责任人员的责任,而是实践中认定危害食品安全犯罪存在主观方面、因果关系、责任主体等方面证明的困惑。如前所述,严格责任不适宜在危害食品安全犯罪中规定和适用,针对主观方面的证明困难与事关重大,是可以依据推定的技术手段来解决主观方面的困惑的,本节内容将详细探讨这个问题。

一、食品安全犯罪的主观构成要素的推定

同所有的犯罪一样,食品公害犯罪的主观要件一旦成为辩方的抗辩理由,证明就成为一个异常艰难的任务,有限的证明手段让控方处于相当不利的境地,也使事实审理者难辨真伪。① 实践中,行为人本人的内心活动,他

① 吴丹红:《犯罪主观要件的证明——程序法和实体法的一个连接》,载《中国刑事法杂志》2010 年第 2 期。

人以外界观察的视角不易把握，而行为人常常因为趋利避害、避重就轻的本性使然，为了逃避可能面临的刑罚制裁，千方百计对自己在主观方面的事实矢口否认，这就使对犯罪主观要素的证明成了一个颇为棘手的问题。实际上，为了解决食品公害犯罪主观要素的证明难题，便于对犯罪提起追诉，研究者通常建议采取推定技术，通过客观外在的行为举动将不易捉摸的内心活动固定。促使主观罪过客观化，从而降低认定罪过的难度。这种主观罪过客观化的趋势有着复杂的背景，它与刑法功能的基本转型有关。当公害犯罪以及风险成为现代社会的基本特征后，刑法逐渐蜕变成一项规制性的管理事务。作为风险控制机制中的组成部分，刑法不再为报应与谴责而惩罚，而主要是为控制风险，预防犯罪而进行威慑。[①] 刑法体系从惩罚向威慑的转型，呼吁主观构成要件要素的刑事推定的设置，这样不仅能够防止行为人借追诉机关证明不能的尴尬而逃脱法律制裁，同时又赋予其自证无罪的权利，从而达到严密刑事法网、提高司法效率的效果。

在食品公害犯罪中运用推定，必须关注推定的特质：第一，推定是一个立法或司法上的法律规则，更多地用于证据法中的概念；第二，推定也被认为是一个法律技术手段；第三，推定是在缺乏其他证明方法时所使用的一种根据已知证据做出确定性推断的一种法律设计；第四，推定分为事实推定和法律推定。鉴于事实上的推定在内涵上与事实推论的界限十分模糊，[②]有学者干脆指出，“所谓事实上推定，仅为逻辑上之推论（或推理），未免混淆起见，亦不应称为推定。严格言之，真正之推定，只有一种，即法律上之推定是已”。[③] 而且，允许在刑事诉讼法中适用推定方法，是对无罪推定原则的最大冲击。[④] 定是克服诉讼中的证明困难从而实现一定的政策目的有效工具，因此，我们肯定诉讼包括刑事诉讼中推定的意义。另一方面，我们又必须警惕滥用推定规范。因为在无罪推定原则和控诉方承担证明责任的一般证明原理统辖的刑事证明领域，实行转移证明责任的有罪错推定，是对无罪

---

① 劳东燕：《认真对待刑事推定》，载《法学研究》2007 年第 2 期。

② 龙宗智：《推定的界限及适用》，载《法学研究》2008 年第 1 期。

③ Wigmore, Evidence, § 2491 (Chadbourm rev. 1981). 转引自李学灯：《证据法比较研究》，五南图书出版股份有限公司 1992 年版，第 249 页。

④ 龙宗智：《推定的界限及适用》，载《法学研究》2008 年第 1 期。

推定原则的巨大冲击。

当然,我们不得否认,推定虽然为国家打击食品公害犯罪提供了便利,但它这种无需举证的认定模式却容易侵犯到行为人的基本权利,允许行为人通过举证来反驳推定的做法能够避免使无辜者入罪,使惩治犯罪和保护人权的价值取向能够达到一种相对的平衡。因此,学者们一直主张对推定适用范围的限制。从目前的学术文献来看,适用范围的限制包括对推定的对象适用范围的限制与犯罪类型的限制。刑事推定的适用对象一般应限于主观构成要素;在犯罪类型上则限于对公共利益具有重大危险的犯罪,因为非如此不足以超越排除合理怀疑规则所保护的利益的重要性。① 如此,食品安全犯罪的主观方面的认定就被理所当然的摄入在推定适用的视野中。

二、对食品公害犯罪中“明知”的推定

(一)认定“明知”适用推定的理由

《刑法》第144条“生产、销售有毒、有害食品罪”规定:“在生产、销售的食品中掺入有毒、有害的非食品原料的,或者销售明知掺有有毒、有害的非食品原料的食品的,处五年以下有期徒刑,并处罚金……”该罪在主观上要求行为人“明知”其生产、销售的对象系有毒、有害的非食品原料,或者是掺有有毒、有害的非食品原料的食品,且希望或者放任这种结果的发生。故对于明知的判断成为关键。如果不存在这种明知,如将有毒、有害的非食品原料误以为是食品添加剂掺入到食品中,则不可能构成本罪。既然目前我国刑法典中关于食品安全犯罪并未采纳严格责任制度的规定,而是在部分罪名的罪状设计中以“明知”为主观方面的必备要素,这是食品安全犯罪认定的重点、难点。那么如何认定“明知”?实践中,一种是直接认定,即直接采信犯罪嫌疑人的口供认定其明知的存在,另一种是通过推定的方式得到结论。甚至有的法官认为,犯罪主观方面的“明知”深藏于行为人的内心深处,外人无从知晓,因而也无法用直接证据加以证明,推定是认定“明知”的

---

① 劳东燕:《认真对待刑事推定》,载《法学研究》2007年第2期。

唯一途径。①

笔者赞成在食品公害犯罪中,对于明知的认定适用推定手段。理由如下:

第一,"明知"的概念和内容都决定了认定"明知"离不开推定的方式。学理上,"明知"的概念应当包含明确知道和可能知道的情形。"明知"的内容也包含构成要件事实和规范性评价两个部分。在司法实践中,即便证明构成要件的明确知道的"明知"已非易事,何况公害犯罪中的"明知"对行为人认识提出了更高的要求,不仅在程度上可能知道的"明知"能够成立犯罪故意,而且在内容上要求行为人对规范性评价具有认识,这些都无疑对司法实践中的证明带来了更大的难度。因此,为了适应公害犯罪中新的"明知"概念和内容,有必要引入"明知"推定的方式。

第二,"明知"推定的应用是对公害犯罪的一种回应,符合现代社会日益重视保护秩序和公民权益的潮流。当代食品公害的风险急剧增加,对现代国家防御公害的策略提出了更高要求,安抚和保护社会大众已经成为决定性的政治需要,这促使我们站在刑事政策的高度,对刑法中复杂的利益关系进行价值权衡,从而让刑法尽量地控制不可欲的风险或公正地分配风险。尤其面对社会公众切身利益相关的领域,这些领域的犯罪有别于传统型犯罪,往往潜在的风险极大,但要证明犯罪成立则很困难。"明知"推定正是基于这样的考虑,其本身就包含了一定的政策目的和公共价值取向,国家为了更有效打击犯罪,从而满足防范犯罪风险、保护社会全体利益的现实需要,创设出了带有功利性色彩的诸多推定规则,这也是风险社会中刑事法随社会变迁而作出的自我调整的重要一部分,反映的是立法者所希望实现的刑事政策。

第三,"明知"推定可以应对食品公害犯罪特殊性的要求。其一,食品生产、销售过程繁杂多变,其公害媒介的生成方式非常复杂,造成了司法人员发现、收集有关证据的困难。其二,企业行为是否具有"明知"需要集合行业规范和行业标准来判断,这对于不具备相关知识的侦查和检察机关来说,是较为困难的。在这样的情况下,要求司法人员运用极为有限的证据达

---

① 肖中华、张少林:《刑事推定与犯罪认定当议》,载《法学家》2002年第3期。

到排除一切合理怀疑的程度证明行为人主观上存在故意或过失，几乎是不可能的。其三，推定原则有利于使容易产生食品公害媒介的行为人将更为谨慎地防止危害的发生，促使行为人尽合理注意义务，增强其社会责任感，从而达到遏制犯罪的目的。

第四，“明知”的推定实现了刑法的机能。在食品公害犯罪场合，推定以强化刑事法社会保护机能为功利导向，兼顾人权保障的价值，①保护功能侧重于秩序，以国家权力惩治食品公害犯罪，保护人民不受或少受侵害。保障功能则侧重保障个体的权利免受国家刑罚权的不当侵害，使食品行业能正常发展。刑法顺应时代的变迁，并充分关注食品安全的价值转变，是刑法积极回应公害犯罪提出的新需求，向秩序价值回归的重要表现。

（二）食品公害犯罪中“明知”推定的规则

1. 对“明知”进行推定的实体规则

第一，以一般人的认识标准判断推定是否“明知”。生产、销售有毒、有害食品罪自然要求对于行为人认识到其生产、销售的食品存在食品安全隐患。虽然较之于一般人，食品安全的生产者、销售者更为熟悉其所生产、销售的食品的来源和制作方法，但其毕竟不是专家，无法确知食品安全是否存在。对于认知水平各异的行为人如何适用相对统一的判断方法，大陆法系刑法学者提出了“外行的平行评价”标准，笔者认为可用于本罪的明知判断上。② 譬如，从“明知病死猪仍贩卖，日照三犯罪嫌疑人被批捕”③的报道中得知，犯罪嫌疑人收购来历不明的非正常的死猪、死猫、死狗等，进行食品加工，进行出售，从社会一般人的角度来看，行为人所生产、销售的对象存在食品安全隐患，则可以认定为其具备明知。“行为人对自己行为的危害后果有概括的认识，不要求行为人对此详细了解。”④譬如，上述的收购死猪案件中，“经省级卫生行政部门确定的机构鉴定，被查获的病死猪体内含有

① 赵俊甫：《风险社会视野中的刑事推定——一种法哲学的分析》，载《河北法学》2009 年第 1 期。

② 具体而言，这种评价方法“是以社会通念为基础，对于规范的构成要件要素事实之认识，不以专家认识之程度为必要，仅以一般人通常认识之程度为已足”。参见陈子平：《刑法总论》（2008 年增修版），中国人民大学出版社 2009 年版，第 130 页。

③ 该报道参见人民网 - 山东频道，最后访问日期：2013 年 7 月 4 日。

④ 许桂敏：《罪与罚的嬗变：生产、销售有毒、有害食品罪》，载《法学杂志》2011 年第 12 期。

蜡样芽孢杆菌,足以导致严重食物中毒事故”。这种专业性质的鉴定结论,一般人不会做出判断。

第二,明知的程度达到概括的故意程度即可加以认定,即行为人究竟是认识到生产、销售有毒、有害食品,是必然会造成食品安全危险,还是仅存在造成危险的可能性,即公害媒介的程度。虽然本罪并未绝对排斥间接故意的存在,因此即便是认识到危险的可能性而非必然性,也不排除对犯罪故意的认定。概括的故意的特征是指行为认识、对象认识的不确定性,具有大致模糊的程度,认识危险发生的程度是可能性。从主观恶性上来看,明知必然性的恶性显然大于明知可能性。而对于明知程度的判断,可以考虑“根据经验法则,从前提事实合理地推认推定事实”。毋庸置疑,行为人对于刑法危险的认识程度,必然建立在其对于明知内容的知晓上,一个具备相当的食品安全知识的行为人,面对其生产、销售的食品存在安全隐患,很难说其只存在对这种刑法危险的可能性认知。但达到了可能性的程度即可认定构成故意。

第三,对案件情节的搜集进行综合分析。司法实践中,应当根据案件的客观情况综合分析,具体而言,有以下几种情形应当可以确认行为人存在主观上的“明知”:(1)行为人是否具备正当的商业主体资格,如果系未经主管部门批准而擅自经营,则可能故意销售危害食品或食品原料。(2)食品有无质量合格标记、标签、包装说明书,如果没有,则可能是危害食品或食品原料。(3)进货渠道是否正当、卖方有无正当手续,如果进货渠道、买卖手续都不正当,则就应当预见到所购进用于销售的可能是危害食品或食品原料。2012 年 2 月 23 日最高人民法院、最高人民检察院、公安部联合下发的《关于依法严惩“地沟油”犯罪活动的通知》中规定,虽无法查明“食用油”是否系利用“地沟油”生产、加工,但犯罪嫌疑人、被告人明知该“食用油”来源可疑而予以销售的,应根据不同情形分别处理。如果经鉴定,检测出有毒、有害成分的,依照《刑法》第 144 条的规定追究刑责。(4)行为的方式、方法、时间、地点是否正常,行为的方式方法是被告人达成犯罪目的的重要条件,被告人有意识地选择在不正常的时间和地点实施特定的交接行为,或者被告人费尽心机地设计、运用特殊的方法来实施行为,表明其对自己的行为性质、对象、后果等要素均有相当程度的认知。[①] (5)买卖双方的成交价格是否合理,如果成交价格与市场价格相距甚远,则可能明知是危害食品或食品原料。(6)买卖过程中是否存在高额账外回扣,如果违法给予回扣,则可以断定行为人具备明知要素。(7)是否在有关部门禁止或发出安全预警的情况下继续生产、销售,如果在发生危害结果后有关部门已经予以禁止或者发出安全预警,行为人仍然继续生产、销售,则可以认定行为人的"明知"。(8)被告人在案发前后的表现。被告人的主观"明知"往往也反映在案发前后的反常表现上。一些被告人在作案前会准备特定工具、创造实施行为的条件,这些犯罪预备行为反映了被告人对实施犯罪的认知、谋划,是推定被告人明知自己行为性质的重要基础事实。多数被告人在作案后会想方设法毁灭、伪造证据,或隐匿、转移赃物,或携带赃物、赃款潜逃,以掩盖犯罪事实、逃避法律追究。[②]

第四,注重对公害犯罪风险的可预见性审查。与危害食品安全犯罪中行为人主观明知认定相比,更为罕见、也更为疑难的是对于公害风险的可预见性判断,即行为人尽管生产、销售了有毒、有害食品,但由于现有的卫生检测和社会一般人的科学知识有限,行为人对于食品存在安全隐患缺乏预见可能性,则最终造成的刑法风险不可归责于行为人,行为人造成的风险则被评价为是一种"允许性风险"。[③] 当然,对于是否具备对公害风险可能的可预见性,一般情况下应对此持肯定态度。行为人则可以将不具备公害风险的可预见性作为抗辩事由,以阻却对自己的刑事归责。但这种抗辩需要行为人提出其已经履行现阶段所能及安全生产、规范经营所要求的各项义务,否则其抗辩将缺乏合理性。而如果行为人并未据此进行抗辩,根据证明责任的一般原理,审判机关不宜主动将其作为阻却行为人刑事责任的事由。[④]

总之,对于明知的推定,需要对"公害风险的可预见性"进行分析,而这

---

① 蔡淮涛:《犯罪故意与刑事法推定的结合考量》,载《人民论坛》2011 年第 5 期。

② 同上。

③ [德]克劳斯·罗克辛:《德国刑法学总论》(第一卷),王世洲译,法律出版社 2005 年版,第 36、254 ~ 255 页。

④ 许桂敏:《罪与罚的嬗变:生产、销售有毒、有害食品罪》,载《法学杂志》2011 年第 12 期。

一结论需要对“明知”的范围,“明知”的行为性质、“明知”的后果进行综合判断之后才可以做出推定的结论。

2. 对“明知”推定的程序性保障

第一,允许适用举证责任倒置原则。“推定是人们基于经验法则而来的,人们对社会某种现象的反复认识之后,逐渐掌握了其内在的规律,对这种内在规律的认识即经验法则,具有高度的盖然性。因为事实推定的机理是基于盖然性,因而得出的结论并非是必然的,而存在或然性”。[①] 由于推定的证明力相对于证据证成而言比较低,本身也存在着潜在的例外风险,对运用推定的方式认定“明知”采取必要的限制是应当的,防止随意推定和滥用推定。

第二,保证“明知”推定的基础事实和推定根据的有效性。基础事实是推定成立的基础,基础事实的真实有效直接关系到推定的结果能否成立,关系到整个推定的过程的有效性。推定“明知”所需的真实有效的基础事实主要来自行为人具体实施的符合犯罪构成要件的行为以及在有些案件中要求的行为结果。譬如,实施食品安全犯罪行为的过程、行为方式、食品被查获时的情形和环境等证据,结合被告人的年龄、阅历、智力及掌握相关知识情况。推定行为人“明知”时,应当注意选择在最大限度内符合更多人标准的经验法则,为基础事实与推定事实之间架起紧密的桥梁。[②]

第三,保障当事人的反证权利。推定的高度盖然性使推定的结论能够作为认定案件事实的依据,但是,推定并非能够实现百分之百正确,所以,应当给予因推定的结论而遭受不利的当事人以反驳的权利,使其能够有机会提出推翻推定的相反证据,从而保障自身的合法权利不受侵害。当事人提出的推翻“明知”推定结论的反证,只要能够达到使推定的结论处于真伪不明、模棱两可的状态,动摇裁判者对推定事实的信心,使其产生合理怀疑的程度即可。[③]

---

① 何家弘:《证据学论坛》,中国检察出版社 2001 年版,第 164 ~ 165 页。

② 李晨曦:《犯罪故意明知问题研究》,郑州大学 2010 年硕士学位论文。

③ 同上。

第三节 食品公害犯罪的监管渎职①

公害犯罪的背后,往往隐藏着监管人员涉嫌渎职犯罪的问题。对于监督管理过失的理论和立法,德日刑法都有比较多的论述。我国的学者和司法界也逐渐达成共识,最终体现在了立法当中。其实监督渎职是公害犯罪中不可或缺的部分,接下来,我们通过食品公害犯罪中的监管渎职犯罪——食品监管渎职罪,以管中窥豹探讨对公害犯罪的监管渎职行为的规制。

一、监督管理过失理论的基本学说

监督过失理论是在过失理论不断演变的基础上发展起来的,由于监督过失一般只适用于重大的公害犯罪,如火灾事故、食品药品卫生事故、环境污染事故等,来追究监督者和管理者的刑事责任。监督管理过失理论发源于20世纪60年代的日本,为追究公害犯罪中企业经营者、管理者的责任而产生。一般认为,监督管理过失包括管理过失与监督管理过失。管理过失是指管理者在物的配备、人的体制等方面的缺陷本身引起结果发生所构成的刑事过失;监督管理过失是指处于指挥、监督地位的人由于怠于行使对直接行为人的监督职责,因直接行为人的过失而导致危害结果发生的情况。②

(一)监督管理过失犯罪主体

监督管理过失犯罪的主体,除有一般犯罪主体的要求外,还应具有特殊的监督管理者的特殊身份和义务。概言之,监督管理过失的主体是指具有监督管理职责的人,没有履行或没有正确履行监督管理义务,造成危害结果,并依法应承担刑事责任的自然人。监督管理过失犯罪主体具有如下的特征:

第一,监督过失犯罪的主体身份具有特殊性。所谓特殊性,是指监督过

① 本节内容系课题的阶段性成果,参见李兰英、龙敏:《也论食品监管渎职罪的责任认定》,载《法学评论》2013年第3期。

② 商凤廷:《监督管理过失在渎职罪认定中的运用》,载《法制日报》2016年2月3日。

失犯罪主体除了需要具备犯罪主体的一般特征的实质要件外,还要具备监督管理者身份的形式要件。特殊身份是指不同于社会一般人的职业、地位或资格。

第二,行为人处于具体的、特定的监督管理关系中。监督管理者虽然负有特定的监督管理义务,但并不是对被监督管理的人的任何危害结果都要承担监督过失责任。监督过失犯罪主体,只有存在特定的监督管理关系时,才可能构成监督过失犯罪。①

合理界定监督过失犯罪主体的范围,可以避免监督过失犯罪主体范围的无限扩大,从而发挥刑法的人权保障机能。通常,该犯罪主体范围主要包括:②(1)现场监督者,即直接指挥、检查、管理、训练生产作业人的基层监督者,如项目负责人、安全监察员等。(2)中层监督者,是指组织体中的中层管理者,包括部门经理、副厂长以及分管某一领域的负责人。(3)单位主要负责人,即组织体中的高层监督者,包括单位的法定代表人、主要负责人以及非单位组织的主要负责人等。(4)政府公务人员。根据社会契约理论,政府受人民委托管理社会,对社会上的各种组织单位的运行负有重要的监督管理义务。政府相关公务人员怠于履行职责或履行不当,也应承担监督管理过失责任。

(二)监督管理过失的实行行为

1. 监督管理过失实行行为的特征

监督管理过失的实行行为,是成立监督管理过失责任的前提条件。监督管理过失实行行为是指监督管理者违反特别注意义务,具有引发构成要件结果实质危险性的行为。监督管理过失作为"过失犯"的一种,其实行行为除了符合过失犯罪的一般特征外,还具有其特殊的特征:(1)监督管理过失犯罪的实行行为与危害结果之间具有间接性。在监督过失犯罪中,危害结果是由于监督管理者怠于履行其监督管理职责,而导致被监督管理者过失行为导致危害结果的发生,由此可见危害结果的直接引起人是被监督管理者,而非监督管理者。(2)监督管理过失犯罪实行行为的危险性弱于一

---

① 刘丁柄:《监督管理过失犯罪研究》,中国人民公安大学出版社2009年版,第85~86页。

② 易益典:《监督过失犯罪论》,载《华东政法大学》2012年版。

般过失犯罪。监督管理过失的情况下,监督者往往离现场较远,没有直接导致危害结果发生,即监督者的实行行为与危害结果之间的间接性,监督管理者对危害结果发生持不希望的态度,其主观恶性、行为危险性比一般过失犯罪更轻。

2. 监督管理过失实行行为的表现形式

关于监督管理过失行为的表现形式,理论界争议较大,主要存在作为说、不作为说、作为与不作为并存说以及区分不要说。我们赞成从通常意义上的作为和不作为来进行基本的判断和划分。监督管理过失的作为形式是指监督管理者未正确履行其监督管理义务的行为,对此,学者归纳如下:第一,监督管理者因为错误的判断,作出错误的指挥行为,间接地导致危害结果的发生;第二,监督管理者本身的行为是违法的、违规的;第三,监督管理者越权指挥、命令被监督者。以上三种形式都是监督管理者未正确履行其职责。

监督过失的不作为形式是指监督管理者应当实施某种监督管理行为,但因疏忽大意或过于自信而没有实施,从而导致某种危害结果的发生。监督管理者负有作为义务是成立不作为犯罪的前提,监督的义务来源,根据通说主要有:第一,法定的监督管理义务,即法律、法规、行政规章、规章制度明确规定的监督管理义务;第二,业务和职务上要求的作为义务;第三,法律行为引起的作为义务;第四,先行行为引起的作为义务。

3. 监督管理过失的责任追究受信赖原则的限制

监督管理过失是过失犯罪的一种特殊类型,与普通过失犯罪不同点在于,成立普通过失犯罪,要求行为人能够预见或应当预见具体的危害结果。而监督管理过失仅要求对其作业所可能产生的风险和对社会的危害有一定的认识,并不要求预见到具体的结果,就有责任探明危险,采取措施避免危险结果发生,若未尽其避免结果的义务,就应当承担过失责任。但基于罪责自负的刑法基本原则,此种责任还要运用信赖原则予以限制,即在有关多数人事件中,信赖其他有关人员遵守规则、采取适当行动,如果其他人员无视规则,采取不适当的行动,自身不存在过失的情况下,则不对结果负责任。从而将监督管理责任限制在一定范围,以免罚之以宽。①

---

① 商凤廷:《监督管理过失在渎职罪认定中的运用》,载《法制日报》2016年2月3日。

二、公害犯罪与监督、管理过失

目前在世界范围内，与公害犯罪紧密相联的风险刑法学正在以防御风险之名全面扩张刑罚，这被认为是当今刑法学变革的基本趋势。预防公害犯罪的功利主义目的使传统刑法遭遇到了挑战，这种挑战不仅触及犯罪构造，甚至触及刑法的基本原则与刑罚的基本观念。公害犯罪与风险刑法一定程度上紧密相通，相比传统刑法，更加强调刑法的预防机能（主要是一般预防机能）而不是报应机能，认为刑法不仅是事后的法益保护法，也是事前的风险控制法。换言之，面对激烈的社会变迁，风险刑法要积极地肩负起“创造安全”的义务，这被日本学者称为“刑罚的积极主义”。[①] 如果说大陆法系把公害犯罪的预防仍主要限于刑法领域，英美法系则更进一步将其提升到社会控制的层面。例如，戈登·休斯提出后现代社会的目标不是犯罪预防，因为事实上犯罪如空气污染一样无法消除，我们应该“超越犯罪预防”，由犯罪预防转向为一种“风险管理模式”。[②] 戈登·休斯的风险管理学说已不单纯是一种犯罪学理论，而是与公共政策、社会控制处于相等的位阶之上。

（一）公害犯罪的风险程度与监督管理过失

以风险刑法为基础的公害犯罪刑法规制，容易导致过剩的刑罚，招致国民自由的减少、行动的萎缩，本欲追求更加安全目标的政策反而有可能导致安全感的普遍降低，因为人们必须小心翼翼地防止自己稍有不慎即触犯刑律。因此，鉴于公害犯罪的难以避免性以及一定时期内的无法防御性，必须允许行为人在遵守一定操作规则的前提下实施具有一定风险的行为，否则国民将无法合理规划自己的生活，换言之，在控制公害犯罪风险的同时必须为国民留下自由行动的空间，以保持社会的活力。这尤其体现在过失犯领域。传统过失犯以结果预见可能性为核心，构造了一个客观方面与故意犯罪完全相同只是主观方面存在差异的过失犯架构，能够预见而没有预见被

---

① ［日］井田良：《变革时代的理论刑法学》，庆应义塾大学出版社 2007 年版，第 2 页。

② ［英］戈登·休斯：《犯罪预防——社会控制、风险与后现代》，刘晓梅等译，中国人民公安大学出版社 2009 年版，第 67 页。

认为是过失犯的本质。但我们愈加发现有时面对公害犯罪,即使再谨慎的行为也可能不幸引起危害结果,因此,风险刑法有必要为国民设定一个“基础风险”,该风险是社会所必须承受的,在该风险的限度内国民是自由的,只有超越该风险之外的风险行为才是可罚的。这个基础风险就是容许的风险。容许的风险不是一个抽象的范畴,必须为它确立一个标准:并非低度的风险就是允许的,而是只有遵守现有的法律规范、社会交往规范、技术规范的行为所制造的风险才可能被容许。根据这个标准,尽管行为人在行为时能够预见到行为的危险,但由于其遵守了上述规则,其行为就是被允许的,除非社会要彻底禁绝该行为。而且,行为人在遵守了上述规则的前提下,也就可以信赖他人也会遵守相应的规则,因此无需付出过多的精神紧张去预见和避免行为可能给他人造成的侵害。

因此,为了社会的发展、效率的提高,人们却不得不忍受公害风险的存在,社会也必须对之持以宽容的态度,风险社会下刑事政策的基调:“不是要根除或被动防止风险,也非简单考虑风险的最小化,而是设法控制不可欲的、会导致不合理的类型化危险的风险,并尽量公正地分配风险。”也就是说,如何避免不必要的风险、如何允许合理风险的存在以及如何在公民与公民之间、企业与消费者之间、政府与国民之间分配风险是风险刑法的最重要任务。这并不要求对危害发生的细节都有明确的预见,而是只要能够预见到是构成要件所要求的结果的程度即可;而且,在认定预见具体的结果有困难时,只要对中间项可以预见就够了。采取这样宽松的标准可以说是暗地里吸纳了危惧感说的精神,但无论如何,坚持不要危惧感说是正确的,否则,新技术、新工艺、新产品的开发就成为问题。实际上,预见可能性判断标准松动的背后有一个刑事政策上的目的,那就是要充分贯彻安全规则。既然危险已经成为日常生活的一部分,有的危险甚至难以预料和避免,那么,就必须以现有的认识水平和回避能力为基础最大限度地贯彻经验上可行的、通常可以防止危险的预防措施,即要求人们必须严格地遵守现有的安全规范。为了实现安全的生产、经营,现代社会对于像交通、医疗、采矿、危险物管理、环境污染等危险多发的行业,几乎都设有较为严密的保证安全的规则,这些行政法上的安全规范可以认为是首要的、基本的注意义务来源。虽然规则的健全程度或有差异,但因为在这些领域,危险的发生原因、作用方式以及防范危险的措施已为人们所熟知，因此，通常只要有安全规范的违反，便可以认为具有预见的可能（这一规则在新开发的领域并不适用）。所以，是否可以归责的判断重点并不在于有无结果预见能力和结果回避能力，而在于客观安全义务是否得到履行。强调安全义务的目的就在于敦促人们遵守安全规则，因为这是在人们对危险能够完全地认识和控制之前最为有效的一般预防措施。

联系本书的论题，因为监督、管理过失多发生于危险业务、公害犯罪的领域，业务本身就具有危险性或者某种不正常操作可能会引发危险的发生，这就涉及被允许的危险的法理。因此，在认定实行行为时，必须从制造了危险的行为中排除被允许的那部分，以限制注意义务的范围。但是，"允许危险的存在不能成为重大过失导致危害发生之人作为减轻其刑事责任的借口，而且不能因强调对允许危险给予了足够的注意，仍然发生了危害的事实而减轻刑事责任"。[①] 另外，因为危险的增加使得遵守安全规则成为最主要的注意义务，不监督的行为或者不设置安全体制的行为就可以顺畅地被解释为事故发生的原因，可以说，现代工业社会危险的多发性为追究监督过失的责任提供了可靠的社会学依据。而且，关于预见可能性的认定，本来在监督过失中行为人处于直接行为人的背后，要求其严格地认识具体的犯罪结果几乎是不可能的，但学说上的缓和化趋势正好为一般地肯定预见可能性奠定了契机。行为人只要可能认识到被监督者会不当的行为，而该不当的行为可能会导致事故发生就够了，对于管理者，则只需可能认识到在不安全的环境下，会有人（不一定是确定的人）不小心酿造危险，或者会有人利用体制的缺陷来制造危险，而这些危险对于人的生命安全是有威胁的，也就够了。

（二）公害犯罪主体的组织化特征与监督管理过失

现代工业社会的第二个特征是社会的组织化，食品公害犯罪中的企业就是典型的社会组织化表现。如果说古典社会是个人理性的时代，现代社会则在一定程度上是团体人格的时代，个人自由的理念虽然没有丝毫地贬

① ［德］Schünemann：《传统过失刑事责任观念在当代社会中的弊病》，王秀梅译，载《法学家》2001 年第 3 期。

值,个人主义的倾向也依然明显,但法人及其他各种组织、团体的涌现使人在社会上不可能完全以个体的面貌存在,相反,主要是作为某个组织的成员从事社会行为。可以说,组织化已经成为现代社会的一个重要特征。正如本书开头所说,这里的“组织”是一个广义的概念,不以体系化、实体化为必要要件,其本质特征是层次结构关系或者组织管辖关系。组织的典型形式是企业,尤其是那些现代型的企业。

现代企业是企业发展的趋势,也是现代资本主义进步的源泉,其明显特征是采取了韦伯的“科层制”管理体制,而这正是追究组织内上层管理者、监督者刑事责任的社会学前提。科层制也称为“官僚制”,按照通行的解释,是指“权力依职能和职位进行分工和分层,以规则为管理主体的组织体系和管理方式,也就是说,它既是一种组织结构,又是一种管理方式。”①其根本性的要素是职能和规则。职能决定职位的分配,决定承担职位上的人应具备的能力、资格,而职责的履行、组织目的的实现都必须以规则为依据。科层制具体呈现出五个特征:等级制、专门化、技术化、规则化和非人格化。

其中,等级制指的是组织内部具有严格的等级区别,上位者和下位者表现为明显的命令—服从关系,上位者制定规则、发布决策、执行监督,下位者根据命令从事具体的操作,组织的上层对组织成员的行为方式具有决定性的意义;专门化是分工的产物,在组织体内各人有各人的位置,各人执行各人的任务,不允许超越职权和业务范围;技术化则表现为技术化程序和手段对组织活动的渗入,技术因素的增加导致许多工作必须倚重于各类专家,对于技术性很强的专门化事务,他人往往很难介入;规则化则是指组织的运行包括成员间的活动与关系都必须受到规则限制,规范是业务活动的指针,因此,要求上层必须使每位成员都充分了解自己必须遵守的其所从事业务的规范;非人格化则体现了由职位来决定职位上的人,组织中没有个人,个人的行为不过是反映职位的要求,一切都以职位以及职位所要求的职责为中心,人不过是履行职责的工具。科层制虽然受到诸如将人物化、机器化的批判,但其形式理性的思维方式和组织运作方式确实造就了符合现代化要

---

① 朱国云:《组织理论:历史与流派》,南京大学出版社1997年版,第52~59页。

求的高效率、高利润。尽管现实中没有任何一个组织能够完全按照科层制这样一个“理想类型”进行管理和操作，但不可否认，现代社会形形色色、大大小小的组织大都或多或少地实现着科层制的管理理念。

社会的组织化以及组织的科层制管理与监督过失具有密切的联系。首先，概括地讲，组织化的发展使个人的活动不再仅仅体现个人的意志决定，因为其行为不可避免地会受到组织规则、上级命令的影响，而且，其影响程度和范围都不可小觑，有时（在组织规则和法律规范相冲突时）甚至可以超越法律规范。因此，组织内发生的危害结果便不是某个行为人独自操作的结果，必须同时问及对其有实质支配力的上位者的责任，不允许高级管理人员通过下属的具体工作来规避应受的处罚。其次，具体地说，在监督过失中，监督的前提是上位者的监督权，权力意味着支配和控制，监督者对于下级的支配虽然不能说完全抑制其自由意志，但决定其所应从事任务的内容，决定其所应遵从的操作规范乃至具体的操作方式，在其违背了规范和命令时还有权要求改正（即使下级有权提出建议、意见乃至异议，但最终起决定作用的仍是上级的命令）。监督不仅体现为权力，同时也是义务，因此上面所说的监督者的一切权力都是不能放弃的，不向下级传达正确的操作规范、不进行安全的教育培训、对错误的行为不予以纠正，都背离了监督者的地位、违背了职责。

在管理过失中，管理者拥有组织中一切重要的资源，包括资金、设备、知识、信息等，是组织整体事务的操控者，他决定组织的运作方向和基本模式，不仅左右着经营效益的高低，同时决定着安全系数的高下。一个将全部心思、资金、人员都投入经营上的高级管理者与一个对企业的安全投资、安全教育不予充分重视的管理者，其组织体运作的方式必有重大的不同。公害事故的发生，虽然表面上是组织体内的具体执行者甚至是组织体外的他人行为所致，但由管理者所决定的组织体运作方式才是罪魁祸首。Schünemann 教授对此的解释是：追究管理者的责任是“将责任追溯到预防危害的权力中心，即追溯到上级对下级的命令。这一相同的原则作为责任的基础同样可以在控制危害的起因中发现，并运用到控制自己身体行为模式的作为犯罪，所以它在作为与不作为之间确定了相同的前提条件对因果关系中原因的支配或控制”。[①] Schünemann 教授以支配了因果流程中的原因作为管理者可罚性的根据，是将管理者作为正犯来解释，即把管理者视为犯罪的“中心人物”。另外，科层制的非人格化特征决定了组织体中人的行为并不完全代表其个人，而是代表了某个组织体中的职位，就是说即使不是这个人造成的事故，其他在该职位上的人也可能酿造同样的事故，因此，不能认为事故是完全由具体的个人造成的，而是受到组织体运作方式的严重影响，[②]因此，管理者不可避免地要承担责任。但是，如前所述，科层制专门化、技术化的特征决定了许许多多的工作已经实际上不能为组织的上层所控制，上层仅能够提出基本规范和基本的操作规程，而不能左右实现命令的具体过程，这使上层的监督责任不应该被无限扩大，也不可避免地要适用信赖原则。

由上观之，监督、管理过失责任的确立以及责任内部相关具体规则的适用都与现代社会的存在状态和运行方式息息相关，追究组织体中上位者的责任充分体现了刑事政策乃至社会政策的要求。

三、食品监管渎职罪的构成

每当公害案件、重大责任事故的发生，除了追究具体履行监督管理职责的国家机关工作人员之外，对其所在部门的负责人、单位主管领导乃至单位一把手是否要追究过失责任，一直是司法实践中认定的疑难问题。

我国《刑法修正案(八)》第 49 条规定了食品监管渎职罪，最高法定刑是十年有期徒刑。据此，食品监管渎职罪是指负有食品安全监督管理职责的卫生行政、农业行政、质量监督、工商行政管理等部门的国家机关工作人员，滥用职权或者玩忽职守，导致发生重大食品安全事故或者造成其他严重后果的行为。

从理论上看，《刑法修正案(八)》的食品监管渎职罪的规定是清楚明晰的，但实践中的司法认定依然还需要面对很多问题。例如，监管体制复杂，

---

① Schünemann：《传统过失刑事责任观念在当代社会中的弊病》，王秀梅译，载《法学家》2001 年第 3 期。

② 这同时为法人犯罪提供了依据。

职责范围难厘定的问题,主观要件存在分歧。由于本罪的主体是国家工作人员,违反的是特定的监管职责,规范的领域是食品安全,所以,本罪可以成为我国监督管理过失的研究典范。笔者所谈的监督、管理过失责任是以组织化社会、风险社会为背景,结合组织的特点和风险防御的刑事政策进行分析的。我国学者吕英杰在最新著作《客观归责下的监督管理过失》①中,对监督、管理过失有如下的分析:"监督、管理过失"既可以指一种主观的过失罪过形态,也可以指一种过失犯罪的类型,具体而言,监督过失,是指监督者负有监督被监督者的义务,却由于过失而未履行其监督义务,以致发生法益被侵害的情形。监督义务的内容通常包括:事先的选任、培训义务;事中的监督、指导义务;事后的检查、要求整改义务等。管理过失,是指在组织体中负有管理责任的人对组织体的物资、设备、机构、人员配备等的不完备存在过失(不确立安全体制的过失)而导致危害结果发生的情形。监督过失与管理过失是监督责任、管理责任的过失形态。

(一)食品监管渎职罪属于过失犯罪

认定和分配食品监管渎职责任首要明确罪过形式。遗憾的是,关于食品监管渎职罪中罪过形式的理解存在分歧,目前有"故意说""过失说""故意与过失并存说",还有学者认为是"复合罪过"。② 其中"故意与过失并存说"最富有法条说服力,因为《刑法》第408条之一的罪状中包含"滥用职权"和"玩忽职守",而滥用职权罪和玩忽职守罪在司法传统习惯中分属于故意犯罪与过失犯罪,因此,食品监管渎职罪的罪过形式当相应的包含有故意与过失。③ 基于此,甚至有学者认为《刑法》第408条之一应当分为食品监管渎职罪和食品监管玩忽职守罪。④ 对上述观点,贾宇教授一一评析,明确支持该罪的主观心态是过失。⑤ 笔者在赞成他的观点的同时,认为应该从刑法关于罪过的基本理论加以澄清分歧。笔者认为食品监管渎职罪的罪

---

① 吕英杰:《客观归责下的监督管理过失》,法律出版社2013年版,第45页。

② 储槐植、李莎莎:《食品监管渎职罪是复合罪过》,载《检察日报》2012年3月1日,作者认为,本罪主观罪过是由间接故意与过于自信过失聚合的复合罪过。

③ 安文录、虞浔:《食品监管渎职罪疑难问题司法认定研究——以〈刑法修正案(八)〉第49条为主线》,载《政治与法律》2011年第9期。

④ 张明楷:《刑法学》,法律出版社2011年版,第11~13页。

⑤ 贾宇:《食品监管渎职罪的认定及适用》,载《河南财经政法大学学报》2012年第2期。

过形式应当且必须是过失。理由如下：

1. 罪过形式只能是在故意或者过失中择一确定

我国刑法规定的罪过形式只有故意和过失，即使是学理上的分类，也没有划分出外国刑法理论中的复合罪过形式。因而，从罪质确定上看，本罪的罪过形式不能是“故意与过失并存的”状态。《刑法》第15条明确规定，“过失犯罪，法律明确规定的才负刑事责任”，此意义为，刑法如果确定一个行为是过失犯罪，需在法条中明确规定其为过失，以与故意行为相区别，如《刑法》第115条第2款；或者该罪行本身就是过失犯罪而由理论解释予以充实，如《刑法》第133条。相同罪质的行为同一罪名，不同罪质的行为不同罪名，这是确定罪名的基本原则。在同一个罪名里，行为人的主观罪过形式不是属于故意，就是属于过失，而不是模棱两可。① 因此，食品监管渎职罪的罪过只能是在故意或者过失中择一确定。

2. 行为人对重大食品安全事故发生持不希望的态度

从刑法对于故意或过失的定义中可以看出，界定行为人的主观罪过形式，不仅要考察认识因素，还要认定其意志因素，我国的故意和过失的区别以及类型划分取决于行为人对于危害结果发生的心理态度，是“积极追求”？是“放任不管”？还是“消极或者积极避免”危害结果的发生？

食品监管渎职罪的罪过形式之所以发生争议，是因为从行为客观上看，食品监管渎职罪要求负有食品安全监督管理职责的国家机关工作人员，具有滥用职权或者玩忽职守的行为表现。而按照传统刑法的惯性思维，玩忽职守是指国家机关工作人员疏于职守，不按法律、法规或规章行使管理权的行为；“滥用职权”则意味着过分地或非法地行使自己掌握的权力，违反相关的法规与规章制度，其行为本身包含明知故犯的倾向。但是，不可否认的是，他们对于导致重大食品安全事故的危害结果是抱着避免发生的心理状态的，所以，应该重点评价这一意志因素，否则，就违背了立法的本意。当然，无论是疏忽还是故意的，两种行为都是违背职责，严重不负责任的渎职行为体现，受到的谴责程度应有不同。应该在量刑上有所区别，而不是罪质的区别。如，《刑法》第131～139条规定的9种重大责任事故方面的犯罪，

① 高铭暄：《刑法专论》（下），高等教育出版社2002年版，第892页。

罪过形式同样比较复杂,表现为:行为人在生产、作业中违反有关安全管理规定,经常是“明知故犯”,而对于自己的行为可能导致危害结果的发生则抱着避免、消极抵制的心态,即过失的心理状态。也就是说,都包含着滥用职权的故意行为,[①]但都是以过失犯罪界定的。

3. 食品监管渎职罪是结果犯

刑法条文中的“导致发生……”意味着故意或者过失行为与危害结果发生之间具有因果关系,这是本罪认定的另一个关键要素,也是过失犯罪“以危害结果发生为必要条件”的犯罪构成模式的固定表达方式。有监管职责的国家机关工作人员不履行监管责任就应当承担监督过失的责任,这不是客观归罪,而恰恰是国家设立食品安全监管的机构与人员岗位以防止责任空置、监督失灵所明确要求的。这种监管职责即使被认为与重大食品安全事故仅有间接的因果关系,也应当承担刑事责任。只要渎职行为(滥用职权和玩忽职守)导致了重大食品安全事故,就应该认定危害行为与结果之间具有刑法上的因果关系。而渎职行为本身的故意与过失应该作为本罪责任轻重、量刑轻重的参考。

4. 食品监管渎职罪属于过失犯罪有利于犯罪防控

“两高”的司法解释在确定《刑法》第408条之一的罪名时,并没有遵循《刑法》第399条之传统将其一分为二,而是统一称为食品监管渎职罪,其原因则在于滥用职权罪与玩忽职守罪的分立一定程度上导致了司法认定上的困难。基于此,如果将食品监管渎职的主观方面认定为故意,则必然放纵过失行为;但是如果将“过失”作为食品监管渎职的主观方面,即“监督管理过失”(后文详述),却能追问监督者与管理者的刑事责任。而且食品监管渎职罪“五年以下有期徒刑或者拘役”的基本刑设置,完全符合过失犯罪的罪刑相适应原则;对“造成特别严重后果的,处五年以上十年以下有期徒刑”的加重刑罚设置,是出于食品安全国计民生的重要意义,对监督者责任予以重刑防控,并无罪刑不相适应上的不当。

---

① 滥用职权的行为主要表现为以下几种情况:一是超越职权,擅自决定或处理没有具体决定、处理权限的事项;二是玩弄职权,随心所欲地对事项作出决定或者处理;三是故意不履行应当履行的职责,或者说任意放弃职责;四是以权谋私、假公济私,不正确地履行职责。

综上分析,食品监管渎职罪的主观方面应该理解为过失犯罪。而且是一种学界关注和呼吁很久的监督管理过失犯罪。

(二)食品监管渎职罪属于监督管理过失犯罪

食品监管具有职责性,食品安全事故造成的危害后果如果与国家机关工作人员的渎职行为有关联,则国家机关工作人员就要承担刑事责任,不论此危害后果是谁直接造成的,国家机关工作人员都要承担监督、管理失职的责任。① 所以,食品监管渎职罪的过失属于国家公务上的监督管理过失。

所谓的国家公务上的监督管理过失(以下简称"监督管理过失"),是指国家机关工作人员在履行国家监督管理职权过程中,严重不负责任,不履行或者不正确履行自己的职责,致使公共财产、国家和人民利益遭受重大损失的过失情况,②其本质就是严重不负责任。严重不负责任的本质是违反注意义务,或者说未尽食品安全监管职责。③ 其主观方面的心理状态表现为对食品安全监管职责的漠视,表现为忽略、轻信、不注意、不谨慎等多种形式,法律根据不同的心理态度和程度进行谴责,严重不负责任遂成为渎职犯罪主观恶性的体量表。严重不负责任的客观方面,可以由积极的作为方式实施,如滥用职权、主动介入、不听劝阻、胡乱指挥。也可以是消极的方式,如玩忽职守、懈怠、耽搁、拖延等表现。

一般认为,监督过失是指两个以上有从属关系的人,即监督者与被监督者之间,由于被监督人所实施的造成危害结果的行为而追究监督人过失的刑事责任。监督过失就是有义务监督被监督人在行动时不发生错误的责任,其具体内容为事前的指示、提示、指挥、命令,行动中的监督或事后的检查。在日本,监督过失主要用于认定企业发生的重大事故中的刑事责任,如火灾、食品和药品的中毒事件、医疗事故、环境污染等。在现代社会的生产

① 李忠诚:《权威人士剖析食品安全监管渎职罪两大特点》,载《法制日报》2011 年 5 月 29 日。

② 刘丁炳:《监督管理过失犯罪研究》,中国人民公安大学出版社 2009 年版,第 34 ~ 35 页。

③ 食品安全监管职责是指法律法规规定食品安全监管机关应当履行食品安全监管的职权范围与职责要求,包括食品安全监管机关为有效推动食品安全监管工作制定的相关工作职责。《中华人民共和国食品安全法》已于 2009 年 6 月 1 日起施行,这部法律对食品安全监管全程包括从食品安全事故发生前的监管和事故发生后的监管都做出了明确规定,违反这些规定的行为即为食品监管的渎职行为。

条件下,这类事故的发生不仅可以由直接行为人造成,也往往与负有指挥、监督、命令职责的人怠于履行职责、履行职责不当有关。[①] 在我国司法实践中,也是按照这一思路来认定构成监管渎职行为的。例如,深圳一酱料厂大量生产假冒伪劣酱油、醋等调味品。对于这种生产伪劣食品的黑工厂,行政执法人员检查时严重不负责任,该查封的不查封,该没收的不没收,这就是渎职。监管者的义务不但包括结果预见义务还包括结果避免义务。当食品安全监管者懈怠职守,不履行或不认真履行职责,导致伪劣食品流入市场,对消费者的身体健康带来蓄积性损害,就涉嫌渎职。[②]

"监督管理过失"理论的出现也是为了实现风险的分担与责任的分配,主要是为了防止出现"地位越高、离现场越远、越没有责任"[③]的不公平责任分配现象,使处于监督和管理地位的人也分担一定的风险,承担必要的责任。"监督管理过失"事实上是属于过失竞合的一种,即监督者与被监督者以及管理者与被管理者之间的过失竞合情形。该理论的产生与独立成为一种犯罪形态是为了侧重于追问监督者与管理者的刑事责任。因此,"监督管理过失"作为"食品监管渎职罪"中的罪过形式,不仅完全符合该罪中"监管"一词的表述,而且它以行为人的监管职责为前提条件,也比较容易确定行为是否具有"监督管理过失"。[④]

四、食品监管渎职共同过失的责任分配

食品安全重大事故既可以表现为一个人的滥用职权或者玩忽职守行为导致,也可以由多个人的不同程度的参与导致而成,更可以由单位构成。由于我国在食品安全的监管过程中,采取了"分段监管为主,品种监管为辅"的监管方式,由多个部门共同承担食品安全的监管职责。[⑤] 所以,两个人以

① 谭淦:《监督过失的一般形态研究》,载《政法论坛》2012年第1期。

② 孟广军:《广东批捕首例涉食品监管渎职罪案》,载《法制日报》2011年12月14日。深圳检察院相关负责人透露,这是广东省首例以涉嫌食品监管渎职罪批捕的案件,也是根据媒体报道发现犯罪线索并立案侦查的典型案例。

③ 林亚刚:《犯罪过失的理论分类中若干问题的探讨》,载《法学评论》1999年第3期。

④ 孟庆华:《"食品监管渎职罪"若干构成要件的理解与适用》,载《山东警察学院学报》2012年第1期。

⑤ 刘丁炳:《监督管理过失犯罪研究》,中国人民公安大学出版社2009年版,第199页。

上的滥用职权或者玩忽职守行为共同导致食品安全重大事故成为实践中的常态。因而,有必要研究食品监管渎职共同过失的责任分配。

目前,对于食品安全的职责,零散地分布在一些规章制度中。譬如,由卫生部牵头建立食品安全综合协调机制,负责食品安全综合监督,承担食品安全综合协调,组织查处食品安全重大事故的责任;农业部负责农产品生产环节的监管;国家质量监督检验检疫总局负责食品生产加工环节和进出口食品安全的监管;国家工商行政管理总局负责食品流通环节的监管;国家食品药品监督管理局负责餐饮业、食堂等消费环节的食品安全监管,等等。[①] 可见,我国食品安全监管具有复杂性的特征,这里所谓的复杂性就体现为食品安全监管环节多、涉及部门多,并且各部门之间承担着不同的监管义务,相互配合共同实现对食品安全的监管,在这种食品安全监管分工合作的情形下,各食品安全监管责任人之间很可能存在监管共同过失、监管过失竞合的情况,应当分别适用不同的责任分配原理进行合理的责任分配。并且在这种分工合作的情形下,信赖原则也可以考虑应用于该领域,用于排除信赖者的责任。以下笔者将对这些问题分别予以论述。

(一)食品监管渎职共同过失犯

过失犯能否成为共同正犯,在德国、日本的学说上一直有争议。但最新的判例均承认了过失犯可以成为共同正犯的趋势。[②] 我国学者持肯定意见者居多,并为共同过失犯下了定义:共同过失犯是指两个以上的行为人负有防止违法结果发生的共同注意义务,由于共同的过失行为,以致损害结果发生的情形。[③] 实践中的"央视大火"案件,也是承认共同过失犯罪的一个范例。

在食品安全监管中,各监管部门具有不同的监管职责,即各监管部门的监管人各自履行其职责范围内的监管职务,承担着不同的注意义务内容,但是对于处于同一部门相同职位且不分工从事监管工作的行为人往往担负着共同的注意义务,这些具有共同注意义务的监管者由于共同的过失而导致

---

① 原英群、于始:《食品安全:全球现状与各国对策》,中国出版集团、世界图书出版公司2009年版,第17页。

② 余振华:《刑法总论》,台北三民书局2011年版,第398~399页。

③ 林亚刚:《犯罪过失研究》,武汉大学出版社2000年版,第264页。

重大食品安全事故或其他严重损害结果的，就构成食品监管渎职共同过失犯的情形。

在共同过失犯中，各行为人的共同注意义务是其成立的核心所在。所谓共同注意义务是指具有同等法律地位的行为人在共同进行某一危险行为时所承担的共同的防止损害结果发生的义务。这种共同的注意义务不仅强调各行为人负有防止自身行为违法产生损害后果的义务，还强调各行为人督促其他负有共同注意义务的行为参与人注意防止因违法行为导致损害后果的义务。正如大塚仁教授认为，当数人的共同行为具有容易使某种犯罪结果发生的高度危险时，社会观念上要求行为人应该相互为防止危害结果发生做出共同注意的事态，当共同者处于平等的法律立场共同进行某一危险行为时，可以承认全体成员之间存在着共同注意义务。[①] 在食品监管活动中，监管行为人的共同注意义务则是具有同一法律地位，不分工从事相同监管职责的监管行为人共同承担的防止因违法行为导致重大食品安全事故或其他严重损害的义务。

食品监管渎职过失共同犯的情形以各监管行为人的共同注意义务为前提，因而多发生在同一监管部门中共同承担某一监管职责的监管行为人共同实施的监管活动中。例如，2011 年 4 月发生在河南的食品监管渎职案，被告人徐某、代某某在河南省黎集公路动物卫生监督检查站值班时，对皖 KC×××9 号和豫 QA×××5 号货车所运载的生猪，未按要求对克伦特罗（即瘦肉精）等进行检测即予以放行，致使含有瘦肉精的生猪流入江苏省无锡市，并在该市被查出了瘦肉精。[②] 在这个案件中，被告人徐某和代某某两人在卫生监督检查站值班时具有共同职责，也即具有共同的注意义务——对出入省境的生猪进行瘦肉精检测，防止含有瘦肉精成分的生猪出入省境。而两人作为动物卫生监督所检疫人员在检查工作中严重不负责任，对应当检疫的生猪不予检疫，致使含有瘦肉精成分的生猪流出省境，造成了严重的危害后果，属于食品监管渎职共同过失犯的情形。

---

① ［日］大塚仁：《犯罪论的基本问题》，冯军译，中国政法大学出版社 1993 年版，第 261 页。

② 《俩检疫员玩忽职守致“瘦肉精”流出省境获刑》，载中国法院网，http://www.chinacourt.org/article/detail/id/468234.shtml，最后访问日期：2012 年 6 月 12 日。

（二）食品监管渎职共同过失犯的刑事责任承担

我国《刑法》第25条规定："共同犯罪是指二人以上共同故意犯罪。二人以上共同过失犯罪，不以共同犯罪论处；应当负刑事责任的，按照所犯的罪分别处罚。"从这一规定来看，我国目前还不承认共同过失犯罪属于共同犯罪，共同过失犯应当按各行为人所犯的罪分别处罚，也即无所谓刑事责任的分配问题。但是，从客观上说共同过失犯罪确实存在，共同过失犯即两个以上具有共同注意义务的行为人，在共同违反共同注意义务的过失心态下实施了违反共同注意义务的共同行为且导致了危害结果的发生，符合共同犯罪的特征，这种客观现象的存在不能以法律的否定而予以否定。因此，目前多数学者均在呼吁承认过失共犯的共同犯罪性质，并且认为过失共犯的刑事责任应当以共同犯罪的原则处罚，而不应当适用分别处罚的原则。①

在共同犯罪中，各行为人的责任原则是"部分行为全部责任"，在承认过失共犯的共同犯罪性质的基础上，食品监管渎职共同过失犯的刑事责任分配问题就迎刃而解。食品监管渎职共同过失犯中，各监管行为人就其共同的渎职行为共同承担过失责任，并且这种共同承担是按"部分行为全部责任"原则来确定各行为人之间的刑事责任的。也就是说，在食品监管渎职共同过失犯中，各共同过失犯罪行为人即使只实施了共同行为中的某一小部分行为，也应当平等地承担全部的过失责任。笔者以为，这种责任的承担方式是十分合理的，理由在于在共同注意义务中，不仅强调各行为人负有防止自身行为违法而产生损害后果的义务，还强调各行为人督促其他负有共同注意义务的行为参与人注意防止因违法行为导致损害后果的义务。因此，在食品安全监管共同过失犯中，各负有共同注意义务的监管人应当平等地对整个行为负全部过失责任。在上述案件中，被告人徐某和代某某二人应当共同而且平等地对他们的监管渎职行为负全部的过失责任。

（三）食品监管渎职过失竞合的责任分配

1. 食品监管渎职过失竞合犯

过失竞合犯（也有学者称为过失同时犯）是指各自承担独立注意义务的共同行为人分别违反自身的注意义务，共同导致损害结果发生的情形，其

---

① 林亚刚：《犯罪过失研究》，武汉大学出版社2000年版，第262～269页。

中各共同行为人之间是相对独立的，不具有共同的注意义务。在食品安全监管行为中，往往是由各个不同监管部门的监管人员从各个领域与各个环节对食品的安全进行监管以保障食品安全。在某种食品的生产与流通过程中，至少有质量监管部门对其生产环节进行监督，还有工商行政部门对食品流通中的安全进行监管，此外，还有农业行政部门、卫生行政部门等从其他环节对各种不同的食品安全进行监管。这些不同的监管部门因分工不同而具有不同的职责与义务，如果各监管部门因各自的过失行为而共同导致重大食品安全危害时，就属于食品监管渎职过失竞合犯。

食品监管渎职过失竞合犯与食品监管渎职共同过失犯不同，其区别的关键在于各共同监管者之间是否存在共同的注意义务。如果各监管者属于同一监管部门并且在同一监管环节中没有分工地共同完成某一监管职责，则各监管者往往具有共同的注意义务，因违反共同的监管义务而导致重大食品安全危害的属于食品安全监管渎职共同过失犯的情形。如果各监管者属于不同的监管部门，对不同环节或不同的食品品种进行监管的话，则各监管者之间往往承担着不同的监管职责，具有不同的注意义务内容，若监管者们在各自的职责范围内因各自独立的监管渎职过失行为共同作用而导致重大食品安全危害的，属于食品监管渎职过失竞合犯的情形。例如，前些年所发生的轰动全国的“安徽阜阳奶粉事件”，在该案件中，由于质量监管部门疏于监管使奶粉制造商违法生产了大量劣质奶粉，同时又由于工商部门对奶粉流通环节监管不力，导致劣质奶粉充斥阜阳市场。在本案中，质量监管部门与工商行政部门在其监管职责内都违反了相应的监管义务，应当承担监督管理过失责任，并且因两个监督部门之间不具有共同的注意义务，分别是在各自不同的监管职责中违反了各自的注意义务，因而属于食品监管渎职过失竞合犯。

2. 食品监管渎职过失竞合犯的刑事责任承担

鉴于过失竞合犯与过失共犯的区别，过失竞合犯不能认定为共同犯罪，因此其责任的承担不能以共同犯罪的“部分行为全部责任”为原则，而应当适用各自处罚的原则。在对各监管责任人进行各自处罚的过程中，各监管者的责任分配问题成为了关键。过失竞合犯是多个独立的过失共同造成一个损害后果的情况，属于“多因一果”的情形，各监管者的刑事责任应当按照罪过程度和原因力的大小进行分配。

所谓罪过程度即指行为人主观上存在的罪过程度,由于过失犯罪主观罪过表现为对注意义务的违反,所以在判断过失行为的主观罪过程度时可以根据行为人所违反的注意义务的重要性和对注意义务违反的程度这两个方面来进行判断。在食品监管渎职过失犯罪中,即表现为监管者所违反的监管义务的重要性和对监管义务的违反程度两个方面的综合判断。监管渎职过失行为所违反的监管义务越重要,其主观罪过程度就越大,相应的责任也就越重,反之则越轻;由于并非所有的监督管理过失都构成食品监管渎职罪,只有严重违反监管义务且造成重大食品安全事故或其他具有严重社会危害性的行为才构成犯罪。违反监管职责或者说违反监管义务的级别、重要性是衡量责任大小的一个方面,但是,违反职责与所导致的危害后果之间的因果关系的有无以及大小也一样成为食品监管渎职过失竞合犯中责任认定的关键。因果关系的有无以及大小可以称为“原因力”的大小,是衡量渎职行为与危害结果之间是否具有重要关联性的标准。所谓原因力,也被称为“损害参与度”,是指在引起同一损害结果的数种原因中,每个原因对于该损害结果发生或扩大所发挥的作用力。① 在原因力规则下,当食品安全发生后,可以分析各监管渎职行为的损害参与度,即各监管渎职行为对损害后果的发生所起作用的大小,也即监管渎职行为与损害后果发生之间的因果关系大小,进而确定各监管渎职者的责任范围。对损害结果的发生具有越大的原因力,行为的过失责任就越重,反之则过失责任越小。而如何判断各渎职行为对危害结果发生原因力大小,其判断标准是什么?根据日本的通说观点,监督管理过失的因果关系判断是以“盖然性说”作为标准的。② 我们认为这是一个相对合理的判断因果关系的标准,其优点是可以通过概率表达出来,从而直观地表达出原因力的大小。

在“阜阳奶粉事件”这一案例中,质量监管部门与工商行政部门之间属于食品监管渎职过失竞合犯,应当根据双方过失行为对危害结果的原因力

① 张新宝:《侵权责任法原理》,中国人民大学出版社 2005 年版,第 65 页。

② [日]大塚裕史:《管理监督的过失》,载《刑法的争议》,精文堂印制株式会社 2007 年版,第 81 页。

来分配各方应承担多大的过失责任。在该案中，笔者认为，质量监管部门疏于监管的行为与工商行政部门监管不力的行为对危害结果的原因力看似相当，都是危害结果发生的重要原因。但考虑到该案中，工商局曾不断接到群众举报而依然疏于监管，既没有采取任何措施阻止继续生产和销售，更没有通报进行召回产品的行为，[①]其监管渎职行为对于危害后果的扩大以及食品安全事故的发生具有更大的原因力，因此，应当在本案中承担更大的责任，在量刑的时候应该处罚从重。

（四）信赖原则与食品监管渎职过失责任的分配

在食品安全的监管中，由于各监管责任人或单位对不同的食品种类及不同的环节分别承担着不同的监管义务，进行分工合作，共同实现食品安全的保障。为了顺利且高效地防止食品安全事故的发生和实现食品安全的目标，笔者认为可以适当地考虑各食品安全的各监管主体之间是否有必要形成一种分别在各自工作岗位上严格按照相应的职责进行监管的相互信赖，并以此为前提，尽心履行各自的注意义务。

信赖原则在食品安全监管渎职中的适当运用有利于各监管主体之间注意义务及过失责任的分配，进而提高食品安全监管效率，保障食品安全监管的全面实现。新过失论则从信赖原则出发，只要信赖具有社会相当性，被监督人违反信赖的行为造成危害后果的，监督人不成立过失。[②] 根据食品安全监管部门之间及监管者之间的关系，可以将其中的信赖相应地分成"水平信赖"和"垂直信赖"两种形式。以下笔者将分别论述信赖原则在这两种情形下的适用。

1."水平信赖"中过失责任的分配

水平信赖即在食品安全监管中因水平分工所形成的信赖关系。这种水平信赖关系也称为平行性信赖关系，是指在人格和地位上平等的主体之间建立的信赖关系。[③] 在食品安全监管过程中通常表现为不具有共同注意义务且具有平等地位的监管主体，各自实施其在监管职责范围内的行为，同时

① 安徽省高级人民法院(2006)皖刑终字第0122号刑事判决书。

② 谭淦：《监督过失的一般形态研究》，载《政法论坛》2012年第1期。

③ 刘丁炳：《监督管理过失犯罪研究》，中国人民公安大学出版社2009年版，第160页。

与具有其他监管职责的监管主体合作，共同完成监管任务，实现食品安全保障的目的。在水平信赖关系中，各监管主体之间都具有平等的地位，且不具有共同的注意义务，互相之间没有监督和指示的义务。由此，水平信赖即在食品安全监管中处于平等地位的各监管主体相互之间对其他人能够为适切行为的信赖。常见的水平信赖包括各不同监管主体在食品安全监管中所形成的信赖。例如，在某食品的生产与流通过程中，其中对食品生产加工环节的监管由质量监管部门负责，而对食品流通环节的监管则由工商行政部门负责，两个部门共同承担对该食品在生产与流通中的安全保障职责。在这种情形下，工商行政部门只在其职责范围内在食品流通环节对食品安全进行监督，而无需监督质量监管部门对食品进入流通之前是否对食品的生产与加工环节尽到应尽的监管义务。

在水平信赖的基础上，各平等的监管主体之间在责任分配上采用责任自负的原则，即各监管主体只需对自身职责范围内的行为承担过失责任，而对于其他监管主体的过失行为无需承担责任，也即各具有平等关系的监管主体只需谨慎地完成自己分内的职责，履行自己职责范围内的注意义务，就可以信赖其他行为人会如自己一样在其专业领域内慎重地履行所分担的职责，而不用承担起监督、检查同僚是否履行与是否正确履行的义务，对于同僚所犯下的过失，也由该同僚自负其责。① 在食品安全监管中，即指某一监管主体只需谨慎地完成自己分内的职责，履行职责范围内的注意义务，就可以信赖其他监管主体也会慎重履行职责，而无需承担对其他监管主体的监督义务。此时信赖原则在食品安全监管的合作中会免除平等监管主体之间的监督、检查义务，从而提高食品安全监管行为的效率。

2.“垂直信赖”中过失责任的分配

垂直信赖即在食品安全监管中由于垂直分工所形成的信赖关系。这种垂直信赖也被称为从属性信赖，是指在地位不平等、具有上下级从属关系的主体之间建立的一种纵向的信赖关系。在垂直信赖关系中，食品安全监管主体之间不再是平等关系，而是一种上级与下级的关系，监督与被监督或管

① 王海涛:《过失犯罪中信赖原则的适用及界限》，中国人民公安大学出版社2011年版，第237页。

理与被管理的关系。

在垂直分工的食品监管行为中,由于上级对下级担负着监督、管理的义务,因此责任的分配不再像水平信赖中那样简单地按实行行为人自负其责的责任分配原则,如果上级监管主体存在监督、管理不力的问题,对于下级监管主体的监管过失行为应当共同承担责任。但是,如果一概否定信赖原则在这种情形下的适用,那么这种分工也许就失去了其既有的意义,上级监管主体的责任无法得到分担,就无法更好地对整个监管行为进行统一协调与管理。因此,有些场合应当引入信赖原则,在上、下级监管主体中实现责任的分配,使上级监管主体有足够的时间和空间对更多的食品安全监管问题进行协调与处理,从而更全面地实现对食品安全的监管。同时,信赖原则的适用也能使下级监管主体能够不为上级监管主体的过错而承担不必要的责任。

在垂直信赖关系中包括下级对上级的信赖和上级对下级的信赖。下级对上级的信赖是指下级监管主体可以信赖上级监管主体能够对监管工作做出正确的指示与指导,并对自己进行必要的监督。通常情形下,下级监管主体的监管权力来源于上级监管主体,下级监管主体可以信赖上级监管主体能够做出正确的指示与指导。如果下级根据上级的指示进行监管活动,因上级的指示错误而导致重大食品安全事故或其他严重后果的,下级监管主体可以以信赖原则为由而免除过失责任。所谓上级对下级的信赖则是指上级监管主体可以信赖下级监管主体能够按照其职责要求适切地完成相应的监管工作。如果下级监管主体没有按照职责规定实施监管行为而造成严重损害的,应当由下级监管主体来承担过失责任,上级监管主体可以基于信赖而不承担过失责任。

第四节　食品公害犯罪的刑事政策[①]

2009 年以来,国家陆续出台了《食品安全法》等一系列法律、法规、制

---

① 本部分内容参见李兰英、周微:《危害食品安全犯罪的刑事政策》,载《中国刑事法杂志》2013 年第 3 期。系司法部课题的阶段性成果。

度,成立国务院食品安全委员会,持续加大财政投入和工作力度,深入开展重点领域的集中整治,严厉查处食品安全违法行为,消除了食品公害风险隐患,基本遏制住了重大食品安全事件高发的势头,没有出现大的系统性风险。与此同时,国家注重长效机制建设,不断完善监管制度、堵塞监管漏洞,食品安全监管体系不断健全完善。国务院成立的食品药品监督管理总局,整合了原来分散在几个部门的监管职能,进一步理顺了体制机制,强化了监管责任。最高人民法院、最高人民检察院颁布的《关于办理危害食品安全刑事案件适用法律若干问题的解释》,通篇都体现了从严惩处的精神。①

一、对食品公害犯罪典型案例的反思

最高人民法院为彰显刑罚惩戒与教育功能,营造打击犯罪舆论氛围,于2012年11月24日公布四起危害食品安全犯罪典型案例,②这四起案例分别是刘某、奚某某、肖某、陈某某、刘某某以危险方法危害公共安全案,孙某某、代某某销售伪劣产品案,叶某某、徐某某、谢某某生产、销售伪劣产品案,以及王某某、杨某、王某某玩忽职守案。③ 最高人民法院鲜明表态:危害食品安全犯罪可适用多个罪名,但根据证据情况和相关规定,法院通常会选择处罚较重的生产、销售伪劣产品罪甚至是以危险方法危害公共安全罪等定罪处罚。④

食品的安全关系到人民生命健康和社会整体秩序安宁,因而,对危害食品安全犯罪活动的严厉打击历来得到了社会各界的大力支持。然而,在一次次严厉打击之后,仍然有一些不法厂家铤而走险,不惜以身试法。人们不禁反思:对食品公害犯罪的刑事司法审判是否实现其应有的效果呢?⑤ 死刑能化解食品安全的危机吗? 对此问题的疑惑,最高人民法院刑事审判第

① 《食品安全是世界性难题》,载《求是杂志》2013年6月3日。

② 王丽娜:《最高法通报惩治危害食品安全犯罪情况,食品安全犯罪择较重罪名处罚》,载《京华时报》2011年11月25日。

③ 《刘襄等以危险方法危害公共安全案》,载《中国法院网》,http://old.chinacourt.org/public/detail.php? id=470399,最后访问日期:2011年11月25日。

④ 张先明:《彰显刑罚惩戒教育功能营造打击犯罪舆论氛围:最高人民法院公布四起危害食品安全犯罪典型案例》,载《人民法院报》2011年11月25日第3版。

⑤ 尹鸿伟:《死刑能化解食品安全危机吗》,载《南风窗》2010年第22期。

二庭庭长裴显鼎的解释是："严惩必须依法，应判处死刑的绝不手软，但从死刑到无期等量刑都有严格的法定适用标准……肯定不能格杀勿论。"①笔者对于裴庭长的解释非常理解，将威胁社会和谐的最核心层面的犯罪划定为"从严"打击的对象也是笔者的主张。但是，根据这段时间公布的一些典型案例，配套司法解释的说明，结合法学专家的议论，笔者认为，当前在审理危害食品安全犯罪的过程中存在以下的隐忧：

(1)在公布的指导性案件中，没有区别出判处以危险方法危害公共安全罪的具体条件。(2)虽然立法已经完成危害食品安全犯罪的罪名体系和形成阶梯状的惩罚体系，但司法实践中没有体现出来罪与刑相适应的标准。(3)当出现法条竞合时，到底是"特别法优于普通法"还是"重法优于轻法"，实践中表现的并不一致。(4)司法认定时，偏重于以危害结果的轻重和社会危害性的大小来判断罪名，而不是以犯罪构成条件和人身危险性来衡量定罪量刑。尤其是忽略了主观方面的具体分析。(5)判决时，为了迎合民众要求"严惩"的心理，体现坚决严厉打击的决心，一律以重罪重刑制裁，似有逾越罪刑法定原则之嫌。

总之，从典型案例的罪名选择到刑罚适用的趋向，从最高人民法院的态度到意图产生的效果，处处透漏出一种"严打""从重"的态势。依据目前学者对于宽严相济刑事政策的理解，宽严相济刑事政策是我国现阶段的基本形势政策，其贯穿于刑事立法、刑事司法和刑罚执行的全过程，在审理危害食品安全犯罪的过程中应该得到贯彻。如此，我们需要探讨的是：法院在刑事审判过程中如何处理宽严相济刑事政策与刑事法律规范结构之间的关系，以实现对个案准确地定罪量刑呢？回答这些问题就应该审视刑事政策与刑事审判之间关系，思考宽严相济刑事政策的司法化的路径。

二、宽严相济刑事政策对司法审判的影响

刑事政策是一定阶段社会对犯罪反应的集中体现，②是指国家基于预

---

① 王丽娜：《最高法通报惩治危害食品安全犯罪情况，食品安全犯罪择较重罪名处罚》，载《京华时报》2011年11月25日。

② 陈兴良：《宽严相济刑事政策研究》，载《法学杂志》2006年第1期。

防犯罪、控制犯罪，以保障自由、维持秩序、实现正义目的而制定并实施的准则、策略、方针、计划以及具体措施的总称。[1] 刑事政策不同于刑事法律，刑事政策可以有针对性地对某一社会阶段出现的刑事犯罪问题灵活地采取应对措施，从而更有力地实现预防和惩治犯罪的社会功能。[2] 尽管学者对于宽严相济刑事政策到底是我国的基本刑事政策还是具体的刑事政策尚有争议，[3]但丝毫不影响宽严相济的刑事政策的特别重要意义，即最高人民法院概括的是司法机关惩罚犯罪，预防犯罪，保护人民，保障人权，正确实施国家法律的指南，对最大限度地预防和减少犯罪、化解社会矛盾、维护社会和谐稳定，具有特别重要的意义。[4] 在当前经济发展和转型时期，对待经济犯罪的态度是"严厉"还是"宽容"，是注重对社会的保护还是依法受到犯罪人人权保障的限制，都表明了宽严相济的刑事政策对于司法审判的影响。

面对食品公害犯罪日益挑战民生底线的威胁，社会各界齐声严打之声不绝于耳，学界也对严刑峻法表现出了极大的热情。似乎"加大处罚力度，依法从重从严惩罚"具备了合理性前提。从最近的司法解释和具有示范效果的指导案例公布来看，这种趋势和高压的态势愈发明显，使我们不得不反思：惩治危害食品安全犯罪的司法实践中，是否意味着司法机关只需要从严从重，不必考虑从轻从宽，宽严相济呢？我们认为，这样的理解是片面和缺乏理性的。

（一）"从严惩处犯罪"并非否定"宽严相济"

根据《最高人民法院关于贯彻宽严相济刑事政策的若干指导意见》，食品公害犯罪处于应当依法从严惩处犯罪的地位，[5]体现了"严格严厉"的刑事政策对于司法实践的影响。从上述列举的食品安全犯罪的系列罪名体系中可以看出：在罪与非罪的界定，法条竞合时的法律适用原则，主观恶性大小的比较，客观危害结果的衡量等问题上，无论是理论界还是司法界均未达成一致的意见。在这种情况下，处置危害食品安全犯罪是坚守"罪刑法定"

① 曲新久：《刑事政策的权力分析》，中国政法大学出版社 2003 年版，第 74 页。
② ［日］大谷实：《刑事政策学》（新版），黎宏译，中国人民大学出版社 2009 年版，第 4 页。
③ 魏东：《刑事政策学》，四川大学出版社 2011 年版，第 37～40 页。
④ 《最高人民法院关于贯彻宽严相济刑事政策的若干意见》（法发〔2010〕9 号）。
⑤ 《最高人民法院关于贯彻宽严相济刑事政策的若干意见》（法发〔2010〕9 号）第 9 条。

还是以“宽严相济”刑事政策为灵活的标准是法官要面临的现实问题。譬如,危害食品安全犯罪是否重新划归为以危险方法危害公共安全罪的争议,起源是以危险方法危害公共安全罪的法定刑更为严厉,而且危害食品安全犯罪的客观危害、侵害的法益具有趋同性。刑事法律规范明确了以危险方法危害公共安全罪的犯罪构成要件,任何一起危害食品安全犯罪都需要对照构成要件来定罪量刑,那么,是否应在刑事法律规范之内选择从严惩处,则要根据是否存在“从严情节”和“从宽情节”综合把握,以实现刑事司法审判对危害食品安全犯罪在罪刑法定框架内的宽严相济。逾越个罪的犯罪构成条件和罪刑法定的原则并不是“宽严相济”司法政策的初衷。只有正确看待法治的本质内涵,合理调和“严”“宽”和“相济”刑事政策与刑事法律之间的张力,将“罪刑法定”与“与时俱进”有机结合起来,才应该成为目前打击食品公害犯罪的重要方向。

(二)指导性案例的颁布并非强制、强调完全效仿

2010 年 9 月 15 日,最高人民法院、最高人民检察院、公安部、司法部联合公布了《关于依法严惩危害食品安全犯罪活动的通知》,该通知要求依法严惩危害食品安全犯罪活动,对于罪当判处死刑的,要坚决依法判处死刑,以此形成始终对危害食品安全犯罪打击的高压态势。最高人民法院 2011 年年底公布的四个典型案例,示范性地说明了惩罚食品安全犯罪的决心和力度,也透露出“从严从重处罚”的指导思想。因而,给人的印象是司法运用中仅仅注意到了严厉的一面,而忽略了宽严相济。但问题是,公布案例作为指导性的示范,就意味着引导各地法官遇到类似的案件可以效仿定罪和量刑,确实是展示了运用刑事政策的指导因素进行判案的效果。不过我们必须辩证地思考:宽严相济刑事政策的属性,从本质上来看仅仅只是刑事司法审判过程中正确适用法律的行动指南,并不是剥夺法官根据个案事实进行司法裁量的枷锁。① 单一推崇能动的指导性案例而忽略刑法规范自身的确定性和明确性,并非是刑事政策的最终目标。

(三)“法律与社会效果的统一”呼吁宽严相济的刑事政策

刑事司法审判贯彻宽严相济刑事政策必须确保案件本身的法律效果,

---

① [德]克劳斯·罗克辛:《刑事政策与刑法体系》(第 2 版),蔡桂生译,中国人民大学出版社 2010 年版,第 7 页。

缺乏正确法律效果的刑事司法审判不仅无法实现公正、秩序等社会效果，也最终将破坏法律安定性与司法公信力。① 危害食品安全犯罪的司法审判本身与现实社会密切相关，因此，定罪量刑是否准确不仅由法律效果来衡量，还需要顺应民众心声，形成司法审判的社会效果。可以肯定的是，最高人民法院认为，遴选和公布的四起危害食品安全犯罪典型案件，实现了法律效果与社会效果统一。然而，法律效果的检验应该放在广袤长远的空间和时间中去透视、去比较。在三鹿奶粉、苏丹红、瘦肉精的众多案件中，何以寻求司法判决的均衡一致？何以体现法律的公平与秩序？“非自愿的服从虽然可以获得暂时的安全，但却不能成就对秩序的认同。”②正如我国学者指出的：让审判的社会效果寓于其法律效果之中。司法审判在做出裁判之前，便应当理性面对裁判结果所可能产生的社会效果，并在法律制度范围内力求达成最优的社会效果。③ 针对当今社会的经济转型阶段所涌现出来的经济犯罪，学界一直呼吁要“废除死刑”，要“从宽看待”，而惩处危害食品安全犯罪，却少有人反思“严打”的极端表现可能带来的对刑法的基本立场和角色的错位。司法审判追求法律效果与社会效果的统一，这要从长远的影响看待和评判。众所周知，药家鑫被执行死刑之后，人们开始反思是否应该“从宽”处置？刑法的谦抑性原则在当时被社会反应彻底湮没。如果将严厉打击食品公害犯罪理解为“一味重刑打击”，“一律偏重处罚”，那么，必然出现罪刑失衡，远离“人道与公正”的法律价值。当然，我们也需谨记：“宽不是法外施恩，严也不是无限加重。”④

三、正确把握危害食品安全犯罪中的“宽”与“严”

从危害食品安全犯罪的规范分析到宽严相济刑事政策对司法审判的影响考察，最终要回答：宽严相济刑事政策如何运用于食品安全犯罪的刑事司法审判之中？笔者总结为：在危害食品安全犯罪的规范分析中寻求“宽”与

---

① 阴建峰：《论法律效果与社会效果的统一——以贯彻宽严相济刑事政策为中心》，载《河南社会科学》2011 年第 2 期。

② ［英］安东尼・吉登斯：《现代性的后果》，田禾译，译林出版社 2000 年版，第 88 页。

③ 江国华：《审判的社会效果寓于其法律效果之中》，载《湖南社会科学》2011 年第 4 期。

④ 高铭暄：《宽严相济刑事政策与酌定情节的适用》，载《法学杂志》2007 年第 1 期。

“严”的要素，从刑事政策的司法过程中寻求“宽严相济”的路径。

（一）刑法规范中食品公害犯罪的“宽”与“严”的要素

1. 区分主观恶性的强弱

最高人民法院在《关于贯彻宽严相济刑事政策的若干意见》第10、16条的规定中，明确了被告人的主观恶性和人身危险性是从严和从宽的重要依据，在适用刑罚时必须充分考虑。刑法理论中，主观恶性是被告人对自己行为及社会危害性所抱的心理态度，在一定程度上反映了被告人的改造可能性。对主观恶性深的被告人要从严惩处，主观恶性较小的被告人则可考虑适用较轻的刑罚。在危害食品安全犯罪中，行为主体对于“生产、销售的食品或者非食品材料”的性质的明知，对于“即将导致发生的危害后果的明知”是有程度之区别的。“明知……会发生”，本身就包含“明知……可能发生”和“明知……必然发生”。后者的主观恶性程度显然更加严重。值得注意的是，由于明知的含义是“明确知道”，但对于犯罪嫌疑人来说，案发后都会避重就轻，含糊其辞，甚至找借口说自己不知道。那就需要根据案件事实证据进行分析，做出法律上的推定的故意。

在区分主观恶性的强弱时，还要考察主观动机与目的。生产、销售有毒有害食品罪的行为人主要是出于追求更大的经济利益而置社会公众的生命健康于不顾，本意上并非希望出现不特定的消费者身体健康的损害。此可谓“利欲熏心”，良心变质。而以危险方法危害公共安全的犯罪，行为人明知自己的行为对于不特定的人或物产生极大的危害，具有严重的社会危害性，但是，行为人不顾一切地追求这个目的。可谓“丧心病狂”，不可饶恕。基于主观恶性之比较，可以分别处以生产、销售有毒、有害食品罪和以危险方法危害公共安全罪。

以“三鹿奶粉系列案”为例，司法界对于张某某生产、销售“蛋白粉”的行为性质一直存有争议。焦点在于对“有毒有害”的理解。一种观点认为其构成以危险方法危害公共安全罪，一种观点认为其构成生产、销售有害食品罪的共犯。我们对此案件进行了分析和梳理后，依然有如下值得商榷的地方：首先，从网上公布的专业人士所做出的评价，界定了“三聚氰胺”，即“蛋白粉”的性质属于有害的非食品原料，进而认为另一个犯罪嫌疑人耿某某将“蛋白粉”掺入原奶中并销售的行为构成生产、销售有害食品罪而不是生产、销售有毒食品罪;其次,耿某某将"蛋白粉"掺入到原奶中,主观目的是提高测试蛋白质的含量,追求利益而为,况"三聚氰胺"掺入牛奶中,已经成为牛奶行业的潜规则,行为人对于"受三聚氰胺污染的婴幼儿配方奶粉能够导致婴幼儿泌尿系统结石"的严重危害后果并不是明确知道,更不希望和追求这种危害结果的发生。这与积极追求危害结果的出现有本质区别。因此,不符合以危险方法危害公共安全罪的构成条件,只能得出张某某生产、销售"蛋白粉"的行为构成生产、销售有害食品罪。

如果以"张某某案"比较最高人民法院公布的刘某等以危险方法危害公共安全案,我们可以观察到其中的差异。法院认为,"被告人刘某等明知使用盐酸克仑特罗(瘦肉精)饲养生猪对人体的危害,被国家明令禁止,刘某等仍大量非法生产用于饲养生猪的'瘦肉精'……致使使用盐酸克仑特罗饲养的生猪大量流入市场,严重危害不特定多数人的生命、健康,致使公私财产遭受特别重大损失,社会危害极大,影响极其恶劣,五名被告人的行为均已构成以危险方法危害公共安全罪,系共同犯罪"。[①] 从判决书中的表述和用词的分量上看,行为人的主观动机是牟取暴利,但因为在饲料中添加"瘦肉精"对人体造成巨大伤害已经成为常识性的知识,"瘦肉精"早就被国家明文禁止添加在饲料中,行为人确系"明知"的情况下,仍然大量生产和销售,等同于明知而故意"掺入",主观心态上最起码达到了"放任危害结果必然发生的"的程度,因而表现出极大的主观恶性。况且,实际上也造成了公私财产特别重大损失,属于实害犯的最严重情节,应该适用最为严厉的惩罚。但即使是这样惨不忍睹的危害结果和不可饶恕的主观恶性,我们也并不赞成以危险方法危害公共安全罪来定罪量刑,不能因为要严惩而通过改变罪质的方法提升惩罚力度。至少,在法律没有修改之前,要坚持现有法律规定的"宽与严"的尺度。

2. 根据"不安全隐患的程度"来把握量刑的"宽与严"

央视曾曝光山东一些养鸡场违规使用抗生素和激素养殖肉鸡,使"产

---

① 《刘襄等以危险方法危害公共安全案》,载中国法院网,http://old.chinacourt.org/public/detail.php? id =470399,最后访问日期:2011 年 11 月 25 日。

销速生鸡”可否构成食品安全犯罪成为争议焦点。[①] 何谓“不符合食品安全标准的食品”,如何界定某种物质存在对人体健康潜在的安全隐患?这直接关系到食品公害媒介形成的判断,世界卫生组织对于食品安全的定义包含两个方面:一是有毒、有害物质;二是对人体健康有影响。只有这两方面因素同时存在,才能说是出现了食品安全问题。因此,需要专家根据科学依据对某一种食品存在的“不安全”或者“危害后果”进行科学的定量评估。法学专家也建议应该出台司法解释对此标准进行细化规定。类似的问题,如“有毒”“有害”性质的区分,非食品材料的界定以及食品添加剂的标准等,都是在判断食品安全犯罪中“宽、严”把握的参考系数。实践中关于“地沟油”是有毒还是有害?违规使用激素和抗生素达到什么程度才可以视为安全隐患?这些细节的区别影响了定罪与量刑。但判断标准绝对不能一味听从媒体的渲染和民众的恐慌。

3. 根据主观与客观的综合表现来确定宽严的尺度

在食品公害犯罪的认定中,司法机关必须考察主观心态、行为手段、因果关系、危害后果、社会影响等综合因素,尤其应该重点关注行为人的“主观恶性强弱的程度”,以此来判断行为人的人身危险性,从而裁量对行为人实施何种惩罚可以实现最佳预防与教育的效果。如果仅凭借行为手段和危害后果来衡量犯罪的轻重,就回到了纯粹客观主义立场。众所周知,重大责任事故罪导致的危害后果有时比故意犯罪造成的危害后果更严重,立法者基于主观心态的区别,强调人身危险性的大小,可以矫正的可能性高低,而设立罪刑的阶梯。在危害食品安全犯罪的司法判断中,应该坚持犯罪构成要件,坚持主客观相结合的立场把握“宽严”的尺度。

4. 依据公平理念适用“法条竞合”的规则

既然食品公害犯罪在刑法中体现为一个存在法规竞合和刑罚阶层明确的罪名体系,司法机关就应该在刑事法律规范基本框架下,尽量用足用尽刑法的规制功能,而不能逾越罪刑法定的原则,更不能出现“从严从重”的一边倒的现象。对于如何取舍法条竞合状态下的适法依据,最高人民法院的

---

① 王丽丽:《“产销速生鸡”可否构成食品安全犯罪》,载《检察日报》2012 年 12 月 31 日第 1 版。

态度以及司法实践中的做法均采取的是“重法优于轻法的原则”。张明楷教授认为我国刑法分则对于犯罪的分类并不是十分准确的,而且特别条款的设置过多……应当合理地确定相关犯罪的保护法益,妥当处理法条竞合与想象竞合的关系。对此,他的处理原则似乎与最高人民法院对待危害食品安全犯罪的态度不谋而合:“当一个行为同时触犯同一法律的普通法条与特别法条时,在通常情况下,应依照‘特别法条优于普通法条’的原则论处。”但是,“有条件(或例外)适用‘重法优于轻法’处理原则并非重刑主义”。“在特别关系中,有条件地适用重法优于轻法的原则,既不违反罪刑法定原则,也不违反刑法的其他原则,相反符合罪刑相适应原则。”[①]甚至进一步辩护:“禁止适用重法优于轻法的原则,并不是刑法明文规定的原则;法官适用重法优于轻法的原则,并不是创制一个新的法律规定,而是公平正义地适用刑法的结果。”[②]笔者认为,既然刑法没有明文规定法条竞合与想象竞合时应该适用什么原则,那么,张教授的意见也只是代表一家之言。如果是在提倡“从宽”“从轻”的刑事政策背景下,这番理论和主张也一样可以倒过来为“宽严相济刑事政策”在司法中的运用进行佐证。

(二)从刑事司法程序中寻求食品公害犯罪“宽严相济”的路径

宽严相济刑事政策司法化是指宽严相济刑事政策在司法实践过程中发挥作用的一个过程,是利用司法的载体来体现刑事政策精神的内核,最终在程序合法的司法环境下实现实质的正义的过程。[③] 从结合食品公害犯罪的具体罪名体系来看,宽严相济刑事政策的司法转化必须通过刑事司法审判,具体运用刑事法律规范来加以实现。在刑事法律规范的领域内,犯罪构成要件具有相对的固定性,刑事程序制度也存在法律的稳定性。在司法审判中,首先,法官要以事实为依据,以法律为准绳,这就要求刑事司法审判在事实和规范之间进行法学方法论意义上内在的自证合法。其次,刑事司法审判在刑事法律规范缺乏具体操作规则之时,便需要法官针对个案具体事实进行司法裁量以自证合理。例如,食品公害个罪的处罚一般要求并处罚

---

① 张明楷:《法条竞合中特别关系的确定与处理》,载《法学家》2011 年第 1 期。

② 同上。

③ 田圣斌、石琰子:《宽严相济刑事政策及其司法化研究》,载《铁道警官高等专科学校学报》2009 年第 6 期。

金，但是对罚金的多少，罚金是依据犯罪所得抑或是罚金可以施以无限制的惩罚等问题，刑事法律规范并没有给出明确的操作规则，需要法官合情合理地自由裁量。最后，刑事司法审判遵循法律的正当程序，在特定程序与制度框架内刑事政策才能够保证得以实施。① 司法实践中，司法人员重实体轻程序，重打击犯罪而轻视人权保障的情形依然不同程度的存在，因此，需要在实体和程序方面把控自由裁量权的行使边界。

当前进行的各项程序上的司法改革均反映了在宽严相济刑事政策指导下的对待犯罪的态度。如在刑事司法过程中，引入的具有非犯罪化功能的刑事和解制度；进一步扩大的“简易程序”审理；进一步完善不起诉制度；强调无罪推定和疑罪从轻的原则；适时公布“指导判例”，以鲜活的实例触动社会敏感神经，从而更加灵活的指导司法实践。而实体法中的宽严相济的实现路径除了前面所谈的考虑人身危险性的因素之外，必须遵循我国《刑法》规定的法定从严、从宽的情节，如自首、立功、累犯、未成年、未遂犯、中止犯、教唆犯等因素，在量刑中对宽和严的因素进行协调考虑。即使是一些非法定的情节，诸如犯罪主体的人格缺陷，犯罪手段、主观恶性、社会危害性以及对被害人进行积极补偿等酌定情节，也可以根据当下的刑事政策进行具有一定的灵活性的调整。

（三）食品公害犯罪的规制最终回归到刑事法的基本原则

虽然刑事政策对刑事法律具有指导意义，但是刑事法律的规则性和确定性却是刑事政策所不能替代的。离开了稳定的刑事法律，刑事政策就变成了不可捉摸的东西，人们就会无所适从，人权也难以保障，其终极后果是法律的虚无与法治的颓废。因此，司法实践中，要把握好刑事政策与刑事法律的关系，避免两个极端：一种是只依据法律，忽视刑事政策的倾向；另一种是以刑事政策代替法律，导致法律虚无主义的倾向。②

宽严相济刑事政策是一项灵活的司法政策，灵活的司法政策可能给刑事法律原则和立法权限带来巨大的冲击和破坏。所谓“该宽则宽，当严则

① 龙宗智：《宽严相济政策相关问题新探》，载《中国刑事法杂志》2011 年第 8 期。

② 张利兆：《宽严相济刑事政策的贯彻与严格依法定罪——由一起从绑架罪改为敲诈勒索罪案件引发的思考》，载《人民检察》2008 年第 10 期。

严,宽严相济,罚当其罪”,本意上说明宽严相济是有尺度的,也是有原则和底线的。刑事法律就像“如来佛的掌心”,而刑事政策宛如孙悟空,无论怎样折腾跳跃,都不会脱离如来佛的手心。刑事法律是刑事政策无法逾越的一道屏障。因此,在运用宽严相济刑事政策来应对食品公害犯罪的过程中,必须坚持“罪刑法定原则”“罪刑相适应原则”,法律面前人人平等原则,坚持正当程序原则,限制着刑事政策的恣意,必须回归刑事法律的原则,必须守住刑事法律公正的底线,这是确保法律安定性和司法公信力的必然选择。宽严相济刑事政策的目标是对某一时期司法审判活动进行指导,确定司法裁量所应遵循的基本的方向,并在目标的指引下,实现刑事司法审判过程法律效果和社会效果的双重统一。在此意义上讲,刑事司法审判过程中运用宽严相济刑事政策是一个能动而不失灵活的过程,是一个动态的司法政策行动指南。危害食品安全犯罪需要刑事法律的规制,而危害食品安全犯罪的规制并非依靠严惩便可一劳永逸地予以解决。

第七章　环境公害犯罪的理论与实践

鉴于环境具有先在性和独立性，人类对其具有强烈的依赖性，无论是污染环境还是破坏环境的行为都会危害人，进而影响整个人类自身的生存和发展，因此，对环境的犯罪或与环境有关的犯罪属于公害犯罪。本章专门研究环境公害犯罪，内容涉及环境公害犯罪的困境现状、当前环境公害犯罪适用中的重大实务问题、环境公害犯罪的责任追究以及环境公益诉讼等。

第一节　环境公害犯罪的双重困境

当今世界各国的环境保护运动中，民间力量、行政手段、民事手段和刑事手段被并称为环境保护的四只手，各自发挥着不同的功能。随着环境事态的变化，各国正在尝试越来越多的刑事手段，[①]我国亦采用刑事治理方法保护环境。那么，我国刑事法律在保护环境方面究竟发挥了多大的作用，效果如何？这里通过环境公害犯罪的刑事立法和刑事司法两个方面，来展现环境公害

---

① 蒋兰香：《环境犯罪基本理论研究》，知识产权出版社 2008 年版，第 3 页。

犯罪的困境现状。

一、环境公害犯罪的立法困境

（一）立法变迁

1997年以前，我国环境公害犯罪几乎空白，只有盗伐、滥伐林木罪等零星几个罪名。1997年《刑法》第六章第六节专门规定了环境公害犯罪，共14个罪名，①不仅如此，还在其他章节规定了相关环境公害犯罪。② 此后，《刑法修正案（二）》《刑法修正案（四）》③和《刑法修正案（八）》对环境公害犯罪相关条文进行修改，现共28个罪名。根据行为方式的不同，环境公害犯罪可以分为污染型环境公害犯罪和破坏型环境公害犯罪。这里以污染环境罪④立法变迁为例，来分析环境公害犯罪的立法现状。1997年《刑法》第338条规定：违反国家规定，向土地、水体、大气排放、倾倒或者处置有放射性的废物、含传染病病原体的废物、有毒物质或者其他危险废物，造成重大环境污染事故，致使公私财产遭受重大损失或者人身伤亡的严重后果的，处3年以下有期徒刑或者拘役，并处或者单处罚金；后果特别严重的，处3年以上7年以下有期徒刑，并处罚金。根据该规定，第一，构成重大环境污染事故罪，必须以实际造成公私财产重大损失或者人员伤亡的危害后果为必备要件，因此，只要行为人的污染行为没有造成公私财产重大损失或者人身

---

① 这14个罪名分别为：重大环境污染事故罪，非法处置进口的固体废物罪，擅自进口固体废物罪，非法捕捞水产品罪，非法猎捕、杀害珍贵、濒危野生动物罪，非法收购、运输、出售珍贵、濒危野生动物、珍贵、濒危野生动物制品罪，非法狩猎罪，非法占用农用地罪，非法采矿罪，破坏性采矿罪，非法采伐、毁坏国家重点保护植物罪，非法收购、运输、加工、出售国家重点保护植物、国家重点保护植物制品罪，滥伐林木罪，非法收购盗伐、滥伐的林木罪。

② 其他章节的环境公害犯罪罪名包括我国现行刑法分则第三章第二节走私罪中的走私珍贵动物、珍贵动物制品罪，走私国家禁止进出口的货物、物品罪，走私废物罪；第三章第八节扰乱市场秩序罪中的非法转让、倒卖土地使用权罪；第六章第四节妨害文物管理罪中的故意毁坏名胜古迹罪，盗掘古文化遗址、古墓葬罪；第六章第五节危害公共卫生罪中的逃避种植物检疫罪；以及第九章渎职罪中的违法发放林木采伐许可证罪，环境监管失职罪，非法批准征用、占用土地罪，非法出让国有土地使用权罪，动植物检疫徇私舞弊罪，动植物检疫失职罪。

③ 《刑法修正案（四）》增设一个罪名，即非法收购、运输、加工、出售国家重点保护植物、国家重点保护植物制品罪。

④ 根据1997年《刑法》第338条的规定，最高人民法院、最高人民检察院通过司法解释将该条的罪名确定为重大环境污染事故罪。《刑法修正案（八）》对第338条进行修改，罪名相应被确定为污染环境罪。如无特殊说明，本书在同一意义上使用这两个罪名。

伤亡的严重后果,即使对环境污染多么严重,都不能追究刑事责任;第二,构成重大环境污染事故罪,排放物必须是有放射性的废物、含传染病病原体的废物、有毒物质或者其他危险废物,但是,有毒物质并非都是废物,对环境造成污染的除了废物和有毒物质,还有其他有害物质;第三,构成重大环境污染事故罪,必须以向土地、水体、大气排放、倾倒或者处置污染物为构成要件,实践中可能导致部分环境违法行为得不到追究,尤其是没有直接向水体等环境排放污染物的行为。可见,1997 年刑法关于重大污染环境罪的规定范围过窄,入罪门槛过高,不利于环境保护。有鉴于此,《刑法修正案(八)》对重大环境污染事故罪做了大幅度的调整修改,对其进行完善。修正后的第 338 条规定:"违反国家规定,排放、倾倒或者处置有放射性的废物、含传染病病原体的废物、有毒物质或者其他有害物质,严重污染环境的,处三年以下有期徒刑或者拘役,并处或者单处罚金;后果特别严重的,处三年以上七年以下有期徒刑,并处罚金。"对比二者,可以发现,《刑法修正案(八)》降低了重大环境污染事故罪的入罪门槛,扩充了重大环境污染事故罪的犯罪容量,主要体现为将该罪的危害结果要件修改为"严重污染环境",对于何谓严重污染环境,《关于办理环境污染刑事案件适用法律若干问题的解释》(以下简称《环境污染刑案解释》)规定,下列情形属于严重污染环境:(一)在饮用水水源一级保护区、自然保护区核心区排放、倾倒、处置有放射性的废物、含传染病病原体的废物、有毒物质的;(二)非法排放、倾倒、处置危险废物三吨以上的;(三)非法排放含重金属、持久性有机污染物等严重危害环境、损害人体健康的污染物超过国家污染物排放标准或者省、自治区、直辖市人民政府根据法律授权制定的污染物排放标准三倍以上的;(四)私设暗管或者利用渗井、渗坑、裂隙、溶洞等排放、倾倒、处置有放射性的废物、含传染病病原体的废物、有毒物质的;(五)两年内曾因违反国家规定,排放、倾倒、处置有放射性的废物、含传染病病原体的废物、有毒物质受过两次以上行政处罚,又实施前列行为的;(六)致使乡镇以上集中式饮用水水源取水中断十二小时以上的;(七)致使基本农田、防护林地、特种用途林地五亩以上,其他农用地十亩以上,其他土地二十亩以上基本功能丧失或者遭受永久性破坏的;(八)致使森林或者其他林木死亡五十立方米以上,或者幼树死亡二千五百株以上的;(九)致使公私财产损失三十万元以上的;(十)致使疏散、转移群众五千人以上的;(十一)致使三十人以上中毒的;(十二)致使三人以上轻伤、轻度残疾或者器官组织损伤导致一般功能障碍的;(十三)致使一人以上重伤、中度残疾或者器官组织损伤导致严重功能障碍的;(十四)其他严重污染环境的情形。

(二)立法缺陷

尽管污染环境公害犯罪历经重大立法变迁,入罪门槛得以降低,犯罪容量得以扩张,对于保护环境、促进生态文明建设都具有重大促进作用,但从立法技术、立法目的和立法价值观之,环境公害犯罪刑事立法仍然存在诸多缺陷。

首先,立法技术失当,表现在:第一,犯罪客体或法益方面的不足。环境刑法既没有确立独立的环境法益,也没有以环境法益为主或者个人法益和环境法益并重。现行刑法没有直接保护环境法益,而是将环境公害犯罪侵犯的法益定位于社会秩序法益,而社会秩序法益又通过个人法益来体现。这样一来,环境刑法应当保护的环境法益就具有双重间接性或者双重从属性:环境法益从属于社会秩序法益,而社会秩序法益又从属于个人法益,或者说环境公害犯罪通过侵害个人法益而侵害秩序法益,进而通过侵害秩序法益又侵害环境法益。当然,即使抛开环境刑法的社会秩序法益定位,直观地看环境公害犯罪的罪状表述,环境公害犯罪侵害的法益仍局限于人的利益,而且集中于人身、财产等传统法益,并未将人类赖以生存的环境作为环境公害犯罪的直接侵害对象,环境法益充其量只是刑法所保护的人的法益的间接折射,即环境法益依附于个人法益,通过保护个人法益的方式间接保护环境。第二,犯罪客观方面的不足。在犯罪行为模式设计上,大部分环境公害犯罪规定的是结果犯模式,也有行为犯模式,但没有危险犯模式。将危险犯模式排除在环境刑法之外,听任危害环境结果产生,环境便很难恢复或者难以恢复其原貌。这样的环境行为模式设计不利于预防环境公害犯罪、不利于保护环境。第三,犯罪主观方面的不足。现行环境刑法规定,部分犯罪的主观罪过只能是过失。这样规定显然是有问题的。其一,举轻以明重。既然主观恶性较轻的过失即可构成犯罪,为何主观恶性严重的故意却不构成犯罪呢,令人费解。即使根据传统刑法理论,环境公害犯罪的主观罪过也应包括故意和过失。其二,由于环境公害犯罪极具复杂性,行为人可能出于过失心态也可能出于故意心态实施危害环境行为进而造成危害后果。以污染环境公害犯罪为例,尽管多数情况下行为人对危害结果怀有过失心理,但不排除行为人主观上出于故意(多为间接故意)的情形。以目前的主观罪过形态规定,对后者要么不能追究,要么和前种情形一样,统一定罪量刑。这样一来,要么导致难以追究,要么导致即使追究也很难做到罪刑相当,进而会产生事与愿违的鼓励行为人违法犯罪的负面效应,即导致鼓励行为人以故意心态实施危害环境行为,放任危害后果发生的局面。第四,刑事责任方面的不足。我国现行刑法规定的刑事责任方式包括刑罚和非刑罚方法两类,但环境公害犯罪的责任方式配置单一,只规定刑罚,没有规定非刑罚方法;另外,刑罚集中规定自由刑和罚金刑,资格刑缺失。因此,没有确立资格刑在环境公害犯罪刑罚体系中的应有地位,以及缺乏非刑罚方法的配合适用是我国环境公害犯罪刑事责任存在的问题。[①]对环境公害犯罪仅适用刑罚,难达有效惩罚环境公害犯罪、保护、救济、恢复环境的效果。

其次,立法目的错位。刑事立法的目的,不外乎报应和预防两种,但立法目的面临着选择问题。具体到环境公害犯罪刑事立法,由于环境问题或环境风险具有技术性、隐蔽性、潜伏性、延续性等特点,危害是否发生以及发生范围规模难以估量,而且危害一旦发生,损失将无法挽回,刑法应当提前介入,以预防尤其是积极的一般预防为目的。但是,我国采用先污染、后治理的事后模式应对环境问题,即以事后补救的治理方式实现刑法保护目的,主要表现在立法将环境公害犯罪行为模式设置为结果犯和情节犯,而且设置的刑事责任方式只有刑罚,刑罚又主要是有期徒刑和罚金。显然,环境刑法对环境公害犯罪注重的是报应惩罚,而不是保护预防。

最后,立法价值偏离。刑事立法价值主要是两种冲突的价值取向,即自由与安全或秩序。这两种价值并不完全对立,只是在价值选择时,要么侧重保障自由,要么侧重维护安全或秩序,偏向一种价值自然会影响另一种价值,保障一种价值势必会损害另一种价值。具体到环境公害犯罪刑事立法,

---

① 赵秉志:《环境犯罪及其立法完善研究》,北京师范大学出版社 2011 年版,第 121 ~ 122 页。

两种冲突的价值取向可以转换为经济发展与环境保护之间的冲突。我国长期采取环境保护从属于经济发展的政策,即以经济发展优先为前提的有限环境保护政策。因此,在发展就是硬道理、发展就是一切的指针下,专心致力于追求经济的高速成长,是否有利于经济发展成为一切工作的评价尺度。在此发展模式下,以环境污染和破坏为代价对现实的经济利益的追求成为价值选项,即面对经济发展和环境保护的冲突,基于眼前经济利益的考虑,人们往往倾向于前者,立法者也不例外。

二、环境公害犯罪的司法困境

自我国1997年刑法规定环境污染犯罪以来,进入刑事司法程序的环境污染案件极为少见,环境污染刑事司法的保护效能令人担忧。关于重大环境污染事故罪(污染环境罪)案件,有三组统计数据,一是国家环境保护部的统计,自2001年至2010年,环境污染刑事案件判决数量为37件,判决案件数量逐年情况见表7-1,2011年至2014年案件数据空缺或不清楚;[①]二是法院的统计,自2002年至2014年,全国法院系统环境污染刑事案件审理数量为1233件,审理案件数量逐年情况见表7-2;[②]三是学者的统计,据汪劲教授统计,自1998年至2007年,被追究重大环境污染事故犯罪的数量为37起,其中,前5年共25起,后5年共12起。[③]

表7-1 2001年以来我国"重大环境污染事故罪(污染环境罪)"案件判决数量统计表

2001年	2002年	2003年	2004年	2005年	2006年	2007年	2008年	2009年	2010年	2011年	2012年	2013年	2014年
5	4	1	2	2	4	3	2	3	11	缺	缺	缺	缺

① 根据国家环保部《全国环境统计公报》整理。

② 袁春湘:《2002年——2011年全国法院审理环境案件的情况分析》,载《法制资讯》2012年第12期;喻海松:《〈关于办理环境污染刑事案件适用法律若干问题的解释〉实施情况分析》,载《中国环境报》2016年4月6日第5版。

③ 赵星:《环境犯罪论》,中国人民公安大学出版社2011年版,第137页。

表 7－2　2002 年以来我国“重大环境污染事故罪(污染环境罪)”案件审理数量统计表

2002 年	2003 年	2004 年	2005 年	2006 年	2007 年	2008 年	2009 年	2010 年	2011 年	2012 年	2013 年	2014 年
4	3	6	13	7	2	11	18	19	26	32	104	988

虽然污染环境公害犯罪案件三个版本的统计起始年限不同,案件数量有所差异,但基本可以推测,统计一的案件数量最少,统计三的案件数量居中,统计二的案件数量最多。即使采用法院统计,环境污染刑事案件总体数量也极为有限。这说明,第一,绝大多数环境污染犯罪案件没有进入刑事司法程序,存在数量庞大的我国环境行政处罚案件(见表 7－3)①可以证明这一点;第二,法院审理的环境污染犯罪案件总量过小,在所裁判各类案件中占比过低,与所裁判的全部案件(见表 7－4)②同样形成鲜明对比和反差。

表 7－3　2001 年以来我国环境“行政处罚”案件数量统计表

2001 年	2002 年	2003 年	2004 年	2005 年	2006 年	2007 年	2008 年	2009 年	2010 年	2011 年	2012 年	2013 年	2014 年
71089	100103	92818	80079	93265	92404	101325	89820	78788	116820	119333	117308	139059	97084

表 7－4　2003 年以来我国法院审理案件数量统计表

2003 年	2004 年	2005 年	2006 年	2007 年	2008 年	2009 年	2010 年	2011 年	2012 年	2013 年	2014 年
5687905	7873745	7940549	8105007	8850000	10711275	11370000	11700263	12204000	10119462	14217000	15651000

选择环境行政处罚案件作为环境污染犯罪案件的参照物,是因为“通过行政法律适当规制人们的行为是环境污染防治工作的首要选择,完善的环境行政法律体系与有效的环境行政管理是生态文明建设的必经之路”,③刑事手段只是最后的手段。数量庞大且呈上升趋势的环境行政处罚案件表明,行政手段不能有效遏制环境污染。环境行政处罚案件与环境污染犯罪案件巨

① 根据国家环保部《全国环境统计公报》整理。

② 根据最高人民法院工作报告整理。

③ 焦艳鹏:《生态文明视野下生态法益的刑事法律保护》,载《法学评论》2013 年第 3 期。

大的数据反差表明,一方面,在我国环境法治体系中,是以行政为主导的;另一方面,司法过于保守,甚至是缺位的,即我国环境公害犯罪刑事司法存在困境,体现在,第一,我国绝大多数环境污染案件没有进入环境刑事司法程序;第二,刑法对于环境污染案件并不具有天然的威慑力,或者说刑法应有的威慑力并没有减少环境行政违法。可见,"在违反规范的案件中,若没有通过其惩罚手段让法律得到有效的实施并尊重法律本身,制定完善的旨在保护环境的法律规范是不够的"。①

综上,我国环境公害犯罪不仅存在立法缺陷,还存在司法缺陷。在环境公害犯罪的双重缺陷中,立法缺陷直接影响司法缺陷;反过来,立法的完善对于环境司法功效具有推动作用。进入刑事司法程序的环境公害犯罪案件少,与我国门槛过高的环境公害犯罪刑事立法直接相关。如前所述,我国的重大环境污染事故罪以财产重大损失或人身伤亡为必要构成要件,导致实践中入罪范围受到极大限制,因为无论行为人的行为造成多么严重的污染,只要没有人身、财产实际损害,就不能追究行为人的责任。随着环境污染刑事立法的变化,无论是1997年刑法的修改还是《刑法修正案(八)》的颁行,环境污染犯罪案件数量都有所变化,特别是《刑法修正案(八)》实施以来变化较大。为顺应建设生态文明大形势的发展,《刑法修正案(八)》对重大环境污染事故罪进行较大修改,降低污染环境的入罪门槛。此外,2013年最高人民法院、最高人民检察院联合出台《环境污染刑案解释》,明确并降低污染环境公害犯罪的定罪量刑标准,发布四个污染环境公害犯罪典型案例,以惩治和威慑环境污染犯罪、规范和引导执法办案行为,从而加大污染环境公害犯罪的刑事司法保护力度。立法以及相应司法解释的变化,切实提高了环境刑法的执行力,尤其是在司法解释施行后的一半年时间内,环境刑法的执行取得显著效果:全国法院共审结污染环境刑事案件100件,其中,污染环境罪案件87件,②2014

---

① [荷]迈克尔·福尔、[瑞士]冈特·海因:《欧盟为保护生态动刑:欧盟各国环境刑事执法报告》,徐平、张浩、何茂桥译,中央编译出版社2009年版,中文译本序第2页。

② 湖北省环境保护厅网:《湖北公布十大环境资源案》,载 http://www.hbepb.gov.cn/hbdt/hjxw/201402/t20140226_67374.html,最后访问日期:2016年3月26日。

年审理污染环境刑事案件988件。[①] 由于污染环境的入罪门槛降低以及《环境污染刑案解释》的颁行，司法实践中出现了较多的刑事判决，实现了污染环境公害犯罪案件数由个位数到两位数再到三位数的跨越，并接近四位数，污染环境公害犯罪的案件数量呈现"井喷式"上升，不可否认是长足进步。这是从纵向看所得的结论，但是，从横向看，不要说只是2013年、2014年污染环境刑事案件，就是全部环境案件包括环境侵权案件、环境行政案件和环境刑事案件，同当年法院审理的全部案件相比，仍然不可同日而语。另外，即使环境污染案件进入了刑事司法程序，仍然存在取证难、认定难、鉴定难等诸多实务问题。因此，"司法在惩治环境污染犯罪中未能有效发挥作用成为环境刑事司法最大的问题"。[②]

第二节　环境公害犯罪的实务问题

从环境公害犯罪的现状可以看出，尽管我国的环境公害犯罪刑事立法不断完善，但仍存在诸多缺陷，加之环境公害犯罪案件极具特殊性和复杂性，致使环境公害犯罪司法适用中面临诸多问题，导致不仅进入刑事司法程序的环境公害犯罪案件极少，而且最终被定罪量刑的环境公害犯罪案件则更少。当前环境公害犯罪适用中存在的司法实务问题主要涉及立案问题、因果关系问题、主观认定问题、罪名适用问题、量刑问题等。

一、环境公害犯罪的两法衔接问题

环境公害犯罪司法中首先遇到的就是刑事立案问题，因此，这里的两法衔接主要是从立案角度或者说是环境行政执法部门向环境刑事司法机关移送环境公害犯罪案件而言的。基于环境公害犯罪的行政从属性以及环境公害犯罪的专业技术性，环境行政执法与环境刑事司法之间的协调和衔接就显

---

① 喻海松：《〈关于办理环境污染刑事案件适用法律若干问题的解释〉实施情况分析》，载《中国环境报》2016年4月6日第5版。

② 王树义、冯汝：《我国环境刑事司法的困境及其对策》，载《法学评论》2014年第3期。

得尤为重要和必要。因为,一方面,公安司法机关不具有侦破环境公害犯罪这种特殊犯罪案件的相应专业技术和条件,如对环境采样、污染现场稽查勘验、检测报告判读等专业性极强的知识技术欠缺,公安司法机关往往必须依赖环境保护行政机关提供的技术性监测结果才能认定案件性质并做出处理。不仅如此,就是对繁多的环境行政法规规章程序,公安司法机关也并不熟悉甚至不了解,从而造成主动打击环境公害犯罪时力不从心,往往不能独立完成此类刑事案件的侦破工作。另一方面,环境行政执法机关虽然具有环境领域的专业知识、人才与技术优势,但受地方保护主义、部门保护主义以及"家丑不可外扬"的传统观念影响,对于环境违法行为更多以行政处罚代替刑事处罚,很少向公安司法机关移送涉嫌犯罪的环境案件。毕竟,在经济利益面前或者发展决定一切的指针下,当污染事故发生后,为了地方经济利益,环境行政执法机关不是正面应对积极移送,而是千方百计地包庇和袒护环境公害犯罪,而且,一旦环境公害案件在追究环境污染公害犯罪的时,也会对环保行政机关的渎职行为进行追究。鉴于行政执法的主动性,以及行政执法程序先于刑事司法程序发动,因此,环境行政执法与环境刑事司法衔接,主要是环境行政执法如何与环境刑事司法衔接,即如何将先行进入行政执法程序的环境公害犯罪案件及时移转入刑事司法程序,[①]换句话说,行政执法与刑事司法衔接,侧重行政执法与刑事司法之间的前后衔接,即环境行政执法机关将行政执法过程中发现的涉嫌环境公害犯罪案件移送公安机关司法机关处理。

根据我国刑事诉讼法的规定,环境公害犯罪案件由公安机关立案管辖。但是,公安机关获取环境公害犯罪的立案线索信息缺乏,即环境公害犯罪信息的缺乏或者不对称造成环境公害犯罪立案难。环境公害犯罪信息缺乏或者信息不对称表现为:一是环保行政机关对分布在辖区内的环境污染和环境破坏行为的信息收集、分析与研判缺失,由于缺乏有效、快捷的信息传递渠道与形式,难以宏观掌握;二是环境污染和环境破坏行为从发生到发现存在隔时性,行为人以外的单位或个体难以及时获取相关信息;三是环境污染和环境破坏行为具有流动性、扩散性,从发生到发现存在隔空性也导致环境公害

---

① 王敏远、郭华:《行政执法与刑事司法衔接问题实证研究》,载《国家检察官学院学报》2009 年第 1 期。

犯罪信息的缺失。现实中,公安机关对环境公害犯罪进行立案的线索主要是群众举报与行政机关移送两种。对于前者,即使群众获取了环境公害犯罪信息,由于生态环境的公共性,在没有人员及私人财产权受到侵害情形下,群众对环境污染和环境破坏犯罪的举报意识不够。对于后者,行政机关移送包括环保行政机关和海关移送两种,但主要是环保行政机关的案件移送。尽管环保行政机关忽视对环境污染和环境破坏行为信息的收集、分析与研判,但作为环保监管部门,负责本辖区内的环境管治,对本辖区内的环境污染和环境破坏行为还是关注和重视的,只是环保行政机关主动向公安机关进行案件移送的动力不足。主要原因在于,包括环境刑法在内的我国环境法律法规的出发点主要是维护稳定的环境管理制度,一方面,造成环境行政执法机关对移交的重要性认识不足,认为通过行政处罚对环境违法行为进行惩处,就能达到监管的目的,不需要移送给司法机关;另一方面,这意味着环境违法行为与环境犯罪行为的评价对象基本是竞合的,区别仅在于侵害程度不同,[①]造成环境行政执法机关对移交的标准把握不够,区分环境行政违法行为与环境犯罪行为的"情节严重""影响恶劣"等标准往往会使行政执法和刑事司法陷入认识分歧。加之出于地方、部门保护主义,过多考虑经济发展,因此,在行政执法过程中,环保行政机关发现环境违法犯罪行为时,不是考虑分辨环境违法行为还是环境犯罪行为进而进一步采集证据并移送公安机关立案,而是直接按照行政执法程序处理,进行行政处罚或者采取行政强制措施,对于成立犯罪的,也经常以行政处罚代替刑事处罚,致使大量环境公害犯罪案件不能进入刑事司法程序。当然,也存在公安司法机关对环境行政执法机关移送的案件材料重视不够,影响环境行政执法机关对涉嫌环境公害犯罪案件依法、及时移送的积极性,造成"两法衔接"更为不畅。

环境行政执法与环境刑事司法的衔接不畅,致使大量环境公害犯罪不能被追究责任;二者的有效协调与衔接,可以有效惩治、预防环境违法犯罪行为。因此,必须实现环境刑事司法与环境行政执法的衔接与贯通,使环境公害犯罪案件顺利进入司法程序。《关于加强行政执法与刑事司法衔接工作的意见》已提出建立衔接联席会议制度、信息共享平台等建议,环境行政机关首

---

① 赵星:《环境犯罪论》,中国人民公安大学出版社 2011 年版,第 123 页。

先也应加强对环境刑事司法的认识,充分认识到环境刑事司法机关行使的是司法权,既不能僭越也不能替代,追究环境公害犯罪既具有报应惩罚功能、还具有一般预防功能;进而提高主动移送案件的意识,加大环境行政执法机关向公安机关移送环境公害犯罪案件的力度。对故意不移送环境刑事案件的行为,应进行相应的责任追究。

二、环境公害犯罪的因果认定问题

由于我国刑法规定的环境公害犯罪多为结果犯,因此,司法适用中就不可避免地遇到因果关系的认定问题。刑法研究因果关系旨在解决行为人的行为是否构成犯罪,是否应承担刑事责任。为了证明因果关系的存在,出现了诸多因果关系理论学说。大陆法系国家有条件说、原因说、相当因果关系说等学说,英美法系国家采用双层次因果关系说,我国采用必然因果关系说与偶然因果关系说。这些因果关系理论强调的是个别的明确的因果关系,均属于科学法则的因果关系理论,在因果关系的判定上都是由因至果的证明思路,即因果关系的成立需要控诉方证明危害结果确实是由行为人的危害行为所造成的,因果关系的认定必须依赖于人类已经掌握的科学经验予以证明,强调危害行为或者介入因素能够"合乎规律"的引起危害结果的发生,而所谓的"合乎规律"实际上一般就是要做到自然科学上的证明,这种证明要以自然科学法则为基础,通常情况下需要经历大量的、复杂的、严密的证明历程。

环境公害犯罪的因果关系是指环境污染行为、环境破坏行为与环境被破坏之间的因果关系,即行为人实施的违反环境保护法律法规的破坏自然的或者通过向水体、大气、土地等排放、倾倒或处置各种有害物质、声音、光线等的行为与生态环境被破坏的结果之间的关系。环境公害犯罪因果关系特别是污染型环境公害犯罪的因果关系具有不同于普通刑事犯因果关系的特殊性:第一,原因行为具有复杂性。并非像杀人、抢劫、放火等普通刑事犯罪的原因行为具有直观性和单一性,原因物质一目了然,环境公害犯罪的原因行为具有间接性、科学上的难以认知性和多元参与性,原因物质难以查清。第二,危害结果具有潜伏性,普通犯罪的危害行为一旦实施,一般来说会立即产生相应的危害结果,即危害结果具有即时性;而环境公害犯罪是通过污染的环境间接作用于人体而对人体产生损害的,这个作用过程往往需要经历一个漫长的过程,使公害犯罪的危害结果具有潜伏性,危害结果的出现具有滞后性。第三,与原因的复杂性和后果的潜伏性相关,环境公害犯罪危害过程复杂、表现周期长、侵害具有反复性。环境公害犯罪因果关系的这些特点给因果关系认定带来了极大困难,出现了因果关系证明难的困境。总之,环境公害犯罪行为及其后果本身具有严重的社会危害性,危害行为具有复杂性,危害后果具有偶然性、潜伏性和长期性,而且,现有的科技知识和水准往往也在很大程度上制约着人们对危害环境行为与危害结果之间的因果关系的确定。

对于普通犯罪,因果关系往往简单明确,要确证其存在并不困难。但是,环境公害犯罪是环境风险的产物,一方面,脱逸过去之经验,环境污染和破坏行为与损害结果间是否存在因果之关联性,运用一般的常识和方法难以查明,纵使经验科学上可确定某一环境干扰在多数情况下可导致损害,但此多数条件未广为熟知;另一方面,加之科技的局限性而又欠缺现存实证科学的资料和数据参考,以及人的认知局限性致使人类有时对自己的行为造成的后果并不都知道,等意识到时由于牵连广泛致因果关系连接已被稀释,从而难以探知,纵使可确定多种条件,但要从中找出个别的原因却特别困难,因其在各个干扰过程中环环相扣、相互依赖,况且该干扰因素经常未被充分研究而只是模糊或者可确定而已。因此,环境侵害行为与法益损害之间仅在特例时存在足以确定的因果关系,因果关系问题成为环境刑法对传统刑法的新挑战之一,①进而,在环境公害犯罪案件中,被害人及控方面临因果关系举证困难,因果关系遂成为环境刑法运作难题。② 从而,固守传统的建立在个别的明确的因果关系进行归责的因果关系理论,必然排除大量环境公害犯罪。因此,基于环境公害犯罪的独特的因果机理,运用传统的因果关系理论已经不能妥善解决这类犯罪的因果关系问题,需要新型的、科学的因果关系理论进行指导才能满足有效惩治环境公害犯罪的现实需要。

---

① [德]海涅:《环境破坏行为类型化之国际比较:论因果关系与特殊归责问题》,郑昆山译,载《环境刑法国际学术研讨会论文辑》1992 年版,第 408 ~ 409 页。

② 张世东:《从比较法观点论"我国"环境刑法运作上之难题》,台北大学 2009 年硕士学位论文。

三、环境公害犯罪的主观认定问题

主观过错是犯罪构成的必备要件,因此,刑事司法实践中必须查清行为人的主观形态。我国刑法规定的环境公害犯罪一般对主观罪过有明确规定,要么是故意,要么是过失,或者既可以是故意也可以是过失。但是,对于污染环境罪,无论是1997年刑法还是2011年的《刑法修正案(八)》,都没有明确规定主观罪过。无论环境公害犯罪的主观罪过明确与否,司法适用中都存在主观认定困惑。

1. 环境公害犯罪的认识因素和意志因素具有特殊性。特殊性表现在:对危害可能具有难以认识性,因为公害犯罪中行为人对危害可能性的认识存在的困难性,进而导致司法机关对公害犯罪认识因素的查证困难;因为行为人对危害可能性的认识常常具有不准确性和不充分性,就对危害结果的心理态度趋于模糊,到底是属于放任意志还是带有侥幸心理的否定意志,连行为人自己都难以把握,因为意志因素的模糊性,司法机关对此查证起来就更加不易。

2. 对于故意环境公害犯罪是否存在故意犯罪以及故意犯罪中是否包括直接故意存在争议。这给故意犯罪情形下能否认定环境公害犯罪带来了困难。由于环境公害犯罪在主观方面本身具有一定的模糊性和复杂性,在实践中行为人主观方面多表现为不确定故意,即指行为人虽然明知自己的行为会发生危害社会的结果,但对危害结果发生的具体内容及发展趋向的认识并不明确,而希望或者放任危害结果发生的心理态度,公害犯罪的不确定故意的认定本身就是一个巨大的难题。

3. 对于过失环境公害犯罪,其注意义务标准的确定上是否存在特殊性的问题,也是主观认定的一个重点与难点所在。总之,认定主观罪过在环境公害犯罪实践中暴露出相当困难,比如,在环境污染犯罪中,污染方通常都会有一些防治污染的规章制度和设备措施,而且没有污染环境的直接故意,对于危害结果的发生是持间接故意还是过于自信过失心态难以区分,并且,大多数情况下,危害结果显现时污染行为已经发生相当长时间,要证明行为时的主观过错,对控诉方来说极具难度,甚至几乎是不可能的。

4. 污染环境罪主观罪过争议较大。对于《刑法》第338条规定的重大环境污染事故罪的罪过形式，理论通说认为是过失。[①] 原因在于，形式上，条文表述中有表明过失的用语，即"造成重大环境污染事故，致使公私财产遭受重大损失或者人身伤亡的严重后果"，这里的"事故"符合"过失犯罪，法律有规定的才负刑事责任"中"法律有规定"；从实质上，行为人的主观罪过依据行为人对危害结果的态度来评判，基于本罪的复杂客体以及主次客体的错位，行为人对财产损失和人员伤亡的心理态度决定其罪过形式为何，因为行为人往往是为追求经济利益而实施排污行为的，可以排除行为人对财产损失和人员伤亡的希望或放任态度，行为人对此是不希望或者反对其发生，是过失。尽管我国刑法分则中带有"事故"一词的法律条款，在刑法理论上一般被视为过失犯罪，但重大环境污染事故罪的罪过形式并非没有争议，理论上还存在故意说[②]、故意或过失说[③]。因此，实践中就出现了当认定行为人不是过失而是故意实施污染环境行为时，不能适用重大环境污染事故罪罪名定罪的尴尬。典型案例为胡某某、丁某某投放危险物质案，[④]该案的基本案情为：盐城市标新化工有限公司系环保部门规定的"废水不外排"企业，2007 年 11 月底至 2009 年 2 月 16 日，公司负责人胡某某、丁某某在明知该公司生产过程中所产生的废水含有苯、酚类有毒物质的情况下，仍将大量废水排放至该公司北侧的五支河内，任其流经蟒蛇河，污染盐城市区城西、越河自来水厂取水口，致盐城市区 20 多万居民饮用水停水长达 66 小时 40 分钟，造成直接经济损失人民币 543.21 万元。一审、二审法院以投放危险物质罪判处被告人胡某某有期徒刑 10 年，被告人丁某某有期徒刑 6 年。

2011 年《刑法修正案（八）》对重大环境污染事故罪进行较大幅度修改，一方面，删除表明过失的要件，代之以"严重污染环境"，这一修改除了具有明确犯罪客体、保护环境法益意义外，还有就是表明罪过形式的变化。因为，此时罪过形式的判断对象不再是财产损失和人员伤亡的结果，而是污染环境

---

① 高铭暄、马克昌：《刑法学》（第 4 版），北京大学出版社 2010 年版，第 650 页。

② 周道鸾：《刑法的修改与适用》，人民法院出版社 1998 年版，第 691 页。

③ 付立忠：《环境刑法学》，中国方正出版社 2001 年版，第 287 页。

④ 载中国法院网，http://www.chinacourt.org/article/detail/2013/06/id/1014577.shtml，最后访问日期：2016 年 3 月 24 日。

的结果,无论是对于污染环境的行为还是对于污染环境的结果,行为人显然是明知而且至少是放任的,以故意作为罪过形式更为准确。另一方面,没有补强其他强调过失的要件。因此,无论从形式上还是实质上,都可以说明本罪已从过失犯罪变成故意犯罪。将污染环境罪解释为故意犯罪不仅是最符合罪刑法定原则要求的解释,而且可以平衡法益保护和人权保障,扩大处罚范围、减少处罚漏洞,①从而有效回应生态安全对刑事法治的要求,解决原有的重大环境污染事故罪不能有效惩治严重污染环境行为的问题,有利于弥补和修复环境。但是,理论界对污染环境罪的罪过形式仍然争论不断。即使是刑法将污染环境罪的主观罪过明确为故意或过失,由于只规定一种罪过形态,失之单一,充其量仅可以平息理论上对该罪罪过形式的争议,仍无助于解决该罪的主观认定问题,也无助于最终解决该罪的定罪量刑问题。

四、环境公害犯罪的罪名适用及量刑问题

环境公害犯罪司法实务问题除了存在因果关系认定、主观认定等外,还存在罪名及量刑适用不一致的问题。

(一)罪名不一致

对于行为人实施同一环境公害犯罪的行为,实践中存在定罪量刑不一致的情况。对于污染环境的行为,司法实务中有的以污染环境罪定罪处罚,有的以投放危险物质罪定罪处罚。前述盐城排放污水案中,法院以行为人构成投放危险物质罪,分别判处有期徒刑 10 年、6 年。在被告人樊某某、王某某、蔡某污染环境案②中,行为人樊某某、王某某、蔡某将具有腐蚀性、刺激性的化学品 35 吨硫酰氯倾倒于小清河中,硫酰氯遇水反应生成的毒气雾团飘至山东省邹平县焦桥镇韩套村,将熟睡中的村民熏醒,致上百村民呼吸系统受损,并造成庄稼苗木等重大财产损失,村民韩某某(女,殁年 42 岁)则因原患有扩张型心肌病等疾病,吸入酸性刺激气体后,致气管和肺充血、水肿,直接加重心肺负荷,导致急性呼吸循环衰竭死亡。山东省淄博市人民检察院以危

---

① 杨宁、黎宏:《论污染环境罪的罪过形式》,载《人民检察》2013 年第 11 期(上)。

② 载中国法院网,http://www.chinacourt.org/article/detail/2014/04/id/1285757.shtml,最后访问日期:2016 年 3 月 24 日。

险方法危害公共安全罪提起公诉，淄博市中级人民法院经审理，认定被告人樊某某犯污染环境罪，判处有期徒刑6年6个月，并处罚金人民币15万元；被告人王某某犯污染环境罪，判处有期徒刑6年，并处罚金人民币10万元；被告人蔡某犯污染环境罪，判处有期徒刑5年6个月，并处罚金人民币10万元。宣判后，各被告人均服判，未提出上诉。显然，这两起案件都是排放废水污染环境的行为，极具相似性可视为同一行为，而且后者的危害后果比前者更为严重，不仅有财产损失，还有人员伤亡，但是，不仅两案定性截然相反，而且轻者重判、重者轻判。

（二）量刑不一致

从个案放大至整个环境公害犯罪，就可以发现，存在刑事责任方式适用与立法不一致的问题。根据我国环境公害犯罪的刑事立法，刑事责任方式单一，即只有刑罚没有非刑罚方法，而且以自由刑和罚金刑为主，但司法实践中出现刑事责任方式适用相对多元的情况。

1. 典型案例判决结果量刑差异。

从2013年6月18日最高人民法院公布的紫金矿业集团股份有限公司紫金山金铜矿重大环境污染事故案，云南澄江锦业工贸有限责任公司重大环境污染事故案，重庆云光化工有限公司等污染环境案，胡某某、丁某某投放危险物质案4起环境污染犯罪典型案例①实证分析来看，这4起案件的判决情况是，3起单位犯罪案件对被告单位判处罚金，对相关责任人员判处有期徒刑、罚金；1起自然人案件对被告人判处有期徒刑；2起案件被告人被宣告缓刑。从一般案例实证分析，《环境犯罪及其立法完善研究》一书收集的12起②环境公害犯罪案例的刑事责任情况是，两起单位犯罪案件中，1起被宣告无罪，1起对被告单位判处罚金，对责任人员判处有期徒刑、罚金；10起自然人案件对被告人判处拘役、有期徒刑；7起案件被告人被判处罚金，2起案件被判处赔偿损失，3起案件被判处追缴非法所得，3起案件被判处没收作案工

---

① 载中国法院网，http://www.chinacourt.org/article/detail/2013/06/id/1014579.shtml，最后访问日期：2016年3月24日。

② 该书共收集13起案例，因江苏盐城“2.20”水污染案与典型案例之胡某某、丁某某投放危险物质案系同一案件，故按12起案例统计。参见赵秉志：《环境犯罪及其立法完善研究》，北京师范大学出版社2011年版，第199～213页。

具,一起案件被判处剥夺政治权利;2 起案件被告人被宣告缓刑。《破坏环境资源保护罪》一书中收集的 24 起①环境公害犯罪案例的刑事责任情况是,3 起单位犯罪案件对被告单位判处罚金,对责任人员判处有期徒刑、罚金;21 起自然人犯罪案件对被告人被判处拘役、有期徒刑、无期徒刑;22 起案件被告人被判处罚金,2 起案件被判处赔偿经济损失,1 起案件被判处植树,4 起案件被判处剥夺政治权利,5 起案件被追缴违法所得,8 起案件被告人被宣告缓刑。概括起来,环境公害犯罪刑事责任方式的司法适用特点表现为:一是既适用刑罚,包括无期徒刑、有期徒刑、拘役、罚金和剥夺政治权利,又适用非刑罚处理方法,包括没收作案工具、追缴违法所得、判处赔偿经济损失、植树;二是突出适用自由刑和罚金刑,40 起案件全部适用自由刑,32 起案件适用罚金刑,较少适用非刑罚处理方法,被判处赔偿经济损失的案件有 4 起,追缴违法所得的案件有 7 起,被判处植树的案件有 1 起。

2. 司法适用与立法规定出现的问题。

环境公害犯罪刑事责任方式的司法适用与立法规定呈现出不同:一方面,环境公害犯罪没有直接配置的责任方式,如剥夺政治权利、赔偿经济损失,司法实践中有所适用;另一方面,环境公害犯罪没有配置的责任方式,如植树,司法实践中却有判决。对于前者,尽管刑法没有为环境公害犯罪直接配置相应的责任方式,包括刑罚和非刑罚处理方法,但由于总则中有一般性规定,如剥夺政治权利,因此,法院做出相应判决无可厚非;对于后者,刑法既没有为环境公害犯罪配置特殊的责任方式,仅限于非刑罚处理方法,总则中也没有一般性规定,如植树,法院的判决是否合法?或者,虽然总则中有一般性规定,但有其特定适用条件,如《刑法》第 37 条规定的非刑罚方法,法院对于被判刑的环境公害犯罪分子能否适用?由此引出的问题是,在刑法没有规定相应的非刑罚处理方法或者虽有规定但存在适用限制的情况下,法院作出相应的判决是否违反罪刑法定原则?非刑罚处理方法适用存在的关键问题是对于刑法没有规定而民法、行政法中规定的非刑罚处理方法能否适用?刑

① 该书共收集 27 起案例,因吴某某、王某、姜某某重大环境污染事故案出现 2 次,且杨某某重大环境污染事故案、邗江县霍桥镇陈巷村村民委员会滥伐林木案与《环境犯罪及其立法完善研究》中 2 起案件相同,故按 24 起案例统计。参见祝铭山:《破坏环境资源保护罪》,中国法制出版社 2004 年版,第 1~168 页。

法中规定一些，民法、行政法中亦有规定，如责令停业、关闭、限期治理、缴纳排污费、支付消除污染费用、赔偿损失、恢复正常使用、责令改正和恢复原状等。对于刑法没有规定而民法、行政法中规定的责任方式能否适用？如果适用，是否违反罪刑法定原则？

3. 刑事责任的多元化不违反罪刑法定原则。笔者认为，对于刑法没有规定而民法、行政法中规定的责任方式可以适用并且不违反罪刑法定原则。首先，刑事责任的实现方式应多元化。因为，刑事责任因犯罪而产生，而犯罪现象复杂多样，表现在侵害的法益、所造成的社会危害以及行为人的主观恶性等各异，这样，只有多样性刑事责任方式才能与犯罪的复杂性相适应。其次，民事责任的实现方式、行政责任的实现方式可以成为刑事责任的实现方式。因为，法律责任与法律责任实现方式存在差别，法律责任是本体、应然，法律责任实现方式则是责任运行、实然，应予明确区分。因此，尽管民事责任、行政责任与刑事责任之间存在重大差别，并不意味三种责任的实现方式不同，不应排除赔礼道歉、赔偿损失等民事、行政责任的实现方式可以成为刑事责任实现方式。最后，非刑罚处理方法不是刑罚，可以不必遵循罪刑法定原则。罪刑法定原则中的罪与刑应是犯罪和刑罚，因此，对于非刑罚处理方法，即使在刑法、民法、行政法中没有明确规定的标准称谓或名称，也可以适用，不违反罪刑法定原则。当然，前述的没有明确规定限于这种非刑罚处理方法在立法上没有具体规定，但要有抽象性的规定。对于这些非刑罚处理方法尤其是抽象性的非刑罚处理方法如何适用，我国台湾地区学者指出，法庭应有附属权利，当行为人被提起侵害环境犯罪公诉时，除了依据环境刑法规定所为的制裁以外，法院应参照犯罪的本质及该犯罪行为的周围环境，可以有权作出下列各项命令及其效果……①值得立法和司法借鉴。

因此，在构成环境公害犯罪的情况下，法院只要不违背恢复和救济环境、补偿被害人损失的目的，以民法、行政法、刑法等为根据，对环境公害犯罪分子决定非刑罚处理方法，就应当允许，就不违法，不存在违反罪刑法定的问题。以前述植树判决观之，虽然《刑法》中无此规定，但《森林法》原第 34 条

---

① 郑昆山：《环境“刑法”之基础理论》，五南图书出版股份有限公司 1998 年版，第 272～273 页。

(现行第39条)有相关规定,因此,法院以保护恢复环境为目的,以《森林法》为依据做出的植树判决的大胆尝试值得肯定,当然,应当在判决书中援引《森林法》相关条款,指明这样判决的法律依据。为了避罪刑法定原则之嫌,建议创设一些能有效遏制环境犯罪行为的持续危害后果的新非刑罚处理方法,或者将民事法、行政法中行之有效的非刑罚处理方法由刑法规定,具体包括恢复原状、勒令解散、限期治理、限期改正、责令补救、责令关闭、吊销营业执照等。《刑法修正案(九)》规定了"从业禁止令"就是一种非刑罚处理方法,为环境公害犯罪中的责任追究提供了法律依据。

第三节　环境公害犯罪的责任追究

为了有效保护环境,必须最终通过对环境公害犯罪的责任追究来实现。责任追究的内容至少涉及追究谁的责任,追究什么样的责任,以何种归责原则来追究等方面。

一、环境公害犯罪的追责对象

环境公害犯罪的追责对象就是环境公害犯罪的主体。一般而言,传统刑法普遍以自然人为主体,这一点不存在争议;但对于法人(或单位)犯罪,各国刑事立法规定不一,刑法理论存有争论;至于国家能否成为犯罪主体,在国内法,国家不能成为犯罪主体基本成为共识,世界各国没有将国家作为犯罪主体的刑事立法,至于能否成为国际犯罪主体,则备受争议。因此,传统刑法犯罪主体成问题的主要是法人犯罪问题。这对于环境公害犯罪同样适用。

(一)理论上环境公害犯罪的主体应该多元化

环境公害犯罪的主体,应包括自然人、单位和国家。具体而言,首先,虽然环境公害犯罪是一种新型的犯罪,自然人仍然作为环境公害犯罪主体,而且不存在争议。其次,随着科技和经济社会的发展,破坏环境和污染环境的行为主要由法人实施,而且社会危害性甚于自然人犯罪。各国对于是否处罚以及如何处罚法人犯罪采取不同方法。就英美法系国家而言,对法人环境公害犯罪的刑事处罚普遍认同,环境公害犯罪的主体包括自然人和法人,法人环境公害犯罪更为常见。美国环境法规规定刑事责任的承担者为任何人，具体可以分为五类：个人、公司、地方政府、州政府以及联邦政府的机关或部门。而且，具有讽刺意味的是，多数的重大环境违法犯罪行为由联邦政府的机关或部门、州政府以及地方政府所为。① 大陆法系国家长期不承认法人可作为环境公害犯罪的主体，主要是受集体犯不处罚原则和法人无犯罪能力的传统原则的影响。在法人作为犯罪主体已经成为一种刑事立法趋势的情况下，少数大陆法系国家如法国、日本已经改变了法人不能犯罪的原则，将法人作为环境刑法的制裁对象。就我国而言，1997 年以前，理论界和实务界对于法人应否承担环境公害犯罪的刑事责任，有肯定说、否定说和折中说三种观点，立法上对法人能否成为环境公害犯罪主体持肯定态度，1987 年的《海关法》首次立法承认法人犯罪。1997 年《刑法》延续这一思路，只是将法人犯罪改为单位犯罪，对环境公害犯罪设专条规定单位主体及其处罚。当然，单位犯罪以法律规定为限。

最后，国家也可以成为环境公害犯罪的主体。国家能否成为环境公害犯罪的主体，主要是在国际法层面探讨的，不涉及国内法。鉴于现行生效的公约中没有国家作为国际犯罪主体或者国家作为国际犯罪刑事责任承担主体的规定，理论上存有争议，从而，国家环境公害犯罪既是理论问题，又是实践问题。其一，国家是国际社会的主要成员，是国际法的基本主体。国际法与国际刑法的宗旨相同，即维护国际社会秩序、保护人类共同利益，二者的重合之处或交集体现在国家犯罪。② 相关国际环境法、国际环境保护公约或条约如《人类环境宣言》《联合国海洋法公约》均为国家规定了环保义务，因此，防止跨国环境危害活动及其发生是各国公认的国际法义务。其二，国际刑法以及国际环境刑法的相关规定为国家的犯罪主体地位提供了法律依据。《国际刑法典草案》中的国际犯罪主体包括国家，《国际刑法典及国际刑事法庭法草案》规定危害国际环境罪是国家犯罪，《关于国家责任的条文草案》第 19 条第 3 款规定国家严重违背如禁止大规模污染大气层或海洋等对维护和保

---

① Mary Clifford, Terry D. Edwards: *Environmental Crime* (2nd.), Jones & Bartlett Learning Press 2012. 308.

② 张旭：《国际刑法：现状与展望》，清华大学出版社 2005 年版，第 164 页。

全人类环境具有根本重要性的国际义务的行为构成犯罪。其三,事实上,国家故意或过失地实施危害环境行为。科学技术的迅猛发展,各国的工农业生产、核能利用、外层空间探索以及海底开发等活动,常常给他国带来损害和威胁。其四,否认国家犯罪的理由不能成立。否定国家作为犯罪主体的理由主要是,国家是抽象实体,不能实施国际罪行;国家不能承担刑罚。[①] 国家如同法人一样,但法人犯罪已基本得到普遍承认,再以国家没有躯体和意识为由否定国家犯罪略显苍白无力;国家不能承担刑罚,但可以承担其他责任方式,非刑罚方法可以作为刑事责任实现方式。其五,将国家规定为国际环境犯罪主体,进一步凸显环境法益的独立性、普遍性,符合国际社会惩治环境犯罪保护环境的潮流。综上,环境公害犯罪主体既包括自然人和法人,也包括国家。当然,法人或单位环境公害犯罪以法律规定为限,国家作为环境公害犯罪主体限于国际环境犯罪领域。

(二)实践中国家承担环境犯罪刑事责任难度大

这里以日本东京电力公司"排海"跨境海洋污染案为例略作分析。2011年日本发生福岛核泄漏事件,东京电力公司经政府同意将超标500倍的11,500吨放射性核废液直接排海。[②] 无疑,这将造成污染转移,对近岸渔业资源、整个海洋生物多样性和海水质量都有害。日本作为一个深知放射性危害的国家,明知排海的核废液为国际法上的放射性废料,对于放射性废料直接排海对人类的健康与安全、海洋环境与资源的损害及其后果是明知的,而且对于一般国际法、国际海洋法关于对各国应承担的采取一切必要的措施之规定和义务也是明知的。但是,日本在明知排放行为会使海洋环境受到污染损害、明知排放行为会对他国造成损害的情况下,没有履行保全和保护海洋环境的义务,在排放前未及时、充分通报、通知实际受影响或可能受影响的国家,也未与受影响的国家进行充分协商,违反了一般国际法中善意履行国际义务原则和国际合作原则,违反了国际环境法中尊重国家主权和不得损害国外环境以及环境可持续发展原则,侵害了第三国合法权益,应承担国际环境

① 张旭:《国际刑法:现状与展望》,清华大学出版社2005年版,第165页。

② 《日本地震核泄漏》,载好搜网百科,http://baike.haosou.com/doc/358905-380211.html,最后访问日期:2016年4月20日。

犯罪刑事责任。

二、环境公害犯罪的追责方式

鉴于,一方面环境法具有综合性,涉及面广、牵动利益复杂、调整手段多样等特点;另一方面,环境中任何因素、任何系统、任何层次的改变都可能引起环境变化。因此,对于环境公害犯罪应采取复合的刑事责任方式。

(一)刑罚方式与非刑罚方式相结合

针对环境公害犯罪,人类已经积累了多样的应对措施,包括刑罚和非刑罚方法。正如学者所言,随着社会的不断进步,犯罪的法律后果总是由单一化向多元化发展;刑事制裁概念不再等同于刑罚概念,成为历史发展的必然;非刑罚处罚方法也将由适用较少而发展为适用较多。① 刑罚能够提供浓厚的威慑作用及满足社会正义感上的占有优势,但其运行成本较高,而且仅适用刑罚使造成的环境损害得不到有效的补救。从中外环境公害犯罪的刑罚种类对比看,均重视发挥罚金刑的作用,均突出自由刑的适用,但由于自由刑仍是刑罚体系的中心;区别在于国外重视作为刑罚之外的另外一种刑事责任承担方式的非刑罚方法,我国还没有重视发挥非刑罚方法在应当环境公害犯罪中的作用。② 因此,非刑罚方法不仅使刑事制裁手段多样化,而且能减少刑罚之弊端,能有效发挥环境公害犯罪刑事责任的补偿、恢复环境、预防环境公害犯罪的功效。惩罚环境公害犯罪的最终目的是防止环境污染和环境破坏,使被污染的环境得以净化,使被破坏的环境得以恢复和再生,由此出发,应采用刑罚与非刑罚相结合的原则。二者的结合可以加大环境公害犯罪的犯罪成本,有效发挥刑罚和非刑罚方法的威慑预防效果。环境公害犯罪的主体大都是理性和善于算计的,遵守有关环境法律总是需要大量的资金投入,违反环境法律会带来巨大的经济利益,他们则更倾向于违反环境法律的规定。因此,从刑事政策角度来说,可通过加强刑事处罚措施来改善环境守法状况。③ 比

---

① 张明楷:《刑法学》(第4版),法律出版社2011年版,第560页。

② 赵秉志:《环境犯罪及其立法完善研究》,北京师范大学出版社2011年版,第120~121页。

③ [荷]迈克尔·福尔、[瑞士]冈特·海因:《欧盟为保护生态动刑:欧盟各国环境刑事执法报告》,徐平、张浩、何茂桥译,中央编译出版社2009年版,第50页。

如，通过明确规定环境公害犯罪的罚金数额，使行为人所受的处罚与其对环境的损害程度相当，并超过其因此而获得的利益（而不是超过犯罪主体的财产数量），使其预见无利可图而降低犯罪可能性；通过在自由刑的基础上增设剥夺从事一定职业或营业的资格刑，促使行为人在犯罪行为所获得的利益和应受刑罚处罚及不得从事特定职业或营业所受到的损害之间进行利益衡量，可以使行为人产生心理压力，进而放弃犯罪达到特殊预防效果，同时也可以使其他从业者遵守法律规定达到一般预防效果。当然，这不排除在不适用刑罚仅采用非刑罚方法就能达到预防和控制环境公害犯罪目的时，只适用非刑罚方法。

侵犯传统法益的责任方式与侵犯环境法益的责任方式相结合。环境刑法旨在保护环境法益，环境公害犯罪的刑事责任正是为了实现环境法益的有效刑法保护而设置的。应然意义上的环境法益本身包含了人身、财产等传统法益，对环境法益的侵害不仅会对环境自身产生影响，更会影响到人的日常生活乃至生存与发展。因此，如果保护了环境法益自然就意味着同时保护传统法益，侵犯环境法益的环境公害犯罪应承担较重的刑事责任。但是，从实然看，刑法规定总体上以保护传统的人身、财产法益为己任，从而环境公害犯罪的刑事责任总体轻缓，不够严厉，进而导致司法实践既不能有效惩治环境公害犯罪，也难以预防日益严重的环境公害犯罪。因为在立法者看来，破坏型环境公害犯罪只是明显侵犯了环境要素法益，对人身等传统法益的侵害既不直接也不明显，从而无需规定严厉的刑事责任；虽然污染型环境公害犯罪不仅直接侵犯环境法益而且会对人身、财产等传统法益造成明显的现实的损害，立法上也以对传统法益的侵害后果作为配置法定刑的考量因素，但立法者并没有对其规定更为严厉的刑事责任，在这里，要么是立法者认为环境法益不重要，要么是认为传统法益不重要，或者同时认为二者不重要。因此，要真正有效保护环境法益，落实环境公害犯罪的刑事责任，必须在立法上分别针对传统法益和环境法益规定轻重不同的刑事责任，并做到二者责任的复合。传统法益、环境法益复合责任，这是根据环境公害犯罪侵犯的法益种类不同所设置的刑事责任。环境法益独立之前，环境公害犯罪责任的设置主要是依据传统法益，即个人的人身、财产利益损失状况。而个人的人身损失情况最终转化为以人员伤亡数量、人员转移疏散数量、中毒等严重危害人体健康等来衡量;财产损失状况最终转化为经济价值,用金钱来衡量。随着人们对环境认识的深入,环境法益日益独立。但是,直到现在,环境刑事责任的设置主要还是依据环境的经济价值。以破坏林木犯罪为例,即使在以生态犯罪命名的《俄罗斯刑法》中,第260条非法砍伐树木和灌木罪中明确规定损失的计算标准是林木的价格,我国实践中损失计算标准均为林木数量或面积。显然,这不是环境法益的真正独立,环境法益的真正独立要求以环境的生态价值而不是经济价值为标准。环境的价值具有多元价值,但重在生态价值而不是经济价值。因此,环境刑事责任的配置,不仅要重视环境的经济价值更要重视生态价值。当然,环境的生态价值定价非常困难。这不仅在于环境生态价值需要间接检验,而且在于需要长期的时间才能检验,从而生态价值不能用或简单地用经济价值衡量。但是,难以用经济价值衡量并非无法计算。据测定,一亩森林每天能够产生48.7公斤氧气,可供65人吸收一天;森林还能吸收大气中的有害物质,净化空气,据测算,一公顷的柳杉林每月可吸收60公斤二氧化碳,女贞、丁香、梧桐、垂柳、桧柏、洋槐等对减轻氟化氢危害具有良好效果。①

(二)从宽的责任方式与从严的责任方式相结合

环境公害犯罪本身极其复杂,而每一起环境公害犯罪又具有不同的情节,应针对不同情节至少是一些重要的情节设计不同的责任。当然,这里的情节是除了法益、危害行为及其样态、主观罪过等犯罪主客观构成要素之外的影响刑事责任的要素。从情节类型来看,可分为从宽情节和从严情节两种,相应地,设计出从宽责任和从严责任。这方面,国外也有立法例。根据《德国刑法》第330条第1款规定,在不能清除污染或者需投入长时间或巨额费用后才能清除的、持久损坏濒临灭绝的动植物以及为获利而行为等情况下,属于情节特别严重,从重处罚;第330条b规定以积极作为的真诚悔罪而减免其刑罚,包括行为人在重大损失产生前自动排除危险的,以及危险并非行为人而排除但只要其主动且真诚努力排除危险予以减轻或免除刑罚两种情况。《奥地利刑法》第183b条也规定以积极作为的悔悟而

① 郭建安、张桂荣:《环境犯罪与环境刑法》,群众出版社2006年版,第18~19页。

免刑。① 因为,通常情况下,只有行为人才知道环境公害犯罪行为的始末,认识危险或侵害,他能及时阻止或修复危险或侵害。因此,该规定在行为人过失危害环境时,有助于减少环境危害、保护环境。除了德国和奥地利,《巴西环境犯罪法》也规定了从严、从宽的责任,根据该法第14条规定,对于接受教育或指导的程度较低的等情形减轻处罚;根据第15条规定,对于再犯以及为了获取金钱利益犯罪等17种情形,加重处罚。② 反观我国,虽然环境刑事立法中没有针对环境公害犯罪不同情节规定特殊的从宽、从严责任,但在环境刑事司法解释中已有所体现,如2013年《环境污染刑案解释》第4条规定,对于阻挠环境监督检查或者突发环境事件调查但不构成犯罪的、闲置、拆除污染防治设施或者使污染防治设施不正常运行4种情形,应酌情从重处罚;第5条规定,对于及时采取措施防止损失扩大、消除污染,积极赔偿损失的,可酌情从宽处罚。从宽的责任方式与从严的责任方式相结合,司法解释的规定,值得立法借鉴吸收。

三、环境公害犯罪的追责原则

(一)传统归责原则

环境公害犯罪的责任追究应遵循一定的原则进行,我国刑事法律确定的基本归责原则是因果归责和罪过归责。然而,无论是因果原则还是罪过原则在解决环境公害犯罪问题上都显得捉襟见肘。

1. 因果归责

传统环境刑法长期坚持保守态度,多把环境公害犯罪规定为结果犯,即仅处罚对人身、财产造成实害的环境公害犯罪行为。因此,长期适用传统刑法因果关系认定和判断环境公害犯罪。大陆法系主要存在条件说、原因说、相当因果关系说、合法则的条件说、重要说等因果关系理论。③ 其中,条件说又称为等值说或等价说,即所有的原因都具有同等的原因力,作用无大小之分;原因说又称区分说、个别化说,是对条件说的修正,主张从引起结果发生

① [奥]特立夫特尔:《奥地利环境刑法的现状》,陈添辉译,载《环境刑法国际学术研讨会论文辑》1992年版,第182页。

② 《巴西环境犯罪法》,郭仪译,中国环境科学出版社2009年版,第4~5页。

③ 张明楷:《刑法学》(第4版),法律出版社2011年版,第176~180页。

的诸条件中以某种标准选择一个具有特别意义的条件作为原因，只有这个条件与结果之间才存在因果关系，理论上又存在最终条件说、异常行为说、最有利条件说、优势条件说等学说；相当因果关系理论认为，按照一般人的日常经验，如果存在实施某一行为一般会发生某一结果的关系时，就认为该行为与结果间具有因果关系。英美法系包括事实和法律两层因果关系，而且先进行事实因果关系判断，如果事实层面因果关系确定后，就要对法律层面的因果关系进行判断。关于法律因果关系的判断，存在近因说、常识因果关系说、政策说和预见说等理论，近因说为通说。[①] 近因说认为，原因是没有被介入因素打破因果链条的、当然地或者盖然地引起危害结果的事实原因，是特定犯罪后果产生的必要且充分条件。我国存在必然因果关系说和偶然因果关系说，行为本身不包含产生结果的必然性，但在发展过程中偶然地同另一原因的展开过程交错，介入的原因合乎规律地引起了结果，最初的行为与最终的结果间就表现为偶然因果关系。[②]

所有这些因果关系都是运用传统逻辑推理、经验法则等证明因果关系是否存在，进而确定行为人是否应承担刑事责任。无论是逻辑推理还是经验法则，面对原因行为具有复杂性、危害后果具有潜在性和隐蔽性的环境公害犯罪，一筹莫展。以条件说在环境公害犯罪中的运用为例进行检验分析。因果关系的判断在于说明原因和结果之间的关联性，就此而言，条件说可以达此目的。而且，其他因果关系理论都以条件关系为前提。因此，条件说的重要性是不言而喻的。条件说为刑事责任划定了一个客观范围，只不过，在条件说看来，只要行为和结果之间存在事实关联，就具备因果关系，致使因果关系的范围无限扩大、无限追溯，进而使刑事责任的范围亦过大，因此，条件说的自身缺陷十分明显。按照条件因果关系的操作方式，适用于环境公害犯罪案件中，就会发现新的问题和矛盾。一方面，条件说所要求的因果关系的原因、结果以及二者之间的关系是确定的、明确的。在污染环境公害犯罪案件中，必须先确定污染原因、污染后果，污染后果包括大气、水体、土壤等品质的变

---

① 蒋兰香：《污染型环境犯罪因果关系证明研究》，中国政法大学出版社 2014 年版，第 18～19 页。

② 高铭暄、马克昌：《刑法学》（第 4 版），北京大学出版社 2010 年版，第 87～88 页。

化以及由此对人造成的损害如疾病，污染原因则包括排放的化学物质、重金属和烟类等污染物、与大气、水体、土壤等环境要素发生的物理和化学变化，人体的摄入等。假设环境污染的前述各种条件均可以确定，那么，这些因素或条件都可以成为污染环境公害犯罪的原因，显然，人体摄入也是原因，污染物质的摄入者要为自己的摄入行为负责，这不切实际。即使切实可行，该诸多条件都应当纳入因果关系范围，进而都应当纳入刑事责任的追究范围，从而使得环境公害犯罪的刑事责任范围本应得以扩大。另一方面，环境公害犯罪系新型犯罪，脱逸过去之经验，环境污染和破坏行为与损害结果间是否存在因果之关联性，运用一般的常识和方法难以查明；加之，科技的局限性而又欠缺现存实证科学之资料和数据参考，以及人的认知的局限性致使人类有时对自己的行为造成的后果并不都知道，纵使可确定多种条件，但要从中找出个别的原因却特别困难，使运用条件说操作时排除大量环境公害犯罪的刑事责任追究。可见，条件说不能解决环境公害犯罪的因果归责问题。

2. 罪过归责

如同因果归责一样，罪过归责无法妥善解决环境公害犯罪的归责问题。近代刑法主张主观责任是为了保障人权、限制处罚范围，排斥近代刑法以前的客观责任（结果责任），只有当行为人对所实施的违法行为与结果具有责任能力以及故意、过失、违法性认识的可能性与期待可能性时，才能对行为人进行非难。主观责任原则尤为强调行为人主观上的故意与过失或主观罪过，这一点，无论是大陆法系国家还是英美法系国家，抑或我国，概莫能外。大陆法系国家刑法理论认为，行为人的主观罪过即故意和过失是犯罪构成的必要要件，主观上无过错则不承担刑事责任。这种理论适用于环境公害犯罪时，各国对主观要件要求不尽相同。根据我国环境刑法规定，学界一般认为，我国环境公害犯罪的罪过形式包括故意和过失，破坏环境公害犯罪多为故意，过失行为一般不构成犯罪，重大环境污染事故罪或污染环境公害犯罪的主观为过失。复杂的环境公害犯罪尤其是污染型环境公害犯罪，使传统罪过责任原则在证明行为人主观是否有罪过以及罪过是故意还是过失时面临困难，致使客观上存在并时有发生的严重危害环境的行为，由于行为人主观过错不明确或者难以举证证明而逃脱刑事责任追究，或者说在刑事追诉中，坚持罪过原则的方式使许多具有严重社会危害性的环境污染案件无法定罪量刑。

(二)推定归责原则

鉴于传统的因果归责和罪过归责原则无法妥善解决环境公害犯罪的因果关系和主观过错问题,或者说传统的因果归责和过错归责原则在环境公害犯罪因果关系和主观过错证明中陷入了困境,而且环境污染和环境破坏公害犯罪行为迅猛增加,为了加强刑法对环境的保护力度,便于司法实践中正确辨别与认定环境公害犯罪,严厉惩治和预防环境公害犯罪,必须寻求新的归责原则,推定归责原则应用而生。推定原则包括因果关系推定原则和过错推定原则,无论是主观过错推定还是因果关系推定,都允许被告人辩护反证,这又涉及举证责任分配和倒置:刑事司法机关和自诉人需对行为人的危害行为和危害后果负举证责任,被告人则必须证明其没有犯罪的主观过错、其危害行为和危害后果之间也不存在因果关系,如果被告人对自己需要举证的两项都能举证证明,则无需承担刑事责任,如果对两项中任何一项不能证明,被告人都要承担刑事责任。[①]

1.因果推定

因果推定即推定因果关系,是指对于损害后果与致害行为之间经疫学证明有盖然性联系,在被告人不能提出反证证明损害后果并非自己所为时,推定损害后果为其所致。[②] 因果关系推定包含盖然性证明、反证两大关键要素,推定因果关系中的盖然性证明由控方举证证明,盖然性事实通过疫学因果关系而得,疫学因果关系是经疫学证明的因果关系;推定因果关系中的反证证明由辩方举证证明,间接反证事实通过间接反证法而得。推定因果关系的逻辑顺序为盖然性证明——因果关系推定——反证——反证不成立——因果关系成立。运用疫学证明法和间接反证法证明案件事实的因果推定,在世界各国司法实践尤其是环境侵权诉讼中普遍运用,成为弥补传统因果归责的重要手段。日本四大公害诉讼案件即富山骨疼病、熊本水俣病、新潟水俣病和四日市栓塞症均采取疫学因果关系理论,[③]新潟水俣病不仅运用了疫学因果关系证明因果关系的存在,还运用间接反证法证明因果关系之存在。新

① 王利宾:《环境犯罪疑难问题探讨》,载《四川警察学院学报》2010年第1期。

② 蒋兰香:《环境犯罪基本理论研究》,知识产权出版社2008年版,第171页。

③ 郑昆山:《环境“刑法”之基础理论》,五南图书出版股份有限公司1998年版,第259页。

澙水俣病的判决思路是,将构成因果关系的连锁事实分解成几个部分,如果原告就其中若干连锁事实提出证明,即推定其余部分的事实存在,而由被告反证其不存在的责任。如果被告不能提出足以推翻证明主要事实的间接事实的证据,就认为存在因果关系。① 推定因果关系不仅运用在环境侵权案件中,环境公害犯罪案件中也有所运用,如 2002 年 10 月东京地方法院审理的大气污染案,是通过采用疫病学原理证明加害行为与损害结果之间的因果关系追究刑事责任的。② 我国云南澄江县人民法院 2009 年审理的澄江锦业工贸有限责任公司环境污染案则是运用间接反证法确定因果关系而追究刑事责任的典型案例。

澄江锦业工贸有限责任公司环境污染案的基本案情是,2001 年以来,被告单位云南澄江锦业工贸有限责任公司违反国家防治环境污染的相关规定,在未办理环境影响评价的情况下,先后擅自技改扩建年产 2.8 万吨硫化锌精矿制酸生产线两条、开工建设年产 8 万吨磷酸一铵生产线一条;在工程施工中,该公司没有同时建设配套的环境保护设施;建成投产后,使用砷含量超过国家标准的硫化锌精矿及硫铁矿作为原料生产硫酸,再用硫酸生产磷酸一铵;没有按照后期补办的环境影响评价及环境监管部门的要求建设规范的生产废水收集、循环、排放系统及废固堆场;长期将含砷生产废水通过明沟及暗管直接排放到厂区内一个没有经过防渗处理的天然坑塘内;将含砷固体废物磷石膏在 3 个地点露天堆放;雨季降水量大时直接将生产废水抽至厂外排放;擅自开挖 3 个洗矿废水收集池,未做任何防渗处理,抽取含砷废水进行洗矿;由于该公司上述违法行为,使含砷生产废水在整个厂区内外环境循环,以地下渗透、地表径流方式进入阳宗海,导致阳宗海水砷浓度自 2007 年 9 月开始上升,至 2008 年 7 月砷浓度值超过 V 类水质标准,水质从 II 类下降到劣于 V 类,饮用、水产品养殖等功能丧失,公私财产遭受特别重大损失;在上述重大环境污染行为中,被告人李某某、李某某在决策、管理上存在重大失误,应当承担直接负责的主管人员责任;被告人金某某作为该公司直接负责安全环保方面的生产技术部部长,没有正确履行职责,防止污染的发生,应当承担直

---

① 王明远:《环境侵权救济法律制度》,中国法制出版社 2001 年版,第 194 页。

② 冷罗生:《日本公害诉讼理论与案例评析》,商务印书馆 2005 年版,第 49 页。

接责任人员责任。针对云南省澄江县人民检察院的指控的犯罪事实,被告人及其辩护人一概予以否认,认为这是一起冤案,企业投产的生产线环评手续齐全,环保设施完备,虽然企业的生产原料中含有砷元素,但阳宗海周边涉砷的企业不止自己一家;有关部门关于阳宗海及企业厂区内蓄水池土质含砷的检测报告科学性值得怀疑,要求重新鉴定;并且对检测程序、司法机关的办案程序等提出了质疑;被告人虽然承认企业有部分职工发生过砷过敏,有关环保部门也对其进行过处罚,但认为都与砷污染无关;此前,有关部门也从来没有告知企业存在砷污染,而且工厂采用的是循环水;该企业内有一个天然蓄水池和3个洗矿池,被告人否认工业废水通过明沟与暗沟排放到蓄水池内,进而渗漏到阳宗海中。①

本案中,控方提供省、市、县三级环境监测部门出具的水质监测报告,证明阳宗海存在砷污染事实,即从2008年6月以来,阳宗海水体砷浓度呈直线上升趋势,水质由Ⅱ类急剧下降到劣于Ⅴ类;提供云南省环保局有关部门和专家组成的专家调查组出具的调查报告,证明云南澄江锦业工贸有限责任公司是造成阳宗海砷污染重大环境污染事故的主要责任单位。对此因果关系的指控,被告人予以否认。法院则最终认定云南澄江锦业工贸有限责任公司是造成阳宗海砷污染重大环境污染事故的主要责任单位,即存在因果关系。法院的判决思路是,阳宗海存在砷污染事实,这一结果事实已经得到证明;阳宗海污染是周边企业排污而非自然因素所致,主要污染源来自湖的南部;被告单位位于湖的南部,生产原料涉砷且生产规模大,所在区域砷浓度高于全湖的平均值,厂区环境和产品已被砷严重污染;被告人存在违法排污等环境违法行为,存在污染外环境的重大隐患;被告单位环境违法行为在前,阳宗海污染结果事实在后;只是到底哪家企业造成污染尚未得到完全证实;在此情况下,检察机关指控云南澄江锦业工贸有限责任公司是造成阳宗海砷污染的主要责任人,即推定被告单位存在污染阳宗海的事实存在或者被告单位的排污行为与污染结果之间存在因果关系;被告单位对其是造成此次重大环境污染事故的主要责任单位予以否认,就要提供证据反证自己不是造成此次重大污染事故的责任单位;如果被告单位提供足够证据证明自己不是造成此次重

① 云南省澄江县人民法院(2009)澄环刑初字第1号刑事判决书。

大污染事故的责任单位,则控方的指控的因果关系不成立,就可以否定因果关系的存在;如果被告单位不能提供足够证据证明自己不是阳宗海砷污染的制造者,那么在控方已经证明被告单位具有造成污染阳宗海的高度盖然性,且基本排除其他怀疑的情况下,就可以肯定因果关系的存在。法院循着间接反证法的思路确定被告单位的排污行为与阳宗海污染之间存在因果关系,最终认定被告单位在生产经营过程中的环境违法行为导致阳宗海污染,构成重大环境污染事故罪,并依法追究相应的刑事责任:以重大环境污染事故罪判处被告单位云南澄江锦业工贸有限责任公司罚金人民币1600万元;被告人李某某有期徒刑4年,并处罚金人民币30万元;被告人李某某有期徒刑3年,并处罚金人民币15万元;被告人金某某有期徒刑3年,并处罚金人民币15万元。从判决结果可以看出,法院最终认定被告单位的环境违法行为与阳宗海砷污染之间存在因果关系,换言之,法院肯定被告单位是阳宗海污染者的指控或者否定被告单位不是阳宗海的责任单位的辩护理由,是间接反证法的成功运用。

2. 罪过推定

过错推定与严格责任有关。关于严格责任的概念表述,胡萨克认为,实行严格责任的犯罪"不需要有犯罪意图……只有行为(犯罪行为)就够了"。有两种原因不必要求有犯罪意图的证据,一是实体上犯罪意图可能与定罪完全没有关系;二是程序上起诉不要求有犯罪意图的证据,尽管被告提出的无犯罪意图的证据可能排除他的责任。据此,严格责任可以分为两类:前者被称为绝对严格责任或实体性严格责任,是指在某些特殊类型的犯罪中,只要行为人实施了法定的危害行为,不问其主观如何,即构成犯罪;后者被称为相对责任或程序性严格责任,是指控方不必证明行为人的主观过错,行为人可以以缺乏犯意为由进行辩护,如果行为人能够证明自己缺乏犯意,就不构成犯罪,相反,如果行为人不能证明自己缺乏犯意,就应当承担相应的刑事责任。我们通常所说的严格责任或绝对责任或无过错责任或无过失责任,就是前者即绝对严格责任或实体性严格责任,英美法系学者和我国学者多持此种意见。① 在制定法

① [英]J. C. 史密斯、B. 霍根:《英国刑法》,李贵方等译,法律出版社2002年版,第114页;[英]鲁珀特·克罗斯、菲利普·A. 琼斯:《英国刑法导论》,赵秉志译,中国人民大学出版社1991年版,第395页;周珂:《生态环境法制建设》,载《中国人民大学学报》2000年第6期。

上,英国《河流污染防治法》《污染管制法》,美国《固体废物处置法》《资源保持和回收法》《垃圾法》等都有严格责任的规定。而 1972 年的 Alpgacell 有限公司诉伍德沃德(Woodward)案成为环境公害犯罪适用严格责任的先例。

但是,无论是立法还是司法,英美法系都对严格责任的适用进行严格限制。英美法系制定法或法院解释对严格责任的限制,主要表现为规定严格责任的适用条件和辩护理由,并通过具体的适用条件和辩护事由来实现严格责任的限制适用。对严格责任的适用条件进行必要的限定,可以避免造成对严格责任滥用的后果。无论在立法上和司法上都有必要对严格责任设立适用条件。在环境公害犯罪严格责任的立法中,符合以下条件的环境公害犯罪才应当规定可以适用严格责任:行为的危害后果发生可能性大,以及行为可能发生的危害后果严重。司法机关在具体的司法行为中能否适用严格责任,也应受到相应条件的限制:首先,司法机关在具体案件中确定适用严格责任,必须有法律的明文规定为适用依据;其次,严格责任的具体适用必须以该行为发生了严重的危害后果为前提。在严格责任中规定免责事由也是对严格责任适用的一种限制,环境公害犯罪中的严格责任免责事由,主要包括不可抗力、第三人过错、无过失等。

基于英美法系制定法或法院解释对严格责任的限制,尤其是如不可抗力、无过失或第三人过错等辩护理由的限制,以及刑事政策考虑,不能简单地将严格责任理解为构成犯罪不需要主观罪过,因为行为人享有辩护权,只要证明自己不存在主观罪过就不承担刑事责任,只有在行为人不能证明自己不存在主观罪过时才承担刑事责任。可见,免责事由是以证明行为人无主观过错为目的,只要能够证明行为人无主观过错的事由都可成为辩护免责事由。由此可见,严格责任是在环境公害犯罪中当行为人主观罪过难以查证的情形下,出于犯罪惩治与预防之必要,只要发生了危害后果就强制推定行为人主观上具有罪过的一种特殊的责任原则,即严格责任是一种过错推定。既然严格责任是过错推定,就应当赋予行为人辩护的权利,即规定在某些情形下行为人只要能够提出证据予以证明就可以不承担刑事责任。如果将严格责任理解为构成犯罪不需要主观罪过,就完全颠覆了近代刑法所确立的有罪过才有罪责的过错责任原则,这恐为严格责任难以承受之重。故此,宜将严格责任理解为过错推定,实行举证责任的转移,只有当行为人举证不能时才受刑罚处罚,从而有效地维护过错责任原则。如此理解或解释,既在理论逻辑上是自洽的,也体现出效率的价值追求,还有利于人权保障。总之,在适用严格责任时,仍然要求行为人实施环境公害犯罪时具有罪过,即定罪量刑仍以行为人存在故意或过失的心态为基础。

当然,包括因果推定和过错推定在内的推定归责原则也存在局限性,而且已经产生并适用半个世纪之久。这半个世纪尤其是20世纪80年代以来,社会已发生了翻天覆地的变化,当今的社会已经由工业社会转向风险社会,或者说社会出现风险社会的转型或面向。环境风险是风险社会的典型风险,随着风险社会的到来,为了应对环境风险,应继续寻求新的具有独特价值的适应于环境公害犯罪的归责原则。

四、环境公害犯罪治理中刑事和解的运用①

(一)生态环境犯罪"补植复绿"司法实践的评价

1. 首个生态文明先行示范区的做法

2014年3月,国务院印发《关于支持福建省深入实施生态省战略加快生态文明先行示范区建设的若干意见》(以下简称《若干意见》),福建成为我国首个生态文明先行示范区。根据《若干意见》,福建省要"大力推进自然资源资产产权、集体林权、生态补偿等制度创新,为全国生态文明制度建设提供有益借鉴"。因此,福建省的生态文明建设,有着特殊的指标性意义。早在1982年,福建省就率先在全省范围内成立覆盖高级人民法院、中级人民法院和基层人民法院三级法院的林业审判庭,对盗伐、滥伐林木及森林失火犯罪进行了较为精准的审判,有效地维护了福建生态环境安全。1991年,长汀县人民法院开始了涉林刑事失火案件中尝试"补种复绿"的生态修复方式,2008年5月22日,柘荣县人民法院率先挂牌成立全省首个生态环境审判合议庭,该院在毁林犯罪案件审理时,由案件被告人与林木受损主体达成谅解,签订造林协议,并交纳适当造林保证金或提供保证人,法院在裁判文书对被

---

① 此部分内容系本书作者发表的一篇论文中的摘选。感谢此篇文章的合作者白晓东教授的贡献。参见白晓东、李兰英:《生态犯罪治理中刑事和解模式的困惑与出路——以福建生态犯罪"补植复绿"司法实践为例》,载《华侨大学学报》(社会科学版)2016年第2期。

告人存在“补植复绿”事实予以认定，将被告人“补植复绿”情节作为判处刑罚的情节，对案件情节轻微，直接判处被告人“补植复绿”，即“补植令”，责令被告人在案发地或者指定区域补种林木并看护管理，2007年以来，该法院审理各类生态案件30多件，被告人履行“补植复绿”率达到100%，柘荣县人民法院、柘荣县林业局还联合发布《关于规范林业刑事案件补种复绿工作的规定》，明确规定“签订补种复绿协议是被告人的悔罪表现，法院在审理案件时可以作为量刑情节予以考虑”，①柘荣法院树立了福建省生态刑事审判的典型。

2.“补植复绿”的法律正当性质疑

福建省生态环境犯罪司法中“补植复绿”实践，实际上是生态环境犯罪领域刑事和解的大胆探索，其工作成效极为明显。但从刑法理论看，“只有法律才能为犯罪规定刑罚”②几乎已成刑事法律的铁则。超越法律的规定，在现行法之外对被告人施加刑罚，有违反罪刑法定之嫌。因此，“补植复绿”的正当性如何，不时有人质疑。法院对刑事被告人发出的“补植令”，有没有刑事实体法根据？被告人“补植复绿”在性质上是否属于劳役刑？“补植令”是否有刑罚的性质？新的刑事诉讼法的刑事和解制度是否为生态环境犯罪“补植复绿”司法实践提供程序法根据？现行刑事和解制度能否契合生态环境犯罪的治理？司法机关将被告人履行补种复绿协议视为被告人的悔罪表现，是否能完全反映生态环境犯罪当事人进行生态恢复和补偿损失的意义？

3.“补植复绿”的司法实践存在的困惑

《刑事诉讼法》虽然将刑事和解制度由自诉案件扩大到公诉案件中，但是，根据新《刑事诉讼法》第277条规定③，实际上我国刑事和解制度适用范围相对较窄，而且，刑事和解制度适用范围以存在被害人为前提，因此，有学者统计，完全符合刑事和解适用范围的罪名为70个左右，只是占整个《刑法》

---

① 载宁德法院网，http://ndzy.chinacourt.org/public/detail.php? id=142，最后访问日期：2013年11月10日。

② [意]贝卡利亚：《论犯罪与刑罚》，黄风译，中国大百科全书出版社1996年版，第11页。

③ 新《刑事诉讼法》第277条规定，双方当事人可以和解的公诉案件是：(1)因民间纠纷引起，涉嫌刑法分则第四章、第五章规定的犯罪案件，可能判处3年有期徒刑以下刑罚的；(2)除渎职犯罪以外的可能判处7年有期徒刑以下刑罚的过失犯罪案件。犯罪嫌疑人、被告人在5年以内曾经故意犯罪的，不适用本章规定的程序。

分则罪名的15%左右。[①] 而生态环境犯罪本身往往表现为无被害人或者被害主体虚置,且生态环境犯罪既不侵犯公民人身权利,也非侵犯公民财产权利,因此,生态环境犯罪中被害人并非《刑事诉讼法》第277条所指"《刑法》分则第4、第5章规定的刑事案件"被害人。于是,福建地区生态环境犯罪刑事司法中的"补植复绿"裁判方式是否为运用刑事和解程序的结果?这是存在疑虑的。

况且,在福建地区生态环境犯罪刑事司法实践中,"补植复绿"常作为被告人悔罪的情节,"补植复绿"协议常作为从轻处罚的事实依据,但是,"补植复绿"协议的履行显然需要时间,当被告人获得从轻处理以后,某些被告人可能恶意不履行协议,此时,司法机关除了说服被告人自觉履行外,别无他法,如此,这样的刑事和解制度反倒成了某些行为人逃避追究的途径。

(二)反思现行刑事和解制度:应发挥补偿与恢复的功能

刑事和解是"一种以协商合作形式恢复原有秩序的纠纷解决方式,它是指在刑事诉讼中加害人以认罪、赔偿、道歉等形式与被害人达成谅解后,国家专门机关不再追究加害人的刑事责任,或者对其从轻处罚的一种制度"。[②] 刑事和解制度的核心和实质不是"和解",而是补偿和恢复,通过补偿和恢复,使刑法的刚性得以"缓和"。如果绝对贯彻刑罚的绝对性,将使刑法显得刚性有余而灵活性不够。而运用刑事和解,国家在惩罚犯罪方面的绝对权威有所节制,事件当事人的意愿得到一定程度的尊重,具体案件的实际情况可能得到更多的还原和呈现,被告人和被害人在刑事司法中地位和作用得到更多的体现。因此,也有人说:"罪刑法定偏向于追求一般公正,刑事和解偏向于追求个别公正。"[③]换一句话说,刑事和解并不违反罪刑法定原则,而恰恰很好地贯彻了罪责刑均衡原则,实现刑罚的个别化和轻缓化。[④]

台湾地区学者林山田指出:"理想的刑罚,应能促成犯罪赎罪感,在刑事

---

① 于紫伊、赵成民:《论公诉案件刑事和解的范围——以案例诠释我国刑事和解案件的扩展空间》,载《法制博览》2012年第12期。

② 杜宇:《"刑事和解"的概念框架——以五组范畴的比较为中心》,载《中山大学法律评论》2010年第8期。

③ 陈晓明:《刑事和解原论》,法律出版社2011年版,第179页。

④ 时恒支:《刑事和解与刑法基本原则的冲突分析及制度构建》,载《法律适用》2012年第2期。

矫治工作上务必促成受刑人的赎罪能力与赎罪心理条件,使其真正出自内心的悔悟而得悔过自新。”[①]而在刑事和解时,被告人未受刑事判决时,通过与被害人的协商认罪和民事赔偿,对犯罪具有悔悟和认识,表明其人身危险性大大降低,刑罚的功能在一定程度上已预先实现,这种情况下,对行为人适用严厉的刑罚的必要性也大大降低。

从这一意义上讲,福建地区生态环境犯罪刑事司法中,对于过失毁林案件,通过开展“补植复绿”裁判,既注意到生态环境犯罪大多为过失犯罪的特殊性,人身危险性比较小,被告人往往追悔莫及,愿意进行补偿和恢复现状的心态,也回应了生态环境犯罪的治理重在生态环境恢复的政策,故,有学者评价说:在一定程度上,“补植复绿”的刑事和解实践,是对现行刑法尤其是刑罚制度的创新。较之于传统司法模式,刑事和解更为充分地考虑了刑事政策上的需要,使“刑罚权的行使而追求正义总是存有一小部分例外的情况”得以彰显。

(三)“补植复绿”契合补偿、恢复为诉求的刑事和解价值

刑事和解不仅仅重视国家的裁判活动,更重视社会成员的参与,刑事和解的一个重要的原则就是让所有因为被告人的犯罪行为而受到影响的社会成员共同承担、共同回应犯罪的责任,共同确定加害人修复损害的计划,对于被害人而言,修复意味着原有正常状态的重现,即物质损害得到修复。“整个刑事和解的运作都是围绕着修复展开。”[②]对照生态环境犯罪的突出特点:“无法量化评估由于树木面积减少导致的生态损害赔偿数额”,[③]被告人实行“补植复绿”,通过补种、支付修复赔偿金等方式“恢复生态容量”,关注人与环境、人与自然之间的关系,促进受损生态环境的恢复,它不是机械地采取谴责和惩罚被告人的方法来达到预防犯罪的目的,而是着眼于生态环境修复,尽量缓和人与自然之间的紧张关系,这种实践与刑事和解追求的“补偿”“恢复”的理念完全契合。

大陆法系的刑事和解制度在法律上都能找到明确的规定,都有“补救损

---

① 林山田:《刑罚学》,台北,商务印书馆1975年版。

② 陈晓明:《刑事和解原论》,法律出版社2011年版,第37页。

③ 《最高法公布保障民生典型案例:破坏生态可判异地补植》,载《光明日报》2014年3月14日。

害”“补偿损害”“恢复损害”的关键词。例如,根据德国刑法,刑事和解属于量刑事由之一——行为后的态度,尤其是行为人为了补救损害所作的努力。《德国刑法典》第46条a规定:行为人具有下列情形之一的,法院可依据第49条第1款减轻或免除其刑罚:努力与被害人达成和解,其行为全部或大部分得到补偿,或努力致力于对其行为进行补偿的,或被害人的补偿要求全部或大部分得到实现的。①

(四)呼吁生态环境犯罪中刑事和解制度的嵌入

由于我国刑事和解为民事赔偿责任的和解而非刑事责任的和解,强调化解当事人双方矛盾,而非社会关系的全面恢复,②更由于我国现有刑事实体法对于和解制度还缺乏对应性的规定,因此,我国新刑事诉讼法实施后,和解案件仍集中于故意伤害、盗窃、交通肇事三类案件,刑事和解适用率反而明显下降。③ 从生态环境犯罪的刑事和解实践来看,尽管“补植复绿”的修复性司法也收到了较大的成效,但是,实践中,如何表述修复内容,各地法院的表述千差万别,有些直接将补植复绿写入判决主文,有些法院则作为查明事实,有些法院还发出补植令等,裁判方式的不统一,明显有失法律的严肃性。有鉴于此,笔者结合环境公害犯罪的综合治理的理念,提出如下建议:

1. 应在刑法总则中规定刑事和解及明确其实质为修复的内容

从我国刑法规定看,涉及森林生态环境犯罪的条款主要有《刑法》第344、345、407条规定的盗伐林木罪,滥伐林木罪,非法收购、运输盗伐、滥伐的林木罪及违法发放林木采伐许可证罪。另外,《刑法》第115条规定的失火罪也经常与森林生态环境犯罪发生犯罪竞合。从这些犯罪的刑罚规定看,主刑包括管制、拘役、有期徒刑,附加刑则只限于罚金,也就是说,我国刑法规定的生态环境犯罪并没有体现对生态环境“修复”的刑罚规定,因此,处理生态环境犯罪也就只能在现有刑法规定中寻找法律根据或者对现有刑法规定作扩张性解释。

---

① 《德国刑法典》,徐久生、庄敬华译,中国方正出版社2004年版,第17页。

② 张朝霞、谢财能:《刑事和解:误读与澄清——以与恢复性司法比较为视角》,载《法制与社会发展》2010年第1期。

③ 秦宗文:《刑事和解制度的实践困境与破解之道》,载《四川大学学报》(哲学社会科学版)2015年第2期。

综上,依据笔者的意见:生态环境的治理,仅仅剥夺自由或者处以罚金,只能起到威慑和惩罚的作用,但是,面对荒芜的、斑秃的、烧毁的森林则无济于事,仍然是"伤痕累累,损失继续",如此,只有贯彻"谁破坏、谁修复"原则,坚持"重罚更重修复"的优化目标,①才能更有效地制止破坏生态环境行为的继续发生。也才可以给那些破坏者、犯罪者一个更为深刻的教训。有鉴于此,我国刑法有必要借鉴外国刑法的规定,在刑法总则中规定,增设刑事和解的规定,明确修复补偿的内容,在行为人与被害人达成和解的情况下,减轻或者免除行为人刑罚,体现对生态环境的修复等刑罚规定。同时建议:刑法分则有关生态环境犯罪部分,可以将"原态修复""代偿修复""替代修复"等内容作为个罪减轻或者免除刑事处罚的前置性条件。②

2. 将修复补偿作为刑罚的补充处罚方式

从国外刑法规定看,许多国家的刑法中为刑事犯罪的补偿修复预先创设了保留措施和替代方案。例如,《法国环境刑法》第514.49条第2条规定,在由于从事以上的第(4)、(6)项和第(8)项指出的违法行为被判刑的情况下,法庭可以规定下令将未被依法处理的废弃物损害的现场复原,并按规定预期罚款。③《俄罗斯刑法》第254条规定"毁坏土地罪",可"处3年以下剥夺担任一定职务或从事某种活动的权利,或处两年以下的劳动改造"。④ 有些国家则将修复补偿作为被告人缓刑宣告的附带义务,将该种义务"嵌入"在缓刑判决中。《意大利刑法典》第165条规定:"缓刑之判决得附带宣告回复原状、损害赔偿、公布判决结果等作为损害之补偿。"《德国刑法典》第56条b第1款规定:"法院可规定受审判人在缓刑期间的义务,以补偿其实施的违法行为。但不得要求其履行不可能实现的义务。"该条第2款规定:"法院可规定受审判人履行下列义务:(1)尽力补偿由犯罪行为所造成的损害……(3)提供其他公益劳动。"⑤

涉林生态环境犯罪的直接侵害对象是森林林木,而森林被誉为地球之

① 马新岚主编:《福建生态司法》,法律出版社2015年版,第69页。

② 同上书,第110页。

③ 赵秉志:《环境犯罪及其完善研究》,北京师范大学出版社2011年版,第118页。

④ 赵秉志、王秀梅、杜彭:《环境犯罪比较研究》,法律出版社2004年版,第279~280页。

⑤ 《德国刑法典》,徐久生、庄敬华译,中国方正出版社2004年版,第22页。

肺，调节着生态环境，森林资源具有公益性是毫无疑问的。因此，涉林生态环境犯罪的行为人提供公益劳动，修复遭到破坏的森林植被，也是合适的。涉林犯罪案件被告人的特点也决定了采取替代性刑罚措施更具有优势。从中国裁判文书网已公布的案件看，我国生态环境犯罪涉林案件的犯罪主体主要为当地农民和无业人员，犯罪的主体多为成年男性，是家庭的主要劳动力。①

我国现行《刑法》第75条规定了宣告缓刑被告人考验期及考验期应当履行的法律义务，但这些法律义务侧重于遵守社会管理制度和对被告人活动自由的限制，忽略了受害人的权利和需求。有必要对上述规定作进一步的完善，增加被告人"向被害人或者公益机构提供无偿劳动"的规定，同时规定不履行此项义务者，作为撤销缓刑的原因。同时，根据我国生态环境犯罪的具体情况，可以考虑吸收《森林法》有关"补种"的规定，增加责令补救和限期治理作为无偿劳动的内容。

3. 设立易科刑罚制度

早在1923年，德国就将易科刑罚制度纳入刑罚体系中，当今，很多国家（地区）都将实行刑罚易科制度作为刑罚执行最优化的一个制度设计。② 它的内容包含两个方面：一是用罚金代替先前对受刑人所宣告的短期自由刑；二是用其他的刑罚方法代替法院之前对受刑人所宣告的罚金刑。《德国刑法典》第43条规定："不能缴纳罚金的，以自由刑代替之。一单位日额金相当于1日自由刑。以自由刑代替的，最低为1日。"台湾地区"刑法"第41条规定"犯最重本刑为5年以下有期徒刑以下之刑之罪，而受6个月以下有期徒刑或者拘役之宣告，得以新台币1000元、2000元或者3000元折算1日，易科罚金"。③

从目前生态环境犯罪的刑事司法看，法院通常在判处被告人有期徒刑并宣告缓刑的同时，要么判决被告人缴纳一定的罚金，要么判决被告人"补植补种"。这样的刑事判决，对被告人的自由刑和财产刑的处罚，两者是分开的，或者说，判决被告人缴纳罚金似乎成为宣告缓刑的条件之一。④ 但被告人是

---

① 吴君霞、徐太华、谢小丽：《涉林案件刑事和解探讨》，载《林业资源管理》2012年第6期。

② 孔凡丽：《我国构建刑罚易科制度研究》，华东政法大学2011年硕士学位论文。

③ 林山田：《刑法通论》（下册），北京大学出版社2012年版，第370页。

④ 裁判文书网公布的有关判决，往往采取"未判先缴"的方法，先让犯罪人缴纳罚金，然后再向其送达判决书。

否能根据补植补种的要求履行义务，却完全取决于被告人“自觉”。因此，如果能够打通短期自由刑和罚金刑之间的易科通道，将使生态类型的犯罪，其刑罚处罚变得更为完善。

4. 创设生态环境犯罪宽严相济的刑事政策

生态环境犯罪的治理可以把宽严相济刑事政策灵活运用其中。突出表现在，生态环境犯罪审判中，之所以对被告人“宽”，乃是因为“重在修复”，是因为行为人在犯罪后实施“补植复绿”，具有积极修复生态的情节。在一起实际案例中，①公诉机关考虑到了被告人的“补植复绿”的情节；“案发后，被告人张某银对闽清县省璜镇炉前、前峰村的森林火灾迹地进行阶段性补植复绿，并立下保证书，保证于今冬明春完成全部迹地造林，促使火烧迹地能及时绿化，有效地恢复保护了闽清县森林资源”，特别强调了生态环境犯罪审判中贯彻落实宽严相济刑事政策的必要性，其抗诉意见也很有创见：一审判决判处被告人有期徒刑3年3个月，不符合“补植复绿”的司法政策，不利于生态资源的恢复和保护，不利于林区社会综合治理。“补植复绿”是当前维护生态资源重建，避免失火后果深化的有效措施。本案中，被告人的恢复性行为已经取得了积极效果，得到了当地干部群众的正面评价。一审判决对其量刑过重，只是单纯处刑了事，没有兼顾生态恢复效果，对于生态资源的维护不利。

这种将“补偿修复”作为抵消危害结果的行为的规定，不仅使“补植复绿”等刑事和解措施的适用有法可循，而且成为生态环境犯罪治理措施的一种创新和完善。

第四节　环境公益诉讼的提倡

环境公害犯罪的责任追究，不仅涉及有关定罪量刑等实体方面的问题，还涉及诉讼程序问题。这里专门探讨环境公益诉讼，涉及环境公益诉讼的概念、种类、保护法益以及提起主体。环境公益诉讼保护何种法益以及何者可

① 福州市中级人民法院(2014)榕刑终字第305号《刑事判决书》。

以提起环境公益诉讼是环境公益诉讼的关键要素,前者需要解决的是环境法益的公益性问题,后者需要解决的是环境公益诉讼的原告资格问题。

一、环境公益诉讼概述

(一)公益诉讼是保护公共利益的诉讼

公益诉讼与私益诉讼相对,是保护公共的利益的诉讼。由于现实生活中存在以“公地悲剧”为代表的公共利益保护真空现象以及管理者侵犯公共利益的现象,在制度层面上赋予公众维护公共的利益的有力武器的公益诉讼出现了。公益诉讼的出现,使公众可以通过自主积极的行动填补公共利益保护真空或抗衡管理者以合法方式损害公共的利益的行为。公益诉讼发端于古罗马,古罗马在市民法中规定,公益诉讼由担任国家公职的人代表国家行使诉权。由于当时公职人员数量有限,为尽可能保护公共利益,古罗马大法官在敕令中规定,具有公民权的罗马市民都可以以自己的名义向法庭提起基于公众利益的诉讼。古罗马的公益诉讼制度被西方社会所继承,特别是 20 世纪 60 年代之后,为了支持有色人种、妇女儿童等争取平等的运动,包括美国在内的西方国家成立了很多支持公益诉讼的法律机构和组织,大大地推动了公益诉讼理论和制度的发展。公益诉讼是指,“以个人、组织或机关等为原告,以损害国家、社会或者不特定多数人利益的行为为对象,以制止该损害行为并追究该行为人(包括公民、法人、组织、机关、团体等)相应法律责任的特殊诉讼活动”。① 公益诉讼旨在追究不良行为主体的法律责任,其核心要素有二:一是以保护公共的利益为出发点和落脚点;二是赋予特定主体的诉讼提起主体资格。

环境公益诉讼不仅是公益诉讼在环境领域的一种特殊表现形式,而且是公益诉讼中最为重要、适用最为广泛的,因此,我们日常提及公益诉讼时,多指环境公益诉讼。简而言之,环境公益诉讼是指特定主体提起的以保护环境公共利益为宗旨的诉讼活动。环境公益诉讼的理论依据或者说正当性根据主要有公共信托理论、私人检察长理论、私人实施法律理论、环境权理论和环

---

① 曹明德、王凤远:《美国和印度 ENGO 环境公益诉讼制度及其借鉴意义》,载《河北法学》2009 年第 9 期。

境责任理论。[①] 公共信托理论认为,环境资源应该属于全体国民共享,任何人不能任意占有、支配或损害;环境权理论认为,人们对环境拥有权利,当环境权受损时就有权提起诉讼救济;私人检察总长理论认为,为防止官吏的违法行为,维护公共利益,国会可授权或制定法律授权私人或私人团体提起诉讼;私人实施法律理论认为,国家管理资源具有有限性,公众才是公众利益的最佳保护者;环境责任论认为,人类处于环境共同体中,人们在从环境共同体获得需要的同时,应为共同体尽一份责任。环境公益诉讼具有多方面的功能,根本功能在于维护环境公益,主要表现为预防环境公益遭受损害以及对已经造成的环境损害采取积极的补救措施,此外,还具有执行法律、适用与解释法律并生成新型权利、形成环境公共政策、促进社会变革[②]以及克服环境行政机关执法不力的弊端、为公众参与环境决策提供制度内渠道、促进环境决策的理性化、减少环保自力救济、[③]支持私益诉讼等多种其他功能。[④]

(二)我国环境公益诉讼的立法及其类型

1.《环境保护法》明确规定环境公益诉讼

就我国而言,2014 年修订的《环境保护法》明确规定环境公益诉讼,该法第 58 条规定,"对污染环境、破坏生态,损害社会公共利益的行为,符合下列条件的社会组织可以向人民法院提起诉讼:(一)依法在设区的市级以上人民政府民政部门登记;(二)专门从事环境保护公益活动连续五年以上且无违法记录。符合前款规定的社会组织向人民法院提起诉讼,人民法院应当依法受理。"这是我国环境公益诉讼立法的一大新发展。根据该规定,第一,环境公益诉的范围包括因污染环境、破坏生态而损害社会公共利益的行为,由环境公益诉讼的范围可引申出两点,一是环境公益诉讼不限于污染环境的行为,还包括破坏环境的行为;二是进行环境公益诉讼在于污染环境、破坏生态的行为损害了社会公共利益,这里的社会公共利益是环境利益,而不是个人的人身、财产利益,或者说强调污染环境、破坏生态行为对环境的侵害而非对

---

① 赵星:《环境犯罪论》,中国人民公安大学出版社 2011 年版,第 138 ~ 144 页。

② 陈虹:《环境公益诉讼功能研究》,载《法商研究》2009 年第 1 期。

③ 陈亮、卢伟:《环境公益诉讼功能再造》,载《人民法院报》2012 年 11 月 21 日第 7 版。

④ 肖建国、黄忠顺:《环境公益诉讼基本问题研究》,载《法律适用》2013 年第 12 期。

人的侵害。[1] 第二,环境公益诉讼的提起主体限于特定的社会组织。由于环境保护法是环境基本法,在环境保护法律体系中居于核心地位,而环境保护法对规定的环境公益诉讼并没有具体限制,因此,从诉讼类型而言,这里的环境公益诉讼应当包括环境民事公益诉讼、环境行政公益诉讼和环境刑事公益诉讼。

2. 不同类型的环境公益诉讼

(1)关于环境民事公益诉讼的立法和实践。2012 年修订的《民事诉讼法》第 55 条规定,对污染环境、侵害众多消费者合法权益等损害社会公共利益的行为,法律规定的机关和有关组织可以向人民法院提起诉讼。民事诉讼法规定的环境公益诉讼与环保法规定的环境公益诉讼既有共同之处,又有不同之处。相同之处在于,均承认环境民事公益诉讼,均承认对污染环境损害公共利益的行为可提起诉讼,均承认有关组织可以提起环境民事公益诉讼;不同之处在于,《民事诉讼法》规定的环境公益诉讼范围较环境保护法窄,诉讼主体资格的条件规定没有环境保护法具体,没有规定符合条件的主体提起环境民事公益诉讼的效果,环境保护法则明确规定,人民法院对符合条件的社会组织向人民法院提起的诉讼应依法受理。实践中,已有大量环境民事公益诉讼。最为著名的被称为环境公益诉讼第一案的是北京大学贺卫方教授、汪劲教授等诉吉林石化环境民事公益诉讼案:2005 年 11 月 13 日,位于吉林省吉林市的中国石油天然气股份有限公司吉林石化分公司双苯厂(101 厂)的苯胺车间发生剧烈爆炸并引起大火,导致大量含有苯和硝基苯的污水绕过了专用的污水处理通道,通过吉林石化分公司的东 10 号线排污口直接进入了松花江,导致江水硝基苯和苯严重超标,形成了长达 80 公里的污染带,造成重大环境污染事件,不仅导致鲟鳇鱼的大量死亡,而且沉淀在底泥中的硝基苯严重破坏了鲟鳇鱼的生存环境,松花江水体和水质必然在长期内受到硝基苯的持久污染,以松花江水体为主要水源的太阳岛风景区的景观也必然遭受毁灭性的破坏。2005 年 12 月 7 日,北京大学贺卫方教授、汪劲教授等以鲟鳇鱼、松花江、太阳岛等名义起诉吉林石化,要求赔偿 100 亿元人民币用于治理松花江流域污染和恢复生态平衡,共同或分别设立并管理松花江流域污染

① 吕忠梅:《环境公益诉讼辨析》,载《法商研究》2008 年第 6 期。

治理基金。① 遗憾的是,该案未被受理。

(2)关于环境行政公益诉讼的立法和实践。与已有法律明确规定的纳入民事诉讼体系的环境民事公益诉讼不同,现行法律不仅没有规定作为环境行政公益诉讼的上位概念的行政公益诉讼,而且2014年1月公布的《行政诉讼法修正案(草案)》也没有提及。但是,第一,从理论逻辑来说,环境行政公益诉讼本应成为环境公益诉讼的类型之一,而且是主要类别;第二,从国外环境公益诉讼实践看,环境公益诉讼的主要类型是环境行政公益诉讼,通过这种诉讼来监督负有环境保护法定职责的行政机关依法做出环境行政决策、环境行政许可,并促使其严格执法;第三,我国2014年《环境保护法》规定的污染环境、破坏生态,损害社会公共利益的行为,理应包括而不是排除行政机关违法审批、怠于履职导致环境污染和生态破坏的行为。虽然环境行政公益诉讼尚无法律规定,但司法实践中已有不少案例。最为著名的环境行政公益诉讼第一案是中华环保联合会以公益诉讼人身份状告贵州省清镇市国土资源管理局一案:百花湖风景区是贵州省省级风景名胜区,1994年,清镇市国土资源管理局未经百花湖风景名胜区管理机构的同意,于11月14日与百花湖冷饮厅法人代表李某某签订了《国有土地使用权出让合同》,土地出让期限为50年,规划为建设冷饮加工及宿舍、办公室;李某某应在1995年11月15日竣工,如无法如约按时完工,在向国土资源局提出充分理由的延期申请后可以延期一年竣工,如延期一年后仍无竣工,甲方无偿收回土地使用权及全部地面建筑物或其他附属物;十几年过去了,冷饮厅加工项目一直未完工,国土资源局也一直未履行职责按时收回该土地及地上附属建筑,对百花湖风景区环境造成的潜在危害,但清镇市国土资源管理局仍未履行职责。2009年7月27日,中华环保联合会向贵州清镇市人民法院提起环境行政公益诉讼,请求法院判决清镇国土资源局收回与李某某签订的土地合同中出让的位于百花湖乡三堡村屯坡脚面积为800平方米的4号宗地的土地使用权及地块上全部建筑物或其他附属物;该案顺利立案,并开庭审理;因为在开庭前国土资源局已于8月28日作出了撤回百花湖风景区冷饮厅加工项目的土地使用权

① 《以自然物作为共同原告的环境民事公益诉讼》,载搜狐网,http://green.sohu.com/20130718/n381992448.shtml,最后访问日期:2016年4月1日。

的决定,原告中华环保联合会当庭提出撤诉决定。[①]

(3)关于环境刑事公益诉讼的立法与实践。一方面,现行刑事诉讼应对环境公害犯罪存在不足。随着人类对犯罪本质认识的深化,刑事诉讼经历了从私诉(自诉)到公诉的发展历程。目前,世界上大多数国家都设立专门机构,代表国家对主要危及国家利益、社会利益的犯罪以及严重侵害个人利益的犯罪行使刑事起诉权,对其他轻微犯罪,保留私诉的方式。我国刑事诉讼法同样规定两种起诉方式:检察机关代表国家提起的公诉和被害人及其法定代理人、近亲属提起的自诉。这种以公诉为主、自诉为辅的刑事追诉模式在应对环境公害犯罪方面存在诸多不足:从起诉主体资格看,现有刑事诉讼对起诉主体资格要求严格,虽然被害人可以提起自诉,但案件范围有限并且对原告资格限制较多,要求有具体的被害人,并且要求环境公害犯罪被被害人或与其有直接利害关系的人才可以提起自诉,此外,社会组织不能代表其行使权利;从法益保护看,在现代社会,当国家利益与社会利益会出现冲突时,完全依靠代表国家的公诉机关并不能充分维护社会利益;[②]从观念层面看,作为司法者的控诉机关,他们的观念受传统伦理和法益保护观念的羁绊而未及时更新,结果是涉及传统的人身、财产等法益的犯罪受到重视并及时被追究刑事责任,致使大量本该起诉的环境公害犯罪案件不能被控诉机关立案、审查、起诉,[③]这就造成一部分可能对公众(全人类)的生命健康、财产安全、生活舒适性造成严重危害的行为得不得刑事追究,从而难以发挥刑法在惩治和预防环境公害犯罪方面的特殊作用和功能。另一方面,建立环境刑事公益诉讼具有可行性。从公诉转自诉的立法规定看,立法目的是基于对公安检察机关可能怠于行使或者滥用法定控诉权的隐忧,而解决被害人状告无门的情况,实质是对公诉权的一种有效补充和制约。目的与本质的一致使这类本属于私益私诉的环境公害犯罪案件被改造为公益私诉案件具有可行性,[④]这类

---

① 《全国首例社团组织环境公益行政诉讼案落下帷幕》,载新华网,http://news.xinhuanet.com/legal/2009-09/01/content_11977820.htm,最后访问日期:2016年4月1日。

② 颜运秋、彭海清:《刑事公益诉讼的价值分析和制度构建》,载《河北法学》2006年第2期。

③ 吕欣:《环境刑法之立法反思与完善》,法律出版社2012年版,第174页。

④ 同上书,第178页。

案件为刑事公益诉讼提供了契机和思路;从环境民事公益诉讼和环境行政公益诉讼实践看,与自身无关的公民个人以及社会组织不断提起以维护公共利益为目的或唯一目的的环境公益民事、行政诉讼,昭示我们应注重发挥其在刑事公益诉讼中的巨大作用。

综上,环境公益诉讼包括环境民事公益诉讼、环境行政公益诉讼和环境刑事公益诉讼。环境公害犯罪应该提起公益诉讼已经不存争议。争议的关键问题有两个:一是环境公共利益,即解决环境公益诉讼保护何种利益问题;二是诉讼主体资格,即何者有权提起环境公益诉讼问题。

二、环境法益的公益性

环境公益诉讼首先要解决保护何种利益问题。环境法益或环境权即为环境公益诉讼所维护的公共利益。法律是法益保护法,刑法作为后盾法和保障法,亦是法益保护法。这里以环境刑法为例,分析其所保护的法益究竟为何法益。环境公害犯罪与其他犯罪的不同之处首先表现在环境公害犯罪侵犯的法益是独特的,即环境法益或环境权。环境法学一般认为环境权是人的权利,源于面对环境危机人类对自身生存和发展的担忧。但是,按照人权是人的权利之逻辑,环境权应是环境、自然或者非人生命体的权利。关于自然的权利,部分源于动物是自然状态的组成部分和自然法主体的希腊—罗马传统观念,20 世纪 70 年代以来,美国律师 C. D. 斯通、美国学者 R. F. 纳什均提出了自然的权利,后者主张在环境伦理发展进程中将天赋人权扩展到非人类存在物的利益甚至是整个大自然的利益;大自然有其内在价值,有其存在的权利,尽管大自然没有要求这种权利;大自然的权利意味着人对大自然有义务和责任。① 综合起来,环境权既是人的权利也是非人生命体的权利。故而,环境公害犯罪侵犯的法益具有以下几个特点:首先,环境法益具有先在性。科学研究表明,人类生活的地球形成于 50 亿年前,人类是地球环境演化的产物,是自然创造了人,即自然环境是先于人类存在的,环境本身具有先在性。其次,环境法益具有独立性,环境不仅具有自身的利益,而且具有独立的

---

① [美]罗德里克·弗雷泽·纳什:《大自然的权利》(第 2 版),青岛出版社 2005 年版,第 4 ~ 37 页。

价值;当然,从历史演进看,其独立经历了从依附于传统法益到与传统法益分离并独立的发展过程。再次,独立的环境法益的内容包括但不限于传统法益即个人的生命、健康、财产等法益,由环境要素法益和环境管理秩序法益构成,体现了生态主义与人本主义的结合,“即一方面认为,环境及其具体表现形式可以成为独立的法益类型;另一方面也强调,环境法益的保护并不是为了其自身,而是为了人类基本生存基础的存续”。① 最后,独立的环境法益尤其是某些环境要素法益以及由环境要素组成的环境系统法益等具有间接性,且难以用传统的方式衡量,如森林防止水土流失、稳定和改善气候、涵养水源等生态价值无法用金钱衡量。

总之,环境刑法保护环境法益是为了确保个人法益得以实现的共同基础,可称为普遍性法益或超个人的集体性法益。因而环境法益“具有现代性、复合性、公益性、大众性和隔代性的特征”。② 正因为环境法益具有先在性、现代性、复合性、公益性等特点,使之传统的个人法益有所不同。因此,提倡环境公益诉讼,必须承认作为公共利益或公众利益而非私人利益的环境法益,尤其是独立的环境法益的存在,只有承认独立的环境法益,才能解决环境公益诉讼的利益基础和存在基石问题。

三、环境公益诉讼主体的多元性

尽管环境公益诉讼包括环境民事公益诉讼、环境行政公益诉讼和环境刑事公益诉讼,但在环境公害犯罪的语境下,环境公益诉讼主要是以环境刑事公益诉讼形式提起,环境民事公益诉讼和环境行政公益诉讼在进行环境刑事公益诉讼的同时,附带提起;而且,附带环境民事公益诉讼和附带环境行政公益诉应当同环境刑事公益诉讼案件一并审判,只有为了防止环境刑事公益诉讼案件审判的过分迟延,才可以在刑事案件审判后,由同一审判组织继续审理附带环境民事公益诉讼和附带环境行政公益诉讼。环境公益诉讼如何分类以及环境民事公益诉讼、环境行政公益诉讼和环境刑事公益诉讼如何提起不是关键,因为三者的核心问题是一致的,即谁有资格提起环境公益诉讼,原

---

① 徐凯:《抽象危险犯正当性问题研究》,中国政法大学出版社2014年版,第165页。
② 陈晓明:《环境刑法论纲》,载《法治研究》2015年第2期。

告资格问题才是环境公益诉讼的另一个重要的问题或关键所在。

（一）环境公益诉讼的适格原告存在争议

提倡环境公益诉讼，必须妥善解决环境公益诉讼的原告资格问题。具体来说，就是要修改诉讼结构，放宽对诉讼原告资格的限制。

关于环境公益诉讼的适格原告问题，理论界与实务界争议颇多。从近现代西方国家环境公益诉讼的发展方向来看，尽管有所差异，但是无一例外都是朝着放宽环境公益诉讼原告资格限制的方向前进的。美国是环境公益诉讼的发源地，《清洁空气法》首创公民诉讼制度，当时仅限于允许任何公民可以对污染空气的行为提起诉讼，直到2000年，美国联邦最高法院才基本确立较为宽松的原告资格规则；《英国污染控制法》规定，对于公害，任何人均可起诉，此后，建立了总检察长以及公共卫生检查员代表公共或公众利益提起诉讼；法国对环保团体提起公益诉讼采取开放态度，赋予环保团体更多诉讼权利；印度的环境公益诉讼主要有最高法院负责，原告资格遵循充分利益标准，非官方志愿组织、自身利益未受侵害的公民都可基于公共利益提起环境诉讼。就我国而言，根据法律规定，直到目前，只有法律规定的机关和有关组织才可以提起公益诉讼，尚未获得立法者授权的机关和有关组织、公民个人等其他主体则不能提起公益诉讼。因此，提倡环境公益诉讼，就应当鼓励公民、法人和其他组织参与到环境管理当中来，允许其为保护公共环境利益，向法院提起诉讼。

具体来说，就是赋予公民、社会组织、行政机关公害犯罪起诉权。赋予公民以公益刑事起诉权具有历史渊源、域外先例和理论根基。[①] 公益诉讼最早出现在罗马法中，不分刑事、民事，涉及公共利益的诉讼，凡市民均可提起；现代英美等国均规定，非直接受害人可以保护公共利益为由提起诉讼，因为损害环境公益的行为具有常发性、随机性以及隐蔽性，居住在特定环境中的自然人通常是监督损害环境行为最经济、最有效的监督者，为此，美国《清洁水法》《清洁空气法》《海洋倾废法》《噪声控制法》《濒危物种法》《资源保护与恢复法》《有毒物质控制法》等16部环境法律中都包含了授权自然人提起环境公益诉讼的公民诉讼条款；环境权理论的诞生为公益诉讼奠定了理论根

---

① 吕欣：《环境刑法之立法反思与完善》，法律出版社2012年版，第176～177页。

基;此外,公民是公共利益的最终受益者,他们能从维护自身利益的角度出发积极保护环境公共权益。社会组织本质上与公民并无二致,因此,也应赋予社会组织以公益刑事起诉权。虽然社会组织或社团是直接从私益中诞生,但社团本具有公共管理和公共服务性质,即其主要是为公益而存在;而且,社会组织提起公益诉讼优势显而易见:社团力量大、专业知识雄厚、集思广益、还能克服单个成本大积极性不足的问题,①社会团体是以一定的共同目标成立起来的公民团体,对待社团目标具有极高的热情和责任心,能够弥补个人进行环境公益诉讼的不足。对于行政机关,包括环保、海洋等行政主管部门,也应赋予公益起诉权。以环保行政机关为例,环保行政机关既是政府职能部门,是合法的环境资源受托者或者国家环境资源所有权的代表人;又是环保方面的专业机构,其专业技术水平是一般公安检察机关所不具备的。环境公害犯罪所涉及的科技因素需要专门的证据收集方法和技术性手段,这些都是环保机关所具备的,从而,环保机关在启动公益诉讼程序方面上具有便利性和及时性。当环境侵权者侵害环境,环境保护机关能够及时的发现,而且能够对环境污染破坏的情况有一定的了解,而且,环境保护部门有足够的人力物力资源对抗强大的环境致害企业。更为关键的是,大多环境公害犯罪都以违反行政管理法规为前提,因此,大部分环境公害犯罪案件最初是以违法的面貌出现的,当这些违法行为的危害程度超出行政法所调整的范围,则需要追究刑事责任。环保行政机关在执法过程中往往面临罪与非罪的界定区分问题,环保机关只是对违法行为进行处罚,但出于地方保护主义、监管不力伴随渎职犯罪等原因,对于涉嫌构成环境公害犯罪的移送屈指可数。这样,对环境公害犯罪案件的移送、起诉、审判造成现实困难。为此,可赋予环保等行政机关环境公害犯罪公益诉讼权,由环保等行政机关可在执法过程中对于那些涉嫌环境公害犯罪的行为提起控诉,既适应环境公害犯罪的特殊性要求,也做到了行政执法与刑事司法的有效衔接。不少国家都有类似做法,为我们提供了有力佐证和可借鉴的经验。如在英国和美国,其程序法赋予环境保护

---

① 敖双红:《公益诉讼的反思与重构》,载《中南民族大学学报》(人文社会科学版)2007年第2期。

部门独立的起诉权。①

（二）主体资格多元化均可提起环境公益诉讼

在我国，检察机关作为刑事公诉机关，当然可以提起环境刑事公益诉讼。除了提起环境刑事公益诉讼，检察机关还可提起环境民事公益诉讼、环境行政公益诉讼，换言之，检察机关是环境公益诉讼的适格的主体，理由在于：检察机关作为国家法律监督机关，不牵涉地方和部门利益，适合代表国家和社会公共利益提起诉讼，救济国家和公共利益；检察机关代表着国家的权威性，拥有强大的公权力，尤其是拥有法定的调查权，有利于调查取证和解决举证困难问题；环境民事公益诉讼、环境行政公益诉讼中一个重要的问题是高昂的诉讼成本及复杂专业的诉讼程序问题无法得到保障，而检察机关作为国家机关，具有一定的财政支持，职责之一就是提起诉讼，在环境公益诉讼过程中可以整合原有的资源以降低诉讼成本，可以解决环境民事公益诉讼的诉讼成本问题及专业技术问题；在我国法律缺乏对环境公益诉讼原告具体规定的情况下，我国的检察机关们已经就参与公益诉讼开始了一定的司法探索实践，积累了一定的经验；为加强对国家利益和社会公共利益的保护，全国人大常委会 2015 年 7 月 1 日已经授权检察机关在生态环境和资源保护领域提起公益诉讼的原告资格，并且规定人民法院应当依法审理人民检察院提起的公益诉讼案件，②最高人民检察院根据全国人大常委会授权和民事诉讼法、行政诉讼法的规定，进一步具体明确了检察机关提起环境民事公益诉讼、环境行政公益诉讼的原告资格。③

从应然角度，可以承认赋予公民、社会组织、环保行政机关和检察机关的环境公益诉权。但是，从现实角度，公民个人的力量十分有限，不仅在于公民的利益太分散，各不相同，每个人都有自己的利益偏向，而且有可能为自己的私人利益而损害公共利益；还在于公民个人处于弱势地位，既无权力也缺乏

① 徐平：《环境刑法研究》，中国法制出版社 2007 年版，第 29 页。

② 《全国人民代表大会常务委员会关于授权最高人民检察院在部分地区开展公益诉讼试点工作的决定》，载人民网，http://legal.people.com.cn/n/2015/0702/c188502-27240675.html，最后访问日期：2016 年 4 月 16 日。

③ 《检察机关提起公益诉讼改革试点方案》，载新华网，http://news.xinhuanet.com/legal/2015-07/02/c_1115792543.htm，最后访问日期：2016 年 4 月 16 日。

环境政策、法律、专业技术知识以及与诉讼相关的知识信息不足,也无法与不作为或违法作为的行政机关、实施损害环境公共利益的企业相抗衡,真正有实践价值意义的当属社会组织、行政机关和检察机关。由于自然人、社会组织、环保行政机关、检察机关均享有提起环境公益诉讼主体资格,那么,不同诉讼主体之间的诉权究竟处于何种关系,是并列关系抑或主次关系。为了鼓励民众参与环境保护,我国现阶段不宜对其他公益诉讼主体所享有的诉权设置行使方面的先后顺序,具有原告资格的主体均可以直接向人民法院提起公益诉讼。

不过值得注意的是,《检察机关提起公益诉讼改革试点方案》规定,检察机关在履行职责中发现污染环境损害社会公共利益的行为,在没有适格主体或者适格主体不提起诉讼的情况下,可以向人民法院提起民事公益诉讼;检察机关在履行职责中发现生态环境和资源保护负有监督管理职责的行政机关违法行使职权或者不作为,造成国家和社会公共利益受到侵害,公民、法人和其他社会组织由于没有直接利害关系,没有也无法提起诉讼的,可以向人民法院提起行政公益诉讼。这里不仅规定了检察有资格提起环境民事公益诉讼、环境行政公益诉讼,而且还规定了提起环境公益诉讼的顺位,即在没有适格主体或适格主体不提起环境公益诉讼时,检察机关才能提起,这表明,检察机关提起环境民事公益诉讼、环境行政公益诉讼具有顺位的补充性。

第八章　药品公害犯罪的理论与实践

第一节　药品公害犯罪典型案件引发的思考

我国最近发生的山东疫苗案件以及天津晶明眼用全氟丙烷气体事件，均属于典型的药品公害犯罪（事件）。虽然这些案件尚在处理之中，并没有得出最终结论，但是，由于案情本身兼具典型性、复杂性与特殊性，因而具有较强的理论和实践价值。本章通过对典型案件的梳理与分析，可以总结出整个药品公害犯罪领域存在的一些基本问题。在此基础上对这些问题进行探讨，将有助于我国药品公害犯罪的惩治与预防。

一、典型案件的基本情况

（一）山东疫苗案件

2016年3月18日，澎湃新闻中一篇题为《数亿元疫苗未冷藏流入18省份：或影响人命，山东广发协查函》的报道，引起了社会强烈关注。事实上，山东疫苗案件并非澎湃新闻首发报道。2016年2月2日，央广网就首发了一篇名为《济南查获大宗失效人用二类疫苗案，涉国内24省市有疾控人员参与》的报道,但是并未引起广泛关注。① 根据相关报道,2010年以来,庞某卫与其医科学校毕业的女儿孙某,从上线疫苗批发企业人员及其他非法经营者处非法购进25种儿童、成人用二类疫苗,未经严格冷链存储运输销往全国18个省市(后经调查确定为24个省市——笔者注),涉案金额达5.7亿元。②

据山东警方调查显示,本案的核心人物庞某卫曾有非法经营疫苗的犯罪前科。其原是山东省菏泽市牡丹人民医院医生,在该市牡丹区经营东城城区防疫门诊,2009年因非法经营人用二类疫苗被判有期徒刑3年缓刑5年,并处罚金50万元。庞某卫此次作案属于在缓刑期间"重操旧业",且所涉非法疫苗数量和规模相比于之前有过之而无不及。在本案的侦破过程中,警方在庞某卫的住处查获销售疫苗账本26本,银行卡账户22个,物流企业收发货信息1200余条;在庞某卫租用仓库内查扣儿童用脑膜炎、水痘、脊髓灰质炎等疫苗和成人用流感、狂犬病、甲肝等疫苗共计25种,100余箱20,000余支。根据庞某卫专门用于结算疫苗款的银行账户往来资金信息显示,2010年以来,庞某卫非法经营人用二类疫苗涉案账户累计交易款高达5.7亿元,其中打款2.6亿元、收款3.1亿元,违法所得近5000万元。此外,除根据现场查扣的疫苗和庞某卫的账本记录能够确定的疫苗情况外,其账本记录以外经庞某卫之手售出的疫苗数量和流向信息,因缺乏证据证明已经无法精确统计和追溯。③

尽管庞某卫所贩卖疫苗是正规疫苗生产厂家生产的,但其未按规定进行冷链存储和运输,且部分属于临期疫苗,流通过程中存在过期、变质的风险。在警方实施抓捕时,庞某卫用于囤放疫苗的仓库内温度计显示室温已接近14℃,而按照相关条例的规定,疫苗存储运输要求在2℃~

① 《济南查获大宗失效人用二类疫苗案,涉国内24省市有疾控人员参与》,载央广网,http://news.cnr.cn/native/city/20160202/t20160202_521306266.shtml,最后访问日期:2016年6月14日。

② 《数亿元疫苗未冷藏流入18省份:或影响人命,山东广发协查函》,载澎湃新闻,http://finance.qq.com/a/20160318/012115.htm,最后访问日期:2016年6月12日。

③ 根据警方介绍,若按每支疫苗售价150元(账本记录每支售价5.5元至150元不等)估算,庞某卫从账本显示时间至案发,销售疫苗至少26万支;若按其银行账户进账金额3.1亿元估算(同以150元/支计算),庞某卫5年间所购进、销售疫苗累计逾200万支。

8℃ 。专家表示，接种未经 2℃ ~8℃存储冷链运输的疫苗或过期疫苗，首要风险是无效免疫，如狂犬病这类致命性传染病，本可通过接种疫苗免疫来避免死亡，但接种问题疫苗就会导致免疫无效，接种者可能会感染发病死亡。不久前，国内就曾发生过接种狂犬病疫苗免疫无效导致接种者死亡的事件。①

由于山东疫苗案件涉案数额特别巨大、影响范围非常广泛、时间跨度甚为长久、社会危害极其严重，因而被最高人民检察院、公安部、国家食药监总局等列为督办案件，且入选 2015 年度公安部打击食品药品犯罪十大典型案例。截至 5 月 19 日，22 个省（市、区）公安机关共立案涉嫌疫苗普通刑事犯罪 190 件、341 人，检察机关批准逮捕 125 人，提起公诉 15 人，法院作出有罪判决 2 人；检察机关立案侦查涉嫌疫苗职务犯罪 22 件 37 人，决定逮捕 10 人。② 目前，该案还在进一步审理中。

（二）天津晶明眼用全氟丙烷气体事件

在山东疫苗案件的持续发酵过程中，又一起药品（确切来说是“医疗器械”）公害案件被曝光出来，即天津晶明眼用全氟丙烷气体事件。不过，相较于山东疫苗案件而言，此案受害范围相对集中，且受害群体均为两家医院的患者，因而并未受到社会的充分关注。然而，考虑到天津晶明眼用全氟丙烷气体事件造成的损害后果极为严重（导致数十人单眼致盲或失明），且此案存在一些争议较大的问题，如刑法上的因果关系、严格责任，具有一定的代表性，有必要将其作为典型的药品公害犯罪加以讨论。

根据国家卫生计生委和食药监总局的披露，天津晶明新技术开发有限公司（以下简称晶明公司）是我国眼表检测及眼科耗材品研发生产基地之一，该公司生产的眼用全氟丙烷气体被广泛用于玻璃体切割、视网脱落等眼科手术。2015 年 7 月 7 日，食药监总局接到药品评价中心关于眼用全氟丙

---

① 2014 年 7 月，安徽省无为县 5 位村民在接种狂犬病疫苗后，狂犬病病毒抗体仍为阴性。由于未达到免疫效果，其中一位 63 岁村民在一个月后因患狂犬病死亡。参见《无为县村民接种狂犬疫苗 5 人无效 1 人病发死亡》，载 http://www.legaldaily.com.cn/index/content/2014-09/18/content_5769168.htm? node=20908，最后访问日期：2016 年 6 月 13 日。

② 新华社：《检察机关已对涉嫌非法经营疫苗犯罪的 125 人批准逮捕，立案侦查涉嫌职务犯罪 37 人》，载 http://www.gov.cn/xinwen/2016-05/20/content_5075134.htm，最后访问日期：2016 年 6 月 13 日。

烷气体可疑群体不良事件的报告，晶明公司生产的同一批次眼用全氟丙烷气体在在北京大学第三医院4名患者、南通大学附属医院7名患者出现可疑严重不良事件。根据江苏省、北京市药品不良反应监测中心的初步调查结果，以及对该产品的数据库检索情况评价，评价中心提出此事件的发生与产品“可能有关”，疑似产品质量问题。药品评价中心于7月22日对该不良事件所作出的调查报告显示，北京大学第三医院有45例不良事件报告、南通大学附属医院有26例不良事件报告，该事件与使用的眼用全氟丙烷气体“关联性明确”。根据天津市市场和质量监督管理委员会调查显示，该批次产品销售地区涉及全国25个省市，除北京大学第三医院、南通大学附属医院外，另有其他82家医疗机构使用了该批号产品，共计621盒，但其他医疗机构并未发现不良事件的报告。①

经调查，两家涉事医院的诊疗行为符合规范，医用气体的购置和使用环节均符合相关规定，而晶明公司生产的气体是国内目前唯一获得注册证的眼用全氟丙烷气体。晶明公司接到使用全氟丙烷气体发生异常的通知后，对相应批次产品的留样再次进行检测，检测结果符合标准规定。对于产生不良反应的原因，以目前晶明公司的专业能力以及检测手段，确实没有能力发现异常或找到原因。② 中国食品药品检定研究院也对眼用全氟丙烷气体的临床使用和不良事件发生等情况开展现场调查和检验工作，检验结果为：北京、江苏两地涉事产品和企业召回产品的“含量”项目不符合标准规定，江苏涉事产品和企业召回产品“皮内反应”项目不符合标准规定。但是，由于涉事样品数量较少，在完成样品含量、皮内反应、细胞毒性等法定项目检验后，已无法进一步分析涉事样品含有何种杂质气体。检验发现召回的产品均匀性差，既有合格品，也有不合格品，但是现有技术手段尚无法确认不合格品中导致伤害的杂质成分。

相关行政部门根据检验报告及现场检查结果，最终认定晶明公司生产不符合产品注册标准的医疗器械，依据《医疗器械监督管理条例》第66条

---

① 食品药品监督管理总局：《天津晶明眼用全氟丙烷气体事件有关情况》，载 http://www.zhongguowangshi.com/info.aspx? id =84699，最后访问日期：2016年6月15日。

② 《天津“问题气体”涉事企业：毒性反应原因仍未知》，载 http://money.163.com/16/0415/08/BKMAF8T800253B0H.html，最后访问日期：2016年6月15日。

给予行政处罚决定,同时要求涉事企业必须履行企业主体责任,查明事件原因,在未查明原因前不得恢复眼用全氟丙烷气体生产。由于无法查清问题气体的致害成分,涉事企业眼用全氟丙烷气体至此仍处于停产状态。目前,涉事企业和涉事医院正在积极进行患者救助和赔偿工作,部分患者已向法院起诉要求晶明公司和涉事医院承担侵权责任,相关责任主体也在积极配合法院处理相关事宜。

二、典型案件折射出的药品公害犯罪问题

无疑,导致公害事件发生的原因是多方面的。以山东疫苗案件为例,其中既有政府监管不力的因素,又有疫苗规划、生产、供给、运输、保存、使用等环节的缺陷使然,甚至还可以把原因归结到医药领域的市场化改革等方面。对此,笔者拟从刑法教义学体系的视角出发,来审视上述典型药品公害犯罪案件所折射出的理论与实践问题。

(一)药品公害犯罪中的结果归责问题

在山东疫苗案件和天津晶明全氟丙烷气体事件中,均存在不同层面的结果归责问题。在山东疫苗案件中,尽管疫苗接种对人体的反应机理已为人们所掌握,但是在疫苗接种不良反应的致害因素比较复杂且无法分离的情况下,仍然难以确切地将致害结果直接归属于某一个方面的因素。在刑法教义学中,这就是具体因果关系的判断难题。比如,如果出现被害人因接种无效狂犬疫苗导致狂犬病发作而死亡的情况,由于根本没有办法确定被害人接种失败到底是由于狂犬疫苗本身已经失效,还是狂犬疫苗本身并未失效而仅仅是由于其他原因导致接种失败(如正常的接种失败现象或者多种因素共同作用导致接种失败),彼时司法机关仍然只能否定死亡结果与销售非法疫苗之间的事实因果关系,而无法对死亡结果进行客观归责。在天津晶明全氟丙烷气体事件中,尽管涉事企业生产销售的眼用全氟丙烷气体经鉴定不符合产品注册标准,但由于所剩样品较少,使用该医疗器械的患者出现的严重不良事件究竟是由何种杂质成分所导致的,仍无法根据现有技术手段进行确认。相关监测中心根据调查和评估,目前也只能得出事件的发生与使用的产品“关联性明确”的结论,具体的致害杂质成分仍需组织专家进一步探索、研究可行的检验方法,方能查明

原因。在刑法教义学中,这就是比较罕见的一般因果关系的判断难题。如果坚持按照现有条件公式的标准来认定因果关系是否存在,则难以将使用该医疗器械的患者出现的71例严重不良事件的损害结果归属于涉事企业的生产销售行为,因为目前没有任何科学证据证明损害结果是由于其所生产销售的眼用全氟丙烷气体所导致的。最终,只能根据生产、销售不符合标准的医用器材罪的基本犯罪构成及相应法定刑进行定罪量刑,而无法对加重结果进行归责。

(二)药品公害犯罪中的监管渎职问题

在山东疫苗案件中,监管渎职问题是促使事件发生并持续恶化的一个重要环节。根据最高人民检察院公告披露,本案中因涉嫌职务犯罪被立案侦查的一共37人,其中,涉嫌滥用职权罪的主要是乡、镇、社区卫生院(卫生服务站)的防疫员、接种员等工作人员,在明知他人不具备疫苗销售资质的情况下,仍然从其处购买非法渠道的疫苗,并用于接种或销售;涉嫌玩忽职守罪的主要是乡、镇卫生院的负责人,在明知本单位医疗从业人员非法购进问题疫苗并销售使用的情况下,仍放任不管,造成大量非法疫苗被使用的恶劣后果;涉嫌受贿罪的主要是乡、镇卫生院以及县疾控中心有关部门的负责人,在疫苗采购的过程中,收受医药代表或者疫苗经营者贿赂。① 此外,根据已查明的情况,有关方面依法依纪对食药监总局、卫计委和山东等17个省(区、市)相关责任人予以问责,并先行对357名公职人员等予以撤职、降级等处分。② 从相关处理结果来看,山东疫苗案件中的职务犯罪问题非常突出。庞某卫如何能够在缓刑期间仍然从事存在严格监管和准入条件的疫苗经营行业,并且如何能使如此大规模的非法经营,在持续且长达五年之久的时间里未被揭发;问题疫苗是如何避开监管链条,一路绿灯地从生产企业到流通企业、医药代表、医疗机构、疫苗接种人员之间流通;如此等等足以说明,监管部门的部分人员实际上已经参与到疫苗的非法经营之中,并成

---

① 新华社:《检察机关已对涉嫌非法经营疫苗犯罪的125人批准逮捕,立案侦查涉嫌职务犯罪37人》,载http://www.gov.cn/xinwen/2016-05/20/content_5075134.htm,最后访问日期:2016年6月15日。

② 《山东疫苗案处理情况公布357人被撤职、降职》,载http://news.qq.com/a/20160413/056170.htm,最后访问日期:2016年6月15日。

为其中不可或缺的重要环节。由此,如何进一步治理疫苗乃至其他药品流通、采购、使用中的监管渎职现象,是惩治和预防药品公害犯罪不得不考虑的问题。

(三)药品管理制度及其相应配套机制存在严重缺陷

不可否认,频发的药品公害事件同样暴露出我国药品管理制度及其相应配套机制存在严重缺陷。尽管这一问题已经超出刑法教义学体系,但却是导致绝大部分药品公害事件最主要、最直接、最现实的因素。因此,从山东疫苗案件管窥我国药品管理制度及其相应配套机制存在的问题,并在此基础上逐一改善,对于应对类似药品公害事件而言具有重要意义。山东疫苗案件揭示了医药行业的潜规则,而致使这种潜规则盛行的根源还在于我国医药产业受到的不当管制,即监管部门应当把握的监管底线没有把握住,而不应由政府监管把控的环节却在形式上遭到了严格管控。长此以往,必定会造成监管网络形同虚设,监管渎职和潜规则问题成为医药行业的常态。例如,在山东疫苗案件中,"挂靠""窜货""走票"等一系列行业潜规则行为,均轻易地突破了现有的监管网络,成为医药行业中的常态。这些严重违反《药品管理法》《疫苗流通和预防接种管理条例》《药品经营质量管理规范》等法律规范的行为,成为医药行业内部尽人皆知、习以为常的现象。药品生产企业、流通企业、医药代表、医疗机构,甚至药品监管部门的部分人员,之所以规避相关法律规范设置的药品管理制度,转而形成一套自己内部的行为潜规则,归根结底是因为利益的驱动。疫苗招标黑幕、销售回扣、利益分成甚至行贿受贿等,是当前整个医药健康产业中普遍存在的问题。也正是因为医药市场的不健康竞争环境,绝大部分医药生产和流通企业不得不把相当比例的资源花在回扣销售上,药品质量、生产研发创新、冷链建设等关乎药品生命品质的重要环节反而被忽视甚至挤压。这种恶性循环的产业格局及其背后的潜规则,已经控制中国医药产业很多年。要想破除这一格局,就必须对我国医药行业进行彻底的改革,建构有利于行业发展的药品管理制度及其相应的配套机制。否则,类似于山东疫苗案件的药品公害事件仍旧难以避免。

第二节 药品公害犯罪的结果归责问题

一、药品公害犯罪的结果归责困境

(一)因果关系划定了结果归责的边界

在刑法教义学上,因果关系是结果归责的基础和前提。因果关系乃行为与结果之间必要的原因与结果的连锁关系,其仅就客观存在的事实加以判断。[①] 结果归责则是在具备事实因果关系的基础上,采取价值判断的方法,进一步从规范上探讨结果是否可以视为行为人的作品而要求其负责的问题。归因与归责相分离,被认为是现代刑法教义学上最为重要的成就。[②] 理论和实践均认为,条件关系的存在是认定因果关系的事实基础,如果否定条件关系,就无需介入法律评价而可以直接否定结果归属。所谓条件关系,是指如果行为不存在结果便不会发生,则该行为便是结果发生的原因。行为与结果之间是否符合"若无P则无Q"的条件公式,乃事实因果关系的判断基准。尽管根据条件关系认定的因果关系存在范围过大的弊端,但其基本能满足传统犯罪中的因果关系认定需求。

然而,德国康特根案(Contergan-Verfahren)[③]的发生,却首次将以条件关系为基础的因果关系认定难题暴露出来。在该案中,法院因为无法根据条件公式确定孕妇服用沙利窦迈与婴儿畸形之间存在因果关系,而不得不终止刑事追诉。康特根案反映出条件公式的一个致命缺陷,即其"只能适用于已经实际存在的因果法则,而并不能借此发现因果法则。也就是说,虽是因果法则的适用公式,但并不是因果法则的发现公式"。[④] 条件公式能够

---

① 林山田:《刑法通论》(上册),北京大学出版社2012年版,第128页。

② Roxin, Strafrecht Allgemeiner Teil, Band Ⅰ, 4. Aufl., 2006, S. 316.

③ 本案的基本案情是:某公司首次将沙利窦迈以商品名Contergan生产上市,在当时沙利窦迈被认为是最安全的镇定剂,其对抑制怀孕造成的呕吐非常有效,因而在欧洲广为使用。一年后,医生开始注意到在怀孕早期使用沙利窦迈的孕妇会产下罕见的畸形婴儿,这些发现最终导致沙利窦迈被全面回收并禁止上市。但为时已晚,在欧洲地区已有1万余名畸形婴儿出生。

④ [日]西田典之:《日本刑法总论》(第2版),王昭武、刘明祥译,法律出版社2013年版,第78~79页。

适用的前提在于,行为与结果之间明显存在合法则性关系。

不仅如此,条件公式还难以解决累积性因果关系类型案件的结果归责问题。所谓累积性因果关系类型,是指聚集各个条件从而集体产生足够导致构成要件结果的力量,个别条件单独来看都无法完全操纵因果流程。[①]以条件公式为基准的因果关系认定需要通过假设事实而从反面审查行为与结果之间的事实因果关联,其要求将行为的不法部分从共同作用的诸因素中分离出来,以进行单独地假定排除认定。然而,在累积性因果关系类型案件中,由于无法将相关行为因素与其他作用因素相分离,因而无法对行为的不法部分与结果之间是否存在因果关联进行单独地假定排除认定,从而无法适用条件公式进行归因和归责。

在药品公害犯罪领域,条件公式的以上两个缺陷均得以体现,由此导致药品公害犯罪领域结果归责的两大困境。

一方面,在一般因果法则难以确定的情况下,无法根据条件公式认定行为与结果之间存在刑法上的因果关系,从而不能进行客观的结果归责。德国的康特根案以及我国最近发生的眼用全氟丙烷气体事件,[②]便属于这一类型的结果归责困境。可以预见,随着自然科学技术的不断突破创新,越来越多的未知风险和人为不确定性因素将会接踵而至。正如卢曼所指出的,人们知道得越多,所不知道的也越多,其风险意识也就越复杂;人们算计得越理性,此类算计变得越复杂,进入视野的、涉及将来的不确定性因素即风险的方面也就越多。[③] 因此,新兴产品尤其是药品等高科技产品的出现,将会对以条件公式为基准的因果关系认定带来更多的挑战。

另一方面,即便一般因果法则已为科学知识所证实,但由于无法将行为的不法部分与其他作用因素相分离,难以确定行为与结果之间的具体因果关系,仍然不能进行客观的结果归责。具体因果关系的认定困难,是当下药

---

① 许玉秀:《累积的因果关系与风险升高理论》,载《台湾本土法学杂志》2002 年第 32 期。

② 参见中华人民共和国国家卫生和计划生育委员会:《国家卫生计生委相关部门负责人回应眼用全氟丙烷气体事件》,载 http://www. nhfpc. gov. cn/zhuzhan/wsjsyw/201604/0a6173116fb5429aac14c29035449150. shtml? from = timeline&isappinstalled = 0,最后访问日期:2016 年 6 月 20 日。

③ Niklas Luhmann, *Risk: A Sociological Theory*, translated by Rhodes Barrett, Aldine Transaction, 2005, pp. 29 – 30.

品公害犯罪领域结果归责最常见、最突出的问题。

(二)山东疫苗案因果关系认定的困惑

我国最近发生的山东疫苗案件,[①]就存在具体因果关系的认定难题。在山东疫苗案件中,如果出现被害人因接种无效狂犬疫苗导致狂犬病发作而死亡的情况,由于根本没有办法确定被害人接种失败到底是由于狂犬疫苗本身已经失效,还是狂犬疫苗本身并未失效而仅仅是由于其他原因导致接种失败(如正常的接种失败现象或多种因素共同作用导致接种失败),此时,司法机关仍然只能否定死亡结果与销售非法疫苗之间的事实因果关系,却无法对死亡结果进行客观归责。

尽管我国刑法已经通过立法修正来积极应对日益严峻的药品安全问题,比如生产、销售假药罪由具体危险犯到抽象危险犯(行为犯)的转变,但实践表明,刑法治理的效果依旧不容乐观。随着统一的国内市场甚至国际市场的建立,药品安全问题的风险范围空前扩大,越来越多的药品安全事件的被害范围遍布全国各地甚至海外,涉案地域范围广、受害人数众多且难以统计、时间跨度长成为当前药品安全事件的基本特点。正如许乃曼教授所言,今日社会的特殊之处完全存在于非常高度复杂的因果交错关系之中,在许多方面都不可能用单一的因果关系去解释一个特定损害的情形,这种单一的因果关系典型的情形毋宁是多重的因果关系,而多重因果关系的互动交织以及复杂的共同作用,原则上无法完全澄清。这使司法机关对于药品领域的涉众型经济犯罪的刑事责任认定,常常遭遇因果关系判断难题。由于无法认定行为与结果之间存在因果关系,最终只能依据基本的犯罪构成要件定罪处罚,无法对危害结果进行客观归责,从而导致刑事责任的严重不均。药品公害犯罪领域中的结果归责困境表明,以条件关系为唯一判断标准的刑法因果关系已经不能满足结果归责的现实需要。可以说,至少在药品公害犯罪领域,以条件关系为唯一认定标准的刑法因果关系所导致的司法实践障碍,已然冲击了人们的法感情,动摇了人们的法信赖。

---

① 新华社:《三部委记者会:庞氏母女涉案5.7亿,获利5000多万》,载http://news.ifeng.com/a/20160324/48205927_0.shtml,最后访问日期:2016年6月21日。

二、域外公害犯罪领域结果归责的类型化转变

药品等公害犯罪领域中的结果归责困境并不仅仅是一个中国性问题，而是一个普遍性问题。在德国，继康特根案遭遇的因果关系认定困境之后，联邦最高法院通过两个判例，打破了条件公式在刑法因果关系认定上一统江山的局面，并以合法则性关系重新定义了刑法上的因果关系。合法则性关系试图从正面描述真实的因果流程，即“一个行为是否与在时间上紧随其后发生的外部世界的变化之间是合法则性地联系在一起的，且这种外部世界的变化是该当构成要件的结果”。[①] 通过援引“经验的合法则性关系”，理论上发展出与自然科学领域的决定论法则相对的社会科学领域的统计法则，并将决定论自然法则和非决定论统计法则均作为因果解释的大前提。与“若A则B”的决定论法则不同，统计(或有关概率理论的)法则的基本形式为：当A出现时，则有p%的可能性会出现B。简言之，即“存在p%的可能性若A则B”。统计法则作为因果解释的大前提，已被德国学者用来解决涉及心理性因果关系[②]的案件，并用来精确风险升高理论。[③]

在合法则性关系学说看来，“如果A行为与B结果之间在时间上具有连续性的先后关系，并且，由A产生B这一关系能够通过自然法则、经验法则，或者盖然性法则来说明，那么，就可认定A与B之间存在作为事实上的结合关系的条件关系”。[④] 显然，与条件公式相比，合法则性条件说不仅能适用于已实际存在的因果法则，还为发现和引入新的因果法则提供了可能。在这里，刑法因果关系范畴是一个法律概念而非事实概念，其可以根据法学理论上的需要而定义。合法则性条件说作为判断条件关系存在与否的理

---

① Jescheck, Lehrbuch des Strafrechts Allgemeiner Teil, S. 254.

② 所谓心理性因果关系，指的是一个人的行为对他人心理动机的影响，并进而影响该他人的行为。参见徐凌波：《因果关系在产品刑事责任案件中的认定问题》，载《政治与法律》2014年第11期。其通常是在《德国刑法典》第263条诈骗罪中被讨论，即在何种意义上可以认为欺骗行为是被害人的认识错误及处分财产的原因。此外，在教唆犯场合，如何因果地解释一个受到教唆的犯罪人的行为，也涉及心理性因果关系问题。

③ [德]埃里克·希尔根多夫(Eric Hilgendorf)：《德国刑法学：从传统到现代》，江朔、黄笑岩等译，北京大学出版社2015年版，第286～287页。

④ [日]西田典之：《日本刑法总论》(第2版)，王昭武、刘明祥译，法律出版社2013年版，第82页。

论,已经取代了传统的条件公式而成为德国通说。在日本,此说亦逐渐变得有力。①

将统计法则或者盖然性法则引入因果关系的认定标准,在本质上使先前纯粹客观的事实因果关系判断注入了规范评价的色彩,如此一来,理论上便可根据需要而重新定义刑法中的因果关系。尤其是在某些特殊领域,人们可以通过放宽事实因果关联的认定标准,而将达到一定比例的统计关系或者关联性程度直接认定为存在刑法因果关系。晚近以来出现的疫学因果关系和风险升高理论,便是一种与传统的条件关系型因果完全不同的结果归责类型。在这种新兴的结果归责类型中,即便行为与结果之间无法证明存在"若无 P 则无 Q"的必要条件关系,也不存在"若 P 则 Q"的充分条件关系,在一定条件下仍可对行为人进行结果归责。鉴于疫学因果关系与风险升高理论均建立在统计法则或者盖然性法则的基础之上,有学者将其形象地称为概率提升型因果。②

疫学因果关系的特殊之处在于,其行为与结果之间的因果关系连条件关系都无法确凿证明,充其量只能得出"若 P(行为)存在则 Q(危害结果)的发生概率会升高"的结论,因而其认定标准较条件关系要低。风险升高理论的实质是以概率提升取代条件公式的"若无—则不"的要求,即只要不法行为实质性地提高了危害结果出现的几率,即可肯定存在归因层面的事实因果关联。③ 疫学因果关系和风险升高理论均是通过放宽事实因果关联性的认定标准,放宽对因果关系举证责任的证明程度,从而将达到一定比例标准的因果关联直接提升为刑法上的因果关系,并在此基础上进行客观的结果归责。因此,二者"不过是用百分比上某程度的作用,来取代因果关系的概念"。④ 应当说,疫学因果关系和风险升高理论打破了归因基础的统一性,重构了事实因果的概念,使结果归责实现类型化和多元化的转变。由此,归因判断中事实因果的关联不必再满足条件公式所确立的唯一标准,单

---

① 陈家林:《外国刑法:基础理论与研究动向》,华中科技大学出版社 2013 年版,第 64 页。

② 劳东燕:《事实因果与刑法中的结果归责》,载《中国法学》2015 年第 2 期。

③ 劳东燕:《风险社会中的刑法:社会转型与刑法理论的变迁》,北京大学出版社 2015 年版,第 141 页。

④ 黄荣坚:《基础刑法学》(上),中国人民大学出版社 2009 年版,第 233 页。

纯的概率提升也足以满足归因所需的因果要求。条件关系型因果和概率提升型因果都是刑法上的因果关系，在此基础上均可以对行为人进行客观的结果归责。

三、概率提升型因果在药品公害犯罪中的适用

（一）概率提升型因果降低了归责门槛

随着疫学因果关系和风险升高理论等概率提升型因果的结果归责类型的出现，药品公害犯罪领域中的结果归责困境有了新的出路。根据概率提升型因果的要求，只要行为增加危害结果发生的概率，便可肯定存在归因层面的事实因果关联。相比于以条件关系为事实基础的因果关系，概率提升型因果设定了较低的事实因果关联标准，归责门槛也相应较低，故危害结果更容易被归责于行为人。因此，概率提升型因果可以有效适用于行为人的行为因素与其他的作用因素无法相分离，科学上无法或难以证明行为与结果之间存在条件性关联的场合。

具体而言，在药品公害犯罪领域采用概率提升型因果的结果归责类型意味着：（1）当运用高新科技开发的新药品在客观上伴随有副作用甚至造成了损害结果，但根据现有科技却无法确定损害结果是否由该新药品导致，或者说该新药品导致损害结果的作用机理无法得到充分论证时，如德国的康特根案和我国的眼用全氟丙烷气体事件，此时可以放弃条件公式所确立的事实因果关联的较高标准，转而采用依据经验法则或盖然性法则判断的概率提升型因果所确立的事实因果关联的较低标准。当然，在这种情况下，由于作为大前提的一般因果法则存在疑问，进行客观的结果归责宜以保护重大且紧迫的法益为目的和限制，而不能将其任意适用于无关紧要的场合。（2）当药品造成损害结果的作用机理虽然在科学上可以被充分论证，药品与损害结果之间的一般事实因果关联确定无疑，但由于行为人行为的不法部分与其他的作用因素相互交织而无法分离，导致根据现有证据事实无法或者难以确定行为人行为与结果之间存在条件关系时，如我国的山东疫苗案件，此时也可以放弃条件公式转而采用概率提升型因果所确立的较低事实因果关联标准。在这种情况下，作为大前提的一般因果法则并无疑问，只是具体案件中的具体因果关系判断难以达到条件公式的要求，因而需要根

据已有事实和证据具体分析。

第一种情形属于一般因果关系的认定难题,这在司法实践中比较少见,但我国最近发生的眼用全氟丙烷气体事件可归属于这一类型。在本案中,尽管涉事企业生产销售的眼用全氟丙烷气体经鉴定不符合产品注册标准,但由于所剩样品较少,因而无法根据现有技术手段,确认使用该医疗器械的患者出现严重不良事件是由何种杂质成分所导致的。相关监测中心根据调查和评估,目前也只能得出事件的发生与使用的产品"关联性明确"的结论,具体的致害杂质成分仍需组织专家进一步探索、研究可行的检验方法方能查明原因。[①] 在这种情况下,如果坚持按照条件公式的标准来认定因果关系是否存在,则难以将使用该医疗器械的患者出现的71例严重不良事件的损害结果归属于涉事企业的生产销售行为。因为涉事企业完全可以提出抗辩:目前没有任何科学证据证明损害结果是由于其所生产销售的眼用全氟丙烷气体所导致的。最终只能根据生产、销售不符合标准的医用器材罪的基本犯罪构成及相应法定刑定罪量刑,而无法对加重结果进行归责。然而,如果根据合法则性条件学说,采用盖然性法则来认定本案中的因果关系,那么,只需判断这种不符合产品注册标准的眼用全氟丙烷气体实质性地提高了损害结果出现的概率或者风险,即可肯定二者之间存在因果关系,而无需查明该产品是如何具体地发生作用从而导致损害结果发生的。在本案中,这种基于盖然性法则的因果关联无疑是可以根据现有事实证据加以认定的。由此可见,概率提升型因果的结果归责类型,可以有效解决药品公害犯罪领域中按照现有科技无法查明产品致害成分及作用机理等特殊情形的结果归责问题。

第二种情形属于具体因果关系的认定难题,这也正是司法实践中经常遇到的困境。对于此类无法将行为人行为的不法部分与其他作用因素相分离的情形,条件公式往往无法妥善解决,而适用概率提升型因果的结果归责类型进行处理却能得心应手。尤其对于涉及环境污染与药品等公害犯罪的累积性因果案件,如果从事后判断的角度,能够肯定被告人的行为对结果的

---

① 食品药品监督管理总局:《无法查清"问题气体"导致伤害的杂质成分》,载 http://news.xinhuanet.com/politics/2016-04/15/c_128896675.htm,最后访问日期:2016年6月22日。

发生贡献了现实的作用力，即实质性地提升了结果出现的概率，则即使相关行为并非结果的必要条件或充分条件，也仍可肯定结果归责。[①]

据此，在山东疫苗案件中，如果出现被害人注射了庞某母女非法经营的狂犬疫苗却仍旧狂犬病发作导致死亡的情形，尽管没有办法确定被害人接种疫苗失败到底是由于行为人出售的狂犬疫苗本身已经失效，还是仅仅由于其他原因导致接种失败（包括正常的接种失败现象或者第三者原因导致疫苗失效），但是只要有证据证明被害人接种的是行为人出售的、未经2℃～8℃存储冷链运输和储存的狂犬疫苗，那么就可以认定行为人非法经营疫苗的行为实质性地提升了被害人接种无效导致狂犬病发作而死亡的结果出现的概率，从而肯定二者之间存在刑法上的因果关系，进而对行为人进行客观的结果归责。

（二）概率提升型因果适用应有限制

需要特别说明的是，由于概率提升型因果的结果归责类型在本质上降低了行为与结果之间事实关联性程度的要求，容易造成刑法归责范围的扩张，因而其在刑法中的适用范围应受到严格限定。首先，刑法因果关系的认定标准不宜降得太低，行为与结果之间的事实因果关联性程度仍然需要达到排除合理怀疑的高度盖然性标准，方可肯定刑法因果关系的存在。其次，概率提升型因果的结果归责类型应当适用于归责有效性因素较强的场合，比如侵害法益的重大性、刑罚预防的必要性等，而不能适用于归责有效性因素微弱的场合。最后，对于任何待证事项的认定仍应满足刑事诉讼的证明标准，即排除一切合理怀疑，否则便有违疑罪从无、罪疑唯轻的原则。具体而言，在药品公害犯罪领域适用概率提升型因果的结果归责类型，必须以事后查明的事实和证据为基础，具体判断行为的不法部分是否实质性地提高了结果出现的概率。如果根据现有事实和证据，无法证明相关行为在导致危害结果出现的因果流程中贡献了现实的作用力，则不能适用概率提升型因果进行结果归责。

---

① 劳东燕：《风险社会中的刑法：社会转型与刑法理论的变迁》，北京大学出版社2015年版，第168～169页。

第三节 药品公害犯罪的监管渎职问题

如前所述,公害犯罪的背后往往隐藏着监管人员的渎职犯罪问题。频发的药品安全事件暴露了药品安全监管的缺位与乏力,除了药品监管体系自身不完善的原因外,其背后的渎职犯罪尤为引人深思。事实上,医药行业作为国家严格管控的领域之一,药品公害犯罪已成为监管渎职问题的重灾区。山东疫苗案件暴露出的监管漏洞和渎职犯罪问题,可以说是整个药品公害犯罪领域的一个缩影。由于前文已经详细探讨了“食品公害犯罪的监管渎职”问题,并由此出发管窥公害犯罪领域监管渎职行为的规制问题,同时也对监管渎职的基本理论“监督管理过失”进行了充分的论证,故在此不再赘言。[①] 接下来,笔者拟结合山东疫苗案件对监管渎职问题的处理,谈谈在药品公害犯罪领域应当如何加强对监管渎职行为的惩治,以期更为有效地预防药品公害事件的发生。

山东疫苗案件发生后,国务院发布的《关于修改〈疫苗流通和预防接种管理条例〉的决定》(以下简称《决定》)明确指出:为进一步惩治疫苗流通、预防接种中的违法犯罪行为和监管不力现象,要加大处罚及问责力度。一是针对向县级疾病预防控制机构以外的单位或者个人销售第二类疫苗,未在规定的冷藏条件下储存、运输疫苗等严重违法行为,提高罚款金额,增设给予责任人员5年至10年的禁业处罚。二是增加规定未通过省级公共资源交易平台采购疫苗、未索要温度监测记录等行为的法律责任。三是为严格落实地方政府的属地监管责任,加大了对地方政府以及监管部门主要负责人的问责力度。四是针对疾病预防控制机构、接种单位违法购进第二类疫苗以及生产企业违法销售第二类疫苗的行为,作了刑事责任的衔接规定。

笔者认为,尽管《决定》加大了对药品公害犯罪监管渎职行为的处罚及问责力度,但是并没有严密惩治监管渎职行为的法网,可谓“厉而不严”。当前,对药品公害犯罪监管渎职行为的刑罚处罚,仍以一般的滥用职权罪、

---

① 本书第六章第三节“食品公害犯罪的监管渎职”。

玩忽职守罪为主,并没有专门针对药品监管渎职行为的罪名可供选择。相比之下,对于食品监管渎职行为,《刑法修正案(八)》专门增设了食品监管渎职罪,以体现国家对食品安全事故的治理决心。事实上,从近年来发生的药品公害事件来看,其社会危害性以及造成的损害后果并不亚于食品公害事件。[①] 而且,相比食品行业,我国现行的药品监管体制是在各级人民政府的统一领导下,由各级监督部门对药品的研发、生产、销售、使用等各个环节实行分段监管。这意味着,在药品从原料研制到患者使用的各个环节中,都存在着相关部门的行政监管权力,权力的膨胀也为行为人滥用职权或玩忽职守埋下了隐患。实践中,药品监管渎职行为实际上要比食品监管渎职行为更容易发生,其对医药行业的不良影响也甚于食品监管渎职行为对食品行业的不良影响。

因此,有必要对药品监管渎职行为单独设置罪名和法定刑,规定特殊的渎职类犯罪"药品监管渎职罪"。药品监管渎职行为有其特定的社会危害性,将此类行为从一般的滥用职权罪和玩忽职守罪中分离出来,是刑事立法科学化的体现。不仅如此,这种立法体例在我国刑法中也有先例可循。我国刑法规定的环境监管失职罪、食品监管渎职罪和传染病防治失职罪等罪名,都体现了立法者对特殊领域的监管渎职行为的重视,这同时也是立法和司法个别化的内在要求。将药品监管渎职行为单独成罪,还能使刑事立法更具针对性,有利于实现司法实践的可操作性和刑法的公平、正义。[②]

对于药品监管渎职罪的罪状表述和法定刑设置,大致可以食品监管渎职罪为参照。当然,由于药品监管渎职行为与食品监管渎职行为在法益保护、行为主体、行为样态等方面具有不同的类型性特征,因而药品监管渎职犯罪在类型和刑种设置上应当体现其特殊性。笔者认为,药品监管渎职犯罪应设定为行为犯或抽象危险犯,而不宜以食品监管渎职犯罪的结果犯或实害犯为犯罪类型。主要理由如下:其一,药品监管渎职犯罪隐含着极大的风险性,这种风险所带来的结果具有不确定性,难以预测和估量,并且社会

---

① 近年来,药品安全事故频繁发生。比如,北京同仁堂"龙胆泻肝丸"事件致使近 10 万人受害,齐二药"亮菌甲素注射液"事件导致 13 人因肾功能衰竭而死亡,安徽华源"克林霉素注射液"事件造成 11 名患者死亡的惨剧,2012 年曝光的"毒胶囊"事件,受害人数更是不计其数。

② 逄晓枫、刘晓莉:《药品监管渎职行为入罪化研究》,载《河北法学》2014 年第 4 期。

危害巨大。面对这样的风险,刑法反映的目的要从矫正转向预防,反映的依据从客体实害转向个体危险。[①] 这便需要对法益进行前置化保护,以满足控制不确定性风险的要求。从当前各国刑事立法来看,风险的提前介入和法益的前置保护已经成为不可避免的事实。其中,最能体现这种法益前置保护的,莫过于抽象危险犯的设置。抽象危险犯不以法益侵害的危险发生为犯罪构成要件,司法者甚至无需关注个案的特定情形,也无需判断具体的结果性危险存在与否,其立法模式具有独特的风险防控功能,能够积极有效地回应风险社会对刑法的价值需求。[②] 其二,风险社会中药品公害案件的科技含量高、作用因素复杂,这导致传统刑法在犯罪行为与危害后果之间的因果关系证明方面束手无策。尤其是随着生物化学科技日益蔓延到药品行业,在现阶段所产生的药品安全问题也和传统工业生产模式中的药品安全问题迥然相异。在许多药品公害犯罪的场合,公诉机关欲证明某一药品单独造成人体健康损害几乎是不可能的。此外,与其他犯罪相比,药品公害犯罪的因果链条往往较长,共同犯罪的比例较高。在这种情况下,药品公害犯罪具体危害后果的实际致害人、致害因素究竟是谁、是什么,往往变得扑朔迷离。在传统刑法因果关系理论对药品公害犯罪认定存在严重证明危机的情况下,引入抽象危险犯显得尤为必要。因为作为立法上推定的危险,控方无需对抽象危险的认定承担繁杂的举证责任,而只需提供简单证据,裁判者就能据以确定有无立法上假定之抽象危险。[③]

与此同时,为了避免过分扩大药品监管渎职罪的处罚范围,还有必要对药品实行分级保护,以实现刑罚处罚范围的合理性。比如,英国的刑事立法就充分考虑到药品的分类因素,进行法益分级的刑事保护。《滥用毒品法案》中的药品安全犯罪处罚较重,而《药品法》中的药品安全犯罪则以轻罪为主,规定了药品安全犯罪的四种情形:第一,一般的药品安全犯罪按照简易程序定罪,可处罚款不超过 400 英镑,有的按照公诉程序定罪,处以罚款或不超过 2 年的监禁刑或并处。第二,在英国持有 A 类毒品将面临最高 7

---

① 赵书鸿:《风险社会的刑法保护》,载《人民检察》2008 年第 1 期。

② Vgl. Claus Roxin, Strafrecht Allgemeiner Teil, Band I, 3. Aufl., 1997, SS. 275 – 281.

③ 吴鹏:《风险社会语境中食品药品安全之刑法保护——以抽象危险犯为切入点》,载《学习论坛》2014 年第 6 期。

年的监禁刑或无限额罚款或并处，买卖 A 类毒品将面临终身监禁或无限额罚款或并处。第三，持有 B 类毒品将面临最高 5 年的监禁刑或无限额罚款或并处，买 B 类毒品将面临 14 年的监禁刑或无限额罚款或并处。第四，C 类毒品如某些镇静剂及止痛药，持有 C 类毒品将面临最高 2 年的监禁刑或无限额罚款或并处，买卖 C 类毒品将面临 14 年的监禁刑或无限额罚款或并处。[①] 我国也实行药品分类管理制度，药品按照处方药与非处方药分类管理。据此，可依国家药品分类管理制度来确定药品安全法益的层级。[②] 对于处方药，应给予更大范围和力度的保护，将其纳入抽象危险犯的对象范围是较为可取的。而对于非处方药，只宜将特殊人群如产妇、婴幼儿、重危病人等的药品纳入抽象危险犯的对象范围，而对其他一般的非处方药仍以现行立法模式加以保护即可。

综上，通过增设特殊类型的药品监管渎职犯罪，并以行为犯或抽象危险犯的立法模式对其罪状进行设定，不仅可以构建起一张“严而不厉”“轻轻重重”的惩治药品监管渎职行为的刑事法网，还将有利于解决药品公害犯罪领域普遍存在的因果关系认定难题，从而实现药品监管渎职行为刑事治理的合理性与有效性。

第四节　药品公害犯罪的应对策略

药品公害犯罪的惩治和预防不仅仅是一个法律问题，更是一个社会系统性工程。因此，有效应对药品公害犯罪不能仅依靠刑法等事后处理方式，去掉还需要建立一套完善的药品管理制度及相应的配套机制。

一、完善药品管理制度

（一）完善药品流通（行业）管理制度

山东疫苗案件的主要问题出在流通和接种环节。一些疫苗接种机构与

---

① See Misuse of Drugs Act [DB/OL]. http://drugs. Homophile. Gov. uk/drugs-laws/misuse-of-drugs-act/, 2016 - 06 - 26.

② 张勇：《药品安全风险的刑法调控》，载《河北法学》2012 年第 12 期。

疫苗贩子和经营企业长期勾结，将容易在最终消费环节出现库存积压、临近有效期结束甚至过期的第二类疫苗低价甩卖给违法分子，再由违法分子通过借用经营企业资质、虚构购销流向的方式销售到有需求的地区和单位，特别是管理薄弱的农村偏远地区诊所或接种点。[①] 当前，我国药品流通行业管理基础普遍比较薄弱，药品流通企业“小、散、乱”问题严重，组织化程度很低。在药品流通领域，假冒伪劣、不规范竞争等问题依然存在，地方保护、商业贿赂、虚假广告等现象屡见不鲜，给人民群众购药便利和用药安全带来很多隐患。因此，加强药品流通管理，提高药品流通行业现代化水平，不仅是药品行业持续健康发展的内在要求，更是保障药品安全的必要举措。

就总体方向而言，一是要逐步提高行业集中度。我国药品批发行业集中度远低于西方发达国家，无论是从应对国际竞争，还是从发展药品统一配送和现代物流来看，都迫切需要通过加强行业管理，调整行业结构，优化资源配置，提高行业集中度。二是要加快发展现代医药物流。随着药品集中招标采购制度的推行，药品批发企业的传统批发业务受到影响，向物流配送服务商转变的趋势越来越明显。药品批发企业要深刻认识到药品流通领域这一结构性调整的重大变革，并适应形势发展的要求，加快兼并重组、资源整合的步伐，不断提升现代医药物流能力和水平。三是加快推动药品零售连锁企业发展。药品零售企业发展连锁经营，有利于企业自身的发展壮大，加速管理方式的规范化和现代化，发挥规模经营优势，提高经济效益和抗风险能力。

《决定》首要明确要求严格疫苗流通管理。具体包括：(1)改革第二类疫苗流通方式，取消疫苗批发企业经营疫苗的环节。针对案件暴露出的第二类疫苗流通链条长、牟利空间大等问题，2016 年新修订的《疫苗流通和预防接种管理条例》(以下简称新条例)删除了关于药品批发企业经批准可以经营疫苗的条款，不再允许药品批发企业经营疫苗。同时，疫苗的采购全部纳入省级公共资源交易平台，其中，第二类疫苗由省级疾病预防控制机构组织在平台上集中采购，由县级疾病预防控制机构向生产企业采购后供应给本行政区域的接种单位。(2)强化疫苗全程冷链储存、运输管理制度。针对案件暴露出的疫苗在储存、运输过程中因脱离冷链影响疫苗有效性的问

① 陈海波、金振娅：《疫苗流通监管存在漏洞》，载《光明日报》2016 年 3 月 25 日第 6 版。

题，新条例进一步强化了疫苗全程冷链储存、运输等相关管理制度，规定第二类疫苗应由生产企业直接配送给县级疾病预防控制机构或者由其委托具备冷链储存、运输条件的企业配送。疫苗储存、运输的全过程应当始终处于规定的温度环境，不得脱离冷链，并定时监测、记录温度，按要求加贴温度控制标签。疾病预防控制机构、接种单位接收或者购进疫苗时，应当索要储存、运输全过程的温度监测记录，发现无全过程温度监测记录或者温度控制不符合要求的疫苗，不得接收或者购进，并应向药品监督管理、卫生主管部门报告。①

（二）完善疫苗等特殊药品的全程追溯制度

近年来，除药品公害犯罪外，另一个尤为社会关注的便是食品安全问题。食品安全事件的接连曝光引发了公众对于国内食品安全现状的焦虑和恐慌，也牵连出食品质量安全问题对于国内相关食品产业发展的打击和重创。为有效应对频发的食品安全事件，2015 年新修订的《食品安全法》首次建立了食品安全追溯制度。新法第 42 条规定，国家建立食品安全全程追溯制度，食品生产经营者应当依照本法的规定，建立食品安全追溯体系，保证食品可追溯。国家鼓励食品生产经营者采用信息化手段采集、留存生产经营信息，建立食品安全追溯体系，国务院食品药品监督管理部门会同国务院农业行政等有关部门建立食品安全全程追溯协作机制。

当前，食品安全追溯制度建设已上升为我国的一项重大战略决策。尽管食品安全追溯是一个需要现代化的综合治理和协同创新方能实现的社会目标，相关制度建设不仅需要一定技术作为依托，还涉及在已明确制度功能、角色权责和具体机制为基础的建构模式上确立和开拓规划设计等法律问题。② 但是，笔者认为，随着“互联网＋”时代的到来，在食品、药品等产品领域建立安全追溯机制是值得期待的。尤其是在食品安全领域，安全追溯机制已经处在探索建立阶段，并在农产品等具体食品类型中得以局部应用。在这一背景下，将安全追溯机制引入药品管理领域是完全可行的。在当前

---

① 《国务院关于修改〈疫苗流通和预防接种管理条例〉的决定》，以及据此修订的《疫苗流通和预防接种管理条例》（2016 年修订）。

② 朱梦妮：《食品安全追溯制度的法律建构——基于功能、角色和机制的思考》，载《福建行政学院学报》2015 年第 6 期。

的药品类型中,笔者认为应当先将安全追溯机制引入一些重要、高危、涉及面广的药品的生产、销售、使用过程中,待技术、制度等成熟后再将其扩大到其他药品范围。

值得一提的是,针对山东疫苗案件暴露出的疫苗全程追溯制度不完善、接种记录制度落实不到位的问题,新条例在现有疫苗购销、接种记录制度的基础上进一步规定,国家建立疫苗全程追溯制度,生产企业、疾病预防控制机构、接种单位应当依照药品管理法、新条例和国务院有关部门的规定记录疫苗流通、使用信息,实现疫苗最小包装单位的生产、储存、运输、使用全程可追溯;食品药品监管总局会同卫生计生委要建立疫苗全程追溯协作机制;实施接种,应当记录疫苗的品种、生产企业、最小包装单位的识别信息、有效期、接种时间、实施接种的医疗卫生人员、受种者等内容,接种记录保存时间不得少于5年;对包装无法识别、超过有效期、脱离冷链、经检验不符合标准、来源不明的疫苗,应当如实登记并向药品监督管理部门报告,由药品监督管理部门会同卫生主管部门按规定监督销毁。[①] 可以说,疫苗全程追溯制度必将逐步推动我国药品安全追溯制度的建立和完善。

二、完善药品公害事件受害人救助和补偿机制

山东疫苗案件曝光后,社会舆论一片哗然,特别是近几年关于疫苗接种异常反应受害者的报道,[②]通过各种传播渠道持续发酵,激发了人们对疫苗的恐慌。当前,政府方面也意识到,这次案件虽并不直接和疫苗接种异常反应相关,但却最为挑动大众神经的原因,在于国家和社会对于疫苗接种异常反应的救助补偿机制不够完善,导致社会不能以理性的态度对待疫苗等药品公害事件。[③] 由此,新条例专章规定了疫苗接种异常反应的处理。根据新条例之规定,因预防接种异常反应造成受种者死亡、严重残疾或者器官组织损伤的,应当给予一次性补偿。因接种第一类疫苗引起预防接种异常反

① 《疫苗流通和预防接种管理条例》(2016年修订)第23、25、54条。

② 《百万分之一二不能承载疫苗之殇》,载http://opinion.people.com.cn/n/2013/0625/c159301-21957185.html,最后访问日期:2016年6月27日。

③ 《朱成钢委员:对山东疫苗案件的一种反思》,载http://www.rmzxb.com.cn/c/2016-03-30/749312.shtml,最后访问日期:2016年6月27日。

应需要对受种者予以补偿的，补偿费用由省、自治区、直辖市人民政府财政部门在预防接种工作经费中安排。因接种第二类疫苗引起预防接种异常反应需要对受种者予以补偿的，补偿费用由相关的疫苗生产企业承担。国家鼓励建立通过商业保险等形式对预防接种异常反应受种者予以补偿的机制。预防接种异常反应具体补偿办法由省、自治区、直辖市人民政府制定。因疫苗质量不合格给受种者造成损害的，依照药品管理法的有关规定处理；因接种单位违反预防接种工作规范、免疫程序、疫苗使用指导原则、接种方案给受种者造成损害的，依照《医疗事故处理条例》的有关规定处理。①

尽管新条例规定了预防接种异常反应救助补偿机制，但是，在实际情况中，该机制基本被束之高阁难以发挥作用。一方面，对于预防接种异常反应的鉴定，当前限制较多，造成了许多不必要的认定纠纷。绝大部分不良反应受害者在异常反应鉴定环节就遭遇障碍，难以成为国家救助补偿的合格对象。另一方面，预防接种异常反应救助补偿机制基本还停留在建构的初级阶段，并没有具体可供参照实施的细则，补偿项目也缺乏足够的规范依据。国务院行政法规和卫生计生委规章在救助补偿方面以原则性规定为主，具体的救助补偿办法授权地方进行制定。然而，相应的地方性规定也基本存在过于原则性、缺乏针对性等通病。② 此外，当前各省市规定的预防接种异常反应救助补偿水平普遍较低。绝大多数地方出台的补偿办法明确规定只采取一次性补偿，对受害者的长期治疗、护理费用缺乏科学考虑，也无法应对病情发展和后期诱发相关疾病的风险。面对被认定为疫苗质量、接种不规范等原因的受害者，以及因接种第二类疫苗的受害者，生产企业和接种机构也强烈倾向于一次性补偿方式。一些地方的具体补偿办法还规定，疫苗生产企业补偿第二类疫苗受害者的，标准参照财政救助的一类疫苗受害者，限制了受害者争取更高的补偿水平的机会。

因此，完善我国现有的预防接种异常反应救助补偿机制是当务之急。在此基础上，将该机制逐步推广至其他药物范围，从而建立健全更为广泛、

---

① 《疫苗流通和预防接种管理条例》(2016 年修订)第 46～47 条。

② 例如，在各省市出台的预防接种异常反应补偿办法中，具有代表性的《上海市预防接种异常反应补偿办法(试行)》《北京市预防接种异常反应补偿办法(试行)》均存在规定过于原则性、缺乏针对性和可操作性等问题。

公平的药品受害人救助补偿机制。具体而言,其一,在相关必要鉴定中需要引入独立第三方制度,以确保鉴定的客观性、公正性、可信度。当前的鉴定程序缺少第三方制度,往往使受害者和政府直接博弈,无法确保鉴定的客观性和可信性。在鉴定程序中引入第三方制度,不仅可以在客观上保障鉴定结论的客观性、中立性,还能在很大程度上化解受害人的疑虑,提高鉴定结论的可接受性。其二,引入无过错原则,简化鉴定结论,以实现救助补偿机制的实践性。按照目前的补偿责任划分,如果是疫苗质量原因造成损害,则由厂家负责赔偿;如果是接种不规范所导致,则按照医疗事故处理;只有合格疫苗在规范接种下产生的异常反应才属财政补偿。这种看似科学的责任划分,却让鉴定成了接种异常反应受害者维权的障碍。如果异常反应责任主体都是公共卫生机构,区分导致损害结果的具体原因对决定救助和补偿不再有必要性。因此,在鉴定中可以依据无过错责任原则,采取相关性判断,鉴定结论结果只有相关和不相关两种,从而决定救助和补偿与否。其三,建立国家层面和社会层面的双重救助补偿基金,提高救助补偿标准,以真正实现救助补偿的公平公正。① 基于对药品受害人利益保护最大化考量,可以尝试构建民事救济、责任保险、赔偿基金以及国家救济的多元化救济机制。② 通过综合协调多元化救济机制中的各项基本制度,来弥补各项制度的固有缺陷和不足,并发挥各自的优势,实现多元化救济机制在补偿受害人损害和维护社会稳定方面的积极作用。

---

① 可以先建立全省、直辖市、自治区统一的预防接种异常反应救助基金,再逐步过渡到建立全国统一的救助基金。参见张玉侠:《"疫苗之殇",伤在何处?》,载《江淮法治》2016 年第 8 期。

② 管洪博:《食品侵权损害多元化救助机制研究》,吉林大学 2013 年博士学位论文。

结　语

公害事故具有非常典型的刑事表征。鉴于公害事故刑事犯罪化的明显趋势,有必要引入公害犯罪理念来予以打击和防范。所谓公害犯罪,是指违反国家规定,对自然环境、公共医疗卫生环境、市场经济环境等人类紧密依赖的环境要素进行破坏,产生公害媒介,足以致使恶害广为传播,对公众的生命、健康、生活舒适度以及公私财产造成严重侵害或威胁的一系列犯罪行为。公害犯罪不同于环境犯罪、危害公共安全犯罪等概念,其不是单一的行为概念,而是一系列公害个罪行为的组合或统称。

公害犯罪在侵害法益、客观要件、主观要件、因果关系以及刑事责任等方面,与其他犯罪相比均具有一定的特殊性。其一,由于公害犯罪实际上是由多种犯罪共同组成,这便造就了公害犯罪侵害法益的分散性、多元性与广泛公共性。其二,公害犯罪的危害行为主要由"违反国家规定""破坏环境要素""产生公害媒介"三个要素构成,其中,公害媒介的产生是公害犯罪客观方面的核心要素,也是判断公害犯罪行为是否成立的重要标准。其三,公害犯罪的主观方面具有复杂性、模糊性和难以认知性等特征,因而采取新新过失论将有助于打击公害犯罪,相应的还有必要设定相对灵活、具体的注意义务与注意能力的判断标准。此外,为克服罪过原则在打击公害犯罪中的困境,有必要在我国公害犯罪认定中引入严格责任。当然,严格责任的引入应以其合理中国化及限定化为前提。其四,由于公害犯罪的因果关系具有科技性、间接性、积累性、长期性、潜伏性和滞后性等特点,传统因果关系理论在公害犯罪领域遭遇了极大困境,因而在公害犯罪因果关系的认定中引入推定具有一定的必要性和合理性,但因果关系推定原则在公害犯罪中的适用应当以成文化的具体规则为必要限制。其五,公害犯罪的刑事责任具有保护对象的特殊性、责任主体的双重性等特征,对此可以在维持刑法谦抑性的前提下尝试责任前置原则的运用。公害犯罪的刑事责任实现方式应当多元化,除传统刑罚处罚措施外还要注重非刑罚方法的适用。

环境公害犯罪、食品公害犯罪、药品公害犯罪作为当前我国公害犯罪领域的三大基本类型,既具有公害犯罪的共通属性,也存在诸多需要分别探讨的个体问题。对于环境公害犯罪,当前司法实务主要存在环境行政执法与环境刑事司法的衔接不畅、环境侵害行为与损害结果之间的因果关系难以认定、主观过错的难以证明、罪名适用及量刑不一致等问题。为此,有必要突破传统的因果归责、罪过归责等归责原则,转而寻求因果推定、罪过推定等刑事推定归责方式。在程序方面,提倡建立环境公益诉讼制度以更为有力地追究环境公害犯罪的相关责任。对于食品公害犯罪,为解决其主观要素的证明难题,也可以采用刑事推定的技术手段。为有效规制食品监管渎职行为,应当立足于监督管理过失理论,充分运用信赖原则等对过失责任进行合理分配。此外,食品公害犯罪的规制要坚持宽严相济的刑事政策,正确把握宽严尺度,而并非依靠严惩便可一劳永逸地予以解决。对于药品公害犯罪,通过引入概率提升型因果的结果归责类型,可以有效化解其结果归责困境;通过增设抽象危险犯模式的特殊类型的药品监管渎职犯罪,可以构建一张“严而不厉”“轻轻重重”的刑事法网,从而实现药品监管渎职行为刑事治理的合理性与有效性。

最后需要指出的是,虽然本书主要从刑法学、刑事政策、犯罪学以及证据学等视角对公害犯罪的基本问题展开研究,但毫无疑问,公害犯罪的治理绝不仅仅只是“刑法一体化思考”乃至法律层面设计的问题,而是一项社会综合治理的系统性工程。大量公害事件的发生背景表明,既有的监督管理网络形同虚设、政府监管人员甚至参与其中、以利益为导向的行业潜规则盛行、许多行业缺乏行之有效的准入和行为标准、相应的第三方评估及救助等配套机制不完善等,往往是导致事故发生的主要原因。因此,针对当前环境、食品、医药卫生等领域的公害犯罪问题,最为迫切的或许还不是刑法的积极应对,而是相关领域监督管理制度、行业标准以及相应配套机制的建立和完善。

主要参考文献

一、主要著作

(一)中文著作

[1]陈家林:《外国刑法:基础理论与研究动向》,华中科技大学出版社2013年版。

[2]陈明华:《刑法学》,中国政法大学出版社1999年版。

[3]陈泉生:《环境法学基本理论》,中国环境科学出版社2004年版。

[4]陈晓明:《刑事和解原论》,法律出版社2011年版。

[5]陈兴良:《刑法的价值构造》(第2版),中国人民大学出版社2006年版。

[6]陈兴良:《刑法哲学》,中国政法大学出版社2004年版。

[7]陈忠林:《意大利刑法纲要》,中国人民大学出版社1999年版。

[8]陈子平:《刑法总论》(2008年增修版),中国人民大学出版社2009年版。

[9]储槐植:《美国刑法》,北京大学出版社2005年版。

[10]邓子滨:《刑事法中的推定》,中国人民公安大

学出版社 2003 年版。

[11]杜澎:《破坏环境资源犯罪研究》,中国方正出版社 2003 年版。

[12]杜宇:《理解"刑事和解"》,法律出版社 2010 年版。

[13]冯亚东:《理性主义与刑法模式》,中国政法大学出版社 1997 年版。

[14]付立忠:《环境刑法学》,中国方正出版社 2001 年版。

[15]高铭暄:《刑法专论》(下),高等教育出版社 2002 年版。

[16]高铭暄、马克昌:《刑法学》(第 4 版),北京大学出版社、高等教育出版社 2011 年版。

[17]高铭暄:《新型经济犯罪研究》,中国方正出版社 2000 年版。

[18]郭建安、张桂荣:《环境犯罪与环境刑法》,群众出版社 2006 年版。

[19]韩志红、阮大强:《新型诉讼——经济公益诉讼的理论与实践》,法律出版社 1999 年版。

[20]何家弘:《证据学论坛》,中国检察出版社 2001 年版。

[21]胡鹰:《犯罪过失研究》,中国政法大学出版社 1995 年版。

[22]黄荣坚:《刑罚的极限》,月旦出版社股份有限公司 1998 年版。

[23]黄荣坚:《基础刑法学》(上),中国人民大学出版社 2009 年版。

[24]贾济东:《外国刑法学原理》,科学出版社 2013 年版。

[25]姜伟:《罪过形式论》,北京大学出版社 2008 年版。

[26]蒋兰香:《环境犯罪基本理论研究》,知识产权出版社 2008 年版。

[27]劳东燕:《风险社会中的刑法:社会转型与刑法理论的变迁》,北京大学出版社 2015 年版。

[28]雷鑫:《生态现代化语境下的环境刑事责任研究》,知识产权出版社 2010 年版。

[29]冷罗生:《日本公害诉讼理论与案例评析》,商务印书馆 2005 年版。

[30]李兰英:《刑事诉讼法专题研究》,科学出版社 2007 年版。

[31]李兰英:《间接故意犯罪》,武汉大学出版社 2006 年版。

[32]李学灯:《证据法比较研究》,五南图书出版股份有限公司 1992 年版。

[33]廖正豪:《过失犯论》,台北三民书局 1993 年版。

[34]李希慧、董文辉、李冠煜:《环境犯罪研究》,知识产权出版社 2013 年版。

[35]林亚刚:《犯罪过失研究》,武汉大学出版社 2000 年版。

[36]林山田:《刑法通论》(上册),北京大学出版社 2012 年版。

[37]林山田:《刑法通论》(下册),北京大学出版社 2012 年版。

[38]刘明祥:《刑法中错误论》,中国检察出版社 2004 年版。

[39]刘丁柄:《监督管理过失犯罪研究》,中国人民公安大学出版社 2009 年版。

[40]刘仁文:《严格责任论》,中国政法大学出版社 2000 年版。

[41]刘斌斌、李清宇:《环境犯罪基本问题研究》,中国社会科学出版社 2012 年版。

[42]刘宪权:《中国刑法理论前沿问题研究》,人民出版社 2005 年版。

[43]刘毓卿:《公害法新理念及实例论集》,自刊 1987 年版。

[44]储槐植、江溯:《美国刑法》(第 4 版),北京大学出版社 2012 年版。

[45]卢永鸿:《中国内地与香港环境犯罪的比较研究》,中国人民公安大学出版社 2005 年版。

[46]吕英杰:《客观归责下的监督管理过失》,法律出版社 2013 年版。

[47]吕欣:《环境刑法之立法反思与完善》,法律出版社 2012 年版。

[48]黎宏:《单位刑事责任论》,清华大学出版社 2001 年版。

[49]马克昌:《比较刑法原理》,武汉大学出版社 2006 年版。

[50]马克昌:《犯罪通论》,武汉大学出版社 2006 年版。

[51]马新岚:《福建生态司法》,法律出版社 2015 年版。

[52]邱聪智:《公害法原理》,台北三民书局 1987 年版。

[53]曲新久:《刑事政策的权力分析》,中国政法大学出版社 2003 年版。

[54]孙国祥:《刑法基本问题》,法律出版社 2007 年版。

[55]吴宗宪:《西方犯罪学史》(第 2 版),中国人民大学出版社 2010 年版。

[56]吴献萍:《环境犯罪与环境刑法》,知识产权出版社 2010 年版。

[57]王海涛:《过失犯罪中信赖原则的适用及界限》,中国人民公安大

学出版 2011 年版。

[58]王明远:《环境侵权救济法律制度》,中国法制出版社 2001 年版。

[59]王树义等:《环境法基本理论研究》,科学出版社 2012 年版。

[60]魏东:《刑事政策学》,四川大学出版社 2011 年版。

[61]熊选国:《生产、销售伪劣产品罪》,中国人民公安大学出版社 1999 年版。

[62]徐凯:《抽象危险犯正当性问题研究》,中国政法大学出版社 2014 年版。

[63]徐平:《环境刑法研究》,中国法制出版社 2007 年版。

[64]杨春洗、向泽选:《危害环境罪的理论与实践》,高等教育出版社 1999 年版。

[65]杨丹:《医疗刑法研究》,中国人民大学出版社 2010 年版。

[66]杨芳:《犯罪故意研究》,中国人民公安大学出版社 2006 年版。

[67]原英群、于始:《食品安全:全球现状与各国对策》,中国出版集团、世界图书出版公司 2009 年版。

[68]余振华:《刑法总论》,台北三民书局 2011 年版。

[69]臧冬斌:《医疗犯罪比较研究》,中国人民公安大学出版社 2004 年版。

[70]曾淑瑜:《医疗过失与因果关系》(下册),翰芦图书出版有限公司 1998 年版。

[71]张明楷:《外国刑法纲要》,清华大学出版社 1999 年版。

[72]张明楷:《刑法学》,法律出版社 2011 年版。

[73]张少林:《刑事证据的运用》,中国方正出版社 2003 年版。

[74]张绍谦:《刑法因果关系研究》,中国检察出版社 1998 年版。

[75]张小虎:《犯罪论的比较与建构》,北京大学出版社 2006 年版。

[76]张新宝:《侵权责任法原理》,中国人民大学出版社 2005 年版。

[77]张旭:《国际刑法:现状与展望》,清华大学出版社 2005 年版。

[78]张梓太:《环境法律责任研究》,商务印书馆 2004 年版。

[79]张智辉:《刑事责任通论》,警官教育出版社 1995 年版。

[80]赵秉志、王秀梅、杜澎:《环境犯罪比较研究》,法律出版社 2004

年版。

[81]赵秉志:《新刑法典释义与应用》,吉林人民出版社1997年版。

[82]赵秉志:《环境犯罪及其立法完善研究——从比较法的角度》,北京师范大学出版社2011年版。

[83]赵星:《环境犯罪论》,中国人民公安大学出版社2011年版。

[84]赵延光主编:《中国刑法原理(总论卷)》,武汉大学出版社1992年版。

[85]郑飞:《行为犯论》,吉林人民出版社2002年版。

[86]周道鸾:《刑法的修改与适用》,人民法院出版社1998年版。

[87]周光权:《注意义务研究》,中国政法大学出版社1998年版。

[88]郑昆山:《环境刑法之基础理论》,五南图书出版股份有限公司1998年版。

[89]郑立、王益英主编:《企业法通论》,中国人民大学出版社1993年版。

[90]朱国云:《组织理论:历史与流派》,南京大学出版社1997年版。

[91]祝铭山:《破坏环境资源保护罪》,中国法制出版社2004年版。

(二)译文著作

[1][德]莱奥·罗森贝克:《证明责任论》,庄敬华译,中国法制出版社2002年版。

[2][德]莱纳·沃尔夫:《风险法的风险》,陈霄译,载刘刚编:《风险规制:德国的理论与实践》,法律出版社2012年版。

[3][德]李斯特:《德国刑法教科书》,徐久生译,法律出版社2006年版。

[4][德]埃里克·希尔根多夫(Eric Hilgendorf):《德国刑法学:从传统到现代》,江朔、黄笑岩等译,北京大学出版社2015年版。

[5][德]克劳斯·罗克辛:《刑事政策与刑法体系》(第2版),蔡桂生译,中国人民大学出版社2010年版。

[6][德]克劳斯·罗克辛:《德国刑法学总论》(第1卷),王世洲译,法律出版社2005年版。

[7][法]卡斯东·斯特法尼等:《法国刑法总论精义》,罗结珍译,中国

政法大学出版社 1998 年版。

[8][美]理查德·A.波斯纳:《法律的经济分析》(上册),蒋兆康译,中国大百科全书出版社 1997 年版。

[9][美]道格拉斯·N.胡萨克:《刑法哲学》,谢望原等译,中国人民公安大学出版社 1994 年版。

[10][美]罗德里克·弗雷泽·纳什:《大自然的权利》(第 2 版),青岛出版社 2005 年版。

[11][荷]迈克尔·福尔、[瑞士]冈特·海因:《欧盟为保护生态动刑:欧盟各国环境刑事执法报告》,徐平、张浩、何茂桥译,中央编译出版社 2009 年版。

[12][日]西田典之:《日本刑法总论》(第 2 版),王昭武、刘明祥译,法律出版社 2013 年版。

[13][日]西原春夫:《日本刑事法的形成与特色》,李海东等译,法律出版社,成文堂 1997 年版。

[14][日]大谷实:《刑法讲义总论》,黎宏译,中国人民大学出版社 2008 年版。

[15][日]大谷实:《刑法各论》,黎宏译,法律出版社 2003 年版。

[16][日]大谷实:《刑事政策学》(新版),黎宏译,中国人民大学出版社 2009 年版。

[17][日]井田良:《变革时代的理论刑法学》,庆应义塾大学出版社 2007 年版。

[18][日]大塚仁:《犯罪论的基本问题》,冯军译,中国政法大学出版社 1993 年版。

[19][日]藤木英雄:《公害犯罪》,丛选功等译,中国政法大学出版社 1992 年版。

[20][日]藤木英雄:《刑法的争点》(新版),有斐阁 1987 年版。

[21][日]川端博著:《刑法总论讲义》,成文堂 1997 年版。

[22][日]西原春夫:《日本刑事法的形成与特色》,李海东等译,法律出版社 1997 年版。

[23][日]野村稔:《刑法总论》,全理其、何力译,法律出版社 2001

年版。

[24][日]原田尚彦:《环境法》,于敏译,法律出版社1999年版。

[25][意]切萨雷·贝卡利亚:《论犯罪与刑罚》,黄风译,北京大学出版社2008年版。

[26][意]贝卡利亚:《论犯罪与刑罚》,黄风译,中国大百科全书出版社1996年版。

[27][英]吉登斯:《社会学》,李康译,北京大学出版社2010年版。

[28][英]吉米·边沁:《立法理论》,李贵方等译,中国人民公安大学出版社2004年版。

[29][英]边沁:《道德与立法原理导论》,时殷弘译,商务印书馆2006年版。

[30][英]鲁珀特·克罗斯、菲利普·A.琼斯著,理查德 卡德修订:《英国刑法导论》,赵秉志等译,中国人民大学出版社1991年版。

[31][英]J. W. 塞西尔·特纳:《肯尼亚刑法原理》,王国庆等译,华夏出版社1989年版。

[32][英]J. C. 史密斯、B. 霍根:《英国刑法》,李贵方等译,法律出版社2002年版。

[33][英]鲁珀特·克罗斯,菲利普·A.琼斯:《英国刑法导论》,赵秉志译,中国人民大学出版社1991年版。

[34][英]戈登·休斯:《犯罪预防——社会控制、风险与后现代》,刘晓梅等译,中国人民公安大学出版社2009年版。

[35][英]安东尼·吉登斯:《现代性的后果》,田禾译,译林出版社2000年版。

(三)外文著作

[1]Roxin, Strafrecht Allgemeiner Teil, Band Ⅰ, 4. Aufl., 2006.

[2]Jescheck, Lehrbuch des Strafrechts Allgemeiner Teil.

[3]Niklas Luhmann, Risk: A Sociological Theory, translated by Rhodes Barrett, Aldine Transaction, 2005.

[4]Eric Hilgendorf, Fragen der Kausalität bei Gremienentscheidung am Beispiel des Ledersprayer-Urteils, NStZ 1994.

[5] Claus Roxin, Strafrecht Allgemeiner Teil, Band I, 3. Aufl., 1997.

二、主要论文

(一)中文论文

[1]敖双红:《公益诉讼的反思与重构》,载《中南民族大学学报》(人文社会科学版)2007 年第 2 期。

[2]安文录、虞浔:《食品监管渎职罪疑难问题司法认定研究——以〈刑法修正案(八)〉第 49 条为主线》,载《政治与法律》2011 年第 9 期。

[3]蔡淮涛:《犯罪故意与刑事法推定的结合考量》,载《人民论坛》2011 年第 5 期。

[4]曹明德、王凤远:《美国和印度 ENGO 环境公益诉讼制度及其借鉴意义》,载《河北法学》2009 年第 9 期。

[5]曹松柏、范涛、徐杰:《生产销售有毒有害食品罪应纳入危害公共安全犯罪》,载《检察日报》2011 年 6 月 1 日第三版。

[6]陈靖、兰定兵:《我国刑法中食品安全犯罪的立法思考》,载《新疆大学学报》(哲学·人文社会科学版)2012 年第 1 期。

[7]陈明华等:《试论危害环境罪的构成及其具体罪名》,载《政法论坛》1993 年第 4 期。

[8]陈海波、金振娅:《疫苗流通监管存在漏洞》,载《光明日报》2016 年 3 月 25 日第 6 版。

[9]陈航:《日本公害犯罪理论及其对我们的启示》,载《兰州商学院学报》2001 年第 5 期。

[10]陈航:《公害犯罪若干问题研究》,载《甘肃政法学院学报》2001 年第 12 期。

[11]陈瑞华:《刑事诉讼的私力合作模式——刑事和解在中国的兴起》,载《中国法学》2006 年第 5 期。

[12]陈晓明:《环境刑法论纲》,载《法治研究》2015 年第 2 期。

[13]陈兴良:《宽严相济刑事政策研究》,载《法学杂志》2006 年第 1 期。

[14]陈贻男:《因果关系学说在环境犯罪论中之归趋》,载《刑事法杂

志》2001 年第 5 期。

[15]陈虹:《环境公益诉讼功能研究》,载《法商研究》2009 年第 1 期。

[16]程红:《刑法与损害赔偿之关系新探》,载《法学》2005 年第 3 期。

[17]储槐植、李莎莎:《食品监管渎职罪是复合罪过》,载《检察日报》2012 年 3 月 1 日。

[18]邓建忠、陈杨、陈凌:《试论环境犯罪中的疫学因果关系》,载《长沙民政职业技术学院学报》2004 年第 4 期。

[19]杜宇:《"刑事和解"的概念框架——以五组范畴的比较为中心》,载《中山大学法评论》2010 年第 8 期。

[20]房清侠:《宽严相济刑事政策适用的理性思考——以我国法律传统为视角》,载《河北法学》2008 年第 11 期。

[21]高铭暄:《宽严相济刑事政策与酌定情节的适用》,载《法学杂志》2007 年第 1 期。

[22]葛琳、白春安:《刑事和解的成本收益分析——以"经济人"预设为理论前提》,载《河北法学》2008 年第 1 期。

[23]黄京平:《刑事和解的政策性运行到法制化运行——以当事人和解的轻伤害案件为样本的分析》,载《中国法学》2013 年第 3 期。

[24]贾宇:《食品监管渎职罪的认定及适用》,载《河南财经政法大学学报》2012 年第 2 期。

[25]焦艳鹏:《生态文明视野下生态法益的刑事法律保护》,载《法学评论》2013 年第 3 期。

[26]江国华:《审判的社会效果寓于其法律效果之中》,载《湖南社会科学》2011 年第 4 期。

[27]姜敏:《刑事和解:中国刑事司法从报应正义向恢复正义转型的路径》,载《政法论坛》2013 年第 5 期。

[28]逄晓枫、刘晓莉:《药品监管渎职行为入罪化研究》,载《河北法学》2014 年第 4 期。

[29]劳东燕:《事实因果与刑法中的结果归责》,载《中国法学》2015 年第 2 期。

[30]劳东燕:《认真对待刑事推定》,载《法学研究》2007 年第 2 期。

[31]劳东燕:《风险社会与变动中的刑法理论》,载《中外法学》2014 年第 1 期。

[32]雷鑫:《论环境犯罪刑事责任实现方式的多元化——以李华荣、刘士密等人盗伐防护林案为例》,载《法学杂志》2011 年第 3 期。

[33]李杰:《应对司法资源不足的思路与制约因素》,载《法律适用》2011 年第 3 期。

[34]李兰英、龙敏:《也论食品监管渎职罪的责任认定》,载《法学评论》2013 年第 3 期。

[35]李兰英、周微:《危害食品安全犯罪的刑事政策》,载《中国刑事法杂志》2013 年第 3 期。

[36]李兰英:《论渎职犯罪中的监督管理过失》,载 2012 年《中国刑法学年会论文集》。

[37]李忠诚:《权威人士剖析食品安全监管渎职罪两大特点》,载《法制日报》2011 年 5 月 29 日。

[38]李光禄、牛忠志:《论刑事严格责任原则的合理性》,载《山东公安专科学校学报》2004 年第 1 期。

[39]李文燕、邓子滨:《论我国刑法中的严格责任》,载《中国法学》1999 年第 5 期。

[40]林亚刚:《犯罪过失的理论分类中若干问题的探讨》,载《法学评论》1999 年第 3 期。

[41]龙宗智:《宽严相济政策相关问题新探》,载《中国刑事法杂志》2011 年第 8 期。

[42]龙宗智:《推定的界限及适用》,载《法学研究》2008 年第 1 期。

[43]龙敏:《公害犯罪认定中严格责任适用之探析》,载《内蒙古大学学报》(哲学社会科学版)2011 年第 3 期。

[44]龙敏:《公害犯罪之过失认定》,载《井冈山大学学报》(社会科学版)2011 年第 6 期。

[45]吕霞:《环境公益诉讼的性质和种类——从对“公益”的解剖入手》,载《中国人口资源与环境》2009 年第 3 期。

[46]吕忠梅:《环境公益诉讼辨析》,载《法商研究》2008 年第 6 期。

[47]廖红:《论主客观统一原则》,载《湘潭大学社会科学学报》2003 年第 27 期。

[48]柳小惠、张建春、马如栋:《国外食品公害的刑法规制及其对我国的启示》,载《未来与发展》2013 年第 4 期。

[49]刘守芬、汪明亮:《论环境刑法中疫学因果关系》,载《中外法学》2001 年第 2 期。

[50]马静华、陈斌:《刑事契约一体化:辩诉交易与刑事和解的趋势》,载《四川警官高等专科学校学报》2003 年第 8 期。

[51]马如栋:《国外环境公害犯罪惩罚模式及其对我国的启示》,载《未来与发展》2011 年第 10 期。

[52]孟广军:《广东批捕首例涉食品监管渎职罪案》,载《法制日报》2011 年 12 月 14 日。

[53]孟庆华:《"食品监管渎职罪"若干构成要件的理解与适用》,载《山东警察学院学报》2012 年第 1 期。

[54]秦宗文:《刑事和解制度的实践困境与破解之道》,载《四川大学学报》(哲学社会科学版)2015 年第 2 期。

[55]邱聪智:《公害与刑事责任》,载台湾《刑事法杂志》1972 年第 4 期。

[56]邱聪智:《论公害之因关系》,载台湾《宪政时代》1984 年第 4 期。

[57]曲阳:《日本的公害刑法与环境刑法》,载《华东政法学院学报》2005 年第 3 期。

[58]商凤廷:《监督管理过失在渎职罪认定中的运用》,载《法制日报》2016 年 2 月 3 日。

[59]时恒支:《刑事和解与刑法基本原则的冲突分析及制度构建》,载《法律适用》2012 年第 2 期。

[60]孙万怀:《以危险方法危害公共安全罪何以成为口袋罪》,载《现代法学》2010 年第 5 期。

[61]谭淦:《监督过失的一般形态研究》,载《政法论坛》2012 年第 1 期。

[62]田圣斌、石琰子:《宽严相济刑事政策及其司法化研究》,载《铁道

警官高等专科学校学报》2009 年第 6 期。

[63]王弘宁、刘佩:《论我国结果加重犯的主观罪过判定》,载《华侨大学学报》(哲学社会科学版)2014 年第 3 期。

[64]王丽丽:《“产销速生鸡”可否构成食品安全犯罪》,载《检察日报》2012 年 12 月 31 日第 1 版。

[65]王丽娜:《最高法通报惩治危害食品安全犯罪情况,食品安全犯罪择较重罪名处罚》,载《京华时报》2011 年 11 月 25 日。

[66]吴丹红:《犯罪主观要件的证明——程序法和实体法的一个连接》,载《中国刑事法杂志》2010 年第 2 期。

[67]吴君霞、徐太华、谢小丽:《涉林案件刑事和解探讨》,载《林业资源管理》2012 年第 6 期。

[68]肖中华、张少林:《刑事推定与犯罪认定当议》,载《法学家》2002 年第 3 期。

[69]徐凌波:《皮革喷雾剂案与刑法上的产品责任》,载《刑事法判解》2013 年第 2 期。

[70]许桂敏:《罪与罚的嬗变:生产、销售有毒、有害食品罪》,载《法学杂志》2011 年第 12 期。

[71]许玉秀:《最高法院七十八年度台上字第三一六号判决的再检讨——前行为的保证人地位与客观责任理论初探》,载《刑法杂志》1991 年第 4 期。

[72]许玉秀:《累积的因果关系与风险升高理论》,载《台湾本土法学杂志》2002 年第 32 期。

[73]唐敏:《公害犯罪问题初探》,载《文史博览》2007 年第 5 期。

[74]唐世月、贺志军:《中德污染环境犯罪若干问题比较》,载《安徽广播电视大学学报》2002 年第 2 期。

[75]王利宾:《环境犯罪疑难问题探讨》,载《四川警察学院学报》2010 年第 1 期。

[76]王敏远、郭华:《行政执法与刑事司法衔接问题实证研究》,载《国家检察官学院学报》2009 年第 1 期。

[77]王海涛:《食品、药品事故中制造商刑事责任认定的难点探讨》,载

《中国刑事法杂志》2010 年第 9 期。

[78]王树义、冯汝:《我国环境刑事司法的困境及其对策》,载《法学评论》2014 年第 3 期。

[79]吴鹏:《风险社会语境中食品药品安全之刑法保护——以抽象危险犯为切入点》,载《学习论坛》2014 年第 6 期。

[80]吴情树等:《论我国食品安全刑法保护的完善》,载赵秉志、张军:《刑法与宪法之协调发展》(下),中国人民公安大学出版社 2012 年版。

[81]肖建国、黄忠顺:《环境公益诉讼基本问题研究》,载《法律适用》2013 年第 12 期。

[82]颜运秋、彭海清:《刑事公益诉讼的价值分析和制度构建》,载《河北法学》2006 年第 2 期。

[83]杨春洗:《论环境与刑法》,载《法律科学》1996 年第 1 期。

[84]杨凯:《危害食品安全犯罪法规竞合初探》,载《甘肃政法学院学报》2009 年第 6 期。

[85]杨宁、黎宏:《论污染环境罪的罪过形式》,载《人民检察》2013 年第 11(上)期。

[86]阴建峰:《论法律效果与社会效果的统——以贯彻宽严相济刑事政策为中心》,载《河南社会科学》2011 年第 2 期。

[87]尹鸿伟:《死刑能化解食品安全危机吗》,载《南风窗》2010 年第 22 期。

[88]游伟、肖晚祥:《刑事推定与犯罪的认定》,载《浙江省政法管理学院学报》2001 年第 6 期。

[89]袁春湘:《2002 年——2011 年全国法院审理环境案件的情况分析》,载《法制资讯》2012 年第 12 期。

[90]于志刚:《论刑事和解视野中的犯罪客体价值——对误入歧途的刑事和解制度的批判》,载《现代法学》2009 年第 1 期。

[91]于紫伊、赵成民:《论公诉案件刑事和解的范围——以案例诠释我国刑事和解案件的扩展空间》,载《法制博览》2012 年第 12 期。

[92]臧冬斌:《单位犯罪主体范围探讨》,载《法学评论》2001 年第 6 期。

[93]赵俊甫:《风险社会视野中的刑事推定——一种法哲学的分析》,载《河北法学》2009 年第 1 期。

[94]赵书鸿:《风险社会的刑法保护》,载《人民检察》2008 年第 1 期。

[95]张红艳:《风险社会中公害犯罪之刑法规制——以抽象危险犯理论为切入点》,载《中州学刊》2009 年第 5 期。

[96]张利兆:《宽严相济刑事政策的贯彻与严格依法定罪——由一起从绑架罪改为敲诈勒索罪案件引发的思考》,载《人民检察》2008 年第 10 期。

[97]张明楷:《法条竞合中特别关系的确定与处理》,载《法学家》2011 年第 1 期。

[98]张明楷:《逃税罪的处罚阻却事由》,载《法律适用》2011 年第 8 期。

[99]张绍谦:《论重大环境污染事故罪主观方面的两个基本问题》,载《中州学刊》2009 年第 3 期。

[100]张汀:《试析环境犯罪的因果关系》,载《山东审判》2005 年第 3 期。

[101]张文:《关于刑法因果关系几个问题的探讨》,载《北京大学学报》1982 年第 3 期。

[102]张先明:《彰显刑罚惩戒教育功能营造打击犯罪舆论氛围:最高人民法院公布四起危害食品安全犯罪典型案例》,载《人民法院报》2011 年 11 月 25 日第 3 版。

[103]张勇:《药品安全风险的刑法调控》,载《河北法学》2012 年第 12 期。

[104]张永红:《概括故意研究》,载《法律科学》2008 年第 1 期。

[105]张玉侠:《"疫苗之殇",伤在何处?》,载《江淮法治》2016 年第 8 期。

[106]张梓太:《论公害罪》,载《南京大学学报》1999 年第 4 期。

[107]郑昆山:《论我国环境犯罪防制之道》,载台湾《东海法学研究》第 9 期。

[108]钟晓玲、阎李曼:《严格责任与中国环境犯罪》,载《山西广播电视

大学学报》2006 年第 6 期。

[109]周珂:《生态环境法制建设》,载《中国人民大学学报》2000 年第 6 期。

[110]周婷:《不可抗力与免除责任》,载《国际经贸消息》2002 年 9 月版。

[111]周微:《公害犯罪因果关系推定》,载《河北法学》2012 年第 7 期。

[112]朱梦妮:《食品安全追溯制度的法律建构——基于功能、角色和机制的思考》,载《福建行政学院学报》2015 年第 6 期。

[113]庄劲:《论传染病因果关系的认定——疫学因果关系理论的倡导》,载《政法论丛》2003 年第 6 期。

[114]Schünemann:《传统过失刑事责任观念在当代社会中的弊病》,王秀梅译,载《法学家》2001 年第 3 期。

(二)译文论文

[1]A. C. 基斯:《解决环境问题的法律措施》,文伯屏译,载《国外法学》1984 年第 1 期。

[2][德]海涅:《环境破坏行为类型化之国际比较:论因果关系与特殊归责问题》,郑昆山译,载《环境刑法国际学术研讨会论文辑》1992 年版。

[3][奥]特立夫特尔:《奥地利环境刑法的现状》,陈添辉译,载《环境刑法国际学术研讨会论文辑》1992 年版。

(三)学位论文

[1]工丽伟:《论环境污染犯罪的因果关系》,山东大学 2007 年硕士学位论文。

[2]管洪博:《食品侵权损害多元化救助机制研究》,吉林大学 2013 年博士学位论文。

[3]孔凡丽:《我国构建刑罚易科制度研究》,华东政法大学 2011 年硕士学位论文。

[4]黄竞瑶:《论我国刑法中的严格责任原则》,中国政法大学 2007 年硕士学位论文。

[5]李晨曦:《犯罪故意明知问题研究》,郑州大学 2010 年硕士学位论文。

[6]王懿著:《试论严格责任原则在环境犯罪中的适用》,华东政法大学2004年硕士学位论文。

[7]易益典:《监督过失犯罪论》,华东政法大学2012年。

[8]曾淑瑜:《医疗过失因果关系——以中日两国之实例为检讨对象》,台湾大学1997年法律学研究所博士学位论文。

[9]周微:《公害犯罪因果关系的认定》,厦门大学2009年硕士学位论文。

[10]张云腾:《刑事推定论》,吉林大学2007年博士学位论文。

[11]张世东:《从比较法观点论我国环境刑法运作上之难题》,台北大学2009年硕士学位论文。

(四)英文论文

[1]Alan C. Michaels, "Constitutional Innocence", *Harvard Law Review*, February, 1999.

[2]"Crime", *The Journal of Criminal Law and Criminology*, 2004, 95(1).

[3] Erwin Deutsch, "Professional Negligence: A Comparative View", *Victoria University Law Review*, Vol. 20, 1990.

[4]Laurie L. Levenson, "Good Faith Defenses: Reshaping Strict Liability Crimes", *Cornell Law Review*, March, 1993.

[5]Michael M. O' Hear, Sentencing the Green-Collar Offender: Punishment, Culpability, and Environmental.

[6]N. Gunning ham, J. Nor berry, eds. Environmental Crime. Canberra, 1995:124.

[7] Stephen Homewood, *Environmental Law Statutes* 2003/2004 [M]. London: Published by Sweet & Maxwell, 2003.

[8]Susan Wolf, Anna White, Neil Stanley, Principles of Environmental Law.

[9]Roxin, Strafrecht Allgemeiner Teil, Band Ⅰ, 4. Aufl., 2006, S. 316.

[10]Jescheck, Lehrbuch des Strafrechts Allgemeiner Teil, S. 253.

[11]Niklas Luhmann, Risk: A Sociological Theory, translated by Rhodes

Barrett, Aldine Transaction, 2005, pp. 29 - 30.

[12] Jescheck, Lehrbuch des Strafrechts Allgemeiner Teil, S. 254.

[13] Eric Hilgendorf, Fragen der Kausalität bei Gremienentscheidung am Beispiel des Ledersprayer-Urteils, NStZ 1994, 561, 564.

[14] Roxin, Strafrecht Allgemeiner Teil, Band Ⅰ, 4. Aufl., 2006, § 11 Rn. 99.

[15] Vgl. Claus Roxin, Strafrecht Allgemeiner Teil, Band I, 3. Aufl., 1997, SS. 275 - 281.

三、其他

[1][日]甲斐克则:《过失犯的理论基础》,载高铭暄、赵秉志主编:《过失犯罪的基础理论》,法律出版社 2002 年版。

[2]《马克思恩格斯选集》(第 4 卷),人民出版社 1975 年版。

[3]《张玉军犯以危险方法危害公共安全罪,耿金平犯生产、销售有毒有害食品罪》,载新浪网, http://news. sina. com. cn/o/2009 - 11 - 25/030516661424s. shtml,最后访问日期:2009 年 11 月 25 日。

[4]蔡守秋:《澳大利亚环境刑法》,载 http://www. riel. whu. edu. cn/article. asp? id = 24957。

[5]丁力辛、周俊华:《三鹿系列刑事案件一审宣判》,载 http://www. hbsfy. org/ReadNews. asp? NewslD = 3940, 2009 - 01 - 23。

[6]张亚宁:《三鹿企业及原四名高管人员被控生产、销售伪劣产品案今日开庭》,载 http//www. hbsfy. org/ReadNews. asp? NewID = 3807. 2008 - 12 - 31。

[7]《日本两大食品公害事件》,载凤凰读书网, http://book. ifeng. com/psl/sh/200810/1013_3556_827936_1. shtml。

[8]《三聚氰胺事件影响的人》,载凤凰网, http://finance. ifeng. com/news/industry/20110624/4192108. shtml。

[9]《山西近百名儿童注射疫苗后或死或残》,载凤凰网, http://news. ifeng. com/mainland/201003/0317_17_1578306. shtml。

[10]《原山西疾控主任已回国　据称未受到处分享受配车》,载搜狐网, http://news. sohu. com/20100610/n272687169. shtml。

[11]《俄罗斯联邦刑事法典》,赵路译,中国人民公安大学出版社 2009 年版。

[12]《德国刑法典》,徐久生、庄敬华译,中国方正出版社 2004 年版。

[13]中国社会科学院语言研究词典编辑室:《现代汉语词典》,商务印书馆 1978 年版。

[14]《俄罗斯联邦刑法典》,赵路译,中国人民公安大学出版社 2009 年版。

[15]《湖北公布十大环境资源案》,载湖北省环境保护厅网,http://www.hbepb.gov.cn/hbdt/hjxw/201402/t20140226_67374.html,最后访问日期:2016 年 3 月 26 日。

[16]中国法院网,http://www.chinacourt.org/article/detail/2013/06/id/1014577.shtml,最后访问日期:2016 年 3 月 24 日。

[17]《日本地震核泄漏》,载好搜百科,http://baike.haosou.com/doc/358905-380211.html,最后访问日期:2016 年 4 月 20 日。

[18]《以自然物作为共同原告的环境民事公益诉讼》,载搜狐网,http://green.sohu.com/20130718/n381992448.shtml,最后访问日期:2016 年 4 月 1 日。

[19]《全国首例社团组织环境公益行政诉讼案落下帷幕》,载新华网,http://news.xinhuanet.com/legal/2009-09/01/content_11977820.htm,最后访问日期:2016 年 4 月 1 日。

[20]《全国人民代表大会常务委员会关于授权最高人民检察院在部分地区开展公益诉讼试点工作的决定》,载人民网,http://legal.people.com.cn/n/2015/0702/c188502-27240675.html,最后访问日期:2016 年 4 月 16 日。

[21]《检察机关提起公益诉讼改革试点方案》,载新华网,http://news.xinhuanet.com/legal/2015-07/02/c_1115792543.htm,最后访问日期:2016 年 4 月 16 日。

[22]《巴西环境犯罪法》,郭仪译,中国环境科学出版社 2009 年版。

[23]云南省澄江县人民法院(2009)澄环刑初字第 1 号刑事判决书。

[24]陈亮、卢伟:《环境公益诉讼功能再造》,载《人民法院报》2012 年

11 月 21 日。

[25]喻海松:《〈关于办理环境污染刑事案件适用法律若干问题的解释〉实施情况分析》,载《中国环境报》2016 年 4 月 6 日。

[26]《济南查获大宗失效人用二类疫苗案,涉国内 24 省市有疾控人员参与》,载 http://news. cnr. cn/native/city/20160202/t20160202 _ 521306266. shtml,最后访问日期:2016 年 6 月 14 日。

[27]《数亿元疫苗未冷藏流入 18 省份:或影响人命,山东广发协查函》,载 http://finance. qq. com/a/20160318/012115. htm,最后访问日期:2016 年 6 月 12 日。

[28]《无为县村民接种狂犬疫苗 5 人无效 1 人病发死亡》,载 http://www. legaldaily. com. cn/index/content/2014 - 09/18/content_5769168. htm?node = 20908,最后访问日期:2016 年 6 月 13 日。

[29]新华社:《检察机关已对涉嫌非法经营疫苗犯罪的 125 人批准逮捕,立案侦查涉嫌职务犯罪 37 人》,载 http://www. gov. cn/xinwen/2016 - 05/20/content_5075134. htm,最后访问日期:2016 年 6 月 13 日。

[30]食品药品监督管理总局:《天津晶明眼用全氟丙烷气体事件有关情况》,载 http://www. zhongguowangshi. com/info. aspx? id = 84699,最后访问日期:2016 年 6 月 15 日。

[31]《天津"问题气体"涉事企业:毒性反应原因仍未知》,载 http://money. 163. com/16/0415/08/BKMAF8T800253B0H. html,最后访问日期:2016 年 6 月 15 日。

[32]新华社:《检察机关已对涉嫌非法经营疫苗犯罪的 125 人批准逮捕,立案侦查涉嫌职务犯罪 37 人》,载 http://www. gov. cn/xinwen/2016 - 05/20/content_5075134. htm,最后访问日期:2016 年 6 月 15 日。

[33]《山东疫苗案处理情况公布 357 人被撤职、降职》,载 http://news. qq. com/a/20160413/056170. htm,最后访问日期:2016 年 6 月 15 日。

[34]中华人民共和国国家卫生和计划生育委员会:《国家卫生计生委相关部门负责人回应眼用全氟丙烷气体事件》,载 http://www. nhfpc. gov. cn/zhuzhan/wsjsyw/201604/0a6173116fb5429aac14c29035449150. shtml? from = timeline&isappinstalled = 0,最后访问日期:2016 年 6 月 20 日。

[35]新华社:《三部委记者会:庞氏母女涉案 5.7 亿,获利 5000 多万》,载 http://news.ifeng.com/a/20160324/48205927_0.shtml,最后访问日期:2016 年 6 月 21 日。

[36]《百万分之一二不能承载疫苗之殇》,载 http://opinion.people.com.cn/n/2013/0625/c159301-21957185.html,最后访问日期:2016 年 6 月 27 日。

[37]《朱成钢委员:对山东疫苗案件的一种反思》,载 http://www.rmzxb.com.cn/c/2016-03-30/749312.shtml,最后访问日期:2016 年 6 月 27 日。

[38]食品药品监督管理总局:《无法查清"问题气体"导致伤害的杂质成分》,载 http://news.xinhuanet.com/politics/2016-04/15/c_128896675.htm,最后访问日期:2016 年 6 月 22 日。

[39]《疫苗流通和预防接种管理条例》(2016 年修订版)。

[40]《国务院关于修改〈疫苗流通和预防接种管理条例〉的决定》。

[41]BGHSt 41,206ff.

[42]BGHSt 37,106ff.

[43]LG Aachen,JZ,1971,507ff.

[44]Misuse of Drugs Act [DB/OL]. http://drugs.Homophile.Gov.uk/drugs-laws/misuse-of-drugs-act/,2016-06-26.

[45]《台湾毒淀粉风波愈演愈烈,食品添加屡中毒》,载《人民日报海外版》2013 年 6 月 4 日。

[46]《食品安全是世界性难题》,载《求是杂志》2013 年 6 月 3 日。

[47]《俩检疫员玩忽职守致"瘦肉精"流出省境获刑》,载 http://www.chinacourt.org/article/detail/id/468234.shtml,最后访问日期:2012 年 6 月 12 日。

[48]安徽省高级人民法院(2006)皖刑终字第 0122 号刑事判决书。

[49]《刘襄等以危险方法危害公共安全案》,载中国法院网,http://old.chinacourt.org/public/detail.php? id=470399,最后访问日期:2011 年 11 月 25 日。

[50]《刘襄等以危险方法危害公共安全案》,载中国法院网,http://

old. chinacourt. org/public/detail. php? id = 470399,最后访问日期:2011 年 11 月 25 日。

[51]最高人民法院《关于贯彻宽严相济刑事政策的若干意见》(法发〔2010〕9 号)。

[52]《食品安全是世界性难题》,载《求是杂志》2013 年 6 月 3 日。

图书在版编目(CIP)数据

公害犯罪研究/李兰英著.—北京:法律出版社,2016.9

ISBN 978-7-5118-9985-9

Ⅰ.①公… Ⅱ.①李… Ⅲ.①刑事犯罪—研究 Ⅳ.①D914.04

中国版本图书馆CIP数据核字(2016)第220502号

厦门大学 法学学术文库	公害犯罪研究	李兰英 著	责任编辑 黄琳佳 装帧设计 乔智炜

开本 720毫米×960毫米 1/16　　**印张** 21　**字数** 305千

版本 2016年9月第1版　　**印次** 2016年9月第1次印刷

出版 法律出版社　　**编辑统筹** 学术·对外出版分社

总发行 中国法律图书有限公司　　**经销** 新华书店

印刷 三河市龙大印装有限公司　　**责任印制** 陶 松

法律出版社/北京市丰台区莲花池西里7号(100073)

电子邮件/info@lawpress.com.cn　　销售热线/010-63939792/9779

网址/www.lawpress.com.cn　　咨询电话/010-63939796

中国法律图书有限公司/北京市丰台区莲花池西里7号(100073)

全国各地中法图分、子公司电话:

第一法律书店/010-63939781/9782　　西安分公司/029-85388843

重庆公司/023-65382816/2908　　上海公司/021-62071010/1636

北京分公司/010-62534456　　深圳公司/0755-83072995

书号:ISBN 978-7-5118-9985-9　　**定价:**65.00元

(如有缺页或倒装,中国法律图书有限公司负责退换)